故都新貌

遷都後到抗戰前的北平城市消費 (1928-1937)

許慧琦 著

臺灣 學生書局 印行

呂 序

　　長期住北京城的惲毓鼎,在一九〇三年到一九一一年的《日記》中,不時出現「狂風大起,黃霾蔽天」的描述,「黃霾」就是「沙塵暴」,今天依然囂張。小說家老舍廣為人知的作品《駱駝祥子》、《四世同堂》、《茶館》,含有濃濃京味,北平北城小百姓「苦中作樂」的生活;妙峰山香客朝山絡繹於途,種種傳說故事,至今仍時時引發「老北京人」的鄉愁。城市是以「人」為主體,是集人口、社會、經濟、政治、科技與文化空間的地域系統,城市有興衰起伏、有生命,其發展有軌跡可循,一個城市的歷史,往往可以有不同層面的解讀與觀察。

　　就像人一樣,城市要有個性,一經比較,便會出色,才能引人。北京因政治而崛起,官僚、文人、雅士長期聚居,形成的「城市風」,北京人只要一提筆來「海侃」上海人,京派味道便十足流露。「聽戲」、「看戲」所顯示的海陸之爭、南北之別,更深藏文化底蘊的不同。作為政治城市、文化中心的北京城,還可以和自己的歷史作比較,明清時期的「築城」,到民初的「拆城」,二〇年代宣武門、崇文門瓮城與月牆拆除引發的爭論,和五〇年代梁思成、陳占祥護城方案之夭折,顯示傳統與現代、現實與理想、實用與文化,常是難以兼顧的矛盾;「北京」、「北平」再回到「北京」的名稱,而更能凸顯不同意味的英文名字:Peking、Peping、Beijing,放在歷史脈

絡中，似乎是由傳統國都轉變到特別市，再轉變到「京奧」後的北京，標識的甚至於是「皇城」、「危城」和「國際都會」的分野。傳統政治城市的現代改變，其控制價值、符號價值與文化價值，可以你消我長，也可以同時並進。

這本書描寫的是「危城」時期（1928-1937）的北平歷史。對北平來說，二〇年代末到三〇年代中期的「危城」，有兩個含義：首先由首都轉型爲特別市，地位下降，市況蕭條，北京人難掩失落之感；其次是日本勢力在三〇年代節節進迫，在危難中求生存實不簡單，北京人咬緊牙關苦撐求變，在石老娘胡同、金魚胡同盤桓之餘，要學會苦中作樂，在內憂外患中還想「建成一個優美、康樂的文化古城」，更屬不易。爲了解戰前北平的「變貌」，作者勤快的到北京市檔案館蒐集了二〇、三〇年代大量檔案，又利用爲數近二十種的報刊史料，重現歷史，靠歷史研究呈現「危城」的消與長，立體多元，生動活潑。

本書特別值得注意的是作者把城市史納入新社會史中，關注城市現代性問題，從「三多一少」：貧戶多、客民多、單身青壯男性多、富戶少的社會消費群中，討論了市場與廟會並存，摩登與「過日子」同在的北京市民日常生活。又由都市中的地域文化，包括東安市場、天橋與廟會的不同特色，反應近代都市生活多采多姿的一面，有失落、變異，還有更多的承續和發展，這又與過往高度依附政權發展的北京商業社會大異其趣。引人興味的「故都」轉型，由政治走向文化，脫去濃厚政治風的北平，褪不了濃濃的文化味。文人逛琉璃廠、廠甸是一種休閒、一種想像，又是一種學術與娛樂的綜合體；北平的衣食父母──學生，與爲數不多的外僑，是孕育北

京人摩登生活消費方式的媒介與實踐者，北平因此不再「古板」。
在性別史的角度下，作者靈敏的獵取「女招待」、「舞女」作爲分析
對象，於是情色消費與兩性社交同生，慾望想像與文學想像交織，
近代商業資本主義新式消費文化的色彩，大大呈現了戰前故都「十
年風華」樣貌。書中提示的「北平經驗」，不再是屬於皇親貴族與
上流社會，男女交往也不再專靠陰曆正月十五燕九節白雲觀會神仙
求湊合。雖然如此，外來的新流行風和典型傳統依然是城市特色也
是資產。從不同角度切入看北平，正是本書的一大特色。

　　許慧琦博士是一位年輕且有相當學術涵養的學者，她過去在性
別史的兩部研究專書，已爲中文學界打開近代中西學術交融與互動
史的一扇門。同樣的關懷在這本著作中，依然可尋得發展脈絡。最
可貴的是作者最近把研究領域擴大，這本書融合新社會史、城市
史、日常生活史、性別史的概念和方法，選擇由北京城市發展史不
平順的一段切入，流暢的文筆、清新的角度，娓娓道盡古城十年的
滄桑。固是感時之作，也是近年來她爲歷史走向下層、歷史與地域
研究結合、社會輔助科學與歷史研究合作的實踐。這一具體學術研
究成果，深值肯定。

　　當「鳥巢」與「水立方」建築，能和故宮、天壇並峙的當兒，
我們是否也該回頭看看北京故都過往歷史之經驗和變遷的足跡
呢？

呂芳上

序於大度山
2008 年 10 月 5 日

自　序

　　坦白說，撰寫這本書，是起因於一個挫折；完成後，雖無甚成就，卻讓我由衷地感謝。這是我自博士論文成書後的第一本專書，書中除了關於女招待的部份，改寫自 2005 年刊於《中央研究院近代史研究所集刊》的論文，以及書中小部份，曾發表於南韓的中國史學會與美國的亞洲研究學會（AAS）年會之外，其餘皆未曾出版。本書主題，經歷某種從小到大、再由大到中的歷程，期間承蒙諸多前輩的指點與建議，至為感激。雖然此書並非我的處女作，卻在很多層意義上，有第一次的感覺，值得讓我感謝自己所擁有、以及被給予的。

　　原本這本書，只打算寫北平的女招待；亦即，透過女招待這項職業，觀察國府南遷之後的北平城市發展與市民生活。去年六月在近史所的城市史會議發表論文之後，恩師呂芳上教授的一句話，讓我決定將書的主題擴大，探討遷都後北平的城市形象、市民消費與婦女職業。到今年三月，大致完成原先設定三篇中的前兩篇時，以為或許初稿再一個多月便能成形。但是──應該說幸好──好友連玲玲教授及時傳來閱讀我第一篇的心得與建議，以及隨後呂師惠賜的第一篇修改意見，再度改變整個計畫。俗語說「計畫趕不上變化」，很能說明那時的心情寫照。但這個「變化」，使書稿得以進行

重要的轉型工程。我一直自期所寫的東西，盡可能讓讀者「讀得懂」且「讀得下去」（此乃碩士論文指導教授江金太師的兩大要求）；倘若當時沒有呂師及玲玲讓我及時煞車，重新省思全書架構，進行改寫，這篇書稿根本無法面世成書，只能束諸高閣。如今本書幸得出版，但求發揮拋磚引玉之效，刺激日後更多對 1930 年代北平城市史、性別文化、乃至城市比較史的學術研究。也祈請讀者諸君，不吝指正。

即使在寫作過程中確曾感覺辛苦、困惑與無助，但更多的是充實與感謝。我雖始終意識到自己學識的不足，畢竟對研究有熱情，這股熱情驅使我努力學習在教學中進行寫作，並將研究心得回饋於學生。最感幸運的是，此時得與呂芳上老師同時服務於東海歷史系，使我較有機會向他請益，並時常感受他的關懷與鼓勵。如今，終於到寫自序的這一刻，心中的感激之情，無以盡達，只能將內心深刻的情緒，化為隻字片語，向這些幫助過我的人，表示真摯的謝意。

謝謝您，呂芳上老師，只希望這本書沒辜負您的期望。您長期的教誨與關懷、身教言教，都使我銘感五內。這本書若無您當初的提點，不會成形。玲玲，感謝妳當時一針見血的寶貴意見，以及對我修改後的大綱所提的問題，那些都對我非常有幫助！我衷心地感謝游鑑明老師，在這些年始終鞭策與激勵我，並給我開會發表與撰文投稿的寶貴機會。我也對高彥頤（Dorothy Ko）老師總是適時而慷慨地協助，至為感動與感謝。去年六月的近史所城市史會議，承蒙高老師擔任我們這場 panel 的主持兼評論人，精闢的評點，令我受益良多。阿圖，多謝你在百忙之中，幫我看過不同的大綱版本與

部份書稿，並不時為我加油打氣，讓我維持自信。每次到你家，跟兩位可愛的公子嬉玩，總讓我有充電的感覺。阿金學長，感謝您在我去年心情低落時，找我去東華，給我鼓勵，並回答與指點我的提問。良卿學長，多謝您在暨大與台北兩地往返、忙於教學之際，還抽空幫我讀書稿、順文字，並提供文章資訊。這些恩情，我都謹記在心，並願日後得以回報。

感謝東海歷史系，在過去五年來，所提供的良好教學與研究環境。系上的同事們，總不吝於對我表達關懷與祝福。尤其劉必達老師，常像慈父般地要我別繃太緊，細心叮嚀我作息正常，讓人倍感溫暖。丘為君老師每回看到我，便關心書稿的進度，令我著實感謝。許文雄、張榮芳、劉超驊、翁育瑄老師，感謝您們的精神支持與關照。也感謝陳計堯老師，幾次不厭其煩地為我解說有關銅元與銀元的問題。特別感謝我最常打擾與分享心情點滴的前任同事兼好友陳仁姮，一直以來對我的肯定與打氣，以及帶給我生活中的娛樂。

除了師長、前輩與好友的協助及支持之外，此書的研究，若無這幾年國科會的專題計畫補助與海外差旅費，不可能順利進行，特致謝忱。在赴北京蒐羅史料的四年暑假，幸獲北京國家圖書館多位館員的熱心協助，開「後門」為我大量取書並迅速複印。也多虧好友宋少鵬教授及她介紹的助理段蕾同學，以及北京社科院近史所的羅敏教授，相助蒐尋重要資料，特此一併致謝。同時，感謝傅爾布萊特基金會（Fulbright Foundation）的獎助，使我得於今年八月赴哈佛大學進行短期研究，在此使用圖書館部份寶貴史料，進行書稿的最後修訂工作。我更感激政大哲學系何淑靜教授，在她原服務於

東海哲學系期間，熱心聯繫學生書局，促成此書的出版！學生書局鮑邦瑞總經理的支持，使此書得以迅速完成審稿；編輯陳蕙文小姐的協助，縮短了後續編排時程，對此我由衷感謝。

承蒙國科會慷慨給予的人事費，使我在過去幾年，得以請多位學弟妹及學生們，擔任兼任助理的職務，在台北及東海進行資料收集整理工作。謝謝曾在台北協助我蒐尋與複印資料的學妹們：慧茹、珈貝、芳珍、品鳳、宜媜、怡錚。尤其多謝過去一年被我密集交待工作、而總能及時將任務完成的學弟炳翰與致榮。感謝東海的助理與學生，念容、迎迪、懷瑾，與新加入的明宏、宗恆，總在我的催促壓力下，一次次盡心地完成請託的工作。雅玟在去年聖誕節為我親手做卡片，子葳與怡伶的關心及鼓勵，都讓我覺得十分窩心。師弟建億與順昇分別幫我看過書稿與大綱，並提供寶貴意見，衷心感謝。我也想謝謝好友須藤瑞代與陳姃湲，我們的情誼在八年前締結於近史所六樓，至今雖三人分處三國，卻仍心繫彼此。感謝她們持續透過 emails 給我的鼓勵。

在我去年經歷低潮時，嚴新生命科技的氣功功友們所給予的安慰與精神支持，我始終感懷在心。在這個像家人般的大團體中，我自期不斷學習嚴老師教誨的「以德為本」，讓自己成為更好的人。謝謝你們，很高興這本書在你們的祝福下，終於得以出版。

一直以來，我生命中最重要的精神支柱，是最親最愛的家人，父親許金水，母親高鈺清與姊姊許慧華。爸爸，謝謝您對我的充份信心與關愛，以及始終做我最穩固的後盾。媽咪，您永無止盡的付出

與照顧，讓我無後顧之憂地投入教學與研究工作，您與爸爸的恩情
與疼愛，我一輩子也還不完。還有姊姊，我最好最親的朋友，每週
五晚上與妳共處的 quality time，是我過去這年教書寫書並行的生涯
中，最能撫慰與振奮人心的時刻。目前身處異鄉的我，格外感受親
情的偉大、師長的關心、友情的溫馨、與學生的貼心。紙短情長，對
大家的感謝，長在我心。

許慧琦謹識於美國波士頓劍橋哈佛大學租處
2008 年 10 月 15 日

附圖一：北平全市（內、外城）略圖

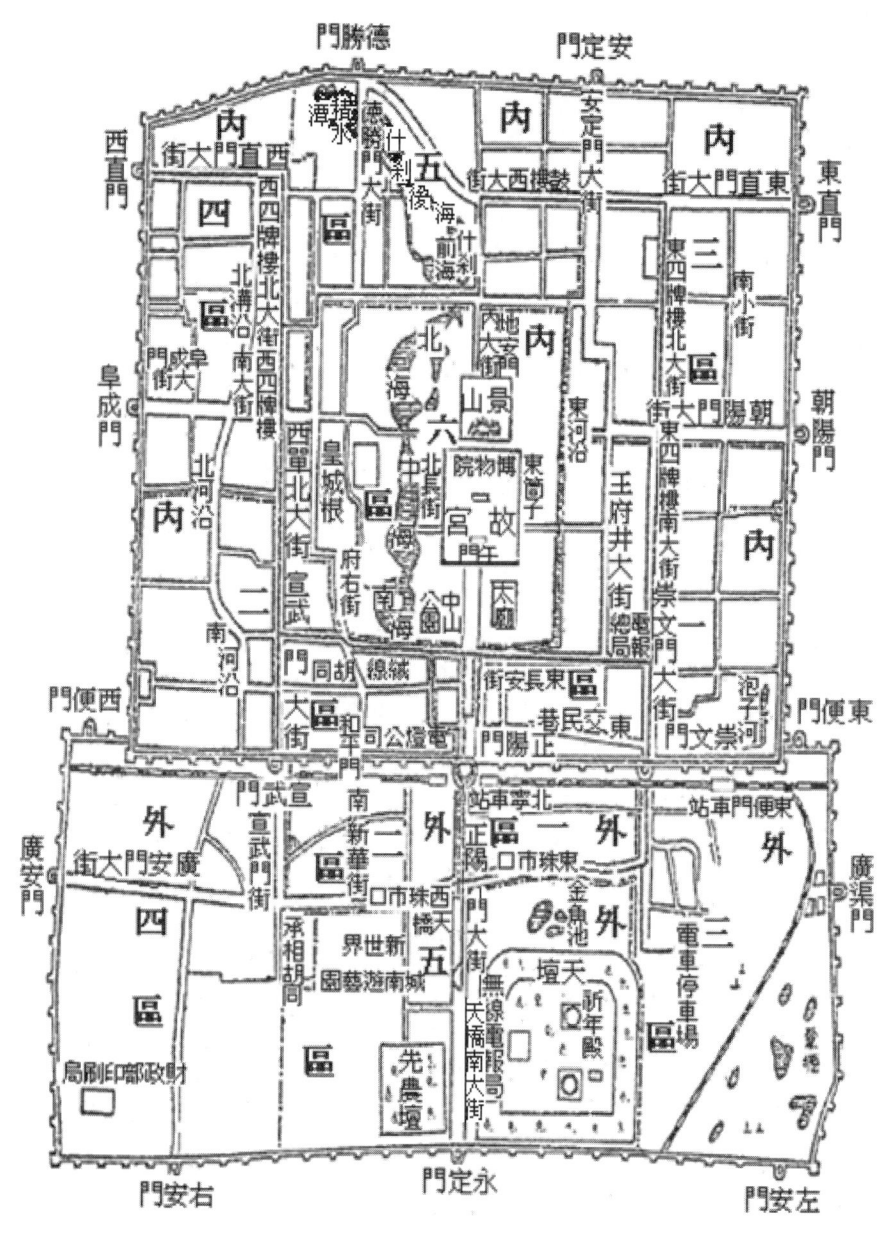

該圖修改自：北寧鐵路管理局總務處文書課編，《北平旅遊便覽》
（天津大公報館印刷，1934）。

附圖二：北平近郊名勝形勢圖之一

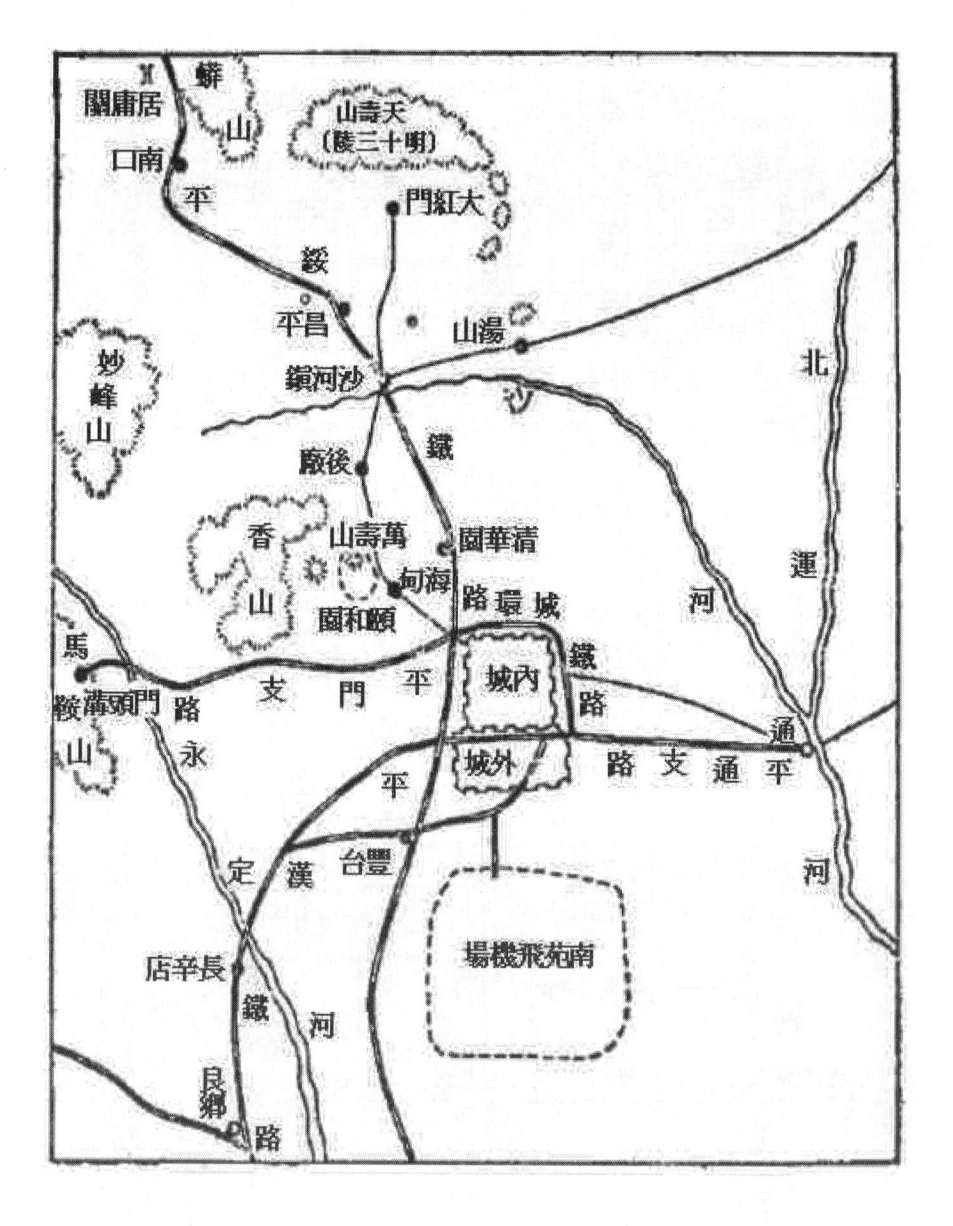

該圖出處：倪錫英，《北平》（上海：中華書局，1936），頁 18。

附圖三：北平近郊名勝形勢圖之二

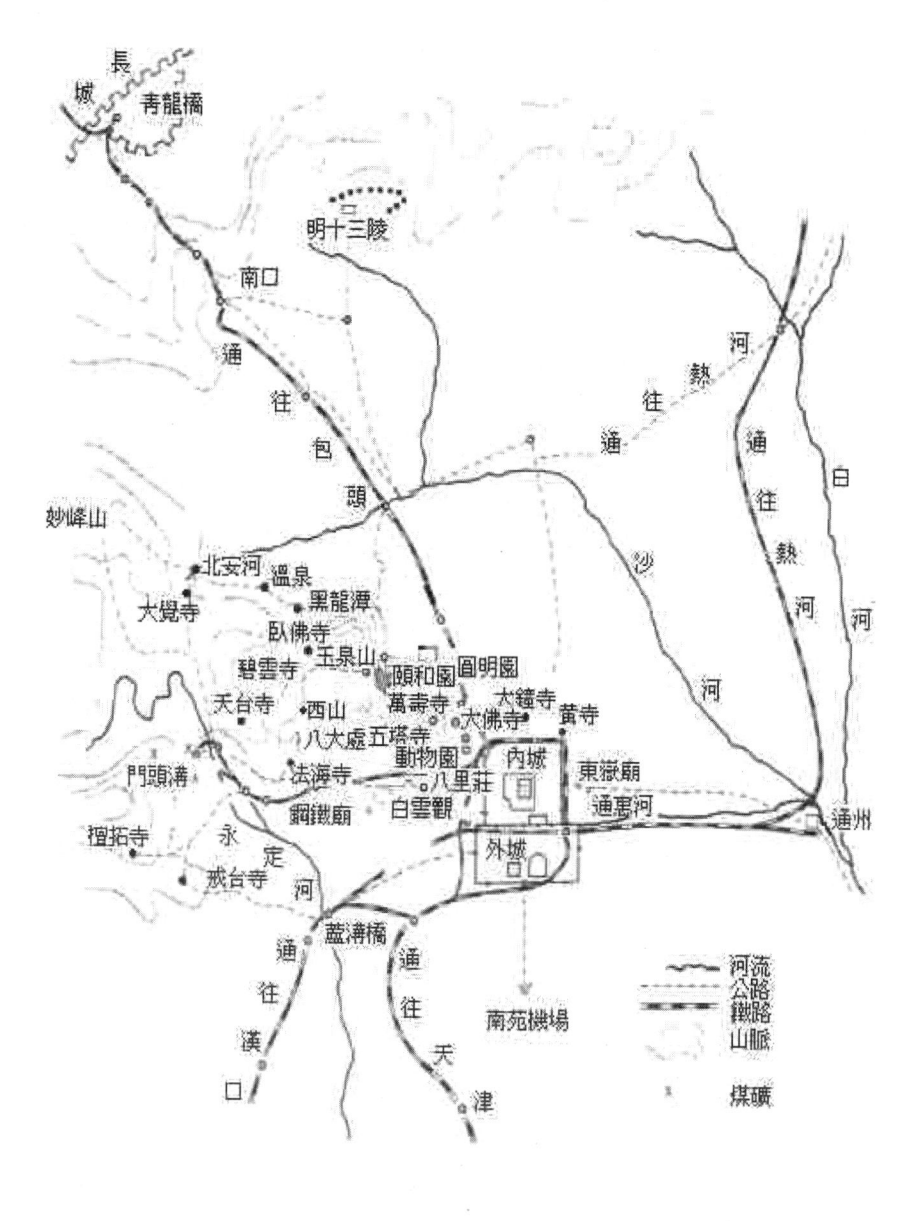

該圖修改自：〈北京及周邊圖〉，赫達・莫里遜（Hedda Morrison）著，董建中譯，《洋鏡頭裡的老北京》（北京：北京出版社，2001）

附圖四：中山公園景一

附圖五：中山公園景二（前景及習禮亭）

該圖出處：馬芷庠編，張恨水審定，《北平旅行指南》（北平：經濟新聞社，1935）。

附圖六：中山公園景三（水榭及過廊）

附圖七：中山公園景四（兒童體育場）

該圖出處：馬芷庠編，張恨水審定，《北平旅行指南》（北平：經濟新聞
社，1935）。

附圖八：北海公園景一（五龍亭）

附圖九：北海公園景二（九龍壁）

該圖出處：馬芷庠編，張恨水審定，《北平旅行指南》（北平：經濟新聞社，1935）。

附圖十：北海公園景三（萬佛閣）

附圖十一：北海公園景四（漪瀾堂遊廊）

該圖出處：馬芷庠編，張恨水審定，《北平旅行指南》（北平：經濟新聞社，1935）。

附圖十二：頤和園景一（門前牌坊）

附圖十三：頤和園景二（佛香閣）

該圖出處：馬芝庠編，張恨水審定，《北平旅行指南》（北平：經濟新聞
社，1935）。

附圖十四：頤和園景三（長廊）

附圖十五：頤和園景四（石舫）

該圖出處：馬芝庠編，張恨水審定，《北平旅行指南》（北平：經濟新聞
社，1935）。

附圖十六：頤和園景五（荇橋）

附圖十七：頤和園景六（十七孔橋）

該圖出處：馬芷庠編，張恨水審定，《北平旅行指南》（北平：經濟新聞社，1935）。

周作人（知堂老人）1934 年近照　　舒舍予（筆名老舍）1934 年近照

馮文柄（筆名廢名）1934 年近照　　　郁達夫 1934 年近照

以上人物照分別出自《人間世》半月刊第 1、4、13、16 期（1934 年）。

徐志摩逝前近照

此照出自《人間世》半月刊第 6 期（1934 年）。

故都新貌——遷都後到抗戰前的北平城市消費（1928-1937）

目　次

書中插圖目次

書中表格目次

緒論

話說八十年前

2008 年 8 月 8 日，四年一度的國際體育文化盛事，第二十九屆奧林匹克運動會（Olympic Games），於北京隆重開幕，並於 24 日盛大閉幕。[1]北京身為中國首度主辦奧運的城市，提出「新北京、新奧運」（New Beijing, Great Olympics）的口號，象徵它代表中國，將自身城市建設與世界奧運文化的發展，共同推向新里程碑的雄偉企圖。[2]毋論此次籌備奧運過程的諸多波折，「京奧」的舉辦，確實可觀地提升北京的國際聲望。因「京奧」而誕生的「鳥巢」（國家體育場）與「水立方」（國家游泳中心）兩座超大型鋼結構、眾多奧運場館與奧林匹克公園公共區等建設，更一舉改變北京市容、孕育古城建築新美學、更新城市規劃，並提供城市消費新選擇。[3]「京奧」堪稱傑出的整體表現，呈顯出北京不比尋常的城市氣勢。然

---

[1] 「京奧」相關新聞，見第 29 屆奧林匹克運動會官方網站。中國選手所獲獎牌紀錄，見 http://results.beijing2008.cn/WRM/CHI/INF/GL/95A/GL0000000.shtml

[2] 〈北京申奧大事記〉，第 29 屆奧林匹克運動會官方網站新聞，2001 年 7 月 13 日：http://www.beijing2008.cn/70/88/article211718870.shtml

[3] 薛原，〈綠色奧運、科技奧運、人文奧運三大理念閃耀奧運場館〉，《人民日報》，2008 年 7 月 11 日。轉引自第 29 屆奧林匹克運動會官方網站：http://www.beijing2008.cn/cptvenues/venues/headlines/n214446603.shtml

而，「京奧」的風華與光彩，是否惟有當北京是國都時，才得以展現？若北京與國都身份脫勾，會有何表現？

距今正好八十年前的一段北京城市史，或許可對上述問題，提供某些鑑往知來的參考。那是一段北京被稱為「故都」的歲月，由 1928 年國民政府將首都遷往南京揭開序幕；北京之前做為幾百年國都所累積與享有的政治經濟優勢，於此時驟然終止，該城開始邁向自力更生的階段。但是，人們多半只曉得、或指出國府遷都對北京造成重大衝擊，卻未深入探討與具體瞭解當時的發展情形。換言之，至今對於遷都之舉究竟促使北京產生何種城市轉變，仍大概只知其然，而不知其所以然。

故都的落寞身影，或許不及國都的璀璨光環引人矚目，易讓人忽略與遺忘。誠如 2003 年時的北京市社科院院長朱明德所述，北京「是從元代一直到現在為止的全國政治中心、文化中心，已經歷時幾百年，也很少發生變更。」[4]最後一句話，輕輕帶過北京在 20 世紀前半期，所經歷十幾年的非國都歷程。[5]類似的言論或思維，

4 朱明德，〈序言〉，朱明德、梅寧華主編，《薊門集：北京建都 850 週年論文集》（北京：北京燕山出版社，2005），頁 1-2。該書為北京市社會科學院與北京市文物局在 2003 年 10 月聯合召開的「北京建都 850 週年國際學術研討會」之會議論文集。

5 在 20 世紀中，北京曾在 1928 年 6 月到 1949 年 9 月，被取消國都的身份。在這段期間，其名稱先在 1928 年 6 月被改為北平，「七七」事變後，1937 年 10 月又改回北京，抗戰結束後，1945 年 8 月再改稱北平。1949 年 9 月，中共又將北平改回北京，以之為國都。見孫洪權、趙家鼎，〈1928 年起北京（北平）名稱變更時間〉，北京市檔案館編，《檔案與北京史國際學術討論會論文集》上冊（北京：中國檔案出版社，2003），頁 308-313。

尚不乏見。[6]雖然在 2001 年，中共北京市委黨史研究室曾展開名為
「1928～1937 年北平社會狀況研究」的計劃，但不論從研究數量
或目前成果來看，故都階段的北京史研究，仍有開發的空間。[7]

　　對北京這個自金朝以來，便長期身為國都的城市而言，其空
間規劃、建築布局、社會經濟、商業發展、市民生活與性別文化

---

[6]　如中國人民大學教授彭明，在〈北京與二十世紀的中國〉座談中，以〈北京
　　百年斷想〉為題，扼要地歷述北京從清末到 20 世紀末的發展，卻獨漏北京成
　　為故都的那段過程，確可謂「斷想」。見彭明，〈北京百年斷想〉，《北京
　　黨史》，2000 年第 2 期，2000 年 2 月，頁 4-7。

[7]　該計畫為中共北京市委黨史研究室所承擔的北京市哲學社會科學「十五」規
　　劃的研究項目之一。遺憾的是，筆者目前只能在北京市哲學社會科學院的網
　　頁，看到其預定於 2003 年出版的研究成果相關訊息。在該網頁顯示的「項目
　　階段性成果」中，(http://www.bjpopss.gov.cn/xxgl/xmk/771.htm) 底下
　　雖然臚列了五項「項目階段性成果」，但目前只能於網頁上看得到杜麗紅之文
　　（該文後投稿至《北京社會科學》，2004 年第 2 期，2004 年 5 月，頁
　　72-80。），其餘尚未得見。該研究成果的著重方向，似仍以中共官方意識型
　　態為主導，因而在其「項目基本情況」的「主要研究內容」中，表示此計畫
　　將「說明中共北京地方黨如何制定正確的路線、方針和政策，從而印證中共
　　發展壯大的歷史必然性，印證中國共產黨是先進生產力、先進文化和民眾利
　　益的真正代表。」進而，北京大學歷史系教授張註洪在「1928～1937 年北平
　　社會狀況研究」的開題會上提及，「實際上在 1928～1937 年北平的社會經濟
　　有較大發展。這一階段政治上相對穩定，經濟每年都有增長，城市建設有新
　　的舉措，思想文化活躍，史學界稱之是北京歷史發展的『小黃金時期』。」
　　(http://www.bjpopss.gov.cn/bjpssweb/n8982c49.aspx) 實則此階段北平
　　的發展，很難用這幾句話完整地正確概括，尤如「經濟每年都有增長」這部
　　份，徵諸當時種種史料，似非如此。整體而言，對於遷都後到抗戰前這段北
　　平城市發展史，尚待多方面更深入、且不受特定意識型態箝制地進行研究。

各方面，都深受政治力的主導與影響。[8]不難想見，當它喪失國都身份之後，城市發展將因政治力的抽離與諸多資源的流失，出現重大轉變。綜觀 20 世紀前半期的中國史，曾發生兩件對北京城產生重要衝擊與影響的大事：一是 1900 年八國聯軍攻陷北京後，在該城進行的種種劫掠與燒殺行徑；二是北伐後的國民政府於 1928 年遷都南京，將原為國都的北京改為北平特別市。[9]乍看之下，二者同樣重挫北京的城市元氣；但細究之，八國聯軍挾怨報復的軍事行動，帶來的摧毀與凌辱，實與國府遷都對北京造成的打擊與恐慌有別。不同於八國聯軍肆意踐踏後的修繕與重建，遷都後的北平面對的最大挑戰，在如何自力更生。概言之，若欲瞭解與評估北京做為一個「城市」、而非「國都」的實際發展與表現，當從距今八十年前這段故都歷史談起。[10] 此即本書的研究初衷。

---

[8]　北京的國都歷史，若以王朝都城為主，可從金代算起，若以中國大一統王朝為準，則可從元代算起。北京建都的相關敘述，見北平市工務局編印，《北平市都市計畫設計資料第一集》，1947 年 8 月，頁 4-11。

[9]　史明正，《走向近代化的北京城──城市建設與社會變革》（北京：北京大學出版社，1995），頁 9-25。Madeleine Yue Dong, "Defining Beiping: Urban Reconstruction and National Identity, 1928-1936," in Joseph W. Esherick ed., *Remaking The Chinese City: Modernity and National Identity, 1900-1950* （Honolulu: University of Hawai'i Press, 2000），pp. 121-138.

[10]　董玥曾在其論文中指出，直到 1928 年國府遷都之後，北京（市政府）才把自身當成一個「城市」而非「國都」來從事各項建設與規劃，使此後北平的城市本質及其形象，都相應地產生改變。見 Madeleine Yue Dong, "Defining Beiping: Urban Reconstruction and National Identity, 1928-1936," *1900-1950*, pp. 121-138.

故都的誕生

　　北京被國民革命軍接收，並被南京取代其首都地位之前，做為歷代王朝國都，已歷七百七十五年。[11]北京與南京的建都之爭，遠可溯至明初「靖難之役」後，成祖將首都從應天府（今南京）遷至北京之舉，近則為民初各以袁世凱與孫中山為首的爭執。[12]時至1928 年，起於南方的國民革命軍一路進逼北方，再度掀起充滿政治角力意味的建都課題，堅持建都南京者與主張留都北京者，各執己見。[13]此次南京方面的政軍形勢佔居上風，北京被描繪成專制

----

[11] 北京城在周代稱為薊，唐代稱為幽州，遼代時名南京與燕京，金代稱中都，元代為大都。明洪武年間稱為北平，永樂元年改北平為順天府，建為北京。清代稱京師，民國後稱北京。北京擔任正式國都的時期，可從金朝正式建都（1153）算起。見北平市工務局編印，《北平市都市計畫設計資料第一集》，1947 年 8 月，頁 4-11。

[12] 鄭永華、任文良，〈"靖難之役"與明初定都北京〉，朱明德、梅寧華主編，《薊門集：北京建都 850 週年論文集》（北京：北京燕山出版社，2005），頁197-205。周英才，〈南京北京：民國建都之爭〉，《文史精華》，總第 174期，2004 年 11 月，頁 10-15。北京大學歷史系《北京史》編寫組，《北京史〔增訂版〕》（北京：北京出版社，1999），頁 397-398、427。

[13] 基本上，包括于右任、馮玉祥、蔡元培等，皆曾指出建都北京優於南京之因。〈首都問題〉，北京《京報》，1928 年 6 月 19 日，第 2 版。此外，北京政界與商界絕大多數都主張國都續留北京。北京市總商會並聯合其他各省商會，以發起建都北平運動。〈全國商聯會宣言主張奠都北平〉，北平《益世報》，1928 年 7 月 2 日，第 2 版。北京學界，尤以高等教育龍頭北大為例，對於建都爭議並無明確主張，但並不認同北京被改為北平，以及一切有關之「京」字也一律改為「平」的命令。見〈遷都聲中之北京學界〉，北京《京報》，1928 年 6 月 24 日，第 2 版。至於主張奠都南京者，則包括西南方（包括湖北、江西、四川、雲南等省）國民黨部，與不少黨、政、軍要人。其憑

遺毒的滯留地與軍閥政客的根據地，政治惡氣污穢衝天，無法彰顯革命新朝氣，不宜為新中國的代表城市。[14]1928 年 6 月上旬，當國民革命軍逼近京津之際，南京國民政府以「尊重中山遺志」為理由，決意定都南京，並派代表赴北京，與原本駐京的各外國使團進行溝通協調，希望他們同意使館移至南京。[15]6 月 8 日，國民革命軍第三集團軍順利開進北京，和平接收該城，北京被納入南京國民政府的統轄範圍。[16]6 月 13 日，國民政府派國府委員周震麟（

藉著孫中山總理遺志的背書，加上政軍權勢與革命輿論等優勢，終得使國都遷至南京。周英才，〈南京北京：民國建都之爭〉，《文史精華》，總第 174 期，2004 年 11 月，頁 10-15。時任國民革命軍總司令、並為國民黨重要領袖的蔣中正（1887-1975），也不傾向國都續留北京。當國民黨於 1927 年 4 月 18 日在南京成立國民政府時，他便在市民慶祝大會上，宣揚國民政府建都南京的利益，並激勵眾人繼續支持北伐，擁護南京國府。〈國民政府奠都南京蔣中正等蒞慶祝會演講說明國民政府建都南京利益〉，1927 年 4 月 18 日，《蔣中正總統檔案》，國史館藏，光碟號 06-0009。

14　胡漢民直言建都南京乃出於「舍舊建新」，其用意「無非兩端：一乃離開帝國主義的壓迫，二乃離開官僚政客及一切舊勢力的侵擾。」見〈胡漢民在建都南京紀念會之演講〉，南京《中央日報》，1929 年 4 月 27 日，第 1 版。另見倪錫英，《北平》（上海：中華書局，1936），頁 2-3。

15　〈首都決定仍設南京〉，北平《京報》，1928 年 6 月 12 日，第 3 版。南京國民政府，乃國民黨於 1927 年 4 月 18 日成立。見中華民國史事紀要編輯委員會編，《中華民國史事紀要（民國十六年一～六月）》（台北：中央文物供應社，1977），頁 736。

16　1928 年 6 月初，當國民革命軍逼近京津之際，原掌控京津的軍政府陸海軍大元帥張作霖（1875-1928）眼見大勢已去，決定向關外撤退，並在臨行前，約見曾任國務總理的北洋耆老王士珍（1861-1930），請他領銜成立自治團體，以維持北京的治安。北京紳商各界，包括北京總商會與中國紅十字會等團體聯合會，在王士珍、熊希齡（1867-1937）等人的奔走整合下，於 6 月 4 日組

1875-1964）等十二人前往北京，進行接收相關事宜。[17]

　　1928 年 6 月 26 日，南京國民政府委員會召開第七十四次會議，會中依 6 月 20 日的第一百四十五次中央政治會議議決，通過內政部所提「京兆直隸區域名稱問題辦法」一案：（一）直隸省改名河北省。（二）舊京兆各縣，併入河北省。（三）北京改名北平。（四）北平、天津為特別市。[18]該決議由國民政府於 6 月 28 日明令公布，並規定「所有與北京相關聯之各舊有名稱，用京字者，一律

成「北京治安維持會」。同日，南京國府則任命國民革命軍第三集團軍總司令閻錫山（1883-1960）為京津衛戍總司令，負責主持接收北京政務。閻與北京治安維持會商議，後者表示歡迎國民革命軍入京。見中國國民黨中央委員會黨史史料編纂委員會編，《革命文獻》第二十一輯（台北：中央文物供應社，1959），頁 3993-3999。

17　中華民國史事紀要編輯委員會編，《中華民國史事紀要：中華民國十七年（1928）一至六月份》（台北：中華民國史料研究中心，1978），頁 975-1097。閻伯川先生紀念會編，《民國閻伯川先生錫山年譜長編初稿》（台北：臺灣商務印書館，1988），頁 980-984。〈北京改北平〉，北平《京報》，1928 年 6月 22 日，第 2 版。

18　洪喜美編，《國民政府委員會會議紀錄彙編（二）》（台北：國史館，2000），頁 320。〈北京改北平〉，北平《京報》，1928 年 6 月 22 日，第 2 版。李雲漢主編，《中國國民黨一百週年大事年表》第一冊（台北：中國國民黨中央委員會黨史委員會，1994），頁 245。大陸學者孫洪權與趙家鼐曾撰文指出，歷來對 1928 年北京被改稱為北平的時間，有兩種說法，一為 6 月 20 日，即國民黨中央執行委員會政治會開會議決之日，一為 6 月 28 日，為國民政府訓令公告此決定之日。他們認為由於在國民黨訓政階段，中央執行委員會是最高決策機關，國民政府則為執行機關，因此應以 6 月 20 日做為北京改稱北平之日較妥。見孫洪權、趙家鼐，〈1928 年起北京（北平）名稱變更時間〉，北京市檔案館編，《檔案與北京史國際學術討論會論文集》上冊，頁 308-313。

改爲平字。」[19]一字之差，身份驟變。6 月 29 日，國民政府委員會
又議決以保定爲河北省政府地點。[20]國都北京階段正式終止，「故
都北平」自此誕生。[21]

「故都」故事

　　介於 1928 到 1937 年間的「故都北平」經驗，對久享國都尊榮
的北京城市發展史而言，雖不盡光榮，卻相對獨特。[22]回顧 20 世
紀的北京，其蓬勃的城市經濟，主要拜其國都身份所賜。[23]弔詭的

---

[19]　〈河北北平天津等省市行政區及名稱〉，1928 年 6 月，《國民政府檔案》，
　　國史館藏，光碟號 163。《國民政府公報》，第 71 期，1928 年 6 月 28 日，頁
　　5。

[20]　洪喜美編，《國民政府委員會會議紀錄彙編（二）》，頁 328。

[21]　倪錫英於 1936 年出版的《北平》一書中，曾言「這個經過元明清三朝和民國
　　建都十七年的北平，此刻便消失了它往日的繁華與尊榮，降而為一個尋常的
　　城市了。但是我們現在稱呼它的時候，往往好稱曰『故都北平』，這因為北
　　平在最近的過去時期間，曾做過我國的都城的緣故。」見倪錫英，《北平》，
　　頁 13。

[22]　所謂的故都北平時期，依時局情勢可略分為遷都後到戰前、對日抗戰與戰後
　　三階段。1937 年抗日戰爭爆發，北平旋即淪落；戰後來不及復員，又陷入內
　　戰烽火，直至中共建國，北平重返國都地位。而不論就時間長度、市政表現、
　　城市定位或時人印象而言，都屬戰前那近十年（1928-1937）最能代表「故都
　　北平」的意涵，此亦本書鎖定的討論時段。

[23]　自元代以來，北京城長期享有政經優勢，因應皇親國戚與政商權貴的眾多需
　　求，逐漸發展成經濟繁榮、高度依靠外來物資的消費大城。見楊莉，〈清代
　　北京的商業經濟〉，朱明德、梅寧華主編，《薊門集：北京建都 850 週年論
　　文集》（北京：北京燕山出版社，2005），頁 267-276。

是，國都優勢與相伴而生的龐大資源特權，既是北京商業經濟與
城市消費最雄厚的條件，也成為該城依賴外來資源、不事生產的阻
力。用擬人化的說法，國都北京就像嫁入名門貴冑的命婦，久享
不虞匱乏的安逸生活，雖雍容華貴卻無一技之長；國府南遷後成
為故都的北平，其命運彷彿夫婿（北洋政權）遽亡，家道中落而無
以為恃，一如 1929 年新曆元旦的《新晨報》插畫所再現的欷歔意
象。

圖一：北平之今昔[24]

___

　　這幅題爲〈北平之今昔〉的插畫，映入讀者眼廉的兩極形象，
是該作者對北京遷都前後的女性化勾描：襤褸貧婦仰望鏡中低睨
著她的豐腴貴婦（過去的自己），一句「不堪對鏡問昨年」的心境
刻劃，映照出國都北京與故都北平的巨大落差。在相當大的程度
上，這幅插畫傳達了當時人、乃至後世，對北京在遷都前後發展的
主要認知，即今不如昔的沒落與蕭條。「遷都」被時人與日後成立
的市府當局，視爲北京城市轉變最關鍵的分水嶺：以往是繁盛的
國都，此後是蕭條的故都。尤其在遷都初期，各方敘述更清一色將
遷都視爲扼殺北京繁華的元凶。[25]時人直言「今者中央政府既不在
此，此間之官僚社會亦將爲之不存。其所附麗之百業，亦將因之
墮落。」[26]

　　徵諸這些具鮮明國都本位色彩的故都論述，遷都後的北平似
乎注定無望，國都繁華就此終結。然而，故都北平的故事，並非
翻轉童話中「公主王子從此過著幸福快樂的日子」之結尾，僅用「落
難命婦從此過著貧窮悲慘的生活」一句話，即可蓋棺論定。遷都只
是這個故事的開端，其雖賦予主角（落難命婦/故都北平）某些不

---

[25] 如《新晨報》時評指出：「北平在昔帝政時代，無上權力者之皇帝在焉，全
　　國財力，集中於此，全國官吏，發源於此，繁華富麗，他省莫比。民國以
　　來，雖一度勵行中央集權，實則各地已漸趨分化作用，然恃以維持全市之繁
　　榮者，猶有所謂『中央直接收入』，及外國人保管之關鹽兩餘，所有全市之
　　工商，百業之枯苑舉視此爲轉移，若非其他水陸各埠，梯航輻輳有所轉嫁
　　也。簡言之，全市之繁榮，純係首都之資格，繁榮與否，即視首都之資格存
　　在與否。」見〈北平之將來〉，北平《新晨報》，1928年8月9日，第2版。
[26] 涿鹿呂復，〈北平市制與河北省會問題〉，北平《京報》，1928年7月9日，
　　第5版。

利的生存條件，但主角如何面對未來的變局並力求新生，才是故
事的主軸與引人之處。

　　對近代北京城市史而言，喪失國都政治力撐持的故都北平階
段，正是考驗該城內蘊能力與自立本事的重要時刻。在那期間，
中國政局、尤其東北與華北情勢接連生變，動輒左右北平的城市
安危與社會情狀。1930 年代後，北平頓成國防前線，卻仍在日本
勢力侵逼與滲透之際，持續進行市政建設，發展出具獨特風味的
城市意象與市民文化。此外，在國民政府厲行訓政、推動以中國
文化爲本位的現代化過程中，故都北平以整理與發展該市最足自
傲的古蹟遺址、園林名勝及文教事業，與南京中央的理念遙相呼
應，展露異於充份西化的上海城市風格之面貌。因此，挖掘並訴
說故都北平奮鬥求生的故事，其意義不只在於瞭解該市自身發展
的歷程，也藉此觀照中國在 1930 年代前後面臨的國內、外情勢困
境與變局，並在西方摩登浪潮席捲各大城市之際，探索上海模式
之外的城市現代性之可能。有鑑於此，本書欲突破向來以國都本
位爲前提的故都敘述框架，由國府遷都之舉揭開序幕，進入北平
社會及其身處的時空環境，鋪陳出故都受國際、國內、城市自身
多重因素影響而展演的歷史情節。

走進故都：消費視角

　　本書主旨不在撰寫故都北平通史，而是希望聚焦式地呈現遷
都後到抗戰前的北平城市轉變，以探究該城的故都階段發展，並剖

析其時代意涵。為此，首須掌握能展現北京城市發展與社會經濟的代表性要素，以此做為觀察的切入點。綜觀長時段的北京城市史，可發現消費始終扮演反映該市風格、以及推動城市生活的重要角色，適足以成為探究故都北平城市轉變的關鍵視角：北京長期憑恃帝王所在地的優勢，透過漕運與驛路，成為全國主要的長途販運終點市場，以及最大的物資消費中心。[27]無數商賈、士子與旅客的雲集，加上清代以後聚集於內城的眾多皇族、旗人與官員，不斷刺激北京各類商業、手工業、服務業、文化產業甚至妓業的興盛發展，使北京做為政治型的消費城市特色，益加鮮明。[28]即使經歷遷都之變，此後的北平社會仍一如既往，是個「消費者多，生產者少」的消費型城市[29]，但城市的消費環境、條件、能力與型

---

[27] 北京在擔任國都的漫長過程中，屢次從外省移民以充實京師，並徵調全國工匠技藝等專才以營建宮室，以及從南方輸入大量糧食供給京師民生。見胡光明，〈北京近代城市文化演進歷程與構成特質論略〉，北京市檔案館編，《檔案與北京史國際學術討論會論文集》上冊（北京：中國檔案出版社，2003），頁 240-264。另見劉寧波，〈論北京民俗文化史的分段及特點〉，《北京社會科學》，1996 年第 1 期，1996 年 1 月，頁 92-99。

[28] 北京自帝京歷史以降，始終是個以消費為主的城市，坐擁各地湧入的豐沛物資與賦稅。在日常生活方面，北京百商雲集、各物總匯，各類商店經售的貨品，多有批發的集市（諸如糧市、錢市、肉市、菜市、果市、糖市等）可供交易。見 Susan Naquin, *Peking: Temples and City Life, 1400-1900* （Berkeley: University of California Press, 2000）, pp. 622-638. 北京大學歷史系《北京史》編寫組，《北京史[增訂版]》（北京：北京出版社，1999），頁 375-376。李淑蘭，〈近代北京商人階層構成的特點〉，《歷史教學》，1994 年第 5 期，1994 年 5 月，頁 46-50。鄭忠，〈試論影響近代北京城市轉型的因素〉，《北京社會科學》2001 年第 3 期，頁 86-93。

[29] 〈何市長之談話〉，北平《新晨報》，1928 年 8 月 11 日，第 3 版。在故都北

態，都多少因遷都衝擊而有所改變。再者，城市消費的開展，涉及社會經濟、商業規模、市府政策、人口結構、市民生活與性別文化諸多方面，其討論的對象統攝人、事、時、地、物與思想各個層次，因而成為瞭解近代城市文化、以及觀察市民生活感受的重要考察角度。概言之，城市消費既能凸顯北京城市的獨特表現，又可呈現近代城市生活的普遍發展，遂為本書探討故都北平城市發展與轉變的主軸。

　　近代社會中的消費，不只是相對於生產的社會經濟活動與日常生活行為，而是由一連串個人選擇、購買、使用、享受的欲望與需求所組成的社會文化表現。[30]由此觀之，近代意義下的消費，廣泛包含實物消費、炫耀消費與符號消費等意涵及層次[31]；本書將

平時期，該市工業規模不擴反縮，農業人口也日漸流失。根據 1935 年的統計，商業、金融、服務業等資本佔全市資本總額 94.38%（商業資本佔 50.58%，金融、服務業佔 43.8%），工業資本只佔 5.62%。冀察政務委員會秘書處第三組第三科，《冀察調查統計叢刊》，第 1 卷第 1 期，1936 年 7 月 15 日，頁 86。見林頌河，〈統計數字下的北平〉，《社會科學雜誌》第 2 卷第 3 期，1931 年 9 月，頁 376-419。此外，1929 年從事農業的北平總人口為 107,322 人，1936 年為 88,686 人，1937 年為 62,651 人，明顯愈來愈少。北平民社編，《北平指南》（北平：北平民社，1929），頁 1-10。北平市政府秘書第一科統計股，《北平市統計覽要》，1936，頁 12。冀察政務委員會秘書處第三組第三科，《冀察調查統計叢刊》，第 2 卷第 2 期，1937 年 2 月 15 日，頁 4-6。北平市工務局編，《北平市都市計劃設計資料第一集》，北平市工務局印，1947 年 8 月，頁 3。

30　Don Slater, *Consumer and Modernity*（Cambridge: Polity Press, 1997）, pp. 8-32.
31　楊魁、董雅麗，《消費文化──從現代到後現代》（北京：中國社會科學出版社，2003），頁 1-11。

盡可能在討論北平城市消費的過程中，展現這些豐富的意涵與層次。至於本書以「城市消費」而非僅「市民消費」為討論主體，意在除後者之外，尚欲析論北京自遷都後，時人與當局如何透過想像、體驗與建設，重塑城市意象、孕育新社會氛圍，並從中進行城市的歷史文化消費。[32]更具體地說，本書除了討論有關北平市民消費的種種環境、條件、能力與表現的發展，及其反映的城市與社會變遷之外，還將故都北平視為一個客體，討論市府與社會各界如何開發、再生與享用該城充沛深厚的文化傳統，並將之轉化為城市新生的重要消費資源。西方學者曾言，在近代西方歷史的演進過程中，消費的概念及其表現，已成為一種建構意義、認同與性別角色的核心領域。[33]廣義而言，由城市建設、媒體評述與消費文化三者合力（重新）形塑的城市形象與風格，實帶有商品屬性，可為時人所消費與欲求。[34]在如此意義上，本書的研究與敘述的故事，便兼涵以人為中心的「故都消費」、與以城為中心的「消費故都」兩大層次，書中的消費者不只北平市民，也廣及中、外遊客，以及北平之外的出版文化界、報刊界及其讀者。透過這樣的綜論，當更能瞭解北平這段非國都的近代城市發展史，及其意義與價值。

---

[32] 黃火明，〈歷史文化消費：傳統文化繼承與城市現代化發展──城市化背景下城市文化的和諧發展〉，《石河子大學學報：哲學社會科學版》，第 21 卷第 4 期，2007 年 8 月，頁 87-90。

[33] Robert Bocock 著，張君玫、黃鵬仁譯，《消費》（台北：巨流圖書公司，1995），頁 146-165。

[34] 侯全華、岳邦瑞、劉明國，〈城市形象的可持續消費〉，《社會科學家》，2006 年第 1 期，2006 年 1 月，頁 134-137。

　　綜上所述，本書擬從城市消費的宏觀面向出發，進入國府遷都後至抗戰前夕的北平社會，探討故都的城市發展與演變。要強調的是，本書主要的觀照角度與呈現重點在「變」，即國都北京成爲故都北平後的城市轉變，並以此爲詮釋故都「新」貌的核心概念。因此，對某些從國都北京到故都北平較具延續性的城市發展、以及市民生活，將略而不談。[35]此外，本書擬描繪的故都「新」貌，不能與一般對「新」的認知——諸如反傳統、現代、進步等意涵——劃上等號，而是在歷時與共時的幾種相對意義上（包括與國都北京、摩登上海與新都南京的對照），所考察的城市轉變特色。此外，故都「新貌」的另一層意涵，是相對於此前學界或一般人筆下的北平「舊貌」而發，希望藉由大量爬梳各類史料，呈現細膩且多元的故都面貌。

「故都北平」的模糊舊貌

　　綜觀後代既有的故都北平相關著述，可粗分爲兩種。第一種屬於追憶自身北平生活、或描繪前人口耳相傳北京城市點滴的非學術性作品，數量可謂汗牛充棟，十足展現人們對近代北京城市生活的熱愛與興趣。這一種作品又可依內容、性質及作者身份，籠統劃爲紀事與文學兩大類：前者泛指描繪北京商業、職業、娛

---

[35]　舉例而言，如北京著名的胡同文化，或市民在一年四季與慶典時的消費表現，由於在 1928 至 1937 年間，與前並無太大的轉變，且坊間許多憶述老北京（即民國時期北京）的書籍則多有所載，本書因此略而不談。例見翁立，《北京的胡同：圖文珍藏版》（北京：北京圖書館出版社，2003）。

樂、風土與市民生活的城市敘述，重點偏向城與事；後者主要從
作者個人的居/旅平經驗出發，以第一人稱抒寫其體會與觀察的北
平生活，焦點多在城與人。[36]這些著述雖內容豐富且文類多元（文
體包括遊記、日記、書信、散文、專論、時評、指南、回憶錄、
百科全書式），但對瞭解故都北平階段的城市轉變與市民生活特
色，有其限度。以紀事類作品爲例，其所談論的時間不只是故都
北平時期，而是民國時期的北京，即時人口中的舊/老北京[37]；它

---

[36] 全書由一位作者所寫的，包括齊如山編著，《北平》（台北：正中書局，
1957）。陳鴻年，《故都風物》（台北：正中書局，1970）。鄧雲鄉，《文化
古城舊事》（北京：中華書局，1995）。李書良，《尋夢老北京》（北京：西
苑出版社，2003）。一位以上的作者，見張次溪、枝巢子、逆旅過客，《天
橋一覽/舊京瑣記/都市叢談》（台北：進學書局，1969）。劉葉秋、金雲臻，
《回憶舊北京》（北京：北京燕山出版社，1992），此爲劉葉秋的《京華瑣話》
與金雲臻的《燕居夢憶》合集。此外，這些文學性散文或憶述，常以合集形
式呈現，如陶亢德編，《北平一顧》（上海：宇宙風社，1939，再版）。周作
人、老舍等著，李重光編輯，《北京城》（新京：開明，1942）。梁實秋等，
《文學的北平》（台北：洪範書店，1980，2版）。梁國健編，《故都北京社
會相》（重慶：重慶出版社，1989）。姜德明編，《北京乎：現代作家筆下的
北京（1919-1949）》（上）（下）（北京：生活‧讀書‧新知三聯書店，1992）。
姜德明編選，《如夢令：名人筆下的北京》（北京：北京出版社，1997）。于
潤琦編，《文人筆下的舊京風情》（北京：中國文聯出版社，2003）。

[37] 關於「老北京」即民國時期北京的定義，見 Madeleine Yue Dong, *Republican
Beijing: The City and Its Histories* (Berkeley: University of California Press,
2003), pp. 1-18. 這類北京城市敘述，多橫跨較長的時段，諸如中國人民政治
協商會議北京市委員會文史資料研究委員會編，《北京往事談》（北京：北京
出版社，1988）。北京燕山出版社編，《舊京人物與風情》（北京：北京燕山
出版社，1996）。周家望，《老北京的吃喝》（北京：北京燕山出版社，
1999）。袁熹，《近代北京的市民生活》（北京：北京出版社，2000）。胡玉

們多把民國北京泛視爲一個整體，忽略歷時性與階段性差異，若提及遷都，總將它簡化爲導致此後北平經濟蕭條、都市衰頹的禍首。[38]從學術研究的角度而言，這些自 20 世紀末至今仍不斷出版的民國北京城市敘述，主旨在一饗當今大眾對 20 世紀初年北京社會與城市生活的好奇心；某些年代或細節敘述信筆拈來，缺乏考證，需賴其他史料輔正。[39]文學類作品則時間性較明確，其中述及故都北平階段的內容，頗有助於瞭解以文人學者爲主的作者群當時的生活感受與觀點。這類故都書寫的同質性相當高，集中反映文化人的故都經驗與消費特色，卻也因此面向略顯單一，無法盡窺當時北平市民的多元表現。此外，除了極少數的文人描繪特定時間的北平危局外，這些著述幾未涉及北平政治發展與大環境的演變。

---

[38] 遠主編，《目下回眸：老北京的史地民俗》（北京：學苑出版社，2001）。趙鴻明、汪萍，《舊時明月：老北京的風土人情》（北京：當代世界，2004）。齊大芝與任安泰合著的《北京商業紀事》，有一章（七、北平商業的自由發展）說明 1928 到 1937 年間的北平商業發展，但對市民消費所述有限。齊大芝、任安泰，《北京商業紀事》（北京：北京出版社，2000），頁 90-107。此外，雖然董玥的《民國時期的北京》書中，有一章討論消費，對民國時期北京的發展與清代時的差異，及民國後北京的市民消費特色，有精闢論述，但其並未具體討論國府遷都前後，北京/北平市民消費環境及消費表現的差異。見 Madeleine Yue Dong, *Republican Beijing: The City and Its Histories*（Berkeley: University of California Press, 2003）, pp. 142-171.

[39] 最明顯的例子是有關新世界與城南遊藝園的成立日期，在各方後人憶述中，竟出現相差到四、五年之多。見金應元、田光遠，〈城南游藝園與新世界〉，北京市政協文史資料委員會選編，《藝林滄桑》（北京：北京出版社，2000），頁 292-301。劉葉秋、金雲臻，《回憶舊北京》（北京：北京燕山出版社，1992），頁 20-26。

　　至於第二類故都北平相關著述，爲當代學界的各種研究成果。在大陸政界與學界的共同推動下，北京城市史研究已累積豐碩的成果，在 20 與 21 世紀之交的大陸學界，還形成所謂的「北京學」熱潮。[40]其涵蓋故都北平時期的研究成果，種類包括專書、方志、學術會議論文集、碩士學位論文、出版論文等，討論層面涉及政治、市政、文學、性別、娛樂文化等。[41]然而，這些研究或因偏

40　方彪，〈"北京學"試探〉，《北京社會科學》，1997 年第 2 期，1997 年 5 月，頁 148。周小翔，〈北京學基礎理論探索〉，《北京聯合大學學報》，2003 年第 1 期，2003 年 3 月，頁 12-15。

41　專書部份，袁熹，《近代北京的市民生活》（北京：北京出版社，2000）。齊大芝、任安泰，《北京商業紀事》（北京：北京出版社，2000）。吳建雍等著，《北京城市生活史》（北京：開明出版社，1997）。吳廷燮等撰，《北京市志稿：民政志》（北京：北京燕山出版社，1998）。會議論文合集，如北京市檔案館編，《檔案與北京史國際學術討論會論文集》上、下冊（北京：中國檔案出版社，2003）。學位論文，如杜麗紅，〈20 世紀 30 年代的北平城市管理〉，中國社會科學院研究生院近代史系博士論文，2002 年 6 月。王琴，〈近代女性職業的興起與城市空間的轉換——以民國時期北平女招待為中心的考察〉，北京中國人民大學清史研究所碩士論文，2002 年 5 月。出版論文，如王煦，〈在傳統與現代之間——1933 至 1935 年的北平市政建設〉，《歷史教學問題》，2005 年第 2 期，2005 年 4 月，頁 58-64。杜麗紅，〈1930 年代的北平城市污物管理改革〉，《近代史研究》，2005 年第 5 期，2005 年 9 月，頁 90-113。李少兵，〈1927-1937 年的北京娛樂文化——官方、民間因素與新時尚的形成〉，《歷史檔案》，2005 年第 1 期，2005 年 2 月，頁 109-118。李鳳琴，〈"小題大做"的 1933 年北平市公安局長易人風波〉，《陰山學刊》，第 20 卷第 4 期，2007 年 8 月，頁 60-64。楊鳳蘭，〈劉少奇與 1936 年的北平問題〉，《華北電力大學學報（社會科學版）》，1995 年第 2 期，1995 年 9 月，頁 48-52。張潔宇，〈"邊城的荒野留下少年的笛聲"——1930 年代北平"前線詩人"的城市記憶與文化心態〉，《現代中文文學學報》，第 6 卷第 1 期，2005 年 1 月，頁 3-27。其中，杜麗紅的研究可謂最集中於 1930 年代的北平；她的

重單獨討論某課題，有的則過於簡略，對於瞭解遷都後到抗戰前的北平城市轉變，普遍有見樹不見林的問題。通史性質的史書，如北京大學歷史系編寫的《北京史》、或習五一與鄧亦兵所撰的《北京通史》第九卷，多以政治事件爲主軸，鋪陳國府遷都後的北平階段發展，社會轉變與城市定位方面皆少著墨。[42]此外，北京市地方志編纂委員會自 20 世紀末開始，陸續出版共計三十五卷、多達一百零七冊的《北京志》，堪謂浩大工程。該志強調依循辯證唯物與歷史唯物主義的觀點，「實事求是地記述北京自然與社會的歷史和現狀」。[43]在其包羅萬象的內容中，有部份民國時期的資料，對本書頗有參考價值；不過《北京志》的重點，顯然放在 1949 年中共建國之後，尤其是近幾十年的北京市發展。

　　至於台灣學界的北京城市史研究，已不算熱絡，論及 1928 年後北平城市發展的研究成果，更屈指可數。[44]倒是西方漢學界的北

研究重點較不觸及政治、經濟與消費等層面，主要在北平市政發展及對諸多行業與人民的管理，但對本書瞭解當時北平市政演進，自有相當助益。

[42]　北京大學歷史系《北京史》編寫組，《北京史〔增訂版〕》（北京：北京出版社，1999）。習五一、鄧亦兵著，曹子西主編，《北京通史》第 9 卷（北京：中國書店，1994）。

[43]　北京市地方志編纂委員會編，〈《北京志》凡例〉，《北京志‧綜合卷‧人口志》（北京：北京出版社，2004）。該志內容確實非常廣泛，卷名舉凡政治、軍事、地理、人口、經濟、商業、農業、旅遊、教育、科學、水利、氣象、政法、建築、工業、黨派、檔案、著述、文物、衛生、人物、民俗、中央機構、人民團體、城鄉規劃、文化藝術、世界文物遺產等。

[44]　雖然中央研究院歷史語言研究所副研究員邱仲麟，對明代北京史研究有豐富的研究，然而與本書擬討論的歷史時段，有相當距離。其研究著作目錄，見 http://www.ihp.sinica.edu.tw/。由中研院史語所主導的「明清的城市文化

京史研究頗爲豐富[45]；值得注意的是，某些重要的民國時期北京史研究，幾乎都以 1928 年的國府遷都爲其時段終結點，例如全大偉（David Strand）的《北京人力車夫：1920 年代的城市人民與政治》（*Rickshaw Beijing: City People and Politics in the 1920s*）、史明正（Mingzheng Shi）的《走向近代化的北京城——城市建設與社會變革》（*Beijing Transforms: Urban Infrastructure, Public Works, and Social Change in the Chinese capital, 1900-1928*）、以及魏定熙（Timothy B. Weston）的《位置的權力：北京大學、知識份子與中

與生活」主題研究計畫，其中以北京城為主要探討對象者，也僅邱仲麟一位學者。見邱仲麟，〈水窩子：北京的民生用水與供水業者 （1400-1937）〉，收入李孝悌編，《中國的城市生活》（台北：聯經出版事業公司，2005），頁229-284。至於2007年12月13-15日由中研院史語所舉辦的「進入中國城市：社會史與文化史的視野」國際學術研討會，雖有兩篇論文與北京有關（Luca Gabbiani, "Modernising Urban Administration in Xinzheng China: Revolution or Continuity? The Evidence from Beijing." Andrea Goldman （郭安瑞）, "Opera in the City: Ethnicity, Class, and Gender in Three Performance Venues in Beijing, ca. 1770-1870"），但也未涉及故都時期的北平。倒是林志宏曾發表一篇關於1930年代北平城市形象與華北危局的演講，與本書關聯性較大，也對筆者頗有啟發。見林志宏，〈北平市形象與1930年代中期的華北危局〉，中研院近史所演講稿，2007年8月16日。其餘相關的故都北平階段專題研究，見張遠，〈近代城市京劇女演員（1900-1937）——以滬、平、津為中心的探討〉，國立臺灣大學歷史學研究所碩士論文，2002。許慧琦，〈訓政時期的北平女招待（1928-1937）——關於都市消費與女性職業的探討〉，《中央研究院近代史研究所集刊》，第48期，2005年6月，頁47-95。

[45] 在趙曉陽編譯的《北京研究外文文獻題錄》當中，收錄了176種、13大類關於北京的歷史文化、政治經濟、民眾生活與文學戲劇等外文書籍，很有參考價值。見趙曉陽編譯，《北京研究外文文獻題錄》（北京：北京圖書館出版社，2007）。

國政治文化（1898-1929）》（*The Power of Position: Beijing University,*
Intellectuals, and Chinese Political Culture, 1898-1929）。[46]

　　就有關故都北平的學術研究成果而言，近年漢學界當以美國
華裔學者董玥（Madeleine Yue Dong）的著作最值得重視。她於 2000
年發表的〈定義北平：都市重建與國家認同（1928-1936）〉（Defining
Beiping: Urban Reconstruction and National Identity, 1928-1936）[47]專
文，及由博士論文改寫並於 2003 年出版的《民國時期的北京：城
市及其歷史》（*Republican Beijing: The City and Its Histories*）一書，
對民國時期（1911-1937）北京城的歷史演變與都市發展，做了深
入而有見地的研究。該書涵蓋城市規劃、市政建設、市民生活、
生產消費、天橋文化與都市書寫諸多層面，細膩地描述民國時期
的北京，如何面對與處理其悠遠的帝制過往，並將之轉化為城市
發展的寶貴資產。〈定義北平：都市重建與國家認同（1928-1936）〉
一文，則探究遷都後的北平市政府如何因應變局，在國族與文化
認同的基礎上，進行都市的重劃與建設。整體而言，董玥對民國時
期北京的研究，確實觸及遷都後北平如何自處與自力更生這一
環；不過，她較未細部析論「遷都」對城市經濟及消費生活的衝擊

---

[46]　David Strand, *Rickshaw Beijing: City People and Politics in the 1920s*（Berkeley:
　　　University of California Press, 1989）。史明正，《走向近代化的北京城──城
　　　市建設與社會變革》(北京：北京大學出版社，1995)。Timothy B. Weston, *The*
　　　Power of Position: Beijing University, Intellectuals, and Chinese Political Culture,
　　　1898-1929（Berkeley: University of California Press, 2004）.

[47]　Madeleine Yue Dong, "Defining Beiping: Urban Reconstruction and National
　　　Identity, 1928-1936,"（Honolulu: University of Hawaii Press, 2000）, pp. 121-138.

與影響，而這正是本書的重點所在。

縱觀學界與一般人筆下，所述遷都後到抗戰前的故都北平歷史，宛如以國都北京爲主題所譜出雄偉壯麗的交響樂中，一小段不和諧的變調插曲。唯獨曾居處北平的眾多文人學者，不論在當時或之後，都不掩飾對故都生活的眷戀與喜愛；但這些文人筆下再現的北平「文化古城」體驗，未能涵蓋北平城市文化與市民生活全貌，且（本書將論證）其菁華時段也非完整的故都十年，而是1930 年代前半期。董玥的專書與論文，可謂唯一涉獵故都北平時段、並述及當時政治、社會與經濟發展情形的學術專著，對本書頗具參考價值。她以天橋文化爲代表，論述民國時期北京城市在物質與文化生產的「再生」（recycling）特色，亦很有啓發性。[48]但畢竟因其主題爲整個民國時期北京，故都北平階段的發展相對地無法被凸顯與深入描述。綜言之，上述各種非學術與學術性的故都北平著述，文類雖繁多，所再現出的故都北平面貌卻略顯模糊而片斷。

---

[48] 董玥在其書中用「再生」這個概念，來分析民國時期的北京城市發展與文化特色。她將此概念界定為一種描述、或在理論上形塑一種能夠凸顯民國時期北京特色的「物質及文化的生產與流通的主要模式」（a primary mode of material and cultural production and circulation）。她認為，許多在民國時期面對危機的人們或政府，運用對傳統的物質或象徵進行資源再生的策略，以求對城市的轉變與變遷獲得某種控制權。再生的概念打破了新與舊、過去與現在的分野，而是強調一種存乎二者間的生生不息的動力關係。見 Madeleine Yue Dong, *Republican Beijing: The City and Its Histories*, pp. 1-18, 172-207.

重描故都面貌：史料運用與分析取徑

事實上，故都北平階段留下了豐碩而多元的資料與線索，供後人重新描模其歷史面貌。這些資料，包括已出版與未出版的政府檔案[49]、官方刊物（市政公報、警務旬刊、統計覽要、業務報告、行政紀要）、年鑑、數量龐大且種類繁多的大小報紙、期刊、小說、散文、時人論述等。其中較特別的，是燕京大學社會學或政治學系的學士與碩士畢業論文，多以當時北平社會問題為討論主體，透過抽樣調查、量化統計與訪問紀錄等研究方法，為後世研究故都北平提供社會學的研究成果與數據。[50]本書盡可能運用性質各異的史料並發揮其特色，揚棄從國都角度居高臨下地審視故都命運的舊眼光，以故都北平為主體，重繪其歷史圖像。一旦袪除國都優於故都的刻板觀念後，便可從故都北平不同於前的發展，體會政治光環消散後，更得以顯露的城市本質與風格。也惟有細膩爬梳故都北平自遷都後，因應時局的種種調整、轉變與求生之道，才能發掘與論述這段獨特的「故都北平」城市經驗，在國民政府訓政階段中，逐步展現有別於上海摩登西化式的另一種城市現代性。

---

[49] 已出版者主要收入北京市檔案館出刊的《北京檔案史料》。未出版的檔案，則收於北京市檔案館與台北新店國史館。

[50] 如牛鼐鄂，〈北平一千二百貧戶之研究〉，燕京大學社會學系碩士畢業論文，1932 年 5 月。梁治耀，〈北平市政之研究〉，燕京大學法學院政治學系法學士畢業論文，1932 年 5 月。張如怡，〈北平女招待研究〉，燕京大學文學院社會學系學士畢業論文，1933 年 5 月。陳哲，〈北平市警察行政〉，燕京大學法學院政治學系畢業論文，1937 年 5 月。

在近代中國城市追求源生於西方的現代性過程中，北京的表現頗有別於其他商埠都市：在國都階段，心態保守的中央政權，多少起了壓抑西化、追求時髦的作用，傳統文化仍居社會主流；到故都時期，北平把傳統文化當成繁榮城市的寶貴資產，在追求與擁抱西方進步物質文化的同時，卻在價值觀與城市意象上，保留中國文化的精神。有意思的是，這種充份開發傳統精髓，以重新定位城市、賦予城市新生命的努力，只有當北京成為故都之後，才獲得充份展現。

由於在此之前，有關故都北平的政治、經濟、社會及消費生活等研究，仍處於捉摸輪廓的階段，本書的研究旨趣，毋寧是以各種史料──尤以檔案與報紙為主──做基礎，去探索與重現當時北平社會樣貌及時人的觀感與認知，因而未援用特定理論概括檢視那段過去。書中進行討論時，主要採取質性敘述與量化數據相互檢驗與應證的史料分析法，盡可能使當時人的各類北京生活經驗或觀察敘述，有某些社會學式調查的數據可參照，以期拼湊出較貼近故都北平實貌的歷史圖像。

應予說明的是，雖然本書未預設特定理論架構，卻仍受諸多既有研究與論述的啟迪。如董玥所提 1930 年代前期，北平市府致力於打造「寓傳統於現代的城市」（a modern city of tradition）、及民國北京獨有的城市資源「再生」特質；生理及社會文化的慾望與需求互涉，而激發出的近代情色消費[51]；市民大眾某些先入為主的刻

---

[51] Robert Bocock 著，張君玫、黃鵬仁譯，《消費》. 頁 11-12、107、118-145、149-150。

板印象，所衍生具濃厚性意涵的女性服務業論述[52]；以及柯瑞佳（Rebecca Karl）與顧德曼（Bryna Goodman）對 1920 年代中國報刊業發展特色所提出的見解[53]；這些都有助於本書詮釋遷都後北平社會的種種社會現象與消費表現。期望透過適時借助前人研究的精闢論點，使數量龐大紛雜的各類史料，得以具體而微且恰如其分地訴說故都北平的故事。

談新說變：「故都北平」故事重述

誠如上述，「故都北平」故事的舊版，宛如國都故事無精打采的續集，情節敘述不夠清楚，過程也多匆促帶過，幾乎未見從頭到尾交待完整的版本。本書基於前述種種動機，盡量蒐羅各種「談資」，準備再講一次「故都北平」故事。若再以前述的「落難命婦」來比擬，則本書要陳述的，是她面臨家庭劇變後，如何施展本事力求生存、自我要求以掙得尊重、身處困境仍自得其樂的生命歷程。這個故事的核心概念，在從消費視角出發審視各種「變」數所

---

[52] Miriam Silverberg, "The Cafe Waitress Serving Modern Japan," in Stephen Vlaston, ed., *Mirror of Modernity*: *The Japanese Invention of Tradition*（Berkeley: University of California Press, 1998），pp. 208-225.

[53] 如透過報導日常生活事件來引導與形塑價值觀，以及報紙對情色事件益發開放與細節式的描繪及討論所反映的多元現代情慾交流。見 Rebecca E. Karl, "Journalism, Value, and Gender in 1920s China," 東海大學社會系專題演講稿，2005 年 5 月 2 日。顧德曼（Bryna Goodman），〈向公眾呼籲：1920 年代中國報紙對情感的展示和評判〉，《近代中國婦女史研究》第 14 期，2006 年 12 月，頁 179-204。

促成的「新」貌，舉凡新情勢、新條件、新趨勢、新資源、新主力、新服務、新享受、新規範；故事的情節內容，便以這些概念為主軸，分五章循序漸進地敘述。

欲瞭解遷都後的北平城市轉變，首須從政局與時勢變遷談起，畢竟這是導致該城從國都成為故都的關鍵點。本書第一章結合遷都後到抗戰前的華北時局變遷、北平市政更迭與社會發展，鋪陳故都十年變動不居的時代脈絡，以及持續相應調整的商業情勢與消費條件。由於以往學界對這段故都北平歷史並不重視，自未細究那十年間可能出現的階段性發展。實則當時北平城市生活與社會經濟，隨著國內外情勢的演變，大致形成三個階段：即遷都後兩年（1928-1930），1930 年代前半期，以及抗戰前兩年（1935-1937）；而介於第一與第二階段之間，還有 1930 年春夏曇花一現的北平擴大會議插曲。筆者將說明，此種城市發展的時段演變，既與國內外政局大體呼應，也與市政建設及市民消費緊密相連。本章第一節即以時局演變為時間縱軸，說明北平商業在大環境刺激衝擊下的起伏興衰，第二節透過各種量化數據，輔以質性史料的敘述，分析遷都後北平的城市消費條件產生的轉變。

基於第一章對時代背景的勾勒與城市消費新條件的說明，第二章討論北平如何在新的消費環境中，形成某些消費趨勢、並開發新的消費資源。第一節主要析論廟會、新式商場、天橋市場、公園與遊戲場這些原已存在的重要消費據點及型態，在故都北平時期如何因人口結構、消費能力與商業規模的轉變，出現新的發展局面。第二節則探討北平城市本身及其既有資源，如何在執政

當局出於繁榮市面與重塑形象的動機，透過展覽會與遊覽區等建設，把「老大故都」轉爲「文化新市」。[54]亦即，開發城市固有文化資產，將之再生爲具經濟效益的重要消費資源，以刺激城市繁榮，使其不僅相應地形塑出新的故都城市定位，也使北平市民與中外旅人，得以獲取某種歷史文化消費的期待感與滿足感。

本書第一與第二章主要敘述的是時、事與地的相關轉變與發展，第三章之後，則將主軸轉至人爲的表現，縷述城市的消費新環境與新條件所孕育的消費新主力、各種圍繞消費而滋生與流洩的慾望，以及執政當局抑制這些慾望的努力、與民眾的抵拒。第三章選擇三類對故都北平消費有重要貢獻的消費群體，即文人學者、學生與外僑，說明這些群體如何得以成爲故都北平社會的消費新主力，並介紹他們的消費表現與特色，及其自身消費感受。在介紹這三類消費族群的實際表現之前，本章第一節將先論說故都北平時期孕育出的「文化古城」書寫、其所反映的北平城市新貌與消費風格、及這些故都經驗的文本如何透過出版界的流通，再塑城市形象。這三大群體的消費表現，不只重要地支撐著故都北平的社會經濟，也共同反映出故都北平某種不同於國都階段的消費風格。

第三章鎖定的討論對象，是三類城市重要消費者，第四章進而將重心移到提供新消費的職業群體——女招待與舞女，藉由圍繞這些新興服務業女性而衍生的種種消費行爲，例述當時北平的市

54　〈繁榮北平之新設計〉，天津《大公報》，1929 年 2 月 12 日，第 4 版。

民生活與兩性文化所展現的新面貌。第一節先簡要綜述近代北平婦女職業的發展，分析女性服務業之所以在國都北京階段缺乏發展基礎、到故都時期則出現生機的社會經濟背景因素。再分別於第二節與第三節，專述女招待與舞女這兩群年輕的服務業女性，討論她們的出現與服務，如何爲故都的市民消費蒙上一層春色意涵，並爲兩性互動與市民文化，帶來某種不同以往的開放與頻繁交流的特質。

在遷都後形成的新環境與新條件，交相催生出新服務並提供消費者新享受的過程中，各方輿論的敘述、報導與批評，便順應而生，乃至流衍爲另一種層次的消費與品評文化。另一方面，市民消費的表現方式與程度，除了受時局與社會經濟的大環境影響，及取決於人民的收入之外，還可能遭到當局出於保持社會良好風氣的動機，而被規範或限制。在以維護中國優良傳統自居、並以之爲城市特色的故都階段裡，北平市政府特別以維持風化爲己任，尤其在新生活運動推行期間，當局更出於國府呼籲與自身期許，強力規範市民言行與消費表現中可能暗藏或流洩的春色。然而，社會大眾對於公權力的強制規範與禁令，是否一致接受並遵從，則是另一回事。本書最後一章，將以市民的情色消費與兩性言行所衍生的輿論品評、當局規範與人民抵拒爲討論主題，一來呈現故都北平的報刊如何消費都市情色，二來說明市府措施與市民消費的互涉。第一節以第四章的敘述爲基礎，主要分析女招待與舞女的服務所產生的豐富輿論評述。首先區分不同文類的輿論品評，所產生的不同言論效果，與流露的各色慾望，綜論這些

品評文化在故都北平的社會與性別意涵。再以女招待與舞女的自述以及某些輿論的同情回應爲例，說明這些被視爲消費客體的服務業女性，爭取做爲敘述主體的種種努力。第二節與第三節分別將重心放在市府維持風化措施的實踐、以及市民對這些措施的直接間接抵拒，其中亦說明當局如何因應情色消費與女性違紀情形日趨嚴重，開始設置女警察這個新職業。透過以上五章層面各異卻相互扣連的討論與分析，本書將故都北平置於變遷而動盪的時局脈絡中，從廣義的消費視角出發，綜覽政治、經濟、社會、文化與兩性社交各層面的發展與轉變，所共同交織出的故都北平新貌。

第一章 故都新形勢：時局變遷與消費新條件

在 1928 年之前，北京的都城身份，幾百年來已成常態；即使 1912 年清帝遜位、民國肇建之初，曾有過一段北京與南京的建都之爭，北京仍在袁世凱的處心積慮下，保有國都地位。[1]民初到 1920 年代的北京，群集眾多新舊權貴、富商巨紳、軍閥政客，商界隨著軍政人物繁忙的交際活動起舞，社會經濟活躍興盛，各類消費行為熱絡，呈現出「動」的、繁榮的北京景象。雖然 1920 年代進入軍閥混戰的階段，戰事時而波及北京市面及民生，卻未影響權貴富戶與政要人物的笙歌享樂。

國民黨北伐成功與國民政府南遷的決定，為此後的北京城寫下歷史新頁。被改名為北平的北京，自過去幾百年來，首次以故都的新身份，面對市民、國人與外人。從遷都後到「七七」事變爆發近十年間，北平遭逢許多不利城市社會與經濟發展的政軍局勢，這些陸續對北平做為「故都」的新生，形成一道道嚴峻的考驗。故都北

---

[1] 周英才，〈南京北京：民國建都之爭〉，《文史精華》，總第 174 期，2004 年 11 月，頁 10-15。北京大學歷史系《北京史》編寫組，《北京史〔增訂版〕》（北京：北京出版社，1999），頁 397-398。

平的城市發展，並非如某些論者所謂，是「死」的、「靜」的、「停滯」的[2]，而是充滿變數、因應局勢起伏與社會演進，呈現出新面貌。若只以國都北京為本位來審視故都北平，未仔細探究與梳理遷都後的北平城市發展及轉變，僅以「蕭條沒落」與「衰敗凋敝」幾語概括之，是很非歷史的論斷。實則故都北平自力更生的發展過程，同樣也是「動」的，只不過內容與國都北京有別罷了。

故都北平的「動」態，尤其受時局影響而生的波動變遷，特別反映在起伏的商業情勢中。故都北平的「變」，則由遷都引發的社會反應開始，在接連而生的時局刺激下展現。這些變數與動因，促成故都北平社會的消費新形勢。本章即藉由析論遷都後商業情勢的轉變與城市消費條件的重組，揭開觀察故都城市轉變的序幕。

第一節　時局演變下的商業情勢

國都階段的北京，外有各地湧入而不虞匱乏的豐沛物資，內有皇親國戚與達官貴人的高度消費，除了如八國聯軍進攻京城的極少數例外，城市商業始終維持繁榮興盛的局面。遷都之後，原先供需活躍的商業表現迅速變樣，城市經濟發展陷入危機，連帶引發社會

---

[2]　〈京華辦辦〉，北平《北方日報》，1933 年 7 月 30 日，第 3 版。類似言論，如《晨報》社評所言：「自國都南遷以後，北平在經濟上已為死城，適值全世界不景氣，經濟恐慌襲入中國，北平乃益陷於窮寂狀態：商民困苦，百業蕭條，稅收銳減，財政枯竭。」〈發行公債與平市新建設〉，北平《晨報，1936 年 9 月 17 日，第 2 版。另見徐醒，〈故都「游戲場」速寫〉，北平《晨報》，1937 年 1 月 22 日，第 7 版。

不安。然而，此後故都北平的商業發展，並非只由遷都這個利空因素決定；國內情勢異動與外國勢力侵略等時局變數，都左右著故都北平的商情與市況。本節將討論 1928 年至 1937 年間的北平商業情勢，隨著國內外時局的變遷，出現什麼樣的興衰更迭，以此展開對遷都後北平城市轉變與消費形勢的背景探討。

一、蕭條不安：國府遷都的衝擊

國府南遷並使北京成為北平特別市的變局，雖未對北平造成實質的城市破壞，卻重挫其商業情勢、社會經濟與民心士氣。北平市各界要求重新建都北平的呼聲，在此後的一兩年間，仍不絕如縷，卻徒勞無功。[3]1928 年 7 月成立的北平特別市政府[4]，處於國府人員

---

[3]　〈建都北平運動〉，北平《新晨報》，1928 年 8 月 14 日，第 3 版。〈全國商界均主張建都北平〉，北平《益世報》，1928 年 8 月 13 日，第 7 版。〈總商會昨開董事會 討論議案多項〉，北平《世界日報》，1928 年 8 月 16 日，第 7 版。〈力主建都北平之建議書〉，北平《新晨報》，1928 年 8 月 27 日，第 7 版。古愚，〈組織政府聲中的街談巷議〉，北平《新晨報》，1930 年 3 月 29 日，第 9 版。

[4]　北京雖身為歷史悠久的國都，卻直到民國之後，才出現近代化的行政組織。清末的北京屬於順天府，在行政上歸直隸省管轄。1914 年，北洋政府改順天府為京兆地方，轄區為北京城及周邊的 20 縣。該年 6 月 7 日，北洋政府在北京設督辦京都市政公所，負責的是城市的總體規劃，及基礎設施的建造與維修。另設有京師警察廳，其任務包括維持秩序、徵收捐稅、人口調查、消防與商業管理。若以都市的組織與行政沿革來分期，從 1914 到 1928 為京都市政公所主導的創建階段。在這段期間，北京市政當局開始以其認定的公共利益，做為規劃都市空間與進行都市建設的主要原則。整體而言，遷都前的北京，已在市政公所的主導下，啟動近代化的過程，將北京建設成具有近代城

入京接收、中央機關倉促撤離、首任市長陣前易人[5]、新單位匆忙成立、各處室人員趕緊走馬上任、行政資源及財政收入大不如前的混亂與艱困狀態中，市政建設困難重重，自無力提振城市商業與民生。[6]

市基礎設施的京都。見譚列飛，〈北京近代市政建設的發軔及其特點〉，《北京檔案史料》，2002 年第 3 期，2002 年 11 月，頁 194-210。史明正，《走向近代化的北京城──城市建設與社會變革》（北京：北京大學出版社，1995）。王國華，〈民國時期的北京〉，《北京檔案史料》，2001 年第 2 期，頁 329-334。白淑蘭、趙家鼐選編，〈北平市之沿革〉，《北京檔案史料》，1993 年第 3 期，頁 27-31。至於新成立的北平特別市政府，下設財政、土地、社會、公安、衛生、教育、工務、公用八局，與過去階段相較，組織更為齊備。〈續陳本府暨附屬機關沿革及經費大概情形由〉，北京市檔案館藏，1930，卷宗號 J001-005-00054，頁 2。北平市工務局編印，《北平市都市計畫設計資料第一集》，1947 年 8 月，頁 8-9。

5　在國民革命軍接收北京初期，京津衛戍總司令閻錫山曾呈請中央，任命仇鰲為北京特別市市長；後南京國民政府又擬任何成濬為北平特別市市長，但何辭就此職而未上任。中央執行委員會政治會議最後決議任命何其鞏為北平特別市市長。此乃因蔣中正為安撫馮系將領而請馮玉祥推薦北平市長之人，馮遂推薦旗下的何其鞏。何氏於 1928 年 7 月 13 日午後一時，在燈市口市政府正式就職。見洪喜美編，《國民政府委員會會議紀錄彙編（一）》，頁 307、320。〈北京特別市長內應何成濬即發表〉，北平《京報》，1928 年 6 月 24 日，第 3 版。〈何成濬辭職，請准予交卸本兼兩職〉，北京《京報》，1928 年 7 月 6 日，第 2 版。〈何其鞏就特別市長職〉，北京《京報》，1928 年 7 月 13 日，第 2 版。喬凌霄，〈民國首任北平市長何其鞏〉，《北京社會科學》，2003 年第 1 期，2003 年 2 月，頁 76-82。

6　〈市府每年收支總數〉，北平《新晨報》，1928 年 11 月 2 日，第 6 版。〈財政局大裁員〉，北平《新晨報》，1928 年 11 月 20 日，第 6 版。〈平京財政收支相差甚鉅〉，北平《新晨報》，1928 年 11 月 29 日，第 6 版。〈市府及各局縮減經費〉，北平《新晨報》，1929 年 6 月 20 日，第 6 版。

觀諸當時的北平社會經濟情勢，遷都之舉引發的連鎖效應，一是商場行情廣受打擊，二是人民消費購買力普遍下降，三是直接間接導致失業及貧民人數驟增。[7]政治決定、商業市況與社會人心不斷地相互拖累，使遷都後的北平社會瀰漫低落氣息；繁華的舊北京與蕭條的新北平，在各類論述中形成強烈對比。[8]相對於南京國府與某些輿論對「新北平」與市政府的理想期許，故都北平的實際社會新貌既不振奮人心、也缺乏生氣。有關北平經濟不振、市面凋零、失業嚴重的社會評論，或論調悲觀的時人預測，充斥報端。[9]北平政治分會為抒緩此一情勢，電請中央政治會議將河北省政府移設北平，以振興該市因遷都衝擊而急遽惡化的市況。[10]國府不久後

---

7 〈平市經濟狀況之今昔觀〉，北平《新晨報》，1928 年 12 月 4 日，第 6 版。〈張市長宣誓就職誌錄〉，《北平特別市市政公報》第 1 期，1929 年 7 月 8 日，頁 1-7。

8 涿鹿呂復，〈北平市制與河北省會問題〉，北京《京報》，1928 年 7 月 9 日，第 5 版。〈風行故都之女招待商店飯館聘用者達四十餘家〉，天津《大公報》，1930 年 4 月 16 日，第 9 版。〈平市人口逐漸稠密〉，《北平新報》，1932 年 4 月 14 日，第 4 版。池澤匯、婁學熙、陳問成編纂，《北平市工商業概況》（北平市社會局印，1932），頁 374-378。杜麗紅，〈20 世紀 30 年代的北平城市管理〉，中國社會科學院研究生院近代史系博士論文，2002 年 6 月，頁 1-4。

9 燕伯，〈旅店行之調查〉，北平《新晨報》，1928 年 11 月 13 日，第 6 版。愚哉，〈請注意貧窮後發生的現象〉，北平《京報》，1929 年 9 月 4 日，第 8 版。〈北平凋敝之象徵〉，北平《益世報》1930 年 9 月 5 日，第 7 版。〈本市商業極蕭條〉，北平《益世報》，1934 年 3 月 1 日，第 7 版。

10 洪喜美編，《國民政府委員會會議紀錄彙編（一）》，頁 437。南京《中央日報》甚至直言，「河北省府不移平，再過半年，將成廢區。」〈北平市況日就衰落〉，南京《中央日報》，1928 年 8 月 23 日，第 1 張第 3 面。

議決，將河北省政府自 1928 年 10 月 12 日起，從天津移到北平。[11]此舉使某些論者對北平的政治前景，又燃起一絲希望，認為省會地位「為北平計，自有小補」，將對該市商況有所裨益。[12]但就當時報論觀之，北平自遷都後迅速衰頹的市面與營業，依舊未見起色。[13]

值此城市發展遭逢遷都打擊、社會危機叢生之際，輿論多將建設北平的希望放在市府當局。[14]首任市長何其鞏（1899-1955），因體恤市民謀生艱難，擬於不增稅的前提下建立「質潔的新北平」，即以最有限的支出，改善市容、淨化環境。[15]無奈北平市府獨力難撐國府遷都以致資源嚴重流失的困局，何其鞏上任不及月餘，市財

---

[11] 中華民國史事紀要編輯委員會編，《中華民國史事紀要：中華民國十七年（1928）七至十二月份》，頁 619。

[12] 中華民國史事紀要編輯委員會編，《中華民國史事紀要：中華民國十七年（1928）七至十二月份》，頁 619。

[13] 〈繁榮北平之新設計〉，天津《大公報》，1929 年 2 月 12 日，第 4 版。

[14] 有論者言，當國都南遷後，「東北兩方的防務，中央之控制既遠，警備與設計，大部分的責任，都在北平當局的肩上。」楊杰，〈新年獻詞〉，北平《晨報新年贈刊》，1929 年 1 月 1 日，第 2 版。類似的言論，亦可見劉蔭遠，〈北平的繁榮問題〉，天津《大公報》，1928 年 9 月 7 日，第 10 版。〈新市長的責任〉，北平《京報》，1928 年 6 月 30 日，第 2 版。

[15] 〈何其鞏整頓北平市政畫〉，南京《中央日報》，1928 年 7 月 17 日，第 1 張第 3 面。另見〈新北平的建設〉，北平《新晨報》，1928 年 8 月 15 日，第 7 版。〈何其鞏談北平市政計劃之進行昨發表八項意見〉，北平《世界日報》，1928 年 8 月 30 日，第 3 版。工務局並在何其鞏的要求下，迅速進行各項整理市面、清理街道馬路、翻修牌樓等十二項相關工程，「以期質潔，而壯觀瞻」。〈北平工務近況 市政府正在積極整頓〉，北平《世界日報》，1928 年 9 月 1 日，第 7 版。

政已積欠十萬元之債，年底時更虧損近三百萬元。[16]市府惟有以繁榮爲目標，重建市民對「新北平」的向心力，盡量緩解遷都的負面效應。[17]可惜事與願違，北平各行各業向公安局呈報歇業的家數不斷上升，公安局則擔心若各舖陸續關門，將有礙市面觀瞻，且唯恐造成經濟恐慌的骨牌效應，多半不批准那些歇業呈請。[18]商家歇業也不是，不歇業損失更劇，苦不堪言，頹喪氣息充斥市面。1929年5月，西北一帶不少難民，因旱災之害湧至北平，更加重該市的經濟負擔。[19]

　　國府南遷一年之後，北平商業賠累日多，市府財政入不敷出，社會失業問題嚴重，民生凋敝之象，每下愈況。[20]《京報》有位撰

---

[16]　〈北平市收入月僅五萬元〉，北平《京報》，1928年8月16日，第3版。根據1928年10月北平市特別政府呈南京財政部的函稿中，說明北平市全年收入共約274萬9千1百餘元，全年支出約560萬零8千餘元，嚴重入不敷出。〈本市全年收入總額先行電復簡明清冊另文造送電〉，北京市檔案館藏，1928，卷宗號J001-005-00002。〈市府每年收支總數〉，北平《新晨報》，1928年11月2日，第6版。

[17]　市府徵求市歌、公佈市花、乃至於爭取接收市內各公園之舉，其意皆在提振民氣，凝聚民心。〈北平市歌〉，北平《新晨報》，1929年2月19日，第6版。〈何其鞏以菊花爲北平市花　並有原啓和說明書〉，北平《世界日報》，1928年11月10日，第7版。

[18]　〈救濟北平市況蕭條將施行北平繁榮計畫〉，南京《中央日報》，1928年8月26日，第1張第3面。

[19]　〈大批難民到平〉，北平《新晨報》，1929年5月9日，第6版。

[20]　〈北平市政府關於補助本市經費及教育費給東北政務委員會的呈〉，1931，北京市檔案館藏，卷宗號J001-005-00070。〈張市長宣誓就職誌錄〉，《北平特別市市政公報》第1期，1929年7月8日，頁1-7。

稿者「愚哉」，依他參觀琉璃廠的經驗，寫出當時「大小舖戶，悽悽慘慘的呼聲」；書店老板並向他表示：

> 今年買賣，真是無從說起。大概八月節後，琉璃廠書籍古玩等舖，一大半要關門，其餘沒關門的，也就是沒法子關，勉強撐著罷了。不但琉璃廠如此，大柵欄、西單牌樓、王府井，又何嘗不是如此。撐著，也只能撐一年半載，哪能永遠撐著。[21]

過完中秋之後，此種凋敝商況隨著天氣轉冷，益顯悽涼。[22]根據社會局調查，中秋後半個月內，呈准歇業的商舖計約二百六十四家，已呈報而尚未批准歇業者，則有一百七十六家。[23]原在民初興盛一時的城南遊藝園，也因營業不堪賠累，準備暫停營業。[24]城市整體消費能力急速萎縮，以人力車的營業為例，乘客人數減少，車伕倒愈來愈多。[25]

國都南遷在北平引發的政治大地震，迅速而強烈地波及北平全體社會，直接衝擊廣大民眾賴以維生的各業發展。北平雖在 1928 年 10 月之後成為河北省省會，但這與當年獨一無二的國都身份，

21　愚哉，〈請注意貧窮後發生的現象〉，北平《京報》，1929 年 9 月 4 日，第 8 版。關於琉璃廠的介紹，請見本書第三章第一節。

22　袖手，〈樹葉來日的北平市面〉，北平《京報》，1929 年 9 月 19 日，第 8 版。

23　〈蕭條的北平〉，北平《新晨報》，1929 年 10 月 2 日，第 6 版。

24　〈蕭條的北平〉，北平《新晨報》，1929 年 10 月 2 日，第 6 版。關於城南遊藝園的介紹，請見本書第二章第一節。

25　〈本市人力車〉，北平《新晨報》，1929 年 7 月 1 日，第 6 版。另見劉半農，〈北舊〉，《半農雜文二集》（上海：上海書店，1935），頁 152-185。

全然無法相提並論；論者也多認爲北平既已非都城，不復以政治發展爲重的城市，應努力求新發展。[26]綜觀遷都後一兩年間的北平，勢單力薄、入不敷出的北平市府，加上商業不振、物價飛騰的經濟情勢，以及失業嚴重、人心浮動的社會局面，整個城市氛圍與群衆心理，因遷都而蕭條，因被棄而不安。直到 1930 年春，北平商業界才開始出現某種生氣；微妙的是，這仍是由政治力牽引而致，而且是一場涉及取代南京中央的軍政謀劃。

二、曇花一現：1930 年春的擴大會議

自 1928 年夏以降，北平始終被遷都的低氣壓籠罩，到 1930 年春，市府更因整體收入減少、西郊各村因天災而湧入大批難民等原因，屢向中央籲請補助賑濟。[27]各行各業未能得政府支援，社會經濟未見起色，著實困窘。[28]就在此一市面艱鉅的時刻，反蔣勢力於北平集結、召開擴大會議並企圖另組政府的風聲，在政治敏銳度頗高的北平商界中，迅速傳開。[29]北平的擴大會議（即「中國國民黨第二屆中央執行委員會擴大會議」的簡稱）可謂自 1929 年中葉以後，由桂系與馮系軍人以「護黨救國」爲口號發動的反蔣活動之後

26　拾穗，〈北方需要敏活二字〉，北平《成報》，1929 年 12 月 6 日，第 6 版。

27　北平市政府秘書處編印，《北平市政府統計特刊》第 2 號，1934 年 6 月，頁 4-7。〈市府籲請賑欵〉，北平《新晨報》，1930 年 3 月 1 日，第 6 版。

28　〈嗚呼平市商況〉，北平《新晨報》，1930 年 4 月 18 日，第 6 版第 2 張。

29　古愚，〈組織政府聲中的街談巷議〉，北平《新晨報》，1930 年 3 月 29 日，第 9 版第 3 張。

續高潮。[30]以汪精衛（1883-1944）為首的改組派、閻錫山、及西山
會議派等代表，自3月底開始陸續於北平協商折衝多次，並於7月
13日召開擴大會議，會後通電全國，宣布國民黨中央黨部擴大會
議的成立。[31]至此，國民黨正式分裂為北平、南京兩個中央黨部，
北平成為與南京對峙的「另一個中央」。[32]在這些反蔣人士的簇擁
聚合下，故都北平再次被推上政治舞台，成為閻、汪、馮等派系對

---

[30] 關於擴大會議的來龍去脈，見陳進金，〈另一個中央：1930年的擴大會議〉，
《國史上中央與地方的關係——中華民國史專題第五屆討論會論文集》第2冊
（新店：國史館，2000），頁1441-1470。另見陳公博，李鍔、汪瑞炯、趙令揚
編註，《苦笑錄：陳公博回憶（一九二五～一九三六）》（香港：香港大學亞洲
研究中心，1979），頁226-257。當時相關報導，見〈一週間國內外大事述評：
擴大會議成立〉，《國聞週報》，第7卷第28期，1930年7月21日，頁1-5。
〈一週間國內外大事述評：擴大會議正式會〉，《國聞週報》，第7卷第31
期，1930年8月11日，頁5-8。

[31] 改組派、西山派、閻錫山之代表，以及北平市府各局、各黨部與民眾團體代
表、中外新聞記者共約一百七十人。出席委員及代表共三十位具名宣言反
蔣，主張於最短時間內，召開全國第三次代表大會，並召集國民會議，以制
定約法。〈一週間國內外大事述評：擴大會議成立〉，《國聞週報》，第7
卷第28期，1930年7月21日，頁1-5。

[32] 陳進金，〈另一個中央：1930年的擴大會議〉，頁1441-1470。8月7日，擴
大會議在北平懷仁堂舉行第一次正式會議，由汪精衛擔任主席，並發表公開
宣言，指責蔣中正「遂其私心，藉黨治之名，以行個人獨裁之實」，並將他批
為「總理之叛徒，本黨之罪人，全國人民之公敵」。繼桂系李宗仁
（1890-1969，原為國民革命軍第四集團軍總司令）與馮玉祥在1929年的國軍
編遣會議後陸續起兵抗蔣之後，北方的閻錫山終於在北平匯集了國民黨左右
派的反蔣勢力，以求「同心戮力，去此元兇（註：指蔣）」。〈一週間國內外
大事述評：擴大會議正式會〉，《國聞週報》，第7卷第31期，1930年8月
11日，頁5-8。

蔣爭黨統與政統的新中央。9 月 1 日，北平擴大會議第五次會議通過「國民政府組織大綱」，成立北平國民政府。[33]

從 1930 年春開始，擴大會議的籌備與進行，對受到遷都打擊而頹喪低調的北平政商界而言，就像興奮劑般提振精神並刺激活動。參與擴大會議的易克枲（1883-1967）曾言，「搞北京擴大會議的人們往來如織」。[34]當時在北平擔任《大公報》記者的孔昭愷（1911-1990）也憶及當時「一時風雲驟起」，原已被政治權貴棄離的北平，又有「冠蓋滿京華」之勢。[35]

這些為了商討擴大會議之事而來往北平的眾多政商代表，迅速帶動該城在國都時期習以為常的應酬交際風潮。隨著各股政、黨派系力量在北平的運作，北平的商界與娛樂界都顯露蓄勢待發的跡象。《大公報》記者如此敘述當時北平商界的算計：

---

[33] 該次會議推選閻錫山、馮玉祥、汪精衛、李宗仁等七人為國民政府委員，以閻錫山為主席，並設立十一個政府部門。北平國民政府由此成立，閻於 9 日就任國府主席，並向記者表示，總司令部將移設北平，他也將「常駐北平，往來於各處。」〈一週間國內外大事述評：北方政治轉積極〉，《國聞週報》，第 7 卷第 35 期，1930 年 9 月 8 日，頁 1-5。〈一週間國內外大事述評：閻汪謝就職府委〉，《國聞週報》，第 7 卷第 36 期，1930 年 9 月 15 日，頁 1-5；1-6。

[34] 易克枲，〈我在閻馮蔣中原混戰中參加的一些活動〉，中國人民政協會議上海市委員會文史資料工作委員會編，《文史資料選輯》第二十輯（上海：中華書局，1965），頁 64-90。

[35] 孔昭愷，〈我在北平做記者──舊《大公報》"坐科"回憶片斷〉，中國人民政治協商會議北京市委員會、文史資料研究委員會編，《文史資料選編》第三十九輯（北京：北京出版社，1990），頁 67-93。

近來商業方面，見閻馮討蔣意志堅決，且有在北平成立政
府之訊，故於頹喪狀況下，頓然現出興奮精神來。近忽決
定暫行勉強支持三數個月，以俟市面活動，其資本寬厚之
各大商店，近已紛紛聯絡，議商請求閻馮，早速成立政
府，恢復北京名稱等事。……聞此項運動，初時係由少數
商人之私相討論，不久即釀成大多數商家，希望其事實
現，及至現在各行會商董等，都言時機業已到來，故此決
定向總商會，提出此項大問題，要求召集各行商量，開一
大會，公同決定切實的辦法，始得全體意見一致時，即請
總商會代表，拍發情求閻馮，恢復北京成立政府之電報，
以期北京繁榮早復原態，俾救垂斃之商業，即現在失業之
市民，亦可求得生活云。[36]

　　這些北平商人多依循遷都前的思考模式，深信政治活動能帶動
商機，只要能提振該市商況、復甦經濟的訴求，都值得支持。因
此，各行會商董聯請總商會代表，電陳閻錫山與馮玉祥早日在北京
成立政府，以使北京恢復過往繁榮。[37]根據記者觀察，馳騁各街馬
路的汽車漸增，城內、外各飯館餐堂宴客酬酢之人變多，各旅社客
棧的生意，也因新來投考學校的外地學生加入，而顯得活絡。王府
井大街上的東安市場各業展現繁榮氣象，西單商場因近來增設遊藝

36　〈北京問題〉，天津《大公報》，1930年5月6日，第9版。
37　〈北京問題〉，天津《大公報》，1930年5月6日，第9版。

商場與哈爾飛戲院，更覺熱鬧。[38]

　　1930 年 4 月初，當北平的反蔣空氣開始浮現時，《京報》出現一篇具弦外之音的小篇社論，名爲〈應該湊熱鬧〉。起頭寫著那幾天北平很熱鬧，各公園、行宮、西山的花開得好，南苑賽馬熱絡，一批批遊歷團幾百人陸續來平，連各飯店與旅館也添上跳舞場，一起「在那裏湊熱鬧」[39]；話鋒一轉，接著寫道：「若是大家，真打算再造一個政治中心在北平，那市面，或者還可好一些。」該文作者深得北平發展之箇中三昧，知曉惟有政治力最能帶動北平的「熱鬧」；也因《京報》當時反蔣立場明顯，因而有此一倡。[40]簡言之，不論反蔣與否，北平商人確實歡迎各式各樣能活絡市面、刺激景氣的「湊熱鬧」，一時之間，擴大會議對提升北平經濟與商業士氣，發揮了某種刺激效果。[41]

　　沸騰一時的北平擴大會議，隨著張學良的挺蔣以及反蔣戰爭的失敗，迅速煙消雲散。[42]南京之外的「另一個中央」無從成立，北

---

[38]　〈平市商業狀況鳥瞰〉，《北平日報》，1930 年 8 月 25 日，第 7 版。

[39]　該文作者之意在於，雖然這些熱鬧是浮面的現象，而非真正的工商業發達，但或許能由這種種浮面的熱鬧，以及吸引遊人來平的能力，逐漸誘使工商業發展。〈應該湊熱鬧〉，北平《京報》，1930 年 4 月 8 日，第 6 版。

[40]　此因《京報》當時屬馮系機關報，因而反蔣另立政權之說濃厚。見郭廷以編著，《中華民國史事日誌（第二冊）》，（台北：中央研究院近代史研究所，1984），頁 498。

[41]　〈平市繁榮見起色〉，天津《大公報》，1930 年 9 月 16 日，第 5 版。

[42]　張學良在蔣的遊說下，於 9 月 18 日通電擁護南京政府，並派十二萬東北軍分批進關，於該月 21 日之後陸續接收北平，此後並掌控河北、山西、察哈爾與綏遠四省。見擴大會議先是退往太原，決繼續辦公；後於 10 月下旬通過《約

平所承受的政治後果，是在 1930 年 10 月被解除河北省省會的身份。[43]此後北平軍政發展進入張學良的東北軍系控制的時代，在政治上維持低調，不再與南京唱反調。至於因擴大會議的醞釀與召開而喧騰振奮一時的北平市面，再次經歷類似遷都後政息商亡的過程，顯得異常落寞。某位於 1930 年冬赴北平的天津旅人，慨嘆「目下的北平，可以說是『市面蕭條』『生活日艱』了。」[44]

乍看之下，這場前後僅約半年的北平擴大會議，除了政界人物的奔走聯繫與商界中人的精打細算之外，未見與廣大市民的生活發生關係。[45]事實上，由於消沉近兩年的北平商界，將這個集結各方政治要人的北平新政局視為黑暗中的一盞燭光，莫不爭先把握良機，採取新的營業策略以振興商況，因而對日後的市民消費產生直

法草案》，並匆匆宣佈結束。周琇環編註，《蔣中正總統檔案·事略稿本 8──民國十九年四月至九月》（台北：國史館，2003），頁 534-581。宵恩承，〈華北風雲（上）〉，《傳記文學》，第 55 卷第 6 期，1989 年 12 月，頁 49-56。

[43] 行政院在 1930 年 6 月 3 日的第七十二次會議中，通過改特別市為市等案，政府明令公布內政部所定的新「市組織法」，包括上海、天津、南京、青島與漢口在內的特別市，都應除去「特別」二字，而直隸於行政院。同為特別市的北平，則因當時仍為河北省政府所在地，所以改稱為北平市，隸屬河北省政府管轄。繼而，當擴大會議失敗後，國府於 10 月中旬議決，將河北省政府從北平遷至天津，北平再度轉為院轄市。朱匯森主編，《中華民國史事紀要：中華民國十九年（1930）一至六月份》（台北：國史館，1987），頁 726-727。朱匯森主編，《中華民國史事紀要：中華民國十九年（1930）七至十二月份》（台北：國史館，1990），頁 699-703。

[44] 鄭書年，〈目下的北平〉，天津《大公報》，1930 年 12 月 31 日，第 9 版。另可見〈蕭條北平的計畫〉，北平《導報》，1931 年 1 月 11 日，第 5 版。

[45] 柱宇，〈北京〉，北平《實報》，1930 年 4 月 14 日，第 4 版。

接間接的影響。舉例而言，不只上等飯莊與大商舖因政客再度光顧而略現起色，中等飯館也趁機爭取僱用女性服務員（即女招待）以廣招徠，而新興的西式舞場也聘用舞女以吸引顧客，不期然地為北平的市民消費型態與兩性文化揭開新頁。[46]

三、險中求存：從「九一八」到《塘沽協定》的戰爭陰影

　　自 1900 年八國聯軍攻入大肆破壞之後，北京不曾再受到外國勢力的戰爭威脅。雖然 1920 年代迭次出現的軍閥戰事，與由此滋生的城郊災民，多少影響該城的商業經濟與市民生活，但國都北京的雄厚消費資本，仍因大批政治權貴的坐鎮，而未被根本動搖。[47]相對地，故都北平階段則面臨新形勢：以往的軍閥混戰不再，倒是日本從東北到華北的軍事行動與日貨走私等行徑，對北平商況造成重大影響。在故都十年期間，北平雖未真正被日軍佔領，但從「九一八」事變開始，已漸被捲入日軍的勢力暴風圈中，一次次面臨戰爭威脅而虎口逃生。每一次的戰爭陰影，都相當程度地摧殘北平商業，影響民心消費，導致人口再次流動。

---

[46] 關於女招待與舞女的職業發展及其與市民消費的關係，請見本書第四章與第五章。

[47] 例如 1920 年 7 月的直皖戰爭，殃及北京郊區，而當時也天災不斷，使許多農戶無以為生，該年又逢嚴冬，京城四郊凍死與餓死者不計其數。再如 1926 年直系與奉系合作與馮玉祥的國民軍對峙，雙方戰事再次殃及北京郊區，四郊難民達 40 萬之多，許多逃入北京城，對城內經濟造成相當負擔。見習五一、鄧亦兵著，曹子西主編，《北京通史》第 9 卷，頁 16-17, 32-34。

　　1930 年春的擴大會議無疾而終之後，北平短時間看似熱鬧的表象迅即消散。不過，到 1931 年初，北平的市面與商業開始出現如《晨報》記者所描述的「苦盡甘來」局面。該記者根據市府的調查報告指出，北平市面與商業逐步穩定發展，人口持續成長，城市發展漸趨佳境；主要原因，包括城市交通便利、物價普遍低廉、鄰近鄉縣較有資財的鄉民因土匪肆虐而避居北平、許多人移居北平以方便其子弟就學，以及崇文門關稅被撤，以致小本營業者不再受苛稅剝奪等。[48]直到「九一八」事變發生前夕，記者還以「樂土」的字眼，形容北平當時遷入者多遷出者少的情形。[49]

　　原本復甦有望的北平市面與經濟，在「九一八」事變之後又走了樣。事變發生時，身為東北邊防軍司令長官的張學良尚在北平，東北軍一時回防不及，加上張誤判關東軍的意圖，以為九一八事變無異於之前的萬寶山及中村事件等挑釁行徑，以不抵抗回應之，造成東北全面淪陷。[50]1932 年 1 月下旬，日本海軍不甘示弱地在上海

---

[48]　〈苦盡甘來之北平市〉，北平《晨報》，1931 年 2 月 22 日，第 6 版。北平崇文門常關稅（簡稱崇關稅）原是滿清政府為供應內廷費用而設置，屬於國稅的一種，因其增加商民負擔，久為社會所詬病，尤其在國府遷都後，北平的經濟急遽衰退，更不堪此類苛捐雜稅之重負。包括北平總商會、北平各業同業公會、北平市籌備自治委員會及河北全省商會聯合會等組織，都曾向國府陳請廢除崇文門關稅，最後由工商部提議，行政院會議於 1930 年 11 月 4 日，決議撤消北平崇文門稅關案。見朱匯森主編，《中華民國史事紀要：中華民國十九年（1930）七至十二月份》，頁 577。1931 年 1 月，崇關稅便正式裁撤。

[49]　〈北平乃一樂土：遷入者多，搬家者少〉，北平《益世報》，1931 年 9 月 4 日，第 7 版。

[50]　關於萬寶山及中村事件的經過，見周美華，《中國抗日政策的形成：從九一八

發動的「一二八」事變，與 3 月 1 日由日本扶持的滿洲國傀儡政權，陸續昭示日軍對中國的野心。[51]

「九一八」事變雖未對地處華北的北平造成直接軍事威脅，但日本關東軍鯨吞中國東北之後，北平也開始籠罩在日軍進逼蠶食的陰影中。對鄰近東北的北平而言，「九一八」事變的重要性，不只是響應中央呼籲停止宴會娛樂一到數日[52]，或因國難當頭而激發該市一波波的抗日運動風潮，更在於其導致人口遷移、人心浮動與市況不穩等情形。用文史學者鄧雲鄉（1924-1999）的話來說，「東北淪陷，給文化古城以極大震動。使從災官滿城、遑遑不可終日的狀態剛剛安定下來的北平，又騷動沸騰起來。」[53]

這場大變局首先對北平造成的實質影響，是東北軍政要人及其眷屬紛紛逃難到北平或天津，大批青年學生流亡到北平。[54]這次的人口流動，雖因部份東北或熱河的逃亡人士頗有些資財，多少有助於北平日後的經濟發展，但更多的中下階層難民與災民同樣湧入北

到七七》（台北：國史館，2000），頁 9-40。

51　劉維開，《國難期間應變圖存問題之研究：從九一八到七七》（台北：國史館，1995），頁 48-68。

52　事變發生後一週內，南京中央以東北各地被日軍佔領，人民慘遭無辜槍殺，是為「我國奇恥大辱」，於 9 月 23 日通令全國下半旗以示哀悼，停止娛樂宴會一天，「以誌不忘」。〈今日全國停止娛樂下半旗並停止宴會〉，北平《益世報》，1931 年 9 月 23 日，第 2 版。

53　鄧雲鄉，《文化古城舊事》（北京：中華書局，1995），頁 3。

54　〈東北官長眷屬大批逃難來平〉，《益世報》，1931 年 9 月 23 日，第 3 版。〈東北留平學生〉，北平《益世報》，1931 年 11 月 9 日，第 7 版。鄧雲鄉，《文化古城舊事》，頁 8。

平，對城市經濟再度造成壓力。爲數頗多的年輕學子逃難至此，無衣無食，某些原先已來此讀書的東北學生，則經濟來源斷絕，面臨失學危機。[55]

北平在 1932 年的元旦到春節的市面情形，最能說明「九一八」事變帶來的負面影響。市府有鑒於國難方興未艾，因而停辦多數官方主持的相關節慶活動，但爲求不過度打擊市面，仍繼續進行某些攸關市民消費的活動。受到時局的衝擊，各商攤生意低迷，只有少數娛樂場所還可見男女老幼結伴而行，各戲園紛紛卯勁畫夜開鑼，爭演佳劇以招攬顧客。[56]到 1932 年 1 月下旬，北平仍處於「戒嚴頻仍，商旅裹足」的局面。[57]1932 年 1 月 28 日在上海爆發的中日滬戰，離北平雖遠，但中日衝突所導致的非常氣氛，仍蔓延到北平。市公安局爲防患未然，禁止商民慶賀上元節（即元宵節），以杜絕日軍俟機滲透，不少商民因營業欠佳，無力舉辦慶賀事宜，也藉故停辦節慶相關活動，使該年 2 月 20 日的元宵節過得頗爲寂涼。[58]

受戰爭威脅的影響所致，1932 年春的北平社會出現兩種現象：一是愈來愈多東北民眾與各地難民群集北平，增加不少失業與

---

[55] 根據東北留平學生抗日救國會的調查，全北平市的東北學生中亟待救濟者共約二千七百餘人。該會函請市府盡速加以協助救濟。見〈東北留平學生〉，北平《益世報》，1931 年 11 月 9 日，第 7 版。

[56] 〈國難中之新年市面極爲蕭索〉，北平《民國日報》，1932 年 1 月 5 日，第 4 版。

[57] 〈減稅捐以維商業〉，北平《京報》，1932 年 1 月 25 日，第 6 版。

[58] 〈名存實廢之上元節〉，北平《益世報》，1932 年 2 月 21 日，第 7 版。

無業人口[59]；二是上海發生「一二八」事變之後，部份在遷都後出走江南的北平原居民、或上海等地的住戶，反往北平回流，使北平人煙竟顯稠密，房捐（按：即房屋稅）指數大幅上揚。[60]徵諸市府數據，1932年的北平全市人口，較上年度增加5萬6千餘人，增加幅度是1930年前半期最高的一年。[61]城市整體商業經濟，也比1931年底來得活絡。據公安局調查，1932年4月北平徵收的娛樂捐，共有17,000餘銀元，較「九一八」事變發生後的平市娛樂狀況，好轉不少。[62]即使日軍於1932年春在東北成立滿洲國，北平人民卻因戰爭危機時期已過，繼續過上承平日子，原先因「九一八」事變被啓動的國難危機意識，已大體消散。1932年底，有論者表示，即使「義勇軍與敵血戰，熱邊告急」，北平一般人民依舊展現「國難自國難，新年自新年」的態度，熱鬧迎新年。市面放眼望去，遍是點綴新年的事物，如鮮果、鮮花、月份牌、報章廣告、賀年卡片等，出門購置應景貨品與禮物的摩登小姐太太們，肩摩踵接。[63]殊不知華北更大的危險與困境，即將排山倒海而來。

　1933年元旦，日軍在榆關（即山海關）製造事端，炮擊臨榆縣

---

[59]　〈本市沒準飯喫的有八萬多人〉，北平《晨報》，1932年1月21日，第6版。〈平市失業者〉，北平《導報》，1932年4月17日，第7版。

[60]　〈平市人口逐漸稠密〉，北平《京報》，1932年4月14日，第6版。

[61]　北平市工務局編，《北平市都市計劃設計資料第一集》，北平市工務局印，1947年8月，頁15。

[62]　〈北平市日漸繁榮，樂娛捐大行增加〉，北平《益世報》，1932年5月12日，第7版。

[63]　振芳，〈故都歲暮的風光〉，北平《導報》，1932年12月30日，第7版。

城，與中國東北軍第九旅展開激戰，兩日之後攻陷榆關，並隨即發動對熱河與察哈爾的戰事。日軍繼佔領東北之後的侵略華北舉措，震驚北平社會。在東北爆發的「九一八」事變，畢竟在地理上離北平還有相當距離，榆關的陷落與華北戰事開打，則使北平曝露在日軍的直接威脅範圍內，對市民造成更大的心理衝擊。許多人驚惶出逃，富者更舉家火速遷離，汽車與自用人力車銷捐的情形，比比皆是。[64]不少學生自動請假，逃往南方家鄉，前門東西車站、平綏車站與西直門車站，從晨至暮擠滿了離平人潮。北平市面生意，頓時大受打擊，各行歇業者隨處可見，娛樂場所門可羅雀，人民婚喪等事都力求簡單。[65]

這段期間，可謂北平自遷都以來人心最為騷動之時，北平同時身受兩重危險之中：一為受日軍侵擾之危，二為可能遭中央棄守之危。[66]在雙重危局交迫下，好不容易在 1932 年略見回升的房捐──

---

[64] 〈關係北平安寧之二問題〉，北平《導報》，1933 年 1 月 9 日，第 2 版。〈離平者多〉，北平《導報》，1933 年 1 月 14 日，第 7 版。〈榆關事變後離平他徙者達五千餘戶〉，北平《導報》，1933 年 1 月 24 日，第 7 版。

[65] 〈國難聲中舊歷年之形色〉，北平《東方快報》，1933 年 1 月 25 日，第 6 版。〈市況蕭條勞働界多失業〉，北平《導報》，1933 年 3 月 13 日，第 7 版。

[66] 若從大局評估當時情勢，即如沈亦雲所言：「華北非東北可比，立刻要影響到全國。而華北的得失，繫於平津之守不守。斯時的平津，已不是軍事上能守不能守問題，而是政治上欲保不欲保問題。」見沈亦雲，《亦雲回憶》下冊（台北：傳記文學出版社，1968），頁 467-476。然而，就在「保平津」還在中央與各界輿論存有討論餘地之時，北平居民已飽受經濟之苦與心理折磨。關於保平津與否的討論，當時大多數北方輿論與文人學者，都支持守平津。具代表性言論者，見胡適，〈保全華北的重要〉，《獨立評論》，第 52、53 合期，1933 年 6 月 4 日，頁 2-6。但南方輿論不盡然皆持此論。1933 年 5 月 17 日的

其被視爲衡量人口興旺或經濟繁盛與否的標準之一——到 1933 年初又驟降。[67]雖然日軍並未真正攻打北平，但該市已出現種種軍事武裝準備，城門與各衝要處都堆上防禦沙袋，軍警當局嚴陣以待，以應付可能的日機轟炸與暴動陰謀。[68]

　　面對華北變局與戰爭威脅導致的人口流動與社會不安，北平的經濟與商況首當其衝受波及，娛樂場所普遍面臨不開業也難、開業也難的窘境。以電影業爲例，十餘家電影院業者在 1 月中旬都接到自稱「青年鐵血救國團」的來信，指北平值此國家危急之際，國人不該還沉溺於奢侈娛樂，電影院應即關閉。業者對這些指摘與威嚇，感到哭笑不得，因爲他們面對一落千丈、入不敷出的營業狀況，也很想停業，但「我們要向當局去報停業，在這個時候，當局恐怕不會許可。因爲各娛樂場要一齊停業，恐怕社會秩序上會發現不安寧狀態。歐戰時候，德國用大砲轟擊巴黎城，巴黎電影院要求

上海《晨報》社論便逕言：「吾人願見平津之化爲灰燼瓦礫而亡，不願見平津之託庇敵人而存。」見〈今日真到存亡關頭〉，上海《晨報》，1933 年 5 月 172 日，第 2 版。此外，西南政務委員會也於 1933 年 5 月 18 日發出對外通電，反對任何由壓迫所造成之妥協；意即寧棄平津也不願與日軍妥協。見〈複雜變動中之現局〉，北平《世界日報》，1933 年 5 月 21 日，第 4 版。相關討論，另見謝國興，《黃郛與華北危局》（台北：國立臺灣師範大學歷史研究所，1984），頁 165-167。劉維開，《國難期間應變圖存問題之研究：從九一八到七七》，頁 137-146。

[67]　〈榆關事變後離平他徙者達五千餘戶〉，北平《導報》，1933 年 1 月 24 日，第 7 版。

[68]　〈平防空已在準備〉，北平《導報》，1933 年 1 月 8 日，第 7 版。

停業，當局還不許可。」[69]電影業者這段對記者訪談的回應，暴露出北平娛樂業者的無奈，與政府維持商業運作的無力。這些業者深受華北局勢緊迫所苦，也瞭解若全面停止營業以節省每日開銷，恐過於影響市況與社會人心，因此各戲園影院業者商議過後，決定照常演戲，並各演「義務戲」一日，將所得款項交給商會，充作購買救國飛機之用，以示愛國與營業兼備。[70]

　　1933 年 3 月，日軍佔領熱河，並大舉進攻長城各口，由於戰事吃緊，北平從 1933 年 3 月 14 日開始實施戒嚴，此舉對原已疲弱的各行商業，更如雪上加霜。[71]各戲園與電影院的夜場演出被迫停

---

[69] 〈榆關陷落後平市各影院營業狀況：賠折虧累顧客寥寥，停業不得勉強支撐〉，北平《世界日報》，1933 年 1 月 15 日，第 8 版。

[70] 〈平市各娛樂場所生意蕭條欲罷不能〉，天津《大公報》，1933 年 3 月 14 日，第 13 版。

[71] 戒嚴之後，每晚 11 點以後即為戒嚴時間，各衝要街巷都有崗警與憲兵偵探來往巡邏。見〈平市戒嚴後〉，天津《大公報》，1933 年 3 月 16 日，第 13 版。在戒嚴前兩天，北平《導報》記者一篇對北平各界商業與市況的報導如下：「一、娛樂場所遊人寥寥，劇院影場坤書館營業倍形衰落，八埠娼寮，幾無遊客足跡。二、各飯莊飯館因生意蕭索已極，辭退工友及女招待者為數頗多，各處飯莊因喜慶開弔而光顧者尤不多見。三、各街巷商店因金融奇緊，暗累者十居八九，如米糧店、煤廠等。商業多形拒絕賒欠帳目，非日用商品店舉凡染坊油漆作甚至布店綢緞莊等業，多形歇閉，至浴堂理髮所猶少光顧者。四、各路長途汽車，因旅客近日極希，多形停開。五、住戶中客籍者紛形旋里，產戶曠閒房空頗夥，傭工男女僕，從被辭退者實繁有徒，甚至裝電燈電話無線電機停安撤消者，比比皆是。六、婚喪瑣事各界極求簡單，除婚娶者尚多用暖轎，死亡只用數名槓夫，其餘率從減消。至如喜轎鋪槓房冥衣鋪無不受此大擊，誠國難中之窘況云。」由此略可知當時北平市面受戰事波及的程度。見〈市況蕭條勞働界多失業〉，北平《導報》，1933 年 3 月 13 日，

止，市場生意跌落，連載客的人力車夫與沿途兜售的小販，也乏人
問津。平常多恃夜間謀生的娼寮，因恩客怕遭軍警盤查處罰而紛紛
止步，門可羅雀。[72]到該年 5 月初日軍動作頻頻之時，北平街頭益
發冷落，平日路旁擺設的臨時浮攤，如書、畫、水果、洋貨、瓷
器、糖果等，都不見蹤影。[73]

　　5 月之後，日機飛至北平偵察與投遞傳單數次，並增加駐紮北
平的日兵，尤使市民坐立不安。[74]那些被文人蕭乾（1910-1999）稱
爲「灰色鐵鳥」的日機轟轟震響，驚動古城居民。[75]日機雖未擲彈，
其飛臨北平上空的示威意味，已足使北平「市民都有『末日來臨』
之感」。[76]讀書人引以爲消息來源的報紙，帶給北平人頗不樂觀的

第 7 版。

72　〈人間地獄的巡視：戒嚴時期的北平娼寮僅三等下處尚堪維持〉，天津《大公
　　報》，1933 年 4 月 4 日，第 13 版。

73　〈國難嚴重中之北平（六）〉，北平《世界日報》，1933 年 5 月 3 日，第 8 版。

74　5 月 4 日，榆關日軍迫使鎮守北戴河的國軍撤退；5 月 11 日，日機偵察北平，
　　並隨機散發傳單。5 月 23 日，日方更藉口保護城內僑民，由天津調 600 多名
　　日軍，攜帶彈藥、機關槍與大砲等武器開至北平。且雖然中日雙方已於該月
　　下旬開始接觸談判停戰之事，但直到 26 日，日機仍繼續偵察北平、天津、塘
　　沽各地。見〈日方藉口保護僑民昨向北平增兵〉，北平，《世界日報》，1933
　　年 5 月 24 日，第 3 版。郭廷以編著，《中華民國史事日誌（第三冊）》，（台
　　北：中央研究院近代史研究所，1984），頁 257-259。〈日外務省昨日宣佈停
　　戰談判初步成立〉，北平，《世界日報》，1933 年 5 月 27 日，第 3 版。關於
　　當時北平城內人民驚恐不安的心情概述，見少安，〈敵軍逼近時的北平〉，《生
　　活週刊》，第 8 卷第 23 期，1933 年 6 月 10 日，頁 462-463。

75　蕭乾，〈古城〉，姜德明編，《北京乎：現代作家筆下的北京（1919-1949）》
　　上冊（北京：生活·讀書·新知三聯書店，1992），頁 228-230。

76　老向，〈危城瑣記〉，姜德明編，《北京乎：現代作家筆下的北京（1919-1949）》

前景，以致於「平常最是以鎮定自處的人，憂慮很橫蠻地現在已經
完全占據了心中。」[77]人心的緊繃與擔憂，再度影響各業經營狀
況，鄉土文學家蹇先艾（1906-1994）記述當時路過西單牌樓附近，
「鋪子雖然有幾家還電燈通明地開著，但是沒有一個主顧。行人則
更是十分冷落稀疏了。」[78]散文家王向宸（筆名老向）一段危城紀
實，道盡當時北平人心的無奈與悲哀：

> 東西車站又擁擠不堪了。市民似敲窗的蒼蠅，不知何處有
> 隙可鑽。北平的逃至天津，天津的又逃至北平。東城的搬
> 至西城，北城的又遷到南城。樂土到底在哪兒？[79]

有些北平市民想逃離卻又遲疑，因為「在北平逢上炸彈，算是
斬決，出北平遇上土匪，等於凌遲。」[80]5月中旬，日軍更迫近北平
東南邊的通縣，與北平幾只相隔咫尺，尚有能力出走的住戶，多連
夜逃離，城外卻擠著大批難民與近郊鄉民，欲湧入避難。[81]南京中

上冊，頁 284-293。

77　蹇先艾，〈城下──紀念一九三三年的五月〉，姜德明編，《北京乎：現代作
　　家筆下的北京（1919-1949）》上冊，頁 330-345。

78　蹇先艾，〈城下──紀念一九三三年的五月〉，姜德明編，《北京乎：現代作
　　家筆下的北京（1919-1949）》上冊，頁 330-345。

79　老向，〈危城瑣記〉，姜德明編，《北京乎：現代作家筆下的北京（1919-1949）》
　　上冊，頁 284-293。

80　老向，〈危城瑣記〉，姜德明編，《北京乎：現代作家筆下的北京（1919-1949）》
　　上冊，頁 284-293。

81　〈敵機擾平後，市民遷徙多〉，北平《導報》，1933 年 5 月 17 日，第 7 版。

央眼見華北受戰火威脅，「不得不去籌防護之責」，於 1933 年 5
月 3 日決議成立行政院駐平政務整理委員會（以下簡稱政整會），
以「收拾蔓延之戰火，及時整理暴露在敵前的幾省」。[82]許多北平
人望眼欲穿的政整會委員長黃郛（1880-1936），在 5 月 17 日抵平，
宣示將秉中央意旨，盡力安定華北人心。[83]

政整會的成立與黃郛的到來，說明中央有心保平津，但日軍並
未因此停止繼續出現在北平上空，有時日機飛得極低且盤桓許久，
對市民造成干擾。某些還未停課的學校學生不怕死地跑出教室觀
看，甚至有些尚在考試的學生，很機巧地在試卷結尾處寫道：「敵
機已來，心緒零亂，就此擱筆。」[84]許多學生在 5 月底，也紛紛南
下歸家避難；以學生多數來自南方的北大為例，報載該校學生離平
者，竟有十分之三強。[85]

82　　〈行政院駐平政務整理委員會暫行組織大綱〉，《國民政府公報》，第 1123
　　　號，1933 年 5 月 4 日，頁 1。行政院駐平政務整理委員會於 1933 年 6 月 17
　　　日在北平正式成立，舉行第一次全體委員會。見郭廷以編著，《中華民國史事
　　　日誌（第三冊）》，頁 276。關於政整會的相關發展與黃郛在其中的表現，見
　　　沈亦雲，《亦雲回憶》下冊，頁 501-552。

83　　郭廷以編著，《中華民國史事日誌（第三冊）》，頁 262-263。

84　　蹇先艾，〈城下──紀念一九三三年的五月〉，頁 330-345。關於敵機偵察北平
　　　之相關報導，見〈敵機無意轟炸北平！？〉，北平，《世界日報》，1933 年 5
　　　月 16 日，第 4 版。〈日機昨晨又飛平市偵察〉，北平，《世界日報》，1933
　　　年 5 月 20 日，第 3 版。〈日機昨編隊飛平平津情況似不容遷延〉，北平，《世
　　　界日報》，1933 年 5 月 21 日，第 3 版。

85　　〈日機飛平偵查後各校學生離平者多〉，北平《晨報》，1933 年 5 月 22 日，
　　　第 7 版。關於學生離平的報導，另見〈人馬倥傯中車站之一瞥〉，北平《晨

中日戰事緊繃與日機的威脅，使北平市民受緊張時局影響，缺乏出門休閒娛樂的興致，各娛樂場生意大損，陸續停閉暫歇。[86]曾於 1930 年代初力求捲土重來的城南遊藝園，難擋時局對營業的摧殘，終至一蹶不振。[87]各大戲園的一、二等名伶紛紛求去，剩下沒能力走的四、五百名三等伶人，淪落到沒戲唱的地步，生活頓現困境。[88]戰爭一觸即發的態勢，使往年總鑼鼓喧天的熱鬧端午節，在 1933 年（國曆 5 月 28 日）充斥冷淡氣息。[89]各小本經營的商家，急於向各顧主催討債款，不料許多顧主已相繼離平，索取無門，使北平商業流通受阻。[90]

據社會局調查，5 月一個月內，北平倒閉的商家達二百餘戶，商業頹勢不喻自明。[91]那時只有車站是北平人潮最盛的熱點，只不過離平者多，來平者少。[92]至於最應時的貨品，一是麻袋，因家家都在門口堆上裝滿沙子的麻袋，以防意外[93]；另一樣是皮箱，而且

報》，1933 年 5 月 24 日，第 6 版。

[86] 〈難煞北平的商人〉，天津《大公報》，1933 年 5 月 25 日第 13 版。

[87] 〈國難緊張期間平津娛樂事業一斑〉，天津《大公報》，1933 年 5 月 25 日，第 13 版。

[88] 〈名伶紛紛離平〉，天津《大公報》，1933 年 5 月 25 日，第 13 版。

[89] 葷，〈平津的不景氣〉，北平《世界日報》，1933 年 5 月 26 日，第 8 版。〈平市的端陽節〉，天津《大公報》，1933 年 5 月 28 日，第 13 版。

[90] 葷，〈平津的不景氣〉，北平《世界日報》，1933 年 5 月 26 日，第 8 版。

[91] 〈平市上月結婚者多但商業仍未能恢復原狀〉，天津《大公報》，1933 年 6 月 6 日，第 13 版。

[92] 〈名伶紛紛離平〉，天津《大公報》，1933 年 5 月 25 日，第 13 版。

[93] 〈平市上月結婚者多但商業仍未能恢復原狀〉，天津《大公報》，1933 年 6 月 6 日，第 13 版。

原來只賣七、八毛銀元的柳條箱，竟因市民爭相離平，而漲到二塊錢以上，被記者喻爲「數十年來未有之奇觀也。」[94]

　　這樣的非常局勢，到 5 月底中日雙方開始談和時，終於出現轉機；一股和平有望的氣氛，開始在北平發酵，車站中的離平市民減少，人心漸趨安定。[95]5 月 31 日，中日代表簽訂協議停戰的《塘沽協定》，終止纏打數月的戰事。[96]由於該協定形同中國默許滿洲國的成立，並認可日軍佔領熱河的合法性，對中國權益多有損折，使南京國府遭致多方輿論抨擊，乃至激起馮玉祥、李濟深（1885-1959）等地方軍人，與黨國大老胡漢民（1879-1936）藉機批判反抗。[97]然而，多數北平市民卻樂見此一協定所換取的苟安。對

---

[94] 〈日機飛平偵查後各校學生離平者多〉，北平《晨報》，1933 年 5 月 22 日，第 7 版。

[95] 〈平市治安無虞〉，北平《導報》，1933 年 5 月 26 日，第 7 版。

[96] 塘沽協定內容如下：「一、中國軍即撤退至延慶、昌平、高麗營、順義、通州、香河、寶坻、林亭口、寗河、蘆台所連之線以西以南之地區，爾後不越該線而前進，又不行一切挑戰擾亂之行為。二、日本軍為確認第一項之實行情形，隨時用飛機及其他方法以行觀察、中國方面對之，應加保護及與以各種便利。三、日本軍如確認第一項所示規定，中國軍業已遵守時，即不再越該線追擊，且自動概歸還於長城之線。四、長城線以南及第一項所示之線以北以東地域內之治安維持，以中國員警機關任之；右述員警機關，不可用刺戟日本感情之武力團體。五、本協定蓋印之後發生效力。」見記者，〈華北停戰協定簽字〉，《國聞週報》，第 10 卷第 22 期，1933 年 6 月 5 日，頁 1-7。

[97] 關於《塘沽協定》之後的輿論態度，見謝國興，《黃郛與華北危局》，頁 186，217-218。當時國內時局發展，及馮玉祥發動的察省抗日運動，見劉維開，《國難期間應變圖存問題之研究：從九一八到七七》，頁 137-178。廣東的胡漢民在當時力持抗日、剿共與反蔣三大主張，對《塘沽協定》大加批評。且在同年 11 月，蔡廷鍇（1892-1968）、陳銘樞（1889-1965）與李濟深等人，更在

他們而言，生活安定最要緊，打仗或任何軍事衝突及其引發的戒嚴局面，只會讓市面吃緊、商機大損。

圖二：《塘沽協定》簽訂的時人漫畫[98]

6 月初，北平報端出現平市戒嚴司令部準備施行解嚴的報導；即使尚未實施，商界與市民卻已自行鬆弛緊繃已久的神經，迫不及待地迎接解嚴。[99]以下是《世界日報》記者在 6

福建發動「閩變」，挑戰南京中央政權。見郭廷以，《近代中國史綱》，（香港：中文大學出版社，1989，3 版），頁 614-616。另見修金莒，〈陳濟棠與戰前廣東政局（1928-1937）〉，國立政治大學歷史系碩士論文，1996，頁 117-150。
98　該圖出自〈倒霉的小姐（上海字林西報）〉，《國聞週報》，第 10 卷第 23 期，1933 年 6 月 12 日，頁（一週間國內外大事述評）4。
99　〈軍分會通令北平市解嚴〉，北平《導報》，1933 年 6 月 1 日，第 7 版。記

月 1 日，第一時間對北平各市場、公園與娛樂場所的鳥瞰式
考查與報導：

> 記者首先到西單商場，這裡的繁榮，或者是任何市場所不
> 及，東邊和南邊兩所雜技場，黑壓壓地擠滿了人。……中
> 山公園，不知怎的，昨天竟沒有什麼人，門前車馬稀少，
> 門票僅賣了八百多張，雖然還有不買票的，沒有法子統
> 計，但這已就可想見那情形的冷落了。……東安市場，人
> 也不多，但一般情形，看來好似比西單來得貴族些，就是
> 那些水果攤，香煙舖，都帶有華麗氣派。……天橋的整個
> 地盤，差不多完全被武裝同志們所佔據，因為人多了，天
> 氣又熱，地方雖然大，空氣頗不好。……前門大街，到了
> 七八點鐘，熱鬧非常，汽車，馬車，人力車，電車，釘釘
> 噹噹喜裡花喇的跑來跑去，善於指揮的交通警，也覺得忙
> 不過來。……總而言之，現在的北平，因為停戰協定成
> 功，一切又漸漸地趨於安穩享樂的生活中去了！[100]

在某種程度上，市民與各行業者已超前執政當局而自行解嚴，
除了中山公園以外，北平各重要商業區都顯得生氣勃勃。不過，逛
街人氣與實際買氣之間，仍有相當距離，各業收入有待時間逐漸提

者，〈解嚴了！〉，北平《導報》，1933 年 6 月 1 日，第 7 版。
[100]　〈平市人心漸趨安定，將重覓享樂生活〉，北平《世界日報》，1933 年 6 月 2
日，第 8 版。

升。[101]北平軍政當局為求謹慎起見，採取多項配套措施評估解嚴的可行性，到 7 月初才以「安定人心繁榮市面」為由，宣布於月底解嚴。[102]此舉使數月以來營業備受限制的各行商家重獲生機，娛樂休閒業如戲院、茶社、電影院等，連忙籌備夜間營業。[103]上半年持續流失的中上戶人口，在《塘沽協定》簽字與北平解嚴後，又陸續搬回。這種人口流動現象，被論者譏為北平市民「怕死與享樂的心理成正比」，只要一有事就逃走，時局趨穩後又回流。[104]

中日雙方停戰以及《塘沽協定》的簽訂，為北平帶來較長期的和平局面。雖然 1933 年下半年，北平因天災、日貨傾銷排擠國貨並破壞周邊農村經濟等問題，使該市商業經濟未見起色，但北平至少暫時擺脫日本的侵略陰影。[105]在 1933 年當中，北平市共兩萬多

---

[101] 〈依舊笑顏開〉，北平《導報》1933 年 6 月 4 日第 7 版。〈平市人心漸趨安定，將重覓享樂生活〉，北平《世界日報》，1933 年 6 月 2 日，第 8 版。

[102] 據戒嚴司令部某要員表示，協定簽字後，北平市內仍不時發現宵小與漢奸的活動，因此不擬立刻進行全市解嚴，改採撤除部份防禦工事、崗哨檢查與逐步延後夜晚戒嚴時間多種並行措施，循序漸進地解嚴。見〈當局設法繁榮平市〉，北平《導報》，1933 年 6 月 3 日，第 7 版。〈時局雖緩和為治安計依然戒備〉，北平《導報》，1933 年 6 月 4 日，第 7 版。〈平市戒嚴司令部擬呈軍委會，自七月一日起縮短戒嚴時間〉，北平《世界日報》，1933 年 6 月 21 日，第 8 版。

[103] 〈實施解嚴後平市各業頓呈活氣〉，北平《世界日報》，1933 年 7 月 2 日第 8 版。

[104] 〈什剎海商場的巡禮〉，北平《北方日報》，1933 年 6 月 2 日，第 3 版。〈古物南遷後故宮博物院再度開放〉，北平《北方日報》，1933 年 6 月 25 日，第 3 版。

[105] 該年夏天，黃河再次決堤而爆發大規模水災，9 月底到 10 月初，在北平東北

家商舖因賠累而歇業者，有兩千多家，亦即十分之一左右，可謂遷都以來商況波動最大的一年。[106]到 1934 年初，北平的市民消費大體仍呈現「講究不如將就」的低潮狀態，各業百貨都出現滯銷情形。[107]此時由屬於國府人馬的新市長袁良（1882-?）領導的北平市府，適時地發揮獎勵工商發展的作用，在 1934 年 2 月設置市民小本借貸處，4 月開始接受貸款，專供小本農工商人申請。[108]袁良在任期間（1933 年 6 月 21 日至 1935 年 11 月 4 日），北平的城市建設有較

的高麗營又發生國民革命軍內部暴動，使北平週邊的農民與戰區難民不斷逃至北平，其中屬於下層貧戶者，又居絕大多數。見〈戰雲密佈難民逃平多〉，北平《導報》，1933 年 10 月 12 日，第 7 版。〈無家可歸東北難胞留平三萬人〉，北平《北辰報》，1934 年 10 月 18 日，第 6 版。菁如，〈北平貧民生活的素描（一）〉，天津《大公報》，1933 年 12 月 9 日，第 13 版。〈北平市政府二十二年十月至十二月預定行政計畫書〉，1933，北平市檔案館，卷宗號 J002-007-00071。北平 1933 年下半年的蕭條情形，見〈平市繁榮只在表面〉，天津《大公報》，1933 年 8 月 5 日，第 13 版。〈蕭條的平市民生寫真：富者他遷，窮人仍留，生活指數逐年下降〉，北平《全民報》，1933 年 12 月 18 日。〈本市商業極蕭條〉，北平《北平晚報》，1934 年 3 月 1 日第 7 版。

[106] 〈如此故都〉，北平《中和報》，1934 年 1 月 6 日，第 5 版。〈不景氣的平市經濟衰落百業蕭條〉，北平《北辰報》，1934 年 1 月 6 日，第 6 版。

[107] 〈不幸的年頭連串帶來不幸的消息〉，北平《北方日報》，1934 年 1 月 6 日第 6 版。

[108] 〈為擬具農民貸本處章程及貸本規則呈〉，北京市檔案館藏，1933，卷宗號 J001-002-00033。〈北平市政府二十三年四月至六月預定行政計畫書〉，北京市檔案館藏，1934，卷宗號 J002-007-00071。〈平市府呈報市民貸本處成立經過〉，北平《晨報》，1934 年 2 月 27 日，第 6 版。〈平市成立小本借貸處〉，南京《中央日報》，1934 年 4 月 16 日，第 1 張第 2 版。〈北平市政積極整理〉，南京《中央日報》，1934 年 6 月 1 日，第 1 張第 3 版。吳廷燮等撰，《北京市志稿：民政志》，頁 238-239。

具體的成果，也比過去獲得更多中央補助。[109]整體觀之，北平的城市建設與商業經濟，都在 1934 年春開始出現較穩定發展的新局面，並大致延續到 1935 年中葉。[110]此後，在日本強大的政治、軍事與經濟勢力不斷侵逼下，北平的商業與市況再度轉危，古城一步步無法自救地成了危城。

---

[109] 袁良早年就讀於日本早稻田大學，學習警政，回國後歷任警界與政界多種要職，以辦理中日交涉著稱，行政經驗充足，見識亦豐富，在政治上與黃郛及政學系過從甚密。當黃郛於 1933 年 5 月出任政整會委員長時，先派袁為秘書長，後又保薦其為北平市長。見黃華，〈關於袁良〉，南京《中央日報》，1935 年 11 月 7 日，第 3 張第 4 版。陳聲聰，〈《舊都文物略》編纂經過的一些回憶〉，《兼于閣雜著》，頁 76-79。〈時人彙誌：袁良〉，《國聞週報》，第 10 卷第 26 期，1933 年 7 月 3 日。袁良在兩年多任期內推動的市政建設，內容廣泛，諸如修建道路、修築與改良溝渠、改善公共娛樂場所建築、廢除苛捐雜稅、改善市街房屋建築、實測市區全圖、完成行道樹及整理河岸樹株計畫、創辦公共汽車、修復北平市古建築物、改善市內路燈、新闢城門、革除包稅、整頓車捐、清除市內積穢以整市容等。見北平市工務局編印，《北平市都市計畫設計資料第一集》，1947 年 8 月，頁 1-3。董可，〈袁良與北平的三年市政建設計畫〉，《北京檔案史料》，1999 年第 2 期，頁 312-317。〈平市苛雜十三項下月一日實行廢除〉，北平《導報》，1934 年 10 月 8 日，第 7 版。

[110] 〈春光明媚舊京街頭的一瞥〉，北平《北辰報》，1934 年 4 月 15 日，第 6 版。1934 年 10 月 6 日，《大公報》社評表示，從 1933 年華北戰事結束後，南京國府救濟華北僅如杯水車薪，「地方之整理善後，幾乎純賴自力，如年來平市市容一新，市民未加負擔，是尤值得一述者也。」可知袁良的主掌市政之積效確獲時人肯定。見〈北平政整會第五次大會〉，天津《大公報》，1934 年 10 月 6 日，第 2 版。當時市政建設不只卓有建樹，市府財政也大有改善。直到 1935 年 5 月下旬，市財政局表示北平市該年上半年度稅收旺盛，收支大約能平衡，幾乎完全清償之前市府積累的債務。〈市財政已入正軌，北平現為無債之市〉，北平《北方日報》，1935 年 5 月 25 日，第 5 版。

四、深陷泥淖：華北自治運動加劇下的北平商況

　　1935 年 5 月，日本藉故挑起「河北事件」[111]，展開一連串不利華北形勢的挑釁行徑，中國隨後被迫於 6 月與 7 月與日方陸續簽訂《秦土協定》與《何梅協定》，華北比過去更受日本勢力的箝制。[112] 早在此之前，日軍已開始策動華北自治運動，以「華北特殊化」為目標，欲分離華北於中央政府統治權之外，情勢對中國頗為不利。

---

[111]　所謂「河北事件」，是指 1935 年 5 月，日本關東軍與華北駐屯軍，藉口兩位天津親日報人白逾桓（《振報》社長）與胡恩溥（《國權報》社長）在天津日租界被殺、以及孫永勤部隊進入戰區之事，向北平軍分會代委員長何應欽提出嚴重而苛刻的交涉。此事後導致《何梅協定》的簽訂。見李雲漢，〈所謂「何梅協定」〉，《傳記文學》，第 21 卷第 5 期，1972 年 11 月，頁 75-81。另見劉維開，《國難期間應變圖存問題之研究：從九一八到七七》，頁 276-297。何應欽被迫取締日方認為平津一帶有害中日邦交的秘密結社及秘密團體，北平軍分會政治訓練處全部停止辦公，中央憲兵第三團離北平南撤，北平市黨部也結束。見郭廷以編著，《中華民國史事日誌（第三冊）》，頁 472-478。

[112]　《秦土協定》為秦德純與日方代表土肥原賢二於 1935 年 6 月 27 日於北平簽訂，主要內容為：（一）駐於昌平和延慶一線的宋哲元部隊，調至其西南地區；（二）解散排日機構；（三）處罰張北事件負責人；（四）制止山東向察哈爾省移民；（五）從日本招聘軍事及政治顧問；（六）剿援助日本特務機關的活動及軍事設備的建立等。《何梅協定》為軍分會代表委員長何應欽與日本的中國駐屯軍司令官梅津美治郎，於 1935 年 7 月 6 日為解決河北事件問題而簽訂。根據該協定，中國喪失大部份河北與察哈爾的主權，並禁止進行抗日活動。此二協定使日本實際控制了河北省、北平、天津兩市及察哈爾省的大部份主權。見梁敬錞，〈秦土協定〉，《傳記文學》，第 11 卷第 6 期，1967 年 12 月，頁 6-17。梁敬錞，〈所謂何梅協定〉，《傳記文學》，第 11 卷第 5 期，1967 年 11 月，頁 6-20。習五一、鄧亦兵著，曹子西主編，《北京通史》第 9 卷，頁 61-63。

[113]日方因企圖遊說當時已任平津衛戍司令的宋哲元（1885-1940）與其合作不成，轉而全力扶植曾任北洋政府財政司長的日本通殷汝耕（1885-1947），成立「冀東防共自治政府」，管轄灤河以東二十餘縣。[114]距北平城東 20 公里處多了此一親日組織，使北平人不啻如坐針氈。甚至，由冀東防共自治政府出版的《冀東日報》，到 1936年竟也在北平大街四處銷售，時人不得不懷疑：「北平到底算什麼人的勢力範圍？」[115]

冀東防共自治政府的成立，使原本已存在的日人走私活動更形猖獗；走私的種類，從原來僅限洋糖、人造絲與棉織品三大項，驟增到包括自行車與零件、棉毛織成品、軟玻璃、蘋果、香蕉、海參、干貝、蘇打、顏料、煤油、機械油、化妝物等眾多日常生活用

---

[113] 所謂「華北自治運動」，指日本企圖在華北建立一個在日本統治下與滿洲國有密切合作關係的特殊區域，以便其操縱利用，並以華北的經濟力量，養日本的軍隊。見梁敬錞，〈華北自治運動（日本侵略華北史述初稿之六)〉，《傳記文學》，第 12 卷第 5 期，1968 年 5 月，頁 22-31。關於當時中日情勢，見〈中日關係之前途〉，天津《大公報》，1936 年 11 月 13 日，第 2 版。〈中國大勢之說明〉，天津《大公報》，1936 年 11 月 16 日，第 2 版。另見梁敬錞，〈華北自治運動——日本侵略華北史述初稿之六(續完)〉，《傳記文學》，第 12 卷第 6 期，1968 年 6 月，頁 10-22。劉國新，〈《塘沽協定》與華北自治運動〉，《近代史研究》，第 4 期，1989 年 7 月，頁 199-211。劉維開，《國難期間應變圖存問題之研究：從九一八到七七》，頁 310-336。

[114] 梁敬錞，〈華北自治運動（續完)〉，《傳記文學》，第 12 卷第 6 期，1968年 6 月，頁 10-22。

[115] 么麼，〈冀東日報抄〉，《宇宙風》半月刊，第 2 集合訂本，1936，總頁301-302。

品。[116]日本浪人仗著母國威勢，在華北與北平城內肆意活動、走私販貨，對北平各行商業與城市經濟造成嚴重的干擾與損害。[117]如鄧雲鄉所言，當時日本走私的貨品「吃的、用的、穿的、戴的，可以說不一不有」，而且「還不包括日本在中國開的各種工廠的產品，也不包括犯禁的毒品，如什麼松竹梅海洛因之類的玩藝。」[118]受日人政商勢力雙管齊下深度影響的北平，城市氣氛與生活樣貌逐漸變樣，原先全市人口逐步上升的趨勢，至此開始依年遞減，有能力離開北平南下的人家，多半舉家遷移，城市消費力再度萎縮。[119]連東安市場等北平最主要的商區，也出現「逛」者多而「買」者少的虛有其表現象。[120]

另一方面，1935年底國府的改革幣制政策，也廣泛衝擊北平商業情形與市民消費。1935年11月3日，南京國府財政部公布統一幣制緊急法令，平市政府奉命公告市民，即日起一律通用法幣，並將

---

[116] 〈華北走私狂潮平市大受影響〉，北平《晨報》，1936年5月24日，第6版。

[117] 〈走私之風蔓延平市〉，北平《晨報》，1936年6月7日，第6版。關於日本在華北的走私活動討論，見楊家余，〈華北事變後國民政府遏制華北走私活動述論〉，《安徽史學》，2002年第1期，2002年1月，頁71-74。簡萍，〈試析1933-1937年間華北走私及其影響和衝擊〉，《中國經濟史研究》，2004年第3期，2004年9月，頁30-38。

[118] 鄧雲鄉，《文化古城舊事》，頁408-409。

[119] 吳廷燮等撰，《北京市志稿：民政志》，頁13-14。關於故都北平時期的年度人口總數，見下節表一。至於抗戰前一兩年的北平社會氛圍，見鄧雲鄉，《文化古城舊事》，頁404-417。

[120] 〈失去政治重心後平市商號日見凋零〉，北平《晨報》，1935年2月14日，第6版。

該市存銀運交中央。[121]市總商會為穩固金融、平抑物價起見，緊急開會商討因應措施，囑付各行公會切不可哄抬物價，導致市面混亂與恐慌。[122]銀行公會與錢業公會聯袂建議市府與財政部，請將平市的現銀存留本市，以安定人心、穩定物價與金融。[123]不過，平市物價還是因上海天津等地的連帶波動影響而驟增，尤其銅元暴漲，令人民叫苦連天，嚴重衝擊市民消費，至1936年初仍未止息。[124]市府雖公布平市銅元標準價，卻因不少商人收買囤積、市民也多私藏、甚至有人將銅元偷運出境，導致前所未有的銅元奇缺，北平錢市開盤極度不穩。[125]

雪上加霜的是，日軍在11月底一度阻撓津浦火車南下，使糧行惟恐將來糧食因運輸不便而減少，開始囤積米麵，致使米麵雜糧等

---

[121] 〈平市存銀查清後將完全運交中央〉，北平《晨報》，1935年11月7日，第10版。

[122] 〈平銀錢業擬建議在平市籌設準備保管庫分庫〉，北平《晨報》，1935年11月8日，第10版。

[123] 〈中央銀行昨開始調查發鈔銀行準備金〉，北平《晨報》，1935年11月9日，第10版。

[124] 〈市府即公布取締辦法嚴禁抬高物價〉，北平《晨報》，1935年11月11日，第10版。〈奸商操縱錢盤銅元漲風仍屬〉，北平《晨報》，1935年11月13日，第10版。〈現銅元仍缺乏價格依然上漲〉，北平《晨報》，1936年1月10日，第10版。

[125] 〈市府昨布告規定銅元標準價奸商竟敢不遵守！〉，北平《晨報》，1935年11月17日，第10版。〈錢市暗盤昨突暴漲奸商無視標準價格〉，北平《晨報》，1935年11月19日，第10版。〈奸商公然囤積私運銅元價格不易穩定〉，北平《晨報》，1935年11月21日，第10版。

重要民生食品價格隨之飆升。[126]許多銀號為補足財政部將查的準備
金金額，不只停止原先的放款，更積極向各商號收回已借之款。各
商號面臨外缺進帳、且無款可貸的極度窘境，週轉不靈，紛紛宣告
倒閉。據社會局統計，1935年度北平市商號總數約二萬八千一百六
十家，倒閉之數有一千九百四十六家，其中不乏大商號；市總商會
也宣稱，依各公會調查，市府若無妥善救濟辦法，到1936年將有五
千家商號因週轉不靈，被迫宣告停業。[127]平津市商會為此聯合電請
冀察政務委員會[128]，籌劃救濟平津商業辦法，後由中國、中央與交
通三大銀行提供商業救濟貸款，才緩解此次的商業危機。[129]

---

[126] 〈平市米麵雜糧日來突上漲〉，北平《晨報》，1935年12月2日，第10版。

[127] 〈平市商會定明日召開緊急大會〉，北平《晨報》，1935年12月20日，第6版。

[128] 國民政府中央政治委員會在日本施壓下，於1935年8月取消原於1933年6月17日設立的政整會（管轄範圍為冀、魯、晉、察、綏五省與北平、青島兩市）、與1932年8月成立的軍事委員會北平分會，並於1935年12月18日成立冀察政務委員會，轄河北、察哈爾兩省與平、津兩市。〈冀察政務委員會暫行組織大綱〉，《國民政府公報》，第1948號，1936年1月17日，頁1。該委員會會址設於北平，名義上隸屬國民政府，實則已為半獨立性質的機構。此後日本政府形同無視於南京國府存在一般，直接與冀察政務委員會進行外交接觸，也加深中日之間的對立。見李雲漢，〈冀察政委會成立前後的宋哲元〉，《傳記文學》，第19卷第1期，1971年7月，頁57-59。張憲文、方慶秋、黃美真主編，《中華民國史大辭典》（南京：江蘇古籍出版社，2002），頁1905。

[129] 〈平津市商會聯電冀察政委會請救濟平津商業〉，北平《晨報》，1936年1月7日，第6版。〈鄧泉孫今晨謁秦接洽救濟市面欵額〉，北平《晨報》，1936年1月9日，第6版。〈商界代表謁秦請救濟經委會昨午商討〉，北平《晨報》，1936年1月10日，第6版。〈商業貸款五百餘萬大致可敷用〉，北平《晨報》，

但這種治標不治本的救濟之道，無力真正提振北平經濟與各業經營；1936年初，《晨報》報導平市近月以來，「百物騰貴，人民購買力，日漸薄弱，商業益形蕭條。」[130]同年2月，北平《東方快報》也披載「年來平市處境特殊，在此風雨飄搖之中，工商各業，蕭條萬分，而商業虧累之情形，更為數年來所未有。」[131]綜言之，國府的改革幣制政策與日人勢力籠罩共同導致的連鎖影響，使北平民生困難，各業難以撐持。

1935年底的貨幣改革政策引發的平市經濟困境，到1936年中期後雖趨緩和，但該年底，又連番出現綏遠抗戰與西安事變。[132]綏遠省主席傅作義（1895-1974）奉蔣中正之命，率軍打擊偽蒙軍，此戰國軍雖告捷，華北局勢卻再受刺激，各地金融吃緊，物價一時飛漲。西安事變緊接著爆發，國內政局危機頓生，再度衝擊北平物價；尤其是主要民生物資如糧食與煤，價格上漲的幅度達三分之一，引發市民恐慌。[133]市府雖於1936年底，向中央呈准發行公債三百萬進行「建設新北平」計劃，卻無法真正解決該市商業因日貨傾

1936 年 1 月 14 日，第 10 版。

[130]　〈社會局昨召開官商平抑物價會議〉，北平《晨報》，1936 年 1 月 5 日，第 6版。

[131]　〈市面不景氣商號虧累〉，北平《東方快報》，1936 年 2 月 23 日，第 6 版。

[132]　楊奎松，〈蔣介石與 1936 年綏遠抗戰〉，《抗日戰爭研究》，2001 年第 4 期，2001 年 4 月，頁 45-75。郭廷以，《近代中國史綱》（香港：中文大學出版社，1989，3 版），頁 649-655。

[133]　〈平市物價飛漲係受政變原因〉，北平《東方快報》，1936 年 12 月 17 日，第 5 版。

銷、失業嚴重與消費力低落等因素，而日陷困境的問題。[134]

有意思的是，相較於1935與1936年諸多政軍紛擾事件，1937年的北平社會與商業經營，反而出現略微進步的安定局面。根據社會局統計，從該年3月到5月，全市共新開設七百零六家商號，歇業者為三百九十家，且「所有金融運轉機關，與大規模之商號，均無特殊變動」，新設的商號「以雜貨舖、煤舖、茶館、米麵舖、糧棧、成衣舖等為最多，而歇業者以書舖、皮局等為多。新設之商號，多為出售日用必需品者，關閉之商號反是。」記者解釋此種現象，「實為中下層社會獲得較安定生活之反映」[135]；從另一個角度觀之，其亦反映北平的整體消費能力較前更弱，以致銷售非日用必需品的各業面臨經營危機。

整體而言，遷都之後的北平，面對的新環境並不友善，商業情況受國內與國際紛擾的軍事與政治局勢牽連，不斷起伏。在這段喪失國都優勢並力拒日本進犯意圖的故都十年中，北平的城市經濟與消費環境，隨著時局形勢的變化而不斷調整。本章下一節，將分析

---

[134] 〈民國二十五年北平市市政公債條例〉（二十五年十二月一日公佈），北京市檔案館藏，1936，卷宗號 J001-005-00156。〈民國二十五年北平市市政公債條例〉，《國民政府公報》，第 2218 號，1936 年 12 月 1 日，頁 1-2。關於市府發行公債之事，見〈建設新北平：將發公債三百萬〉，南京《中央日報》，1936 年 9 月 2 日，第 1 張第 3 版。〈建設北平計劃決定〉，北平《東方快報》，1936 年 9 月 7 日，第 6 版。〈建設新北平計劃在草擬中〉，南京《中央日報》，1936 年 9 月 7 日，第 1 張第 4 版。

[135] 〈平市舖戶增加：新張者多歇業者少〉，天津《大公報》，1937 年 7 月 2 日，第 6 版。

各種影響城市消費表現的因素，說明國府遷都之後，北平整體消費能力的強弱發展及其階段性的演變過程，以呈現該市力求新生時所形成的消費條件。

第二節　消費條件的重組

自國府於 1928 年 6 月南遷後，北京權貴階層的表現宛如「樹倒猢猻散」一般，明快地選擇棄北平而他徙，使高度依附政權而發達的北京商業經濟，面臨前所未有的經營危機。由上層人士領頭帶動的人口外移，加上日後因應時局而生的一波波人口流動，關鍵地改變了故都北平的消費人口組成，滋生出不同於前的消費需求，進一步促成商業規模的調整、以及新的消費形勢。

一、「三多一少」現象：人口結構的調整

近代北京的大商舖、高級飯莊、古董與手工藝品各店，以及戲園、影院、飯店、八大胡同等娛樂場所的興盛，幾全仰賴有錢開銷且樂於揮霍的權貴階層。[136]這群與政界緊密相依的上層富戶，佔居北京消費人口結構的金字塔頂端，人數雖有限，卻是推動京城經濟成長、活絡各業，促進市面興盛的核心消費族群。1920 年代後期的北京，因連年的政局動盪與軍事紛擾，已出現中央國庫空虛、社

---

[136] 吳建雍等著，《北京城市生活史》，頁 308-311。

會經濟困乏、災官難民遍地的城市危機，難掩外強中乾之狀。[137]然而，當時日漸嚴重的商業倒閉風潮，主要影響的是一般市井小民的生計與消費[138]；相形之下，政商權貴的物質生活，沒有太大改變。北京的大商店、大戲園、妓館、電影院與飯店等娛樂去處，因有上層顧客的支持，還得以維持營業。[139]誠如當時論者所言，「愈窮愈沒有，愈有愈方便」[140]，指在難民、貧戶、災官、乞丐、失業者與倒閉商家日增之時，富戶的財勢及依然故我的奢侈消費行徑顯得格外突出。

---

[137] 1920 年代以來長期的政局不安與軍閥爭鬥，間歇地打擊京城各行商業的經營與發展。根據北京總商會調查，截至 1928 年初，北京全城歇業店數達一千六百餘家，多為從事小本生意、提供一般百姓日用物品的商舖。提供一般市民消費的酒店、肉店、小戲館等各行營業，都不如往日興盛，商家相繼閉門，城外滯留諸多無家可歸的難民。中央則國庫空虛，不僅市內的中小學教育經費撥發不出，就連一向有錢的財政、交通與外交部等機關，也皆連欠薪，眾人怨聲載道。見水，〈越窮越沒有〉，北京《世界晚報》，1928 年 1 月 10 日，第 4 版。哀梨，〈還談得到過節嗎〉，北京《世界晚報》，1926 年 6 月 7 日，第 4 版。〈特別調查：各商店紛紛停業〉，北京《晨報》，1927 年 5 月 15 日，第 6 版。〈社會調查：談談春節後各業市景大不如前〉，北京《晨報》，1928 年 2 月 7 日，第 7 版。哀梨，〈欠薪已遍財交外〉，北京《世界晚報》，1927 年 5 月 10 日，第 4 版。

[138] 當時的北京，就像某位車夫所言：「窮來窮去，還是窮人為難。」而北京社會的貧富差距，在遷都前沒落跡象漸生之際，已益形懸殊。見哀梨，〈兩個車夫之言〉，北京《世界晚報》，1927 年 10 月 17 日，第 4 版。災民，〈災官的三把汗〉，北京《世界晚報》，1927 年 7 月 4 日，第 4 版。

[139] 小記者，〈北京若是真窮〉，北京《世界晚報》，1927 年 7 月 13 日，第 4 版。不過，到 1928 年之後，甚至連電影院也出現營業不振之勢。影迷，〈影界生意不好〉，北平《世界晚報》，1928 年 8 月 17 日，第 4 版。

[140] 水，〈越窮越沒有〉，北京《世界晚報》，1928 年 1 月 10 日，第 4 版。

　　北京國都身份的維持或廢除，高度左右著權貴階層與政商富戶的去留，也預示此後北平經濟的起落。假如 1928 年夏，國民政府決定建都北京，或許北京的經濟會隨著軍閥戰事消弭、社會安定與國府的首都建設，而迅速復甦並更加興盛。然而，歷史實際發展卻恰好相反，在北洋政府時代末期已岌岌可危的北京社會經濟，到北平成爲故都之後，逐一發不可收拾地急遽惡化。遷都後二個多月，《北京日報》論者「時感生」有言：「國府南遷，北平頓呈蕭條淒涼之象，百業停滯，商賈慘淡，局面倏易，無復昔日之舊觀。國都所在，市面上尙有一種外強中乾、勉爲支持之勢。交易往來，或有週轉之餘地。近今各業，無生發之途，俱現其枯木死灰之態也。」[141]短短數語，鮮明道出國都北京與故都北平市況的差別。學者劉半農（1891-1934）在 1929 年所撰〈北舊〉一文，對一年多之後的北平頹象，有如下描繪：

　　　　李仲揆先生今年夏季到北平來，向我說：「我離開了此地只一年多，不想竟荒涼到了這樣。我在西華門一帶，來了一張五塊錢的票子要想破一破，連跑了幾家都說沒有零錢。這簡直不成話。好像是人家死了人，要等著錢買棺材的樣子！」他這話說得過分了些罷，然而在看過北平已往的繁榮的人，都不免有這種強烈的感觸。[142]

[141] 時感生，〈省政府移平之今後觀〉，北平《北京日報》，1928 年 9 月 4 日，第 6 版。
[142] 劉半農，〈北舊〉，《半農雜文二集》，頁 153。

　　該年年初，北平《成報》有位論者表示，北平既已非全國政治中心，「那麼許多政治上所製造的罪惡，以及附帶的活動，當然慢慢減少，而變成一種衰頹狀態，社會生活，也附帶的變動了。」[143]言下之意，雖然政治容易製造罪惡，但少了政治附帶活動的北平，卻慢慢衰頹，社會經濟與消費活動也連帶趨於疲弱。造成此一局面的主因，在於權貴階級相繼離平、富戶大幅流失，導致商業發展與整體經濟出現連鎖變化。原坐擁財富權勢與身份地位的北京政商權貴，是對遷都抗拒最激烈、卻也最易脫困的一群。國都的地位不再，沖淡許多政商界的富商巨賈與下野政客群集北京以謀利或握權的欲望，引發大規模人口遷向南京、上海、天津等大城。[144]

　　此外，遷都的決定使中央各部會移設南京，不少原任職北京的軍政人員奉命南遷，再帶走一部份中上戶。[145]原本在北京的中國、交通兩銀行，也將總行遷往上海。[146]許多無法隨同部會南下、或機關遭裁撤的原政府職員們，紛紛面臨被遣散的失業命運。由於軍政

---

[143]　〈北方需要敏活二字〉，《成報》，1929 年 12 月 6 日，第 6 版。

[144]　老，〈朝暮氣之京平觀〉，北平《新晨報》，1928 年 12 月 16 日，第 6 版。楊杰，〈新年獻詞〉，，《新晨報》「新年贈刊」，1929 年 1 月 1 日，第 2 版。劉半農便提及首都南遷後，「從前的大闊人，小闊人，大官僚，小官僚，都不免攜著妻妾兒女，帶著整捆整箱的金銀細軟，紛紛的往別處去另謀生路。」劉半農，〈北舊〉，《半農雜文二集》，頁 159。

[145]　〈各機關舊有人酌量留用〉，北平《京報》，1928 年 6 月 24 日，第 2 版。

[146]　閆少青，〈北京舊商會歷史及時事紀聞，1906-1948 年〉，中國民主建國會北京市委員會、北京市工商業聯合會、文史工作委員會編，《北京工商史話第一輯》（北京：中國商業出版社，1987），頁 12。

各部署的裁撤而直接間接賦閒的人員，報載高達十萬餘人。[147]這些因遷都的政治決策造成的中上戶大量流失，重創北平的商業與市場行情。眾多喪失老主顧的商店與休閒娛樂場所慘淡經營，幾近難以維持。[148]綜言之，遷都前的北京民生雖已現窘狀，至少由權貴富戶的高額消費營造出的熱鬧表象，還可粉飾漸走下坡的京城經濟；遷都則迅速捲走大半富戶，殘酷地揭穿北京經濟高度依賴政治的消費隱痛，拉低北平的消費生活水準。

富戶的遷離，爲此後北平的社會經濟與消費生活，埋下重要變數；這項重要變數加上窮戶多、客民多與單身青壯男性多三大人口變項，共同促成故都北平的人口新結構。本書將這四大特色，統稱爲「三多一少」現象。「三多」的特色，在國都時期即隱約可見，但須到遷都後出現「一少」要素，四者互爲作用，才關鍵地削弱整體市民消費實力，改變商業經營規模，使都市消費主力出現轉移。

表一：北平全市（內、外城與四郊）人口（1925-1937）[149]

年別	人口總數	附註（與上年度相比）

---

[147] 〈北平最近之蕭條情形〉，北平《北京日報》，1928 年 8 月 7 日，第 6 版。

[148] 〈平市商業之蕭條〉，《北京日報》，1928 年 10 月 4 日，第 6 版。

[149] 筆者掌握的幾種北平全市人口總數的統計史料，略有出入；有鑑於某些來源年度少（1934 年 1 月的《北平市政府統計月刊》第 1 期），或數據略有問題（如吳廷燮等撰的《北京市志稿：民政志》，頁 13-14，其 1928 與 1929 年度的戶口與人口總數完全相同，應有誤），而決定以《北平市都市計劃設計資料第一集》爲準，以其一爲北平市府統計資料，二爲其年度最完整。見北平市工務局編，《北平市都市計劃設計資料第一集》，北平市工務局印，1947 年 8 月，頁 15。

1925	1,266,148	--
1926	1,224,414	−41,734
1927	1,326,663	+102,249
1928	1,358,370	+31,707
1929	1,375,452	+17,082
1930	1,378,916	+3,464
1931	1,435,488	+56,572
1932	1,492,122	+56,634
1933	1,516,378	+24,256
1934	1,570,643	+54,265
1935	1,564,869	−5,774
1936	1,550,561	−14,308
1937	1,504,716	−45,845

　　表一顯示自 1927 年到 1934 年，北平的人口均呈上升趨勢，直到 1935 年，北平全市人口才因華北局勢轉危導致大量遷出，開始逐年遞減。整體而言，遷都並未導致人口量的減少，其影響主要在於醞釀出「三多一少」的人口結構質變。

　　首先，從窮戶多談起；此一情形，在遷都前已顯露跡象。根據 1926 年 12 月北京警察廳的調查，北平住戶總數為 254,382 戶，按貧富程度的差異，分為極貧戶（42,982 戶，16.9%），次貧戶（23,620 戶，佔 9.3%），下戶（120,437 戶，佔 47.3%），中戶（56,992 戶，

佔 22.4%），上戶（10,350 戶，佔 4.1%）。[150]極貧戶與次貧戶共六
萬六千六百零二戶，佔全城戶口總數 26.2%，即四位市民中有一位
是貧戶。當時北京仍爲國都，眾人艷羨目光所聚，盡是達官貴人的
闊綽表現，與商人巨賈的夜夜昇歌；毫不起眼的貧窮人家，是該城
不斷滋生、卻被首都之光掩蓋與忽略的城市陰影。

遷都之後，北平原有的上戶人口銳減，戶口貧困化的現象隨即
產生，貧窮成爲嚴重的社會問題。過去在清代依賴朝廷補助的旗
人，自民國之後生活已趨艱困，遷都後經濟情況更形惡化，增添故
都北平社會的貧民人口。[151]依市公安局的戶籍調查，1930 年全市貧
民佔全市人口 15.03%[152]；到 1931 年 10 月，貧民總數更達全市人數
的三分之一。[153]1932 年 1 月，公安局的數據再顯示，全市貧戶與次

---

[150] 其中所謂極貧戶，指毫無生活之資者；次貧戶，指收入極少、不賴賑濟則不
足以維持最低生活者；下戶，指收入僅足以維持每日生活者。見謝文耀，〈陶
孟和與《北平生活費之分析》〉，《中國社會工作》，1998 年第 1 期，頁 43。

[151] 林頌河，〈統計數字下的北平〉，《社會科學雜誌》，第 2 卷第 3 期，1931
年 9 月，頁 376-419。關於民國後旗人的沒落與經濟困境，見閻崇年，〈北京
滿族的百年滄桑〉，《北京社會科學》，2002 年第 1 期，2002 年 1 月，頁
15-23。劉小萌，《旗人史話》（北京：社會科學文獻出版社，2000），頁
208-212。吳建雍等著，《北京城市生活史》，頁 322-325。

[152] 牛鼐鄂，〈北平一千二百貧戶之研究〉，燕京大學社會學系碩士畢業論文，
1932 年 5 月，頁 5-6。

[153] 計全市共為 276,335 戶，男 863,308 名，女 540,999 名，人數共計 1,404,317
人。其中極貧者 213,018 名，次貧者 250,417 名，統計男女貧民共 463435 人，
佔全市人數約 33%。要說明的是，此處的全市人口並非年終年度統計，所以
與表一的 1931 年全市總人數略有差異。見〈本市貧民統計：佔全市人口三分
一〉，北平《民國日報》，1931 年 10 月 4 日，第 4 版。

貧戶佔全市人口總數 37.79%，即三分之一強。[154]

其次，遷都後北平的貧戶數居高不下，除因社會經濟不景氣、時局變動、旗人生活惡化、就業困難影響外，還與外來人口與其組成有關，此便涉及「客民多」的現象。[155]在國都時期，北京是各類人士、文物與商品薈萃之盛地，經商、投考或游歷者從全國各地紛湧而至。國府遷都後，外來人口在北平的比例仍很高，人口組成卻出現質變。以 1929 年為例，北京全市人口將近一半是非該市籍貫的外省客民[156]；新客民雖有部份是當時記者所謂「富有資財之人」[157]，但更多是因天災、匪禍而離鄉赴平的中下階層。1930 年代以降，日軍勢力從東北向華北地區的擴散與侵擾，更造成一波波湧入北平的避難人潮。[158]簡言之，此階段客民的持續加入，不只未減

---

[154] 〈去年度本市人事統計：死亡超過出生一千餘名，男女婚嫁五千五百餘件〉，北平《民國日報》，1932 年 1 月 5 日，第 4 版。北平市政府秘書處編印，《北平市政府統計月刊》第 1 期，1934 年 1 月 1 日，頁 6。

[155] 根據北平市府統計，1929 年該市人口中籍貫非北平的人數佔總數 49.35%，將近一半以上。見〈北平特別市市民籍貫統計表〉，《北平特別市市政公報》，第 18 期，1929 年 11 月。另見袁熹，《近代北京的市民生活》，頁 31-43。

[156] 〈北平特別市市民籍貫統計表〉，《北平特別市市政公報》第 18 期，1929 年 11 月。其中，河北省民最多，次為山東、山西，且遠至蒙古、西藏、西康、青海等偏遠省份。非北平籍貫者佔全體總數之 49.35%，將近一半。

[157] 〈苦盡甘來之北平市〉，北平《晨報》，1931 年 2 月 22 日，第 6 版。

[158] 〈平市人口逐漸稠密：東北江南因避亂徙來者日多，各區徵三月份房捐指數激增〉，北平《京報》，1932 年 4 月 14 日，第 6 版。〈九一八避難來平〉，北平《世界日報》，1932 年 9 月 28 日，第 8 版。〈平來難民逾萬人社會局社收容所三處〉，北平《晨報》，1933 年 5 月 29 日，第 6 版。〈全國五大城市

輕、反倒加重北平貧戶多的情形。

繼而，這些為數眾多的客民，還具備另一特徵，即多為單身青壯男性。早在北京尚為京城時，全城的性別比（即每百女子中的男子數）已相當高；此乃因北京身為政治、經濟與教育中心，吸引大量外地男性前往就業、求學與謀官所致。[159]國府遷都後，北平做為文化教育中心與華北大城的地位，仍對許多外來人口具號召力。1930年代前後，出於日軍侵擾、天災摧殘[160]、謀生或就學等原因前

---

[159] 七年來人口激增（續），北平《晨報》，1937年3月10日，第12版。
北平市政府的相關統計，可茲參考。見〈北平市人口之性別組成〉，北平市政府秘書處編印，《北平市政府統計月刊》第1期，1934年1月1日，頁16。

年度	人口總數	男子數	女子數	性別比（每百女子中之男子數）
1928	1,340,199	809,697	530,502	152
1929	1,353,273	822,980	530,293	155
1930	1,365,303	831,673	533,630	156
1931	1,416,951	866,062	550,889	157.2
1932	1,473,558	903,689	569,869	158.6
1933	1,504,328	928,588	575,740	161.3

1936年的《冀察調查統計叢刊》，也表示：「據北平市歷年統計，性比例為遞增式，此蓋與城市人口集中之趨勢相符。近年鄉村經濟日益凋敝，青年農人群趨城市尋求衣食，殆成普遍現象，而此等人群多為無眷屬之男子。」見《冀察調查統計叢刊》，第1卷第1期，1936年7月15日，頁8。另見北京市地方志編纂委員會編，《北京志·綜合卷·人口志》（北京：北京出版社，2004），頁118-119。

[160] 從1928年至1937年，尤其是1928到1935年間，河北省的自然災害（包括水、旱、蟲、風、疫災、冷害、地震、及其他）次數常高居全國省份之冠（如1929,1931,1935年）或至少前5名，受災人口數相當多，因而造成大批難民湧入城市求援的情形。見夏明方，《民國時期自然災害與鄉村社會》（北京：中華書

往北平的客民，還是以青壯單身男性居多。[161]就連北平四郊的青壯男性，也有群集內外城的趨勢，導致四郊農業因生產主力流失，更爲不振。[162]

表二：北平全市（內外城與四郊）壯丁（20 至 40 歲男性）人數表
（1928-1932）[163]

年代		1928	1929	1930	1931	1932
壯丁數	內外城	237,538	226,034	242,805	247,857	264,712
	四郊	83,775	85,186	81,097	79,319	79,237
	總數	321,313	311,220	323,902	327,176	343,949
佔全市人口比例		23.99%	23.01%	23.78%	23.08%	23.34%

局，2000），頁 376-391。另見吳文濤、王均，〈略論民國時期北京地區的自然災害〉，《北京社會科學》，2000 年第 3 期，2000 年 8 月，頁 59-67。

[161] 林頌河，〈統計數字下的北平〉，《社會科學雜誌》第 2 卷第 3 期，1931 年 9 月，頁 376-419。吳建雍等著，《北京城市生活史》，頁 308-309。就以學生來說，以 1936 年的數據為例，該年北平市城郊各區中等及初等學校學生人數共 51,492 人，男學生 36,747 人，女學生 14,745 人。男學生佔總數的 71.36%。見北平市政府秘書第一科統計股，《北平市統計覽要》，1936，頁 35。

[162] 〈北平市人口之年齡組成〉，北平市政府秘書處編印，《北平市政府統計月刊》第 1 期，1934 年 1 月 1 日，頁 19。

[163] 此表數據出自〈北平市各區壯丁數〉，北平市政府秘書處編印，《北平市政府統計月刊》第 1 期，1934 年 1 月 1 日，頁 18。〈北平市人口之年齡組成〉，北平市政府秘書處編印，《北平市政府統計月刊》第 1 期，1934 年 1 月 1 日，頁 19。

表二說明自 1928 到 1932 年，北平內外城的壯丁數，在故都北平社會平均佔全市人口將近四分之一，且（除 1929 年略降）大致呈現漸增的趨勢，相對地，（也是除了 1929 年略增）四郊的壯丁數則逐年遞減。青壯男子的高比例，使北平社會男多女少的問題，益發嚴重；該市的性別比不僅逐年上揚，甚至凌駕其他大城。以 1936 年為例，北平市的性別比為 160.18%，同年的上海僅 132.98%。[164]1936 年出刊的《冀察調查統計叢刊》，對此現象有如下解釋：

> 據北平市歷年統計，性比例為遞增式，此蓋與城市人口集中之趨勢相符。近年鄉村經濟日益凋敝，青年農人群趨城市尋求衣食，殆成普遍現象，而此等人群多為無眷屬之男子。[165]

或許因 1930 年代前期的華北局勢，比東南地區更為動盪，農村經濟萎靡之勢尤其嚴重，使更多青壯男子赴平謀生，所以該市的性別比高過上海。[166]青壯單身男性的生活與消費需求，成為影響當時北平各業發展的重要變因；某些以服務男性顧客為主的女性職業，即由此勃興。[167]

---

[164] 陸漢文，〈民國時期城市居民的生活與現代性（1928-1937）──基於社會統計的計量研究〉，華中師範大學中國近代史研究所博士論文，2002 年，頁 32。

[165] 《冀察調查統計叢刊》，第 1 卷第 1 期，1936 年 7 月 15 日，頁 8。

[166] 袁熹，〈清末民初北京的外來人口研究〉，北京市檔案館編，《檔案與北京史國際學術討論會論文集》上冊（北京：中國檔案出版社，2003），頁 301-317。

[167] 此部份討論，請見本書第四章。

　　至於決定遷都後市面凋敝、經濟衰微的主要消費人口變項——
即富戶少——除可見諸時人的文字敘述以外[168]，也可從統計數字窺
知一二。原本北京在 1926 年時尚有一萬零三百五十之多的上層富
戶，經過遷都之後，到 1930 年春，全市富戶只剩下三千五百九十
九戶。[169]到 1933 年初，榆關為日軍佔領，震驚許多北平市民；據
公安局調查，該年 1 月上旬，「客籍住戶遷去者，富戶達六百七十
一戶，中戶達一千四百零九戶，二者共達二千零八十餘戶。」[170]到
1 月下旬，遷離北平者，已達五千餘戶，且多為富有資產之人。[171]
此後陸續發生的長城戰事與熱河失陷等中日軍事衝突，使北平原有
的有閒階級乃至小康之家，不斷逃向天津租界或上海、南京一帶，
北平一次次流失為數已少的富戶人家。[172]雖然《塘沽協定》後，某
些原先逃離的中上等人家及青年學生又返回北平，但富戶數量仍屬
有限。

　　上述的「三多一少」人口現象，可在鄧雲鄉的《文化古城舊事》

168　老，〈朝暮氣之京平觀〉，北平《新晨報》，1928 年 12 月 16 日，第 6 版。
　　　楊杰，〈新年獻詞〉，《新晨報》「新年贈刊」，1929 年 1 月 1 日，第 2 版。
　　　瘦石，〈救貧問題〉，北平《益世報》，1928 年 9 月 1 日，第 7 版。
169　〈北平市人口本已減少今春死亡又多〉，北平《新晨報》，1930 年 4 月 16 日，
　　　第 6 版。
170　〈離平者多〉，北平《導報》，1933 年 1 月 14 日，第 7 版。
171　〈榆關事變後離平他徙者達五千餘戶〉，北平《導報》，1933 年 1 月 24 日，
　　　第 7 版。
172　〈難煞北平的商人〉，天津《大公報》，1933 年 5 月 25 日，第 13 版。〈國
　　　難緊張期間平津娛樂事業一斑〉，天津《大公報》1933 年 5 月 25 日，第 13
　　　版。〈平市的端陽節〉，天津《大公報》，1933 年 5 月 28 日，第 13 版。

書中得到大致印證。鄧氏以東北與華北的重要軍政事件爲依據，將故都北平分成三階段：一、1928 年 6 月到 1931 年 9 月（「九一八」事變）；二、1931 年 9 月到 1933 年 5 月（中日《塘沽協定》）；三、1933 年 5 月到 1937 年 7 月（「七七」事變）。據他所言，第一階段是新舊交換的混亂時期，大批舊官攜家帶眷地南遷；從政治界到文教界，都進行著權力與人事再分配的角逐。第二階段因爲東北淪入日人之手，大批民眾與青年學子流亡到北平，其中部份難民原有家境寬裕，一時間促進了北平市面的些微復甦。第三階段仍有東北等地民眾與學子赴平，但由於華北時局日陷危境，使不少物質條件更好的北平市民，紛紛移居上海等地租界，尋求英美勢力的庇護。[173]

綜合鄧雲鄉「古城分期說」的質性分析，與本節提供的相關數據，可觀察遷都後北平人口組成的演變趨勢：一、東北與華北的動盪局勢，驅使爲數可觀的外來人口湧入北平。二、部份來自東北或熱河的客民，在逃亡之餘攜帶部份家產，雖爲北平經濟注入些許資金，但其人數遠不及家破人亡、貧困無依的落魄難民。那些無家可歸且收入困窘的下層客民，持續構成北平貧戶的來源之一。三、在 1935 年之後，時局動盪引發的中日戰爭陰影，以及日本開始武裝騷擾北平市區，導致不少中上人家離平避禍，學校南遷，再度對北

---

[173]　《文化古城舊事》所述，爲鄧雲鄉回憶就讀中學時期的北平，亦即 1928 到 1937 年間，北平成爲故都後的學術、文化、人情諸事。按鄧雲鄉在該書的「後記」尾處所署之年爲「壬申」，即 1992 年，表示他於那年寫成，至於交付北京中華書局出版時間，則已至 1995 年。見鄧雲鄉，《文化古城舊事》，頁 1-5。

平經濟造成打擊，使北平市面益形凋敝。[174]在北平富戶時有遷出、中下層客民持續遷入的情形下，步入 1930 年後的北平，雖仍為百萬人口大城，其組成份子的整體消費能力，卻遠遜於昔。

由上可知，遷都引發北京城原有的消費主力──權貴富戶──大量遷出，其後的時局演變與自然災害，使該城人口的性別、年齡、經濟能力及本地外地人數比例不斷改變，共同組成新的消費人口結構，主導此後北平社會的整體消費水準，對城市經濟產生深遠的影響。[175]遷都後的北平社會，在「三多一少」現象的帶動下，告別原先由政商權貴引領消費風騷的時代。與此同時，新首都南京則出現論者筆下「新洋房多、新馬路多、新汽車多」的「三多」現象。[176]新都與故都社會同樣出現「三多」，卻是高下立現；北京在遷都後的相對劣勢，不言而喻。

既然市民的社會階層比例、消費能力與需求，大致決定該市的消費規模與型態，北平自遷都後到抗戰前的消費環境，便可能因應消費人口結構的變動與時局的改變，出現階段性的差異。以下將以

---

[174] 韓光輝，《北京歷史人口地理》（北京：北京大學出版社，1996），頁 281-287。鄧雲鄉，《文化古城舊事》，頁 1-9。

[175] 當時日增的貧戶與中下層客民，亟需政府出資救濟，不僅增加政府財政負擔，也易削弱社會資源，拉低社會整體經濟水準，不利北平的工商業發展。日甚一日的男女人口不平衡狀態，則如《北平市政府統計月刊》所言，「包含著不少的社會問題」。見北平市政府秘書處編印，《北平市政府統計月刊》第 1 期，1934 年 1 月 1 日，頁 16。另見〈蕭條的平市民生寫真〉，北平《全民報》，1933 年 12 月 18 日，第 3 版。

[176] 〈南京的三多〉，天津《大公報》，1934 年 11 月 10 日，第 4 版。

幾項攸關市民生活程度與消費能力的統計數字為依據，結合文字史
料的質性敘述，析論故都北平時期的整體經濟與消費形勢，及其階
段性演變。

二、三階段演變：量化與質性綜合分析

　　過去有關北平故都時期的歷史著作，鮮少運用量化數據探討歷
時性的商業經濟與消費情形，頂多參考某些年度的官方統計，以致
於未能說明、甚至忽略這十年間可能的階段性變化。[177]本書採用的
方式，是綜合考察相關的量化數據與質性分析，盡可能使其相互印
證，以呈現較貼近當時北平社會發展的面貌。以下將從歷年的生活
費指數開始觀察。

　　生活費指數的變化，顯示城市主要消費物品的平均價格起落，
有助於觀察市民面對的整體物價水準與經濟環境。[178]表三的數據，
來自立法院主計處統計局編的《統計月報》所臚列的北平生活費總
指數表，調查者為北平社會調查所。[179]

---

[177]　習五一、鄧亦兵著，曹子西主編，《北京通史》第 9 卷，頁 186-212。吳建雍
　　　等著，《北京城市生活史》，頁 295-353。Madeleine Yue Dong, *Republican
　　　Beijing: The City and Its Histories*（Berkeley: University of California Press,
　　　2003），pp. 142-171.

[178]　高希均，《經濟學的世界》，（台北：天下文化，1987），頁 91。張清溪、
　　　許嘉棟、劉鶯釧、吳聰敏合著，《經濟學理論與實際》下冊，（台北：雙葉書
　　　廊，1993，2 版修訂），頁 43。

[179]　表三的數據來自〈北平生活費指數表〉，《統計月報》第 2 卷第 6 期，1930

表三：北平生活費總指數（1927-1937）[180]

年度	食品	衣服	房租	燃料	雜項	總生活費（按銀元計價）	總生活費（按銅元計價）
1927基期	100.0	100.0	100.0	100.0	100.0	100.0	100.0
1928	101.5	105.3	91.3	109.4	104.7	101.6	102.5
1929	107.6	114.5	82.6	114.3	111.1	106.5	112.5
1930	111.8	113.1	82.7	116.7	114.0	109.6	115.8
1931	92.5	114.4	83.9	113.1	115.8	95.8	98.6
1932	85.4	113.4	95.6	107.1	114.7	91.2	96.9

年 6 月，頁 17。〈北平生活費指數表〉，《統計月報》，第 1 號，1931 年 10 月，頁 47。〈北平生活費指數表〉，《統計月報》，第 7 號，1932 年 9、10 月合刊，頁 30。〈北平生活費指數表〉，《統計月報》，第 10 號，1933 年 3、4 月合刊，頁 41。〈各重要都市生活費指數表〉，《統計月報》，第 17 號，1934 年 3 月，頁 73。〈各重要都市生活費指數表〉，《統計月報》，第 33 號，1937 年 7 月，頁 24。〈北平生活費指數表〉，《北平生活費指數月報》，第 5 卷第 12 號，1933 年 12 月。〈北平生活費指數表〉，《北平生活費指數月報》，第 6 卷第 12 號，1934 年 12 月。〈北平生活費指數表〉，《北平生活費指數月報》，第 8 卷第 12 號，1936 年 12 月。社會調查所是在 1926 年成立，初稱社會調查部，附設於中華教育文化基金董事會幹事部內，其對北京/北平從事一系列重要的社會調查。相關介紹，見吳建雍，〈民國初期北京的社會調查〉，《北京社會科學》，2000 年第 1 期，2000 年 2 月，頁 79-86。

[180] 由於北平市民一般所領薪資仍以銅元計價，所以總生活費多出一欄以銅元計價者。而銅元自 1920 年代到 1930 年代不斷貶值，因此以銅元來計價時，總生活費會比以銀元計價高一些。關於銀與銅元的匯率演變，請見本章表五。

1933	72.4	106.2	102.1	97.4	112.7	81.0	99.0
1934	69.9	99.6	109.8	98.5	112.0	79.5	108.4
1935	79.0	95.2	111.3	101.3	112.6	85.9	116.9
1936	99.5	97.1	108.2	98.6	113.2	100.2	126.1
1937 前四月 份平均	--	--	--	--	--	112.8	--

　　表三的數據說明，遷都後三年內，北平的物價不降反升；進入 1930 年代之後，開始逐年下降，直到 1935 年才再度升高。根據表三數據，佐以經濟理論，再搭配時人的故都敘述與媒體報導，可大致推導出遷都後北平經濟與消費環境的演變趨勢：

　　一、從 1928 到 1930 年，北平物價普遍上揚，從經濟理論觀之，頗符合高失業及高物價並存的「停滯性膨脹」（stagflation）現象；此堪謂經濟表現最差的一種情勢。[181]1928 年底，《大公報》有篇時評指出當時北平「市面蕭條而物價騰貴」，與生活費指數所顯現的情勢不謀而合。[182]再從分項物價指數來看，1928 到 1930 年的食品、衣服（除了 1930 年略低於 1929 年）、燃料與雜項價格皆上揚，唯獨房租呈跌落之勢。此大體呼應當時有關富戶人口遷離的報導及時論：由於北平為多數富戶所拋棄，導致房價下跌。[183]雖然

---

[181]　高希均，《經濟學的世界：經濟觀念與現實問題》（台北：經濟與生活，1985），頁 352。

[182]　〈這就是新北平？〉，天津《大公報》，1928 年 12 月 4 日，第 3 版。

[183]　〈北平市況日就衰落〉，南京《中央日報》，1928 年 8 月 23 日，第 1 張第 3 面。

1928 年後的北平全市人口持續逐年增加，但其主因在於外來人口湧入，這些客民多屬中下階層，無法提升房價。此外，依市府官方所述，政府南遷後，百業蕭條，失業人數日增。[184]由此觀之，1928到 1930 年的北平社會，受遷都衝擊而致商業不振，物價與失業率居高不下，人民普遍處於收入低而物價昂的消費環境，經濟負擔加重，物質生活相當吃力。套用現代的術語，人民生活的經濟痛苦指數，在遷都後大幅提升。[185]

　　二、1930 年代之後，北平的生活費總指數由高轉低，至 1934年盪到谷底，翌年才回升。此一數據反映出與前期相反的長期通貨緊縮形勢，即物價普遍下滑，整體處於供過於求的狀況。[186]歷史地理學者譚其驤（1911-1992）為鄧雲鄉的《文化古城舊事》所寫的〈代序〉中，提及故都北平「作為首都的富貴榮華，已煙消雲散。因而全市成為一個徹底的買方市場，不論是衣、食、住、行，吃喝玩樂，都供過於求。」[187]此可謂 1930 年代前半期，北平經濟發展的最佳寫照。如結合表三的生活費總指數變化與國內外經濟情勢發展，

184　〈社會局民國十八年度施政大綱及市府關於辦理民國二十二年度施政統計辦法綱要〉，　北京市檔案館藏，1929，卷宗號 J002-007-00030。〈北平特別市市政府社會局稿：擬具十八年度施政大綱〉，北京市檔案館藏，1929，卷宗號 J002-007-00030。〈北平特別市市政府社會局稿：成立職業介紹所舉行登記〉，北京市檔案館藏，1929，卷宗號 J002-007-00035。

185　一般而言，「痛苦指數」在現代社會指通貨膨脹率加失業率。此處乃取其概念，加以形容遷都後的北平經濟情勢。

186　高叔康編，《經濟學新辭典》（台北：三民書局，1971），頁 327-328。

187　譚其驤，〈代序〉，鄧雲鄉，《文化古城舊事》，頁 2-3。譚其驤從 1930 年代初期到 1940 年，在北平客居了將近十年。

可推知北平在 1930 年代前半期的通貨緊縮，應與世界經濟恐慌、國內整體經濟蕭條[188]、及東北與華北局勢動盪有關。連帶的社會現象，包括市民消費意願與能力下降、失業率繼續攀升、貧戶與乞丐增多。[189]

若觀察表三從 1930 到 1934 年的分項指數，可發現食品、衣服與燃料大致呈現不斷下跌的局面，到 1935 年時開始，除衣服一項之外，其餘都逐漸止跌回升。換言之，在 1930 年代前半期，人民日常必需的飲食、燃料與衣服，價格都變便宜。較突出的例外，是遷都之後指數銳減的房租，到 1932 年時的價格反而回升到超過 1928 年度。箇中原因，或與鄧雲鄉提及「九一八」事變後，某些東北與華北富有客民湧入北平、刺激房屋景氣有關。

綜上可知，1930 年代前半期的北平社會，經歷遷都後兩年多的停滯性通膨之後，進一步表現為生活費普遍低落的通貨緊縮局面。從城市經濟的角度觀之，長年的通貨緊縮代表整體經濟衰退，市場疲弱並缺乏競爭力，與前期的停滯性通膨同屬經濟低潮的不景氣表現。但對消費者而言，物價下跌代表同樣的錢可購買更多商

---

[188] 學者一般認為，導致 1930 年代中國經濟蕭條的原因，約有以下四項：一、世界主要國家貶低外匯價值；二、1934 年美國購銀法案造成的影響；三、1931 年「九一八」事變後日本佔領東北；四、1931 年的長江大水災。北平也無例外地置身於這些情勢發展中，受其影響。見李宇平，〈一九三○年代世界經濟大恐慌對中國經濟之衝擊（一九三一─一九三五）〉，《國立臺灣師範大學歷史學報》，第 22 期，1994 年 6 月，頁 1-33。

[189] 林頌河，〈統計數字下的北平〉，《社會科學雜誌》第 2 卷第 3 期，1931 年 9 月，頁 376-419。

品，形同個人實質所得增加。譚其驤便表示，「作為一個中等偏高收入的市民生活在這個社會裡，確實令人處處滿意。」[190]

本書認為，正是在此時，北平才真正進入（第三章將詳述）鄧雲鄉、譚其驤與倪錫英等文人所眷戀的「物價低、服務好」的文化古城階段。[191]廣大勞動階層在此時的營生，雖與文人學者感受與享受的舒適生活有相當差距，但與前一階段商業萎靡、物價騰貴的困境相比，至少就生活痛苦指數來說，顯然有所改善。簡言之，一般受薪工作者，生活在物價低落的通貨緊縮狀態中，反而比較有利。[192]鄧雲鄉形容 1930 年代前半期的北平「物價十分便宜，勞動力也十分便宜」，簡單明瞭地勾勒出當時北平消費條件的特色。[193]

三、1930 年代前半期相對較為平穩的都市消費環境，到 1935 年再度出現轉變。從表三的總指數欄可發現，該年到 1937 年，物價又轉趨上揚。此趨勢應受到兩項因素影響：一為華北日益猖獗的走私活動，使中國白銀不斷外流；國內市場的白銀供不應求，導致

---

[190]　譚其驤，〈代序〉，鄧雲鄉，《文化古城舊事》，頁 2-3。

[191]　譚其驤，〈代序〉，鄧雲鄉，《文化古城舊事》，頁 1-7。鄧雲鄉，《文化古城舊事》，頁 6。倪錫英，《北平》，頁 150-162。

[192]　基本上，通貨緊縮對於一般企業家、債務者不利，對於薪給生活者及債權者則有利。見高叔康編，《經濟學新辭典》（台北：三民書局，1971），頁 327-328。不可否認，北平多數勞工仍以銅元支領工資，在銅元不斷貶值之際，工資形同變相縮水；但徵諸正文表三，北平生活費按物品銅元計價的總指數，在 1931 到 1933 年，仍低於 1928 年的指數，到 1934 年才有逐年上增的趨勢。換句話說，就算是低收入的北平勞動階層，在 1930 年代前半期的經濟情況，相對於前後階段，也屬較佳。

[193]　鄧雲鄉，《文化古城舊事》，頁 6。

銀元價上升，銅元價則日益貶值。（見表五）二為上節所述 1935
年底國府的改革幣制政策，造成北平一時的商業危機，物價飆漲。
1936 年初，新聞報導便交相指出，市面不景氣的現象日深，「據各
方面調查，本年比較以往各年，尤其蕭條」。[194]不少商店營業只得
削價競爭，《北平晚報》一篇報導指出，「總括的說起來，就是『錢
緊』兩個字在其中作祟。」[195]

　　若從單項指數分別觀之，食品、衣服與雜項價格都變高，房屋
與燃料則降低。房屋價格的變化，再度呼應前述 1935 年前後，受
日本勢力影響導致人口再度外流的情勢。概言之，從 1935 年到抗
戰前夕，北平的經濟情勢較接近遷都後兩年間的停滯性通膨狀況；
不同的是，1935 年後的北平深陷日人勢力範圍內，該市的本地商
業及市民消費權益，比過去受剝削與輕忽，整體消費環境與市民生
活有相對惡化的趨勢。

　　由上可知，故都北平的平均物價，大致呈現三個階段變化，其
主要差異，顯現在人民的消費支出與生活感受上。若就經濟情勢而
言，不論第一與第三階段的停滯性通膨、或第二階段的通貨緊縮，
都說明北平整體的不景氣。此種發展，在北平與其他城市的比較
中，也可得見。

---

[194] 〈社會經濟凋敝年貨滯銷（一）〉，北平《東方快報》，1936 年 1 月 14 日，
　　　第 6 版。類似報導，可見〈北平去年歇業商號達千八百家〉，天津《大公報》，
　　　1936 年 3 月 10 日，第 6 版。
[195] 〈故都的晚景：大鼓妞兒活躍〉，《北平晚報》，1936 年 6 月 20 日，第 3 版。

表四：四大城市生活費指數比較（1930-1936）[196]

年份	南京	上海	北平	天津
1930（基期）	100	100	100	100
1931	102.09	103.37	87.41	95.78
1932	94.00	97.78	83.21	88.84
1933	83.41	88.01	73.91	77.84
1934	80.28	87.48	72.54	75.50
1935	80.36	87.80	78.38	83.34
1936	84.19	93.33	91.42	94.96

　　表四至少說明兩個現象：首先，四個城市的生活費指數，從
1931 年起至 1934 年，都逐年遞減；合理的推測，應是世界經濟大
恐慌的衝擊，導致中國各城出現程度不一的蕭條局面。其次，從
1930 到 1936 年，北平市的生活費總指數，在四個城市中都敬陪末
座。唯一的例外，是在 1936 年略勝南京，而排名倒數第二，此與
上述北平於 1935 年後物價上揚的原因有關。從表四可歸結出，即
使在中國社會經濟普遍不景氣的 1930 年代前半期，北平的平均物

196　表四為筆者依《統計月報》提供的數據所製之表。由於《統計月報》所顯示的
　　北平、南京、上海與天津四大城市的生活費指數，其數據來自不同機關進行
　　調查，而生活費指數基期也不同年度（北平的基期為 1927 年，上海與天津為
　　1926 年，南京為 1930 年），因此，筆者透過換算，將四個城市的生活費指數
　　基期，一律調整為 1930 年，以利比較說明。原數據出自〈各重要都市生活費
　　指數表〉，《統計月報》第 16 號，1934 年 2 月，頁 58。《統計季刊》，第 5
　　號，1936 年 3 月，頁 123。《統計月報》，第 30 號，1937 年 4 月，頁 16。《統
　　計月報》，第 32 號，1937 年 6 月，頁 19。

價在當時主要城市中，仍屬最低。這表示，在北平維持一般生活水準所需的花費，比同時期的上海、天津與南京都來得便宜。

　　當時北平的物價，究竟有多便宜？舉例說明前，須先瞭解該市常用的貨幣及其幣值。在國民政府於 1935 年 11 月推行法幣政策之前，中國貨幣採行的是「銀本位」制；北平除了主幣銀元之外，還普遍使用自清末開始鑄造的銅元，許多職工領取的工資，仍以銅元計算。[197]銅元與銀元的兌換率，從民初以降不斷攀升，愈到 1930 年代中期，銅元愈見貶值。

表五：北京每一銀元對小銅元的兌換率[198]

年度	每一銀元對小銅元的兌換率
1905	100
1926	300
1928	360
1930	400
1935	460

[197] 孟天培（Tien Pei Meng）、甘博（Sidney D. Gamble）著，李景漢譯，《二十五年來北京之物價工資及生活程度》（北京：國立北京大學出版部，1926），頁 66-97。另見吳建雍等著，《北京城市生活史》，頁 349-353。陳明遠，《文化人與錢》（天津：百花文藝出版社，2000），頁 11-12。陳明遠，〈近代中國的貨幣〉，陳明遠，《文化人的經濟生活》（上海：文匯出版社，2005），頁 328-346。銀元在當時的時人敘述中，常又稱為「大洋」、「銀元」，或簡稱「圓」、「元」。

[198] 陳明遠，〈近代中國的貨幣〉，陳明遠，《文化人的經濟生活》），頁 339。

由表五可知，在 1935 年的北平，1 銀元等於 460 小銅元。當時還有大銅元，相當於兩個銅元，又叫一大枚；1 銀元等於 230 個大枚。以這個換算標準，來看鄧雲鄉在《文化古城舊事》舉的幾個例子，便能窺見當時北平一般食物價格的低廉。那時「一個香噴噴的芝麻醬燒餅」是 2 大枚（相當於 4 小銅元），所以鄧雲鄉一位同學父親家所雇用的老媽子（即保姆或傭工），可拿她的 3 銀元（相當於 1,380 小銅元）月薪買到三百四十五個大燒餅。同樣的價格，也可買二十三斤好豬肉，或約六丈長的藍士林布匹。[199]

圖三：銅元銀元兌換攤[200]

---

[199] 鄧文表示 3 銀元可買「二十四、五斤好豬肉」（文中說明「三十大枚左右一斤五花豬肉」），不過筆者換算發現應該是二十三斤左右，所以在正文中敘以二十三斤。至於藍士林布匹，則是兩丈長為銀元 9 角 9 分，因此 3 銀元可買約六丈。見鄧雲鄉，《文化古城舊事》，頁 418-437。

[200] 該照出自肖曉明策劃，藍佩瑾編輯，《北京：北京城與北京人》（北京：外文出版社，2005），頁 140。

　　鄧氏特別舉賺錢少的年老女僕為例，是為凸顯當時收入微薄的小市民，也能因物價便宜，而過著維持基本消費的生活。用另一種方式說，如果不太講究品質與材料，在當時的北平確實不需花多少錢便能生存。[201]且月薪 3 銀元，是屬「年老無能的老媽子」所領的工資，一般老媽子當時可領 4 到 5 銀元月薪。若是男傭工，如手藝一般的廚子，每月至少可領 8 到 12 銀元，相當於拉包月車的車夫收入；車夫若遇主人飯局多一點，必須常拉車往返，則可有高達 40 銀元的收入。[202]

　　這是就北平底層受薪者的收入舉隅，若再對照其他城市的物價，更可看出北平「居不難」的情形。以一斤豬肉來說，1929 年時的南京要銀元 3 角 15 分，同時期的北平只需 2 角 5 分。[203]由此觀之，遷都後的北平物價確實相對低廉。

　　至於月生活費，根據鄧雲鄉當時的觀察與生活經驗，1930 年代前期北平的四口之家，只需約 12 銀元就可有基本飲食，房租部份大概 6 銀元左右（可租三間廂房，夠四口之用）；若再加上衣與

201　而且，在物價方面，遷都後的北平有價格日趨下跌的趨勢。再以豬肉為例，
　　　1929 年約 48 大枚（即 98 枚）一斤，到了 1935 年則下滑為 30 大枚（即 60 枚）
　　　一斤。見〈北平生活費指數表〉，天津《大公報》，1929 年 9 月 8 日，第 13
　　　版。整體而言，其所反映的是大環境經濟不景氣的情勢。

202　鄧雲鄉，〈六十年前北京人經濟生活雜述〉，頁 180-195。

203　〈南京特別市零售物價表〉，〈北平零售物價表〉，立法院統計處，《統計月
　　　報》第 1 卷第 7 期，1929 年 9 月，頁 15-20。〈北平生活費指數表〉，天津《大
　　　公報》，1929 年 9 月 8 日，第 13 版。

行等基本開銷，大約25到30銀元便能維持小康家庭的水準。[204]民俗專家金受申（1906-1968）也曾形容「牡丹每朵花價在十銀元上下，一盆三朵，便是寒家一月生活之費」[205]，即30銀元可維持北平一戶普通人家的月生活支出；此與鄧雲鄉的說法大致相同。同時期上海的每月基本生活費用，則約需66銀元，整整高出北平一倍以上。[206]

　　基於各項相關數據與質性敘述的綜合分析，吾人得以鳥瞰故都北平十年的經濟發展趨勢，及市民消費生活的階段性演變。由此，可進而瞭解，為眾多文人學者稱道與眷戀的「文化古城」菁華期，指的應是第二階段，即1930年代前半期。[207]許多故都書寫所舉的消費生活實例或數據，主要都取自該階段。概括地說，遷都後的第一階段，北平尚處於從國都變成故都的適應期，之後逐漸發展出文化古城的故都風格，直到1935年後，又因日人勢力作祟，而失去原有的古城氛圍。本節最後一部份，將以1930年代前半期的發展為代表，繼續從幾項相關數據出發，審視當時北平市民的生活程度、整體消費能力與商業規模的發展趨勢，以進一步勾勒遷都後北平逐漸形成的新市民消費面貌。

204　鄧雲鄉，《文化古城舊事》，頁434。鄧氏在文中有相當細緻的舉例計算，足供吾人瞭解當時北平居民的生活基本開銷情形。

205　金受申，《老北京的生活》（北京：北京出版社，1989），頁10。

206　陳明遠，〈抗戰前夕上海的文化人〉，陳明遠，《文化人的經濟生活》（上海：文匯出版社，2005），頁164-188。

207　「文化古城」的意象與相關的城市書寫，可謂故都北平最具代表性、而為眾多文人學者接受與傳播的城市形象。相關討論，請見本書第三章第一節。

三、市民消費能力與商業規模的萎縮

　　一般而言，若欲瞭解某城市人民的大致生活水準與消費能力，可參考的數據除了生活費指數之外，還有市民平均稅負。稅負為市民對政府應盡之責，也是人們基本民生消費以外的必要支出；平均稅負值間接反映市民整體收入情形，因此可藉之觀察市民的消費能力。表六為北平在 1916 年與 1931 年的年度稅收總數，與平均稅負比較：

表六：北平 1916 與 1931 年度稅收總數與平均稅負比較[208]

年別	稅收總數	人口總數	每人平均稅負
1916	2,688,942	801,136	3.36
1931	3,282,807	1,435,488	2.29

　　據北平市政府秘書處的統計，從 1928 到 1932 年間，北平市民歷年的平均稅負，都不曾超出 1916 年度的 3.36 銀元。[209]這說明故

---

[208] 此表乃參照雷輯輝所著的《北平稅捐考略》所提供 1916 年度的數據，與《北平市都市計劃設計資料第一集》所提供的 1931 年度全市人口而製。按雷輯輝在其書中先對 1916 與 1930 年度的總稅收與人口數進行比較分析，並指出北平市民租稅負擔，從民初到遷都後有增多的趨向。但他也說明 1930 年底國稅中的崇關稅、平綏路貨捐、郵包稅、軍事特捐與支應捐都遭裁撤，而市稅只加徵了營業稅一項，因此之後北平市民的平均稅負，較為減輕。見雷輯輝，《北平稅捐考略》(北平：社會調查所，1932)，頁 109-112。北平市工務局編，《北平市都市計劃設計資料第一集》，北平市工務局印，1947 年 8 月，頁 15。

[209] 從 1928 至 1932 年度，北平市民平均稅負依次為：（1928 年）1.74 元；（1929

都北平社會的市民平均收入遜於國都時期，也再度印證遷都後權貴富戶流失的現象。此外，為求瞭解北平與同時期其他大城的市民平均稅負差異，市政府製出下表：

表七：北平市與國內六市市民平均稅負之比較[210]

市別	稅收總數（銀元）	人口總數	每人平均稅負
北平	3,580,493	1,552,604	2.30
上海	3,900,150	1,702,130	3.47
天津	3,437,611	1,339,388	2.57
南京	1,155,540	533,552	2.17
青島	3,501,612	402,752	8.69
漢口	4,454,450	620,531	7.18
廣州	5,009,626	940,630	5.33

年）2.12 元；（1930 年）2.03 元；（1931 年）2.20 元；（1932 年）2.30 元。北平市政府秘書處編印，《北平市政府統計月刊》，第 2 期，1934 年 6 月，頁 21。

210　〈北平市與國內六市市民平均稅負之比較〉，北平市政府秘書處編印，《北平市政府統計特刊》第 2 號，1934 年 6 月，頁 32-33。此處需釐清的是，本文於表一的註釋已說明該表的人口數據為何引用自北平市工務局所編的《北平市都市計劃設計資料第一集》。但此處表八則因該表乃北平市府秘書處所製之表，所以便延用其所提供的北平全市人口數。實際上，《北平市政府統計特刊》與《北平市都市計劃設計資料第一集》提供的北平全市人口數據相差不大；若依後者提供的人口總數（1,492,122，見表一），則稅收總數除以人口之值為 2.40，其並未改變表七的各城市比較結果。

北平市政府秘書處特別說明，各市數據有年度差異：北平市的稅收總數與人口，皆來自 1932 年度；青島與廣州為 1931 年度的數目；上海市的是 1930 年度，未包括公共租界與法租界；天津、南京與漢口則為 1929 年度的數目。表七顯示北平的市民平均稅負僅稍微高過南京，在全國七大城中居倒數第二。依北平市府秘書處對南京年度歲入與人口增加的推算，到 1932 年時，南京市的每人平均稅負，「非但不較北平稍輕，且恐較北平猶重，殆無疑義。」其繼而推論，國內各市之中，「市民之平均稅負，亦以北平為最輕。且他市市民平均稅負之重於北平者，亦絕不止如上表（註：即表七）之所示；因上表中北平為二十一年度之情況，他市則為二三年前之狀況，二三年以來，必仍有增加也。」[211]

即使北平市府過於武斷的說法有待商榷，至少就表七看來，北平的平均稅負確實較多數城市為輕。史明正在其《走向近代化的北京城》一書對遷都前的北京研究指出，該城市民平均稅負不重的主因，在於廣大中、下階層普遍窮困，無須繳納針對奢侈品或高消費行為而課徵的稅（如車捐），或因收入低而繳納較少的賦稅。[212] 徵諸表六與表七的數據，此種情形到遷都之後更加明顯；低平均稅負象徵市民整體收入不高，自易拉低該市的平均消費水準。

---

[211] 〈北平市與國內六市市民平均稅負之比較〉，北平市政府秘書處編印，《北平市政府統計特刊》第 2 號，1934 年 6 月，頁 32-33。

[212] 史明正，《走向近代化的北京城：城市建設與社會變革》，頁 39-56。史明正在該書〈引言〉說明，其所論述的年代，始自義和團爆發的 1900 年，至「北京不再作為中華民國首都的」1928 年結束。（頁 4）

市民的整體消費能力不復以往，連帶影響故都北平的商業規模發展。1931 年北平市財政局有關全市各等舖捐商舖數的統計，清楚呈現該市大小商舖的分佈情形：

表八：北平市各等舖捐商舖數（1931 年 6 月）[213]

捐等	每月營業流水數目	商舖數
特種	200,000 銀元以上	1
	100,000	2
	50,000	8
	20,000	5
特等	15,000	7
	8,000	9
一等	5,000	34
二等	2,500	47
三等	2,000	182
四等	1,500	232
五等	1,000 銀元以上	428
六等	700	931
七等	350	2,163
八等	150	4,398
九等	80	7,398
元	80 元以下	2,910
亨	60	2,718
利	40	3,117

---

[213] 該表出自林頌河，〈統計數字下的北平〉，《社會科學雜誌》第 2 卷第 3 期，1931 年 9 月，頁 403。須予解釋的是，該表的商舖數合計，原表顯示為 28,410，但經筆者反覆加總計，應為 28,485，因此加以修改。此一變更，基本上無礙於本書的分析。

貞	30	3,895
共計		28,485

若將表八的特種與特等商舖數，一路相加到五等（即月營業額 1,000 銀元）的商舖數（955 家），也只佔全市商舖總數 3.35%。這意謂著，六等以下到最低等的商舖總數，佔全市商舖數達 96.65%。這項數字說明至少在 1931 年中旬，北平的大商舖已所剩無幾；特種到特等商舖（32 家），甚至只佔全市舖數 0.1%。表八清楚顯示，居該市商業主流者，爲規模中至下等的商舖。表九進一步顯示，此種商業規模演變，日後仍持續發展。

表九：1933 年度北平市開業與歇業商家統計[214]

業別	開業家數	開業資本額（銀元）	歇業家數	歇業資本額（銀元）
飲食品販賣及飲食店業	745	33,986	491	48,517
服裝品販賣及服裝整容店	544	31,238	351	42,340
交通用品及旅行運輸業	164	16,876	96	14,020
農林礦產品販賣業	226	18,060	152	16,627
畜產水產品販賣業	13	1,000	4	950

---

[214] 北平市政府秘書處第一科統計股主編，《北平市政府二十二年度行政統計》（台北：文海出版社，1993），頁 1。

五金電料販賣業	100	6,201	52	7,030
化學工業品販賣業	36	3,025	27	3,080
美術文化教育用品販賣業	81	9,636	85	14,310
其他百貨販賣業	146	20,700	78	27,425
物品質貸業	14	840	5	1,210
金融業	8	4,400	5	10,000
娛樂場所業	18	1,980	7	4,700
其他行業	106	5,880	34	2,400
業務介紹及廣告業	42	485	10	19
總計	2,243	154,307	1,397	192,628

　　表九是北平市府針對 1933 年度該市各行業開張與歇業商家的數目統計。在市府所列的十四類行業中，除「美術文化教育用品販賣業」之外，其餘行業的開業商家數目，一律大於歇業者。也就是說，即使商家歇業的情形屢見不鮮，陸續開張營業的商家數反而更多。在各行業的資本額方面，若純粹就開業與歇業商家的資本總額差異（即開業高過歇業者有五類，反之為九類），尚無法掌握北平商情的演變；唯有從平均資本額著手比較，才能真正觀察商業規模的發展趨向。

　　表十：1933 年度北平市開業與歇業商家平均資本額[215]

---

[215]　資料來源同表九。

業別	開業商家平均資本額	歇業商家平均資本額
飲食品販賣及飲食店業	45.6	98.8
服裝品販賣及服裝整容店	57.4	120.6
交通用品及旅行運輸業	102.9	146.0
農林礦產品販賣業	79.9	109.4
畜產水產品販賣業	76.9	237.5
五金電料販賣業	62.0	135.2
化學工業品販賣業	84.0	114.0
美術文化教育用品販賣業	119.0	168.4
其他百貨販賣業	141.8	351.6
物品質貸業	60	242
金融業	550	2000
娛樂場所業	110	671.4
其他行業	55.5	70.6
業務介紹及廣告業	11.5	1.9
總平均資本額	68.8	137.9

當我們將表九的數字進行平均值的統計（即開/歇業資本額除以開/歇業家數），製成表十時，可清楚發現，除了「業務介紹及廣告業」之外，其餘十三類行業的歇業商家平均資本額，都遠高於開業

商家。若比較十四類行業的總平均資本額的話，歇業商家的平均資本額（137.9 銀元）更比開業者（68.8 銀元）高出整整一倍。表九與表十的數據說明一個重要趨勢：即北平各行商家數量雖多半不減反增，但開業商店的資本總額，卻遠不及數量較少的歇業商店資本總數。很明顯地，歇業商家多半規模較大、資本較高，陸續開業經營的各行商家，則規模既小、資本也較微薄。這些數據再度呼應其他質性敘述對遷都後北平商業經營的報導分析；亦即「開業者尚多，但均爲小本生意」，全市各業的資本規模，有普遍萎縮的趨勢。[216]

　　從遷都後北平消費人口結構轉變與消費能力轉弱來看，此一商業經營趨勢，乃順應時局而生。遷都造成的骨牌效應導致富戶遷離，迫使遷都前尚可維持營業的大商號，紛紛因主顧流失而選擇歇業。遷都後北平全市（內、外城加上四郊）人口不降反升，主因在於外來的難民、客民與學生等多屬中下階層的民眾湧入該市；這些人的消費實力，與以往支撐北京商業繁榮發展的權貴階層，完全不可同日而語。1928 年底，《新晨報》引述社會局的調查報告，說明北平經濟狀況今昔如天壤之別的差異，其中人民購買力與 1927 年相比，只剩原來的四成。[217]此後陸續開業的商家，多因時制宜地以

216　〈去年本市商號營業歇業統計〉，《北辰報》1935 年 1 月 12 日第 6 版。〈北平去年歇業商號達千八百家〉，天津《大公報》，1936 年 3 月 10 日，第 6 版。1929 年 10 月的《新晨報》報導亦指出：「各小市場，尚能支持門面者，亦大都以其營業供給中下等人之生活爲多，故比較上未致無人過問也。」可見此種商業規模發展，爲故都北平十年的普遍演變趨勢。見〈西單市場商人訴苦〉，北平《新晨報》，1929 年 10 月 3 日，第 6 版。

217　該報導並言：「車夫現共有三萬七千餘人，去年則只有兩萬有零耳。民國元年

廣大市井小民爲主要服務對象，飯館業的演變即爲著例。

　　北京的「吃」，與飯館業的發達，素來聞名。[218]清末民初的飯館業，又以高級飯莊發展得最爲興隆。[219]即使遷都後，飯館業始終是北平的重要商業，因此該業的發展頗能反映北平的商業演變趨勢。以表九所提供的 1933 年度數據爲例，該年北平的「飲食品販賣及飲食店業」共有四百九十一家歇業，新開張的商號則多達七百四十五家，但開業商家的總資本額（33,986 銀元），卻遠少於歇業者

調查貧民，尚不足兩萬人，去年已有十九萬人之多，今年則增至二十三萬餘，崇關稅收今年與去年比較，入境貨品，月少二百八十餘萬元。」見〈平市經濟狀況之今昔觀〉，北平《新晨報》，1928 年 12 月 4 日，第 6 版。

218　1935 年由北平市政府秘書處編著出版的《舊都文物略》「雜事略」中，便言「北平昔爲皇都，豪華素著，一飲一食，莫不精細考究。市賈逢迎，不惜盡力研求，遂使舊京飲食得成經譜。故抉烹調技者，能甲於各地也。」湯用彬、陳聲聰，彭一卣編著；鍾少華點校，《舊都文物略》（北京：華文出版社，2004），頁 283。劉半農也曾謂：「北平本是個酒食徵逐之地，故飯莊之發達，由來已久」。見劉半農，〈北舊〉，《劉半農選集》（香港：香港文學出版社，出版年不詳），頁 156。另見周家望，《老北京的吃喝》（北京：北京燕山出版社，1999），頁 88-90。吳建雍等著，《北京城市生活史》，頁 345-346。

219　北平的飯莊最興盛時期是在清末民初，其主要營業項目是包辦滿漢全席，承辦紅白喜事，主要服務對象則是貴族、官僚、豪紳、富商。北京居民稱它們爲專伺候大宅門的。見尹潤生，〈飯莊〉，中華人民政治協商會議、北京市委員會文史資料研究委員會編，《北京往事談》（北京：北京出版社，1988），頁 3-5。《大公報》記者菁如即言，清末「王公貴族們的喜慶宴會，動輒訂席數百桌」，且「民國以來此風猶熾，一般武人、政客的鋪張揚厲，也多假手飯莊。」菁如，〈北平的飯館業〉，天津《大公報》，1933 年 10 月 11 日，第 13 版。

的資本總額（48,517 銀元）。[220]這說明歇業的飲食業者，主要是大型飯莊或飯店；新開張者，多為小本經營的飯鋪。此與前述「三多一少」現象，有密切關聯：由於北平的中產與勞動階級人數不斷攀升，城內不少工廠與店鋪，還規定工人不得攜眷來北平安家落戶，來自外地的青壯男性客民多隻身在平，每日伙食需在外打發。[221]加上 1930 年代初，東北軍入關，隨之而來的眾多東三省人士，「因無家室，且多應酬，於是飯館營業，遂不能不乘時興起。」[222]這些條件共同造就規模不大、資本額不高的中小型飯館與飯鋪的興盛，幾至取代在清末民初盛極一時的大型飯莊。[223]

除了小本經營的傾向外，飲食業也因應平市為數漸增的小市民需求，包括二葷鋪（又叫茶飯館）、酒鋪、黃酒館、切麵鋪、餃子鋪等不同種類，提供消費者多樣選擇。[224]1928 年 11 月的《世界日報》指出，遷都雖然大幅衝擊北平商況，但勉強維持門面營業的商家，以及弄飲食生意的店鋪，為數仍相當多。[225]直到 1936 年 6 月，北平市的麵飯鋪業有兩千零三十二家，中西餐館業有兩百六十五

---

[220]　北平市政府秘書處第一科統計股主編，《北平市政府二十二年度行政統計》（台
　　　　北：文海出版社，1993），頁 1。

[221]　鄧雲鄉便曾述及，「當時不少客居北平的人，不少都是兩頓都在小飯館中
　　　　吃。」鄧雲鄉，《文化古城舊事》，頁 433。

[222]　〈舞場憧景之如是觀〉，北平《益世報》，1931 年 3 月 20 日，第 10 版。

[223]　袁熹，《近代北京的市民生活》，頁 21。

[224]　池澤匯、婁學熙、陳問成編纂，《北平市工商業概況》，北平市社會局印，
　　　　1932，頁 374-378。

[225]　〈社會局公佈營業狀況統計表：由十一月十四日至十九日〉，北平《世界日報》
　　　　1928 年 11 月 22 日第 7 版。

家，即使不算入八百零九家的茶館業，廣義的飯館營業總數也有兩千兩百九十七家之多，高居該市各行商業家數之冠。[226]飯館業的經營轉型與規模調整，對向來重視飲食享受的北京社會而言，具體而微地標示出北平的消費新形勢。表九與表十所列其他各類行業，同樣都朝向小本經營的方向發展；商業規模普遍萎縮的現象，暴露出北平市民整體消費能力的疲弱。

應予指出，雖然遷都後北平市民的平均收入與整體消費能力，被日增的中下階層拉低，但 1930 年代前半期普遍低廉的物價，以及各業始終未變的殷勤服務態度，卻讓眾多收入中上的文人學者，對當時的北平城市生活留下深刻而美好的印象。[227]鄧雲鄉的說法是，「七七」事變前的北平，「自然也很窮，但相對穩定，用句老百姓的話說，叫做『錢值錢』，賺錢雖不易，卻無恐慌感。」[228]沈從文（1902-1988）在 1933 年 11 月寫的書信中，也提及「北京一切舊樣子，路好了些，車馬多了些，東西皆極賤，一切綢緞殊不值錢。」[229]曾在 1920 年代前期任教於北大的郁達夫（1896-1945），

---

[226] 北平市政府秘書處第一科統計股編，《北平市統計覽要》，1936 年，頁 33。池澤匯、婁學熙、陳問成編纂，《北平市工商業概況》（北平市社會局印，1932），頁 374-378。

[227] 譚其驤盛讚當時的北平，「商店店員服務性行業從業人員態度之好，無以復加。」倪錫英也用與譚其驤類似的口吻，訴說故都北平「生活上的種種便利和舒適」。見譚其驤，〈代序〉，鄧雲鄉，《文化古城舊事》，頁 2-3。倪錫英，《北平》，頁 150-162。

[228] 鄧雲鄉，〈滄桑而後〉，鄧雲鄉，《文化古城舊事》，頁 418。

[229] 沈從文，〈復沈雲麓（1933 年 11 月 13 日）〉，《沈從文全集》第十八卷（太原：北嶽文藝出版社，2002），頁 194-196。

經歷了武昌、廣州、杭州、上海等南方的城市生活，在 1934 年 11 月偕妻子王映霞（1908-2000）從青島經濟南再到北平後，以遊人的旁觀角度觀察道：「北平的內容，雖則空虛，但外觀總還是那麼的一個樣子。人口增加，新居添築，東安、西單兩市場，人海人山；汽車電車的聲音，也日夜的不斷。可是，戲院的買賣減了，八大胡同裡的房子大半空了，大店家的好貨也不大備了，小館子的顧客大增，而大飯莊的燈火卻蕭條起來了。」[230]

　　無可否認，先遭遇遷都變局、後數度置身危局的北平社會，從經濟發展、商業情勢或消費條件各方面而言，競爭力比之前的國都階段、或同時期其他大城都更形低落，城市商業規模也因應人口階級成份的調整，產生萎縮的現象。然而，在故都十年期間，各行開業家數常勝過歇業家數，且平均物價多半低廉，以致北平社會除了幾次時局衝擊造成的商況危機之外，大體仍能維持低度活絡的消費經濟。綜言之，遷都為北平社會帶來的變數，在其後十年內，隨著變遷的時局持續發酵，牽動城市商業情勢；與此同時，市民消費條件的調整，也相應開展出消費新形勢。國都階段政商高度結合的經濟發展特色、以及權貴奢華的消費風格，到故都時期無從延續，轉而發展出由廣大中下階層市民分攤、以量取勝的小額平價消費模式，為北京的城市消費史揭開雖不起眼、卻饒富平民風格與樸直特色的新頁。

230　郁達夫，〈青島、濟南、北平、北戴河的巡游〉，《郁達夫散文》中集（北京：中國廣播電視出版社，1992），頁 283-288。

第二章　形勢造消費：新環境與新資源

　　當北京仍是國都時，政商權貴與中央政權可謂相得益彰，共同襯托與保證北京的政治優勢與經濟繁榮。待北京成為故都北平之後，原先的消費型城市經濟雖未改變，卻因富戶遷離與時局變遷等內外因素催生出的商業新情勢及消費新條件，孕育出有別昔日的城市消費環境，甚至刺激城市消費資源的再/新生。換言之，北京在悠久帝京時期形成的消費空間分佈，與累積的深厚文化遺產，到了故都北平時期，分別在消費條件的改變與資源需求的刺激下，有所蛻變。本章將先討論遷都後北平的綜合性消費佈局、及其發展趨勢，進而分析北平當局如何出於自救與繁榮的動機，透過各種方式，將北平的文化資源轉化成可刺激消費的重要媒介，成為城市消費的重要一環。

第一節　城市消費據點分布與發展趨勢

　　民國時期北京的主要市場分布，依美國華裔學者董玥所述，

基本形成前門大街商區、東安市場與西單商場鼎足發展的局面。[1]

圖四：民國北京城主要市場分布示意圖[2]

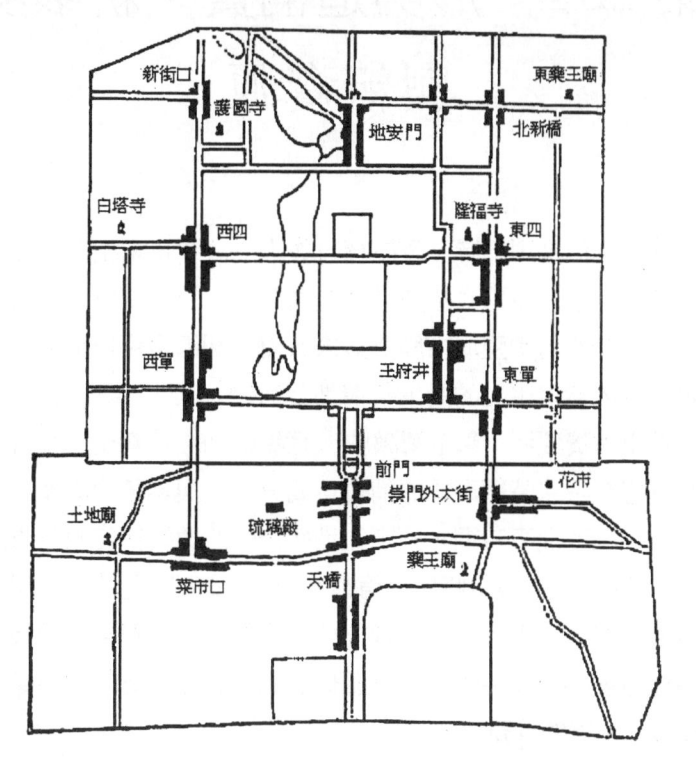

---

[1] 董玥表示，原先在清代因內、外城的區隔而盛極一時的前門（即正陽門）商區，到民國之後，漸為內城王府井大街上的東安市場所凌駕，加上另一新興的西單商場，成為北京城市消費的重地。見 Madeleine Yue Dong, *Republican Beijing: The City and Its Histories*, pp. 142-171.

[2] 該圖出自高松凡，〈歷史上北京城市場變遷及其區位研究〉，《地理學報》，第 44 卷第 2 期，1989 年 6 月，頁 131。

另一位中國學者高松凡，將考察時段拉長，藉由市場區位分布圖，簡述北京史上不同朝代的商業重心及其轉變，也對民國時期北京主要市場的分布趨勢（如圖四所示，另參附圖一），得出與董玥類似的論述。[3]

　　這兩位學者的研究，都把「民國北京」視為一個整體時段加以討論，並未將遷都視為城市消費發展的變項，對故都北平階段進一步分析。整體而言，民國時期北京/北平市民的日常與休閒消費網絡，主要由以下幾類交織成：一、固定日期開放的廟會；二、新、舊式綜合商場；三、皇家名勝蛻變的公共休憩景點；四、中、西式消遣遊樂場所；五、流動性的街巷攤販。此一消費網絡與市場據點的空間分布，雖未受遷都的衝擊而產生具體改變，卻因遷都及其後時局變遷所引發的連鎖反應——如上一章所述人口組成、消費能力及商業規模的重整——而呈現有別於前的發展趨勢：包括部份廟會商機復甦、（東安與西單）新式商場繁榮、天橋市場興盛、逛公園文化普及、以及大型遊藝場所欲振乏力。這些趨勢，共同營造出與國都時期不盡相同的消費環境，顯露特有的故都北平風格。

一、傳統與現代各取所需：廟會與新式商場

---

[3]　高松凡，〈歷史上北京城市場變遷及其區位研究〉，《地理學報》，第 44 卷第 2 期，1989 年 6 月，頁 129-139。其歸納民國時期北京市場的發展重鎮，包括王府井商業中心（即東安市場所在地）；西單商業中心（即西單商場）；前門（即前門大街）、菜市口與崇外三市場；以及天橋市場。

故都北平時期，最具傳統特色的交易場所與消費據點，首推廟
會。北京的廟會最早出現於遼代，到明代時已很興盛，其聚集宗
教、商貿與遊藝多項功能，深受民眾歡迎，與人民日常生活有密
不可分的關係。[4]民國以後，受政治環境改變、西方思潮衝擊、城
市交通變動、新式商場設立、西式公園出現，以及不同族群與社
區的興衰影響，郊外春場（即借佛遊春的場所）漸趨冷落，北京城
內的廟會也呈現衰象。[5]

國府遷都後，北平中下貧戶人數攀升，市民整體消費能力轉
弱，使得一般物賤價廉的廟會貨物，再度受到廣大中下人家的歡
迎。雖然郊外春場頹廢依舊，但內、外城的部份廟會，卻得以於
此時復現一絲生機。[6]不只中下階層歡迎廟會，就連中上等人家的
「家用什物，亦每於茲取給。」[7]廟會商販都有固定日期，集合於
某廟的空地，成一臨時市場。廟會每日地租只需幾大枚銅元，商販

---

[4] Susan Naquin, *Peking: Temples and City Life, 1400-1900* （Berkeley: University of California Press, 2000），pp. 622-638.一般而言，廟會大分為四種：一、以進香敬神為主的廟會，又稱「香火」；二、採游春形式的廟會，參加游樂者多以婦女為主，名為「春場」；三、以商業活動為主，在廟宇中設定期市集，交易百物，故又稱「廟市」；四、基本上已脫離廟宇範圍，以商業交易為中心，娛樂及宗教活動完全停止，又稱「市集」。趙興華編著，《北京史話：老北京廟會》（北京：中國城市出版社，1999）。

[5] 王宜昌等編，《北平廟會調查報告——側重其經濟方面》（北平：民國學院，1937），頁 16-65。

[6] 習五一，〈近代北京廟會文化演變的軌跡〉，《近代史研究》，1998 年第 1 期，1998 年 2 月，頁 214-231。

[7] 王宜昌等編，《北平廟會調查報告——側重其經濟方面》，頁 28-39。

不需繳鋪捐或營業稅，很適合中下層人民擺攤，從事小買賣糊口。
且貨品成本可壓低，售價便相對低廉，廟會因此既滿足小市民的
消費需求，也提供勞苦大眾設攤營生的機會。[8]

圖五：北平廟會與主要商場分布圖（1937年）[9]

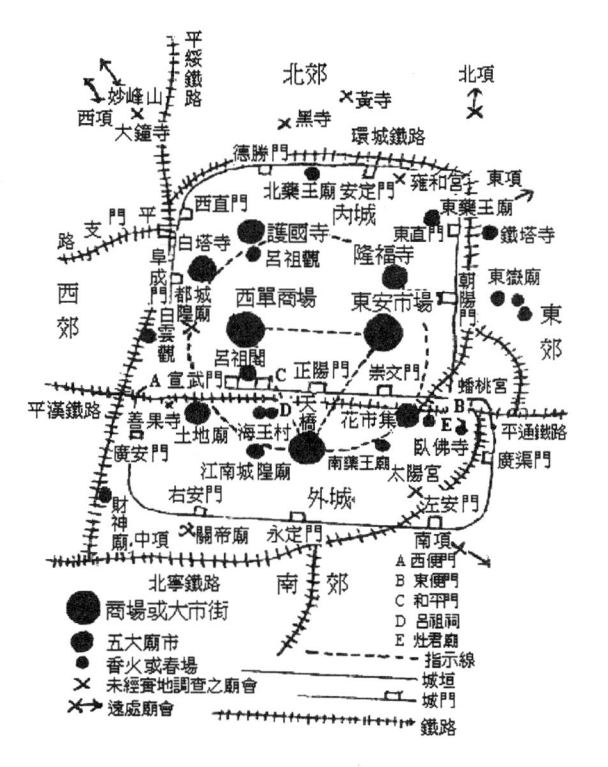

8　王永斌，〈北京的廟市和集市〉，轉引自孫健主編，《北京經濟史資料：近
　　代北京商業部分》（北京：北京燕山出版社，1990），頁394。

9　王宜昌等編，《北平廟會調查報告——側重其經濟方面》，頁33。

故都北平的大小廟宇總數相當龐大，且因廟宇特別多的緣故，每月有廟會之日幾乎無有間斷，可說是「會無虛日」。[10]國學大師張中行（1909-2006）曾謂：

> 北平不只零吃多，可玩賞的地方也多，單說廟會吧：每旬的九、十、一、二是隆福寺，三是土地廟，五、六是白塔寺，七、八是護國寺，幾乎天天有；如再加上正月初一的東嶽廟，初二的財神廟，十七、八的白雲觀，三月初三的蟠桃宮，你會說北平真是廟會的天下了。[11]

當時廟會較興盛者，為分布於北平城四隅的隆福寺、護國寺、白塔寺、土地廟、花市集，時稱五大廟會。[12]（見圖五）其中，位於東城的隆福寺最為發達，此乃因該處外僑與富戶聚集，消費需求日增所致。[13]相對地，西城的護國寺，則因居住附近的滿清權

[10]　〈封建下的商場：白塔寺廟會素描（上）〉，北平《東方快報》，1934 年 12月 8 日，第 5 版。據此篇報導，當時北平廟會，大大小小，「至少有數百所」。

[11]　張玄（張中行），〈北平的廟會〉，《宇宙風》半月刊，第 2 集合訂本，1936，總頁 351-353。

[12]　樊鏵，〈民國年間北京城廟市與城市市場結構〉，《經濟地理》第 21 卷第 1期，2001 年 1 月，頁 90-94。若以各廟會的商攤數目來看，則五大廟會中，隆福寺規模最大，護國寺與白塔寺次之，花市集最小。王宜昌等編，《北平廟會調查報告——側重其經濟方面》，頁 40-44。

[13]　〈逢九逢十開放隆福寺廟會〉，北平《東方快報》，1936 年 5 月 29 日，第 6版。〈逢九逢十開放隆福寺廟會（續）〉，北平《東方快報》，1936 年 5 月30 日，第 6 版。

貴與旗人的經濟情況日下，不復清代時興盛，但仍維持一定的規
模。[14]1929年之後，五大廟會的會期開始改爲國曆，這些廟會原有
的宗教祭祀意味，幾乎隨之消弭殆盡，廟會爲求生存，必須充份
把握商機。[15]

　　根據北平民國學院在 1936 年進行的調查，廟會的商業種類，
分爲木材、傢俱、鍊冶、金屬、交通、土石、化學、服用、紡
織、皮革、食品、印刷、飾物、與草木鳥獸蟲魚等十四大類，包
羅萬象。該處商品多屬國貨與手工業製品，但紡織物品、瓷器或
橡膠玩具之類，幾乎都是走私自東洋的機器製造品，由此可見日
本勢力無所不在。[16]不同廟會常配合附近居民的消費喜好與需求，
提供相關貨品；如隆福寺因附近外僑喜歡蒐羅中國古物，便順應
聚集眾多古玩商，刺激該廟會古玩業的發達。[17]綜言之，廟會提供
柴米油鹽等民生食物、日用器物、衣飾用品與消遣玩具，成爲中
下階層民眾最依賴、中上等人家可選擇的傳統平價消費型態。

---

[14]　根據民國學院在1936年的調查，護國寺的廟內外攤商總數有七百一十二處，
　　次於隆福寺的九百四十五處，以及白塔寺的七百三十五處。王宜昌等編，
　　《北平廟會調查報告——側重其經濟方面》，頁 16-27, 54-62。

[15]　習五一，《北京的廟會民俗》，頁 36, 101。至於其他廟會，則仍多沿用舊曆。
　　王宜昌等編，《北平廟會調查報告——側重其經濟方面》，頁 27。關於南京國
　　民政府在 1928 年後，開始頒行一系列廢除舊曆與推行國曆的法令與措施，見
　　左玉河，〈從"改正朔"到"廢舊曆"——陽曆及其節日在民國時期的演變〉，《民
　　間文化論壇》，2005 年第 2 期，2005 年 4 月，頁 62-68。

[16]　王宜昌等編，《北平廟會調查報告——側重其經濟方面》，頁 54-58。

[17]　王宜昌等編，《北平廟會調查報告——側重其經濟方面》，頁 58-59。

雖說部份廟會在故都北平時期重現生機，但廟會畢竟非每日固定開放，且商品等級較低、品質良莠不齊，無法滿足已逐漸習慣西式或新式物質生活的市民之需求。[18]新式商場如東安市場及後起之秀西單商場，正反映這類新需求的旺盛程度。[19]東安市場座落於天安門以東的王府井大街，在元代名為丁字街，明代初期被稱為十王府街，清代慣稱王府街，直到 1905 年，始被定名為王府井大街。[20]王府井在清同治、光緒年間，已是店鋪林立的商業區；當東安市場在 1903 年成立後，生意興隆，連帶提升該街的成長速度與規模。[21]該市場雖經 1920 與 1924 年兩次大火，卻因祝融之災後的重建而更形興旺。[22]

---

[18] 北平廟會所售貨品，多為小手工業與小手工工廠所製之產品，或北平郊外農家的手工產品，「每不能登大資本主義商場之堂」。王宜昌等編，《北平廟會調查報告——側重其經濟方面》，頁 38-39。

[19] 1930 年代前半期，北平共有十餘處市場：東安市場（王府井大街）、勸業場（廊房頭條）、首善第一樓（廊房頭條）、青雲閣（楊梅竹斜街）、賓宴華樓（楊梅竹斜街）、西安市場（西四太平橋）、天橋市場（前門外天橋）、西單商場（西單北大街）、東四市場（東四牌樓）、廣安市場（彰儀門內）、朝陽市場（齊化門外）、平民市場（後門鼓樓）、什剎海（後門外）、海王村廠甸（琉璃廠）、文化商場（琉璃廠）。其中後三者為臨時性質。除了東安、西單為新式商場以外，其餘多屬傳統商場，所賣多為國貨及城郊輸入的農產品、手工藝品與小工廠製品。見北寧鐵路管理局總務處文書課編，《北平旅遊便覽》（天津大公報館印刷，1934），頁 35-36。

[20] 孫健主編，《北京經濟史資料：近代北京商業部分》，頁 59-69。

[21] 廖建雙、王印雙，〈王府井商業街發展的歷史淵源〉，《中國商貿》2001 年第 21 期，頁 88-89。

[22] 〈東安市場定有開闢新計劃〉，北平《晨報》，1933 年 12 月 25 日，第 6 版。在北平市社會局施政大綱中，亦曾表示東安市場是該局所轄市場中最繁榮

東安市場物品種類繁多、每日開放便於消費，集結購物、餐飲、娛樂、休閒、健身等多元功能，很快成為中等以上人家樂於消費與享樂的商圈。清末新政之後，廢除內城不准經商的禁令，使週邊充斥官員貴族、軍閥政客、富商大賈聚居的王府井大街，盡顯地段優勢。加上其鄰近東交民巷使館區，各國使節與外僑成為王府井的重要消費族群，使東安市場躍為全市消費力最高的商圈。如此優異的消費條件，使王府井在 1920 與 30 年代發展興旺，乃至取代原商業最鼎盛但形式較傳統的前門大街[23]，成為全市商區之首，由東安市場執新式商場之牛耳。[24]據 1933 年 12 月的統計，

者。見〈社會局民國十八年度施政大綱及市府關於辦理民國二十二年度施政統計辦法綱要〉，北京市檔案館藏，1929-1933，卷宗號 J002-007-00030。

[23] 清代時，朝廷規定內城不准開設戲院、會館與商鋪，內城商人紛紛遷至前門，因此促成前門的繁興，發展出眾多經營上百年的老字號。鼎鼎有名的大柵欄兒，便屬前門大街商區的一部份。此外，明清兩代的六部機關，就設在前門兩側，外省進官述職與辦事的官員，多住在前門一帶，該處因而設有一百多個會館，也增加了該處的繁榮。八國聯軍進入北京時，此地遭劫掠與焚燒，街市曾一時冷落；民國之後，前門火車站的修建與大批旅客的進出，再度帶動週邊的消費，使前門大街的商業與服務業重獲發展新機。基本上，前門大街商區，泛指前門附近的前門大街、西河沿、東河沿、廊房頭、二、三條、大柵欄、珠寶市、糧食店、打磨廠、鮮魚口、肉市與布巷子等一帶地方。見王永斌，《話說前門》(北京：北京燕山出版社，1994)。李金龍，《北京前門大街》(北京：解放軍文藝出版社，2000)。

[24] 東安市場曾在民國年間數度遭逢祝融之災。不過，東安市場的重建規模愈來愈大。其於 1920 年以前的主要經營形式是設攤售貨，規模較小，且設備簡單；1920 年一場大火後，浴火重生的東安市場，反而更趨興旺。見王振寧，〈北京東安市場的飲食業〉，《商業文化》1995 年第 4 期，頁 26-28。廖建雙、王印雙，〈王府井商業街發展的歷史淵源〉，《中國商貿》2001 年第 21 期，頁 88-89。齊大芝、任安泰，《北京商業紀事》，頁 94。另外，關於外

東安市場商圈分爲十六個經營區、七小商場、遍布於九條街巷中，共有各行各業商販九百二十五戶，呈現出擁擠的繁盛景象。[25]

　　東安市場標榜「產品新」與「品質高」爲其經營特色，洋化與摩登，是此處消費者的重要特徵。[26]舉凡外僑人士、商人官員、太太小姐、文人學者、青年學子、機關職員等，都不乏追求西式物質享受及休閒消遣的意願與能力，成爲東安市場的主要消費族群。[27]時人曾言，「在北平百業凋零之秋，東安市場卻大發其財」，便因有這些追求新式樂子的消費族群之撐持。[28]這兒的物品價格較昂，像從天津來北平旅遊的論者「昭愷」，便覺得東安市場的鮮貨攤雖有許多電燈泡將水果照得「更顯著乾淨，漂亮，惹人饞吻」，但「兩毛五一斤的梨，未免有些太貴。」[29]

　　在故都北平時期與東安市場齊名的另一新式商場，爲西單商

　　僑在北平的發展與消費表現，將於本書第三章第三節予以討論。

[25] 在九百二十五戶攤販中，有店鋪二百六十七戶、攤販六百五十八戶。孫健主編，《北京經濟史資料：近代北京商業部分》，頁44。

[26] 〈摩登的東安市場：最可畱念的失業舞女，洋車夫一段趣談〉，北平《晨報》，1931年12月9日，第6版。廖建雙、王印雙，〈王府井商業街發展的歷史淵源〉，《中國商貿》2001年第21期，頁88-89。

[27] 〈速寫之一：東安市場之夜〉，北平《北方日報》，1933年6月5日，第3版。太白，〈北平的市場〉，梁實秋等著，《文學的北平》（台北：洪範書店，1980，二版），頁173-176。

[28] 〈摩登的東安市場：最可畱念的失業舞女，洋車夫一段趣談〉，北平《晨報》，1931年12月9日，第6版。

[29] 昭愷，〈舊都新影──東安市場的零碎〉，天津《大公報》，1929年10月2日，第15版。該文作者應是《大公報》記者孔昭愷。

場。西單之名源於西單牌樓，與東單牌樓東西對望，其興始於清末民初，與王府井約同時開設市場，但發展速度稍慢。北洋政府時期，總統府坐落在靠近西單的中南海，自遷都之後，市府機構復多設於西城，不少局所官員遷居該處。當地大學（如交通大學、中國大學、北平大學工學院等）及中、小學校林立，刺激西單牌樓以東的西長安街陸續出現新式商號、戲院與飯莊，以滿足此地新興的消費族群。[30]1930 年前後成立的西單商場，更迅速帶動週邊商業的繁榮。[31]換言之，西單主要是到故都北平時期，才發展成具近代綜合性功能的商業區。[32]1933 年 1 月 1 日西單新商場開幕時，《晨報》記者稱此商場之建築，「爲平市數年以來罕見之工程」，表示此後「平市又增加一個繁華場所！」[33]《導報》記者甚至報導西單新商場開幕後，生意蒸蒸日上，「駕乎東四及王府井大街矣。」[34]

　　雖然西單商場與東安市場同屬新式商場，但兩者訴求的消費層級略有差異：東安市場走高價洋貨路線，以符合外僑、遊客及

30　〈北平市況：南城的繁榮已被東西城所奪〉，天津《大公報》，1933 年 3 月
　　2 日，第 13 版。

31　先是在 1929 年，有西單遊藝商場（又名厚德商場）的興築，到 1932 年又由
　　前黑龍江省督軍萬福麟（1880-1951）在其北鄰興建新商場，二商場相通，時
　　人通稱為西單商場。見齊大芝、任安泰，《北京商業紀事》，頁 92-94。〈平
　　市商業狀況之鳥瞰〉，北平《北京日報》，1930 年 8 月 25 日，第 7 版。

32　高松凡，〈歷史上北京城市場變遷及其區位研究〉，《地理學報》，第 44 卷
　　第 2 期，1989 年 6 月，頁 129-139。

33　〈西單新商場本日正式開幕〉，北平《晨報》，1933 年 1 月 1 日，第 6 版。

34　〈酷風寒冬佳節至平市街頭點綴新〉，北平《導報》，1933 年 1 月 18 日，第
　　7 版。

上戶所需；西單商場因地處學校林立的文教區，採取較平價的銷售策略，以吸引廣大的學生消費群。[35]遷都後的北平，政治地位雖下降，文化教育事業卻不衰反興，爲數日增的學生與文人學者，成爲故都北平社會重要的消費主力，使佔地利之便的西單商場，得以應運而興。

1934 年底，西單商場又進行擴充，在附近添一內設劇場、影院、飯店、浴堂的大型商場，使西城日形繁榮。[36]可惜，1937 年 1 月 10 日凌晨，西單商場舊場突然失火，火勢因大風而愈燒愈烈，歷數小時才被完全撲滅，新舊商場全付之一炬。據調查，西單新舊商場被焚毀的商號與商攤共四百一十一家，貨物損失近 70 萬元，房產損失約 450 萬元。[37]冀察政務委員會雖開放小本借貸供災商申請，以茲救濟，但這場「北平十餘年以來所未有之大火」，仍使西單商場市氣大衰。[38]

---

[35] 齊大芝、任安泰，《北京商業紀事》，頁 92-94。馬芷庠編，張恨水審定，《北平旅行指南》（北平：經濟新聞社，1935），頁 27-28。

[36] 〈西單商場旁將添一大規模商場〉，北平《東方快報》，1934 年 10 月 19 日，第 5 版。

[37] 〈西單商場全付一炬可憐焦土片瓦無存〉，北平《東方快報》，1937 年 1 月 11 日，第 5 版。

[38] 關於災商損失的統計，1 月 11 日的《東方快報》先刊載貨物損失四百餘萬，但因《晨報》四日後所報導西單商場災後調查的新聞，載明新舊商場分別被焚的商號、商攤數與貨物損失金額，數據較齊全，因而以此為準，即近 70 萬元。見〈西單商場全付一炬可憐焦土片瓦無存〉，北平《東方快報》，1937 年 1 月 11 日，第 5 版。〈西單商場火災全部損失調查竣事〉，北平《晨報》，1937 年 1 月 15 日，第 5 版。

　　整體觀之，傳統廟會與新式商場的主要客源，約分居北平社會消費階層的兩端。[39]廟會確實偶爾可見外國遊客、摩登青年小姐、甚至達官顯要人家前來遊逛[40]；但其主要顧客，仍是北平爲數最多的中下等人家，與貧寒學生。北平的廟會，既是小康與清寒家庭的日常購物重鎮，也是城鄉物資交流的主要集散地。[41]尤應指出的是，此時城內廟會經營出現起色，與中下階層家庭主婦的選擇有關，蓋「中下等人家婦女，僻居城隅，難以遄赴各大市街與商場，不得不就廟會。且廟會貨物，可以任意選擇，任意還價，不若大市街與商場之爲定價或不易選擇。」[42]對她們來說，逛廟會既可採買各類日用消費所需，還提供她們遊賞散心的機會，甚至讓她們享受討價還價的樂趣。[43]

　　這些中下層婦女逛廟會的消費行爲，體現故都北平社會樸實

---

[39]　必須說明的是，在城市街巷半固定或流動的攤販，應屬北平社會最底層民眾的主要消費選擇。但此處將廟會與新式商場做對照，是以空間固定的商業據點而言。

[40]　范客，〈廟會〉，北平《北方日報》，1934 年 1 月 18 日，第 5 版。習五一，《北京的廟會民俗》，頁 102。

[41]　基本上，五大廟會所販售的商品，性質主要是城市的手工業品與農副產品；若有大工廠出品者，則多半是走私的貨物。在內容上，則以日常家用物品居多，也有不少飾物、古玩、或植物栽培與小動物豢養的買賣。王宜昌等編，《北平廟會調查報告——側重其經濟方面》，頁 37-39，54-62。孫健主編，《北京經濟史資料：近代北京商業部分》，頁 378-380, 385-386。

[42]　王宜昌等編，《北平廟會調查報告——側重其經濟方面》，頁 59。關於北平廟會與婦女的休閒及日常生活之間的緊密關係，參見郭立誠，《故都憶往》（台北：台灣學生書局，1975），頁 192-195。

[43]　王宜昌等編，《北平廟會調查報告——側重其經濟方面》，頁 58-59。

的生活表現，與悠哉的生活步調。[44]時人曾將傳統的廟會與洋化的東安市場相比，歸結出「市場是摩登，廟會是過日子」之語；廟會是住家挖寶之地，貨物「不求太精，只取堅而賤。」對廣大的北平中下等住家而言，「買鍋買爐，買鞋買襪，看戲吃茶，挑花選鳥，費錢不多，器用與享樂兩備，真是長久過日子之道。」[45]

　　至於東安市場與西單商場在故都北平的興盛，前者見證趨新喜洋的消費力量持續成長，後者反映出該市不容小覷的中等消費實力。二者最大的重疊消費族群，爲人數眾多的莘莘學子，尤其許多大學與高中生，堪屬故都北平最趕時髦與愛好西式娛興的一群。[46]然而學生當中，也有不少家境貧寒者，相當依賴廟會的廉價商品。綜言之，廟會與商場，在故都北平社會中，適切地服務並滿足不同層級與消費取向的市民，形成在消費產品上，前者趨傳統而重國貨，後者崇現代而偏洋貨的兩端趨勢。在地理分布上，二者則呈相輔相成之姿。此一地理分布形勢，將在下部份繼續討論。

二、市民文化的精髓：天橋市場

---

[44]　徐訏，〈北平的風度〉、張玄，〈北平的廟會〉，梁實秋等著，《文學的北平》，頁 33-45，177-181。關於這種悠閒舒適的城市生活氛圍，在文人的古城書寫中屢見不鮮，相關討論見本書第三章第一節。

[45]　張玄，〈北平的廟會〉，《宇宙風》半月刊，第 2 集合訂本，1936，總頁351-353。

[46]　太白，〈北平的市場〉，梁實秋等，《文學的北平》，頁 173-176。關於青年學生的消費表現，見第三章第二節。

　　大凡一個城市總有某著名地標、重要景點、或最繁盛的商業區，是當地居民人盡皆知、觀光遊客慕名前來之處。對故都北平而言，這種地標或景點或許很多，但最能代表老北京與道地北京市井脾味者，當以天橋市場莫屬。[47]天橋市場，常被簡稱爲天橋，與廟會同爲廣大中下層民眾的日常消費與休閒重鎮，並有「下層階級群眾樂園」之稱。天橋原本是連接永定門與正陽門的一座石橋，後來爲擴建道路而屢次改建，直到 1914 年，才正式成爲市場。[48]此後的天橋，逐漸擴大爲包括橋南東西兩側與天壇、先農壇北部一帶的平民市場，發展出繁盛而深具北京本土特色的市民文化。

　　天橋的常客，包括城市貧民、賣苦力者、下層男女與四郊臨時進城購物的農民。天橋終年累月開放，佔地廣闊，且位於交通便利的前門南端，又是北平市內電車最南端的終點站，「把北平東城、西城和北城的人，一直送到天橋」，市民與遊客多不勝數，也驅使大批藝人到此賣藝維生。[49]誠如《北平旅行指南》（1935）所言，天橋市場「推展日漸擴大，賣藝勞動者日益增加，蓋三教九流無奇

---

[47]　關於天橋的記載及天橋市場的既有著述或憶述，數量不少，尤其張次溪（1909-1968）仿《東京夢華錄》形式所編述的天橋人、事、時、地、物，鉅細彌遺，相當值得參考。見張次溪編著，《人民首都的天橋》（上海：修綆堂書店，1951）。

[48]　該橋的橋址，因在 1933 年已遭拆除。（見後文）因此，當錢歌川在那之後遊天橋時，很失望地發現那兒根本沒有「橋」。見味橄，《北平夜話》（台北：新文豐出版公司，1978），頁 95-105。黃宗漢，〈老北京天橋的平民文化〉，《北京社會科學》，1996年第3期，1996年3月，頁125-130。

[49]　方師鐸，《方師鐸文史叢稿——雜著篇》（台北：大立出版社，1985）頁202-204。

不有，百業雜陳無所不備，凡欲維持臨時生活者，苟有一技特長，能博觀者之歡樂，亦可藉此糊口。」[50]

　　遷都後的北平，消費人口經過相當程度的洗牌，天橋也在此時一躍而爲最具北平市民風味的商業中心。即便天橋本身在 1933 年因市府翻修道路之故，而被鏟平，其週圍的天橋市場卻始終興盛發展。[51]1930 年 2 月時，有位署名「秋生」的論者，列舉五大原因，說明天橋可被視爲遷都後北平繁榮中心的代表：一、該處地積寬大，可容納眾多工商鋪販與遊藝表演；二、遊客不須花錢購票，是真正允許與歡迎全體市民前往的勝地；三、結合商場與公園雙重性質，既可購買各類物品，也可純粹閒逛賞玩；四、遷都後前兩年北平繁榮頓減，只有天橋市面持續興盛；五、北平各地商業不振，但天橋依舊商業發達。[52]「秋生」所言，歸結出天橋展現的故都北平精神，即平民化。《北平旅行指南》稱天橋「爲一完全平民化之娛樂場所，亦即爲北平社會之縮影」，爲另一貼切註腳。[53]

　　在消費人口結構改變的故都北平社會，天橋比過去更能代表市民文化，被視爲城市的焦點，並成爲文人筆下常出現的城市要景。[54]署名「老成」的論者，曾在其連載於《導報》的〈平市百影〉

50　馬芷庠編著，張恨水審定，《北平旅行指南》，（食住遊覽）頁 21-22。
51　當時乃因市府翻修正陽門大街到永定門大街的石路，所以將天橋這座石橋拆除。見張次溪編著，《人民首都的天橋》，頁 22。
52　秋生，〈天橋商場（一）〉，《北平日報》，1930 年 2 月 14 日，第 7 版。
53　馬芷庠編著，張恨水審定，《北平旅行指南》，（食住遊覽）頁 21-22。
54　袁若霞，〈天橋〉，周作人、老舍等，《北京城》（新京：開明圖書公司，康德 9 年（1942）），頁 98-104。當時著名的通俗文學小說家張恨水

系列，某篇介紹天橋著名賣藝家雲裏飛的文中，表示遷都之後，「北平已然由政治中心改爲文化中心，我看天橋更有其不可磨滅

圖六：天橋集市[55]

底價值。」[56]觀其文意，天橋所具有的不可磨滅之價值，在於能「惹

（1897-1967），其代表作長篇小說《啼笑因緣》便是以青年學子樊家樹遊天橋時認識的種種人事，揭開故事情節序幕。《啼笑因緣》首先於 1930 年 3 月在上海《新聞報》副刊《快活林》上連載，並被翻拍成電影。見張恨水，《啼笑因緣》（太原：北岳文藝出版社，1993）。閻濤，《張恨水傳》（北京：團結出版社，1999），頁 135, 279。

55　該照出自肖曉明策劃，藍佩瑾編輯，《北京：北京城與北京人》，頁 110。

56　老成，〈平市百影（十九）雲裏飛〉，北平《導報》，1930 年 12 月 12 日，第 5 版。

起平民們的熱烈的欣賞」。[57]

　　除了平民化的特色之外，天橋還具代表性地彰顯故都北平的消費新貌，即經濟型的消費風格；亦即，用最少的開銷賞玩遊逛，並獲得最大程度的享受樂趣。在天橋這個平民市場中，擠滿了茶館、戲館、落子館、雜技場、小商場、以及櫛比鱗次的貨攤與店鋪，密度之高，可謂全市商區之冠。[58]1930 年初，報載「近兩年平市繁榮頓減，惟天橋依然繁榮異常，各地商業不振，惟天橋商業發達。」[59]攤商雲集的天橋，雖曾在 1931 年遭逢祝融之災，時隔半年才大致恢復市面，此後仍繼續以勞動階層的樂園之姿，引領該市平民消費的風騷。[60]

　　天橋市場一大特色，在於其為北平最大的貨源回收集散地，許多在當舖處典當抵押、或打小鼓兒收買的舊物，都流入天橋這個

[57]　老成，〈平市百影（十九）〉，北平《導報》，1930 年 12 月 12 日，第 5 版。

[58]　根據1930年初天橋所轄的外五區警察局調查，天橋商場有商店兩百餘家、浮攤四百三十餘家；每日依傍該地維生者，數目「當在數千人之上」。秋生，〈天橋商場（一）〉，《北平日報》，1930 年 2 月 14 日，第 7 版。

[59]　黃宗漢，〈老北京天橋的平民文化〉，《北京社會科學》1996 年第 3 期，頁126。

[60]　民國時期的天橋曾經發生過幾次大火，尤其 1931 年 2 月 26 日那次，共燒燬鋪戶九十一家，席鋪十五間，鉛板房五十一間，還因此拆毀了席棚十七間。時隔半年，天橋市面才大致恢復，其中原有的三個舞台並未修復，某些廢墟則成了菜市和棚戶民房。見宗泉超，〈天橋市場的變遷〉，《北京日報》，1980 年 6 月 9 日，轉引自孫健主編，《北京經濟史資料：近代北京商業部分》，頁 29-31。

圖七：天橋的小攤販[61]

大雜燴市場中，經小販轉手再賣出去，以供應為數漸增的中下階
層所需。[62]天橋商販中數量最多的百餘家估衣鋪，即為著例；這些
銷路甚廣的舊衣攤，充份展現天橋舊貨高度流通互換、資源循環

61　該圖出自赫達‧莫里遜（Hedda Morrison）著，董建中譯，《洋鏡頭裡的老
　　北京》（北京：北京出版社，2001），頁 112。赫達‧莫里遜（1908-1991）是
　　澳大利亞知名攝影師，該書收錄她從 1933 到 1946 年在北京工作時，所拍攝
　　北京城市的人、事、物、景照。

62　「打小鼓兒」，即北京特有的收舊貨小販。打小鼓的主要分打硬鼓與打軟鼓兩
　　種，前者本錢較大，專收些上層人家出賣的各類首飾、家俱、書畫；後者則
　　專到小胡同裡的窮人家中，收買破舊無用的東西，再轉賣出去給更窮苦的人
　　家。見劉小蕙，〈打小鼓的〉，《宇宙風》半月刊，第 2 集合訂本，1936，
　　總頁 361-362。此外，董玥對天橋的資源回收再生的特色，有精闢的分析，見
　　Madeleine Yue Dong, *Republican Beijing: The City and Its Histories*, pp. 172-207.

再生的特色。[63]

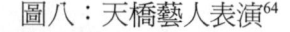

圖八：天橋藝人表演[64]

　　除了販售各式各樣的低廉飲食與物品之外，天橋著名之處，主要在五花八門的遊樂、看戲、與賞藝活動。[65]藝人令人咋舌的特技雜耍，攤販無奇不有的兜售手段，顧客不遑多讓的殺價技巧，每日在天橋這個擁擠不堪、塵土飛揚、卻又生命力十足的市場交相上演。吆喝聲、議價聲、叫好聲、問候聲、吵架聲、嬉鬧聲此

---

[63]　張次溪，《天橋一覽》（台北：進學書局，1969），頁6-29。

[64]　該圖出自赫達‧莫里遜（Hedda Morrison）著，董建中譯，《洋鏡頭裡的老北京》，頁147。

[65]　李書良，《尋夢老北京》，頁27-40。另見侯希三，《北京史話：北京老戲園子》（北京：中國城市出版社，1996），頁181-190。

起彼落，熱鬧異常，百態盡現。概言之，天橋市場的各類消費行為，共同匯聚並孕育出屬於這個城市的特殊在地文化。[66]曾有論者如此比較天橋與東安市場：

> 市場是有錢人們的消閒地，和天橋正是分道揚鑣，各不相犯。從平常你可以聽到「天橋地方太髒」；「市場東西特貴！」這一類的話就可以證明。東安市場，那裡有西服莊，咖啡館，畫片攤，檯球社，說不出顏色的蒙頭紗，不帶中國字的洋糖果。...『暢銷洋貨大本營』，真是實至而名歸。[67]

天橋與廟會的消費層級及模式都頗為相似，展現出傳統元素與國貨特色；但天橋更勝廟會一籌之處，在其地點廣大而集中、每日開放無間斷。二者若與前述的新式商場相比，顯然具有較強烈的城市地域文化色彩，也貼近更大多數市井小民的日常生活。

此時可再回頭審視圖五的廟會與商場分布圖。就北平城內的公安分區（參附圖一）而言，廟會主要分布在內二、外二與內五、外五區，大致座落於圖五用虛線所顯示的圓形圈上，恰好將東安市場、西單商場及天橋市場形成的商業金三角地帶，包覆在其中。繪製圖五的北平民國學院，對於故都時期形成的「廟會—市

66　董玥便在其《民國時期的北京》一書中，將天橋文化視為體現北京融合傳統與現代性的不二代表。Madeleine Yue Dong, *Republican Beijing: The City and Its Histories*, pp. 172-207.

67　卡員，〈故都印象〉，天津《大公報》，1932 年 10 月 15 日，第 9 版。

場」區位發展形勢，有如下詮釋：

> 在此三角形區域中，無任何廟會之存在。概此商業鼎
> 盛之區，一方以人煙稠密，文化開通，無香火春場存
> 在之可能，他方以商業繁興，百貨充斥，無廟市市集
> 存在之必要。在此區域之外，則為城內邊隅之區，隙
> 地既多，市廛蓋寡。而中下等人家，則多群居是等地
> 帶，其日用所需，須有市集為之供給，其低下智識，
> 每藉宗教為之慰安，故有廟市香火存在之必要。[68]

　　廟會、新式商場與天橋市場，在北平的內、外城中心地區發
展出相輔相成之勢。就金三角商業區而言，東安與西單滿足外
僑、中上等人家、文人學者與青年學生等族群的消費欲望與需
求，天橋則是眾多市井小民與勞動階層從事所有生活消費娛興的
主要商區。天橋的消費層級、貨物來源及品質，雖與分居內城東
西的東安與西單有相當大的差異，卻因其鮮明的平民風格，深受
廣大市民與勞動階層歡迎，而與中上階層支持的東安及西單，形
成三足鼎立之勢。此外，圖五還有一個值得注意之處，即前門大
街的定位。這個曾是清代發展最繁盛的首要商圈，在民國之後因
內城商業迅速勃興，地處新權貴人士聚集之處的東安與西單得以
先後竄起，取其地位而代之。[69]到故都時期，前門大街大體上萎縮

───────────────

68　王宜昌等編，《北平廟會調查報告──側重其經濟方面》，頁38。

69　在民國之後崛起的東安市場及西單商場夾擊下，加上遷都後原權貴階層大量
　　流失，使地處南城、原供應達官貴人各種生活需求及娛興消遣的前門大街，

為以外城居民為主要服務對象的區域性、而非全市性商業中心。[70]
其在緊鄰的天橋市場強大的優勢籠罩下，被含括在由東安、西單
與天橋形成的金三角地帶之內，故前門大街市場在圖五中隱而未
現。至於散落外側的廟會，則為那些無暇無力前往天橋的城內邊
隅或城郊居民，提供重要的民生物資與休閒娛樂。再者，某些廟
會與天橋距其生活圈太遠的貧民或勞動者，便在日常動線內的大
街小巷攤販處，尋求方便而廉價的飲食及玩樂。[71]故都北平的商業

氣勢與優勢都不如以往。《大公報》記者以下這段話，簡要地勾述出故都北
平時期商業新形勢：「惟東西城繁榮之發達，即係南城之凋敝。蓋城內一切
商業，無不俱備，顧主自可就近購辦，無須再赴城外，而捨近求遠。以故平
市之繁榮，內城與外城適成一反比例。」見〈北平市況：南城的繁榮已被東
西城所奪〉，天津《大公報》1933 年 3 月 2 日第 13 版。

[70] 前門大街的商業地位雖被東安與西單取代，但仍是南城重要商業區。1928 年
9 月，前門大街路面被拓寬，前門箭樓上被闢成「國貨陳列館」，於該年 11
月正式開放，陳列各類傳統手工藝品，諸如絲綢、棉布、陶瓷等，以期刺激
市民愛用國貨之心與買氣。且由於前門大街左右兩側座落著東西兩車站，各
路旅客來往頗熱鬧，種類繁多的攤販隨處可見。1933 年有記者指出，前門大
街「雜貨攤、古董攤、香粉攤、水果攤、書攤等各色各樣的物品齊全，並不
亞於東安市場或西單商場，只不過貨色更下一等。」見〈速寫之四：正陽門
外之夜〉，北平《北方日報》，1933 年 6 月 11 日，第 3 版。王永斌，《話說
前門》(北京：北京燕山出版社，1994)，頁 6-13。 關於國貨陳列館的介紹，
見夏明明，〈從京師勸工所到北平國貨陳列館〉，《北京檔案史料》，2006 年第
2 期，2006 年 7 月，頁 235-249。

[71] 北平街上的各式固定、半固定或流動性攤販，使人們在他們的日常生活線
上，得以有效率地各取所需；至於巷道胡同中，也會出現像酒鋪這種供窮苦
勞工喝上幾杯的廉價商店，算是他們的休閒消費重點。街巷中另有不少小攤
販，主要供應中下階層婦女各式廉價民生用品。還有專供上層勞動人民找工
作與休閒的小茶館。見〈平市的「大酒缸」：平民階級澆愁聖地〉，北平《北

據點分布，大致便如上述由內向外、漸次分層，形成市民各取所
需的消費新環境。

三、一興一廢：公園與遊藝場

　　無論是東安市場、西單商場、天橋與各大廟會，雖各自鎖定
不同主要客源並受到歡迎，其消費空間卻多讓人感到擁擠甚至壓
迫。在這些盡是人馬雜遝的熱鬧商業場所之外，北平還提供居民
與遊客眾多清幽綠地與室外休閒空間；在這些既可接觸大自然、
又具文化氣息的公園裡，故都時期的北平逐漸發展出普及性高的
逛公園文化。

　　近代北京的公園，主要從帝制時期的皇家園林轉化而來，屬
於北京做爲國都所獲得的寶貴城市文化遺產。[72]數百年來，滿清皇
帝與貴族宗室紛紛在京城興建佔地廣闊、景色優美、建築雅緻的
私人宅第花園，既展現園林文化的精髓及造景藝術的極致，也凸

辰報》，1934 年 7 月 25 日，第 6 版。〈街巷中的小營生賣布商販善使手術〉，
北平《晨報》，1934 年 3 月 9 日，第 6 版。北京燕山出版社編，《舊京人物
與風情》（北京：北京燕山出版社，1996），頁 515-518。若言，〈北平的小
販營業（二）〉，天津《大公報》，1934 月 12 月 24 日，第 13 版。〈從西四
到阜成門（下）〉，北平《北辰報》，1934 年 7 月 27 日，第 6 版。

[72]　「公園」這個字眼乃日人翻譯英文 public park 的漢字，在清末傳入中國後，
意指為大眾所擁有並可使用（public ownership and public access）的公共休憩
空間。Mingzheng Shi, "From Imperial Gardens to Public Parks: The
Transformation of Urban Space in Early Twentieth-Century Beijing," *Modern
China*, Vol. 24 No. 3, July 1998, pp. 219-254.

顯純供貴族休閒享樂的皇宮御苑，與平民大眾之間的隔絕。自 19
世紀末葉起，近代西方民主思潮的傳入、公園運動（public park
movement)的發展與有識之士的推動，啓迪中國社會的都市空間重
劃與市民權利等觀念，並在民國肇建後，促使北京皇家園林的使
用方式產生重大改變。1914 年成立的京都市政公所，發動「公園
開放運動」，將皇家祭壇與園林改建爲公共參觀與遊樂處所，著名
者包括中央公園（1928 年改爲中山公園）、天壇、故宮（原紫禁
城）、頤和園與北海公園。[73]1917 年開放的城南公園，是市政公所
爲彌補外城沒有公園用地，將先農壇外壇部份規劃而成。[74]

　　這些由皇家私人園林或祭壇蛻變成供民眾遊憩的公園，雖自
民初以來陸續開放，仍多屬有閒階級的專利。[75]直到遷都之後，公

---

[73]　Mingzheng Shi, "From Imperial Gardens to Public Parks: The Transformation of
　　Urban Space in Early Twentieth-Century Beijing,", pp. 219-254. 中央公園在
　　1914 年由社稷壇改建，對外開放。天壇在 1913 年起供外國人遊覽，1918 年
　　正式對民眾開放。故宮即原紫禁城，在 1924 年由馮玉祥發動「北京政變」後，
　　於 1925 年 10 月改為故宮博物院，開放民眾付費參觀。頤和園自 1914 年起，
　　做為溥儀的私產，由內務府售票開放，到 1924 年後被收歸國有，改建成國家
　　公園。北海原為皇家園林，明清時被闢為帝王御苑，於 1925 年時被改建為公
　　園，對外開放。

[74]　朱祖希編著，《北京城演變的軌跡》（北京：光明日報出版社，2004），頁
　　61-62。Mingzheng Shi, "From Imperial Gardens to Public Parks: The
　　Transformation of Urban Space in Early Twentieth-Century Beijing, pp. 219-254.
　　先農壇為明嘉靖年間建制，地處正陽門外天橋南方，是明清兩代皇帝祭祀先
　　農及太歲諸神、並舉行親耕之處。見北平民社編，《北平指南》，（第四編）
　　頁 33。

[75]　直到北京改稱北平一週左右，有讀者投書到《京報》，仍抱怨：「北京真悶

園才在較大的程度真正成爲市民公共空間，這主要是由市府的經營、市民人口結構與城市消費環境的改變共同促成。北平特別市政府成立後，多次向國民政府或河北省政府爭取接收上述都市空間[76]，並繼續開放原有皇家園林，如1929年5月將清朝時爲故宮一部份的中南海予以開放，到1930年12月正式命其爲中南海公園。[77]地壇原在1925年由京兆尹薛篤弼（1892-1973）闢爲京兆公園，遷都後由北平市府從國府手中接收管理，1929年後改稱市民公園。[78]原先在軍閥時代荒棄已久的孔廟，在遷都後被重新整理，供民眾付費參觀。[79]市府既將整頓與經營公園名勝，視爲推動城市觀光產業、刺激消費的重要途徑，也將公園建設成都市教育與衛生

死人：中央公園簡直是貴族公園，工人和其他的平民，不能常常在園中見到，所在你眼簾中映現的，是老爺、太太、小姐、公公…」。見〈讀者一封信〉，北京《京報》，1928年7月7日，第5版。
76　〈請飭知民政廳所派接收北平京兆公園人員將該園移交本市政府委員接收〉，北京市檔案館藏，1928年8月10日，卷宗號J007-004-00009。〈北平特別市工務局接收京兆公園情形呈文〉，北京市檔案館藏，1928年8月24日，卷宗號J007-004-00009。〈北平特別市長派員參加接收中南海一案呈中央政治會議北平臨時分會〉，北京市檔案館，1928年12月19日，卷宗號J001-004-00004。〈奉電三海應歸中央管理等因北海應否仍歸市管請示遵電〉，北京市檔案館，1928年9月16日，卷宗號J001-004-00005。
77　〈北平市政府整理中南海公園臨時委員會第一期整理報告書〉，〈中南海公園史料〉，《北京檔案史料》2004年第3期，頁179-197。〈三海公園十五日開放〉，北平《新晨報》，1929年5月1日，第6版。
78　〈北平特別市工務局接收京兆公園情形呈文〉，北京市檔案館藏，1928，卷宗號J007-004-00009。馬芷庠編，張恨水審定，《北平旅行指南》（北平：經濟新聞社，1935），（古蹟名勝）頁1-2。
79　素忱，〈北平漫遊〉，天津《大公報》，1928年10月9日，第11版。

宣導重地，在園內興建展覽館、圖書館與陳列所，讓入園參觀的市民在遊逛之餘，也得獲某些知識與資訊。[80]各大公園迅速吸引商家湧入，向政府租地開設茶館、中西式餐館、電影院、遊戲場、滑冰場、藝廊、甚至小型動物園，不斷擴充公園的功能性。[81]北平公園最大的特色，在於充份運用帝制時代的城市文化與建築遺產，結合休閒、運動、郊遊、教育等室內與戶外多種功能，發展成兼具商業、觀光與文化消費價值的城市公共空間。

　　在此可借數據說話，以一窺遷都後北平人民逛公園的普遍程度。表十一分列 1929 年出版的《北平指南》、與 1935 年出版的《北平旅行指南》中，所列北平重要遊覽場所的票價。

表十一：北平重要遊覽場所票價（1929 與 1935 年）[82]

場所名稱	入門券票價（1929 年） 1 銀元＝400 銅元	入門券票價（1935 年） 1 銀元＝460 銅元
中山公園	銀元 5 分（銅元 18 枚）	銅元 20 枚

---

[80] 例如北海公園內有松坡圖書館、中山公園內有衛生陳列所與革命圖書館。見北平民社編，《北平指南》（北平：北平民社，1929），北海公園與中山公園地圖。

[81] 張瑋，〈公園與近代都市休閒生活——以 20 世紀初的北平為例（1900-1937）〉，中國人民大學史學理論與史學史研究所碩士論文，2004。方師鐸，《方師鐸文史叢稿——雜著篇》，頁 222-223。

[82] 北平民社編，《北平指南》，第八編，頁 4-5。馬芷庠編，張恨水審定，《北平旅行指南》，（旅行交通）頁 17-21。

北海公園	銀元 5 分（銅元 18 枚）	銅元 20 枚
中南海公園	銀元 5 分（銅元 18 枚）	銅元 20 枚
天壇（外壇）	--	銅元 20 枚
天壇（內壇）	銀元 3 角（銅元 120 枚）	銀元 3 角（銅元 138 枚）
城南公園	銀元 5 分（銅元 18 枚）	銅元 12 枚
市民公園	銅元 6 枚	無
孔廟	銀元 4 角（銅元 160 枚）	銀元 4 角（銅元 184 枚）
故宮	銀元 5 角（銅元 200 枚）	銀元 5 角（銅元 230 枚）
雍和宮	銀元 5 角（銅元 200 枚）	正券銀元 4 角（銅元 184 枚），副卷銀元 2 角（銅元 92 枚）
頤和園	1 銀元 2 角（銅元 450 枚）	銀元 1 元（銅元 460 枚）
中南海游泳池	--	門票銀元 1 角（銅元 46 枚），游泳費銀元 4 角（銅元 184 枚）

　　從表十一可知，1929 年尚無中南海游泳池，到 1935 年時，市民公園已不在主要遊覽場所之列。據《北平旅行指南》所載，市民公園乃因「經費無著，以致荒廢，遊人日漸稀少。」[83]從 1929 年到 1935 年，某些遊覽場所的票價（如雍和宮與頤和園）有些微調降，

---

[83]　馬芷庠編，張恨水審定，《北平旅行指南》，（古蹟名勝）頁 1-2。

可惜因銅元貶值，差異並不大。在上列其餘遊覽名勝中，頤和園
門票高居第一，城南、中山、北海及中南海公園最便宜。當時北
平最受歡迎、營業亦最佳的公園，當屬中山公園（參附圖四至七）
與北海（參附圖八至十一）公園兩處。若從人氣指數來看，則中山
公園最旺，北海公園次之。頤和園（參附圖十二至十七）則因優美
的風景與精緻的建築文化，博得眾多中外遊客的青睞，堪稱北京
名勝中最負盛名者。表十二是北平市政府在 1935 年度，統計上述
三公園的遊客總數：[84]

表十二：中山公園、北海公園與頤和園遊客總人數（1935 年度）

中山公園	北海公園	頤和園
519,189	465,002	37,465

　　頤和園的遊客總數明顯不如中山與北海公園，除因地處城西
北郊，距離市中心較遠之外，應與其昂貴的入園票價有密切關
聯。相較於中山與北海公園的 20 枚銅元，頤和園相當於 460 枚銅
元（1 銀元）的門票，足使廣大的北平中下層民眾望之卻步，只能
吸引中外遊客與文人學者等中上階層。[85]無論如何，若不論遊客人
數的重疊，純就三者相加的年度遊客總數來看，則超過一百萬的
可觀數目，多少反映故都北平人民喜愛逛公園的程度。此外，從

---

[84]　北平市政府秘書第一科統計股，《北平市統計覽要》，1936，頁 97-100。

[85]　阿姐，〈「公」園〉，北平《北方日報》，1933 年 8 月 24 日，第 5 版。

中央/中山公園從國都時期到遷都後的普通券門票售出總數，也可發現逛公園在故都時期的普及趨勢。

表十三：中央/中山公園不同年度售出普通券總數比較表[86]

年度	1923	1925	1926	1928	1930	1932	1934
普通券售出數	452,646	530,055	532,989	396,411	429,974	544,681	570,223

表十三的不完全統計數字說明，國都時期的中央公園遊客人數呈現漸增的情形，到 1928 年度則明顯下降，推想應是遷都造成的社會衝擊與經濟蕭條所致。1930 年代之後，遊客人數再度回升，到 1932 年時已超過國都階段，此後持續增加。此一數據變化，除印證遷都之舉影響北平市民的休閒能力與意願之外，也說明逛公園已成為故都時期市民常見的休閒消費行為。[87]尤其在春夏

---

[86] 〈中央公園民國十二年度常年收支總報告〉，〈中央公園民國十四年度常年收支總報告冊〉，〈中央公園民國十五年度常年收支報告〉，北京市檔案館藏，1920-1927，卷宗號 J121-001-00020。〈中山公園民國十七年度常年收支報告〉，〈北平市中山公園收支總報告書（民國十九年份）〉，北京市檔案館，1930，卷宗號 J121-001-00001。〈北平市中山公園收支報告書（民國二十一年份）〉，北京市檔案館，1932，卷宗號 J121-001-00008。〈北平市中山公園收支報告書（民國二十三年份）〉，北京市檔案館，1934-1935，卷宗號 J121-001-00012。

[87] 錢歌川（味橄）形容光是清晨出現在北海公園的市民，就包括國術家、準伶人、養病者、清道夫、小商人、公務人員各色人等。見味橄，《北平夜話》，頁 43-55。魏兆銘也曾說：「北海公園與中央公園…它們是姊妹園有著共同性

兩季，北平的各公園春暖花開、生氣盎然、景色怡人，特別吸引民眾。各公園裡，市民攜家帶眷、情侶成雙成對、學生結伴成群、觀光客欣賞讚嘆、文人蹓躂散步、老人溜鳥賞花、孩童嬉笑玩耍，充份展現春到人間的活力。[88]1934 年春，北平《北方日報》有篇文章，比較上海與北平之春給人的不同感受：

> 春是大公無私的來到人間，但是上海之春的情調和北平之春的情調是兩樣的。上海之春是在小姐們的身上流露出來，北平之春是在許多艷麗花中表現出來了。由此我們知道這個大都市的特性，一個是速設的，一個是有閒的。因為上海的人們，無論是買辦，店員，斯文人，學生，勞動者，他們都是大都會的一個輪子，每天在滾著滾著，哪裡有悠閒的心來領略花之芬芳，花之艷麗呢？上海是競爭的，小姐們用著艷麗的春裝來競爭著春之美麗啊！上海的人們在生產與消費

的，全是封建時代遺留給我們的，同時孩是在北京市裏唯我獨尊的車如流水馬如龍的勝地。...來這裏探影時奇花名卉，或呼吸新鮮空氣的人，總是絡繹不絕的。最多數是褓姆領著小孩子，老爺攜著太太及眷屬等，情侶，學生，妓女...城市的形形色色，應有盡有的展覽在那裏。」見魏兆銘，〈北京的公園〉，《宇宙風》半月刊，第 2 集合訂本，1936，總頁 572-573。另外，摩登女郎、太太小姐、三寸金蓮的老太太、教授與其女友等，也都是公園常客。見〈速寫之三：北海之夜〉，北平《北方日報》，1933 年 6 月 10 日，第 3 版。另見〈中山公園遊人如鯽〉，北平《北辰報》，1934 年 4 月 25 日，第 6 版。

88　〈春到人間後中南海情波漲艷〉，北平《民國日報》，1932 年 4 月 4 日，第 4 版。

中享受了春，消逝了春。北平的人們是有閒的。他們
有閒來栽植花，也有閒來賞花，他們在有閒中享受了
春，消遊了春。[89]

透過將北平對照於上海快速與競爭的生活步調，這篇短文勾
繪出一幅北平春閒賞花圖；這般悠逸的北京春色景象，是遷都後
的北平社會一大特色，鮮活地在各公園裡展現。賞花攬春之餘，
各公園總是提供遊客各種浮攤、地攤、茶社、飯館可消費。[90]廣大
的平民與勞動階級，即使無餘力到需門票的公園遊逛，也能群聚
像地安門外的什剎海、宣武門西南隅的陶然亭、西直門旁的高亮
橋或天橋這些免費的休閒消遣處所。尤其被魏兆銘稱為「平民唯一
消夏的公園」的什剎海，每逢夏天荷花市場開放時，不僅是下層大
眾最歡迎的避暑盛地，人們遊樂賞景的好去處，也是享受北平傳
統食品和應時果品的重要平民美食廣場，及欣賞北方曲藝與雜耍
的表演重鎮。[91]

89　〈上海之春北平之春〉，北平《北方日報》，1934年5月7日，第6版。
90　〈春城無處不飛花〉，北平《東方快報》，1936年5月1日，第6版。〈春
　　城無處不飛花（續）〉，北平《東方快報》，1936年5月1日，第6版。
91　魏兆銘，〈北京的公園〉，周作人、老舍等，《北京城》（新京：開明圖書公
　　司，康德9年（1942）），頁76-80。什剎海本是三海水源的上游，包括前海、
　　後海與西海（又稱積水潭）。清代時，朝廷為求保持三海水質潔淨之故，不
　　許商販在此營業，到民國之後才由政府闢為夏令市場。在昔日中山、北海等
　　公園還未開放時，什剎海兩岸已是北京人的夏季納涼盛地，待各公園相繼開
　　放後，吸引了許多遊人，以至什剎海一度僅成為東北城平民休憩避暑的娛樂
　　所。但遷都後北平整體消費水準下降，使得免費的什剎海，比中山、北海等

中山、北海與中南海公園，則是中上階層乘涼解熱的最佳選擇。[92]那兒空間寬廣，樹蔭遮日，裡面又有茶社、飯館與各類休閒設施（球房、足球場、網球場、陳列所、展覽館、滑冰場、高爾夫球場、兒童體育場等），可滿足眾人的吃食欲望與休閒玩樂需求。誠如《北辰報》記者於 1934 年 5 月中旬所述：

> 暮春將逝，初夏復臨人間，大地上一片美景，足以令人留戀難捨，雖影院、戲園及各娛樂場所遊客不減，而遊人最多者，仍當屬唯一消夏所在的中山公園，不但內部組織完善，而且票價亦極平民化，以少數的二十個銅板，能得到無限樂趣。而近兩日來，非獨遊人倍增，且新穎異常。……此間遊人形形色色，包括各校男女學生、夫婦、情侶、小學生……。[93]

該報導根據中山公園管理委員會的統計指出，五月中旬某兩日該園售出的門票，高達一萬兩千餘張，「為北平近年來開一新紀

需門票的公園更受中下階層平民歡迎。其每逢夏令開放的臨時營業場（又名荷花市場），從前海沿岸和中間南北大堤上，充斥著各式各樣席棚布帳、售價便宜的商攤、茶肆、飯食棚與戲法雜耍，生意總是鼎盛。見齊如山，《北平懷舊》（台北：中國新聞出版公司，1952），頁 6-7。〈摩登女招待點綴什剎海〉，《北平新報》，1932 年 6 月 28 日，第 4 版。〈什剎海的素描〉，北平《北辰報》，1934 年 7 月 18 日，第 6 版。

92　張向天，〈故都消夏閒記〉，姜德明選編，《如夢令：名人筆下的舊京》（北京：北京出版社，1996），頁 413-418。

93　〈初夏中中山公園一瞥〉，北平《北辰報》，1934 年 5 月 15 日，第 6 版。

錄」。[94]不難想見，由氣候季節決定自然景致的公園，在春夏這樣的天氣中最易吸引遊客，總是充滿歡樂、熱鬧、擁擠、嘈雜的氣息。[95]

時值冬日的北平公園，最特殊的娛樂則屬溜冰。這個唯獨有閒階級的摩登青年男女得以享受的冬日娛樂，主要由北海及中山公園在結冰區劃出一片天然溜冰場來提供。1930 年代前期的北平，每逢冬天連日大雪、冰場之冰均已凍堅之後，公園各滑冰場總集結許多青年男女，挽臂攜刀，在冰場上大顯身手。[96]即連太廟，也在 1932 年 12 月下旬，以提倡體育為由設立了冰場。[97]不過似乎北海的溜冰場最受歡迎，不分中外男女，自開幕日起每天都湧入相當人潮來此享樂。[98]像 1935 年除夕，北海公園便有許多摩登男女相偕滑冰，一天之內售出門票三千餘張，中山公園售出五百六十餘張，中南海公園約兩百九十張，太廟有一百七十張。[99]當時北平報端，時常可見這類溜冰表演或比賽等報導。[100]

94　〈初夏中中山公園一瞥〉，北平《北辰報》，1934 年 5 月 15 日，第 6 版。
95　〈舊歷新年中中公園速寫〉，北平《北方日報》，1935 年 2 月 10 日，第 5版。這篇報導對中山公園不同季節的面貌及市民消費情形做了概要的速寫。
96　〈瑞雪後本市見聞素描〉，北平《北辰報》，1933 年 12 月 29 日，第 5 版。
97　〈溜冰場先後成立摩登青年消遣多〉，北平《晨報》，1932 年 12 月 19 日，第 6 版。
98　〈北京的溜冰場〉，天津《大公報》，1928 年 1 月 6 日，第 10 版。
99　〈冰場熱鬧公園門票收入大增〉，北平《東方快報》，1935 年 1 月 1 日，第3 版。
100　〈北海公園化裝溜冰會〉，北平《晨報》，1932 年 1 月 17 日，第 6 版。〈穿冰鞋的姿勢：南海溜冰場所見〉，北平《晨報》，1932 年 1 月 19 日，第 6

公園提供不同季節的多種樂趣與享受，深獲北平市民喜愛。劇評家丁秉鐩（1916-1980）曾追述，「北平的中山公園和北海公園，是很平民化的遊玩去處。門票不貴；進去以後，喝茶，甚至吃個便飯，都花不了多少錢。可以說，是北平人沒有沒去過這兩個地方的；而對外來的觀光客人來說，更是必遊之處了。」[101]太平天國史家謝興堯（1906-?）也曾在 1936 年撰文表示：「有許多曾經周遊過世界的中外朋友對我說：世界上最好的地方，是北平，北平頂好的地方是公園，公園中最舒適的是茶座。我個人覺得這種話一點也不過分，一點也不誇誕。」[102]

從城市環境、社會氛圍與市民心理的角度觀之，公園散發的悠閒氣息與緩慢步調，恰好象徵北平轉變後的新特色。如（下一章將討論）許多文人的故都書寫所示，遷都後的北平，不再充斥國都階段那種政治掛帥的緊張感，人民日常生活頓時鬆弛，「好像一張鬆了的弓，會覺不到悠悠的歲月在奔逝著。」[103]雖然伴隨這般閒適生活而來的，是競爭力不高、市場資本萎縮的蕭條經濟，但對那些收入過得去的市民而言，這種新環境與新氣氛，更令人感覺自

版。〈中南海元旦化裝溜冰會〉，北平《晨報》，1932 年 12 月 28 日，第 10 版。亮工，〈從北海薄冰上人扯到滑冰〉，北平《晨報》，1934 年 12 月 7 日，第 7 版。〈冬日婦女生活與戶外運動的關係：滑冰場上的交際〉，北平《晨報》，1936 年 12 月 20 日，第 8 版。

[101]　丁秉鐩，〈譚富英其人其事（下）〉，《傳記文學》，第 30 卷第 6 期，1977 年 6 月，頁 77-85。

[102]　謝興堯，〈中山公園的茶座〉，《宇宙風》半月刊，第 2 集合訂本，1936，頁 347-350。

[103]　倪錫英，《北平》，頁 151。

在。這種新環境與氣氛，逐漸培養出「舒適，緩慢，吟味，享受，卻絕對不緊張」的故都風格與生活態度，並在「逛公園」文化中充份顯露。[104]

有意思的是，當逛公園在故都北平成為日益普及的休閒選項時，曾於民初頗為興盛的大型遊藝場卻一蹶不振；最具代表性的例子，便是南城的新世界（全名為「北京新世界第一遊藝場」）與城南遊藝園。（參附圖一）這兩家在天橋附近的遊藝場，分別於1916與1918年出現，開張後引發城市轟動，眾人趨之若鶩，盛極一時。[105]新世界乃模仿上海大世界遊藝場所建的環形五樓建築，樓內設有電梯，是當時北京罕見之物。內中設有劇場、電影院、雜耍場、曲藝與各戲班表演、各式飯館，五樓還有屋頂花園，「鐵質飛橋，高樹亭台，仰觀四空，萬景畢集，心曠神怡。」[106]但新世

---

[104] 孟起，〈蹓躂〉，《宇宙風》半月刊，第2集合訂本，1936，總頁568-571。類似敘述，亦可見鄭振鐸，〈北平〉，鄭振鐸著，鄭永康編，《鄭振鐸全集》卷2（石家莊：花山文藝出版社，1998），頁531-541。

[105] Sidney David Gamble, *Peking, a Social Survey*（New York: Gorge H. Doran Company, 1921），pp. 238-239. 新世界與城南遊藝園的介紹，亦可參王永斌，《北京的商業街和老字號》（北京：北京燕山出版社，1998），頁393-394。金應元、田光遠，〈城南游藝園與新世界〉，北京市政協文史資料委員會選編，《藝林滄桑》（北京：北京出版社，2000），頁292-301。要說明的是，對於新世界的成立開幕年代，王永斌書指為1917年，金應元與田光遠之文則謂1920年；然依筆者所查，北京《晨報》於1919年初已有新世界廣告，且甘博（Sidney David Gamble, 1890-1968）的著作為當時的北京社會學研究成果，理應較為精確，因此以甘博書中所說明的1918年為準。

[106] 此可從新世界的廣告窺知：其一樓有南北菜館，並有各文武坤角「日夜准演拿手好戲」。二樓有電影院、覺民遊藝會「日夜演人幻術、文武戲法、各種

界地面較狹，賣點都只在那棟五層建築物內，城南遊藝園則利用佔居部份先農壇的地利，開發布置假山、池水、亭榭、庭園等戶外景致。且城南遊藝園因佔地廣闊，除了新世界那些娛興場所外，還闢有露天旱冰場、及室內地球與台球場等新世界所無的設施，供顧客玩樂運動。像城南遊藝園這種飲食、娛樂、休閒無所不包的遊藝場，既有戶外景色吸引遊客，又有多元的室內設施，在國都階段生意始終相當興隆。[107]

但這兩大遊藝場的生意，卻雙雙在遷都之後，一落千丈。[108]新世界先因營業衰落、難有起色而歇業，日後不曾再行復業；城南遊藝園也在 1929 年 10 月初，因「營業蕭條，不堪賠累」，由股東要求暫時停業。[109]翌年年底，該園董事會召開股東大會，議決於 1931 年春節後復業，重新開業後一時間又人山人海。[110]但該園經

催眠術、京津雜耍」；大鼓、時調小曲、相聲與改良雙簧等表演。三樓有南北名妓「每日專演改良曲詞」，各類戲班表演，哈哈奇鏡等供民眾賞玩。四樓有番菜館，「專做英法大菜，餐堂寬暢。」五樓有屋頂花園，「鐵質飛橋，高樹亭台，仰觀四空，萬景畢集，心曠神怡。」見〈北京香廠路新世界〉（廣告），北平《晨報》，1919 年 1 月 23 日，第 4 版。

[107]　張次溪編著，《人民首都的天橋》，頁 11-16。另見賈啟賢、周萬明，〈城南游藝園及其坤劇場〉，北京燕山出版社編，《古都藝海擷英》（北京：北京燕山出版社，1996），頁 223-225。劉葉秋、金雲臻，《回憶舊北京》，頁 20-26。

[108]　金應元、田光遠，〈城南游藝園與新世界〉，北京市政協文史資料委員會選編，《藝林滄桑》（北京：北京出版社，2000），頁 292-301。〈香廠路新世界舊址將改建為世界商場〉，北平《東方快報》，1936 年 5 月 26 日，第 6 版。

[109]　〈蕭條的北平〉，北平《新晨報》，1929 年 10 月 2 日，第 6 版。

[110]　〈城南遊藝園明年元旦復業〉，北平《益世報》，1930 年 12 月 12 日，第 7

營方面常出狀況，人事糾紛不斷，致使營業時停時續，未營業時，甚至曾有軍隊借該處駐紮。[111]總之，遷都後的城南遊藝園雖幾次試圖復業，但總好景不常，即使復業初一度乍興，卻又很快再遇營業困難，終至凋敝停業。到 1934 年，該園原先表演京戲、話劇、大鼓、雜耍各處，被因陋就簡地改為球房、茶館與飯舖等小規模營業，聊以點綴。[112]1935 年時，記者遂以「昔日歌舞地，今成瓦礫場」的副標，報導城南遊藝園現狀，可見其荒涼情形。[113]該園園址後被北平市社會局相中，將部份空間闢為第四民眾教育館。[114]1936 年 9 月，負債累累的城南遊藝園，終於經地方法院宣告破產。[115]

至於廢棄已久的新世界，也曾有駐平軍隊借住，甚至被市府當作乞丐收容所，房屋多半破爛不堪。到 1936 年中旬，有位企業家黃贊侯，為提倡國貨、並介紹各國的工商產品供國內實業界參考，與新世界原地主劉某簽訂合同，將該地改建並闢為世界商

版。〈城南遊藝園有春節復業說〉，北平《益世報》，1931 年 1 月 30 日，第 7 版。〈游藝園復業後之發達〉，北平《益世報》1931 年 2 月 21 月，第 7 版。

[111] 〈城南游園刷新游藝完好票價照常〉，北平《導報》，1932 年 6 月 6 日，第 7 版。〈城南遊藝園又有復業消息〉，北平《晨報》，1933 年 8 月 8 日，第 6 版。

[112] 〈城南遊園今昔觀〉，北平《北辰報》，1934 年 7 月 26 日，第 6 版。

[113] 〈舊日新年話故園〉，北平《北方日報》，1935 年 2 月 7 日，第 5 版。

[114] 〈香廠路新世界舊址將改建為世界商場〉，北平《東方快報》，1936 年 5 月 26 日，第 6 版。

[115] 〈城南遊藝園即將破產〉，北平《東方快報》，1936 年 9 月 14 日，第 6 版。

場，招商推銷工商各業出品。[116]世界商場在該年9月開始動工後，因每動一處就得報工務局勘查，因此進度緩慢，加上冀察政務委員會為維護北平市容，下令禁止蓋二層樓以上的房屋，世界商場便上呈表示之前的新世界遊藝場就是五層樓，他們只是保持原狀加以修整。到該年冬獲得冀察政委會同意後，才於1937年1月繼續改建。[117]原定2月底正式開幕，後又因招商作業拖延一些時日。[118]可惜幾個月後，「七七」事變隨即爆發，世界商場也未能發揮繁榮南城的作用。

除了外城的新世界與城南遊藝園在遷都後沒落之外，西城一帶曾在1930年出現西單遊藝場，原以為可吸引附近居民前往玩樂，未料也很快出現經營危機。[119]值得一提的是，約自1936年左右，北平市面各處逐漸出現某些小型遊戲場[120]，但與之前的新世界及城南遊藝園不盡相同：首先，這類新遊戲場，不論是打槍、

---

[116] 〈香廠路新世界舊址將改建為世界商場〉，北平《東方快報》，1936年5月26日，第6版。〈南城世界商場舊年前可開幕〉，北平《東方快報》，1936年10月22日，第5版。

[117] 〈城南世界商場二月底可正式開幕〉，北平《晨報》，1937年1月13日，第5版。〈新世界游藝場改名世界商場〉，北平《晨報》，1937年2月21日，第5版。

[118] 〈平市城南一帶繁榮可期世界商場下月開幕〉，北平《東方快報》，1937年2月21日，第2版。

[119] 柱宇，〈西單遊藝場〉，北平《世界日報》，1930年7月11日，第5版。

[120] 根據論者徐醒所述，這些新興遊戲場「最先是在陝西巷南口的大同，後來是王廣福的太陽游戲場，韓家潭的樂天地，天橋的亞細亞，前門大街的天宮日光。」見徐醒，〈故都「游戲場」速寫〉，北平《晨報》，1937年1月22日，第7版。

推球、賽狗或跑馬等，多半涉及賭博行為；其次，開設的業者幾乎都是日本人或朝鮮人。論者徐醒在 1937 年 1 月投稿《晨報》介紹這些遊戲場梗概之後，諷刺道「每天有如螞蟻似的人群擁進了游戲場」，「一大張一大張的法幣，從兜內不斷的流到那不相識的異國人手裡去了，誰能說這不是景氣呢？」[121]這些出現於 1935 年前後、主要由日人經營的遊藝場，多少反映日本勢力遍布，並暴露某些人在時局黯淡之時，靠賭博娛樂來麻木度日的墮落消費表現。

撇開這些戰前一兩年才出現的另類遊戲場毋論，像新世界或城南遊藝園那樣的大型綜合遊藝場，在遷都後的故都北平社會明顯缺乏發展空間，就連西單遊藝場也如曇花一現。當時論者曾解釋遊藝場無法立足於故都北平社會之因，以新世界為例，「其理亦至明顯，無他，地址窄狹，空氣沉悶而已。」而且「北平雖為堂堂故都，然風俗古樸，人民多好靜惡動，於游藝場之一種建設，不甚十分需要。」[122]不過，新世界即使空間較窄，卻能在 1920 年代前期普受歡迎，不太可能只因此導致經營破產；繼而，以故都人民多好靜惡動來解釋遊藝場難以經營，說服力似亦嫌不足。

若從消費經濟層面分析，原因或許與遊藝園的入門票價令市民（尤其下層民眾）卻步有關。以新世界為例，其剛開幕時門票為

---

[121] 徐醒，〈故都「游戲場」速寫〉，北平《晨報》，1937 年 1 月 22 日，第 7 版。

[122] 杜宇，〈西單遊藝場〉，北平《世界日報》，1930 年 7 月 11 日，第 5 版。

10 枚銅元，後來調漲為 30 枚，餐費另付。[123]這在銅元尚未貶值、且城市經濟較活躍的 1920 年代社會，還可廣被接受。但到 1930 年代初的北平，以 1932 年中旬重新開幕的城南遊藝園為例，其門票是銀元 2 角，依當時不斷惡化的銀銅元匯率換算，相當於 40 枚銅元。這樣的價格可買十個芝麻醬燒餅，對勞動階層而言並不便宜，且比逛公園貴。

從需要門票與否的角度切入，有助於說明不需門票的廟會得以於故都時期重獲發展契機，門票較低的公園日受歡迎，新世界與城南遊藝園反而衰頹倒閉之因。況且，任由市民與遊客來去的天橋市場，同樣可供人飽看各類雜技魔術表演與劇曲演唱，因此在平均消費力下降、貧多富少的故都北平社會中，廣吸其鄰近新世界與城南遊藝園的客源，展現更為充沛的平民活力。此外，根據時人憶述，城南遊藝園在國都時期的常客，乃公務員及其眷屬；或許因遷都之後，大批公務員隨同部會調往南京，或部份被裁撤，亦間接打擊該園的生意。[124]

由此觀之，遊藝場在故都北平時期衰落的主因，應在於原先

---

123 王瑞年編著，《京城瑣談：街巷、戲園》（北京：北京圖書館出版社，1998），頁 131-132。〈北京香廠路新世界第一遊藝場〉（廣告），平津《晨報》，1918 年 12 月 16 日，第 4 版。廣告中表示：「北京香廠路新世界第一遊藝場。（日夜准演）入門券每位三十枚，孩童券十五枚，月券五元，優待券二元，贈品彩券一元，中餐券五角，西餐券一元，電影場包座六位二元，八位兩元五角（風雨無阻）。」須說明的是，廣告中的「元」指的是銀元。

124 賈啟賢、周萬明，〈城南游藝園及其坤劇場〉，北京燕山出版社編，《古都藝海擷英》，頁 223-225。

眷顧南城生意的政商權貴與公務人員，多已離平，其餘客源則被免門票的廟會與天橋、以及門票較低的公園瓜分取代，因而無力支撐，終至歇業。至於西單遊藝場，則因資本薄弱、設施簡陋等因素，使遊人裹足不前[125]；加上該處有熱鬧的西單商場，使遊藝場的發展空間受到擠壓。

　　綜上所述，民國時期北京廟會、新式商場、天橋、公園與遊藝場等重要城市消費據點及型態的發展興衰，見證了「國府遷都」如何扮演城市消費的重要變項，並共同展現故都北平社會的消費新生態。國府遷都之舉，推動北平脫離國都時期趨向官民兩極化的富貴／貧賤二元消費模式，使北平真正出現以廣大市民為主要服務對象的都市消費環境，與較多元的消費設施及場所。誠如論者「韻」在 1929 年所言，「如同正陽門前邊門洞的開放，御河橋南邊牆壁的拆除都好像在表示著現在的時代和從前不同了，從前特殊階級的特權現在可以分給一般人們來享受，雖然所享受的只是清風明月的一類。」[126]言下之意，故都北平逐步拉近該城在帝制時代，由內、外城的區別所衍伸與象徵的身份、階級與消費的尊卑差距。各個由舊京宮苑蛻變而成的公園，在此時廣受民眾歡迎，正貼切地說明故都北平的嶄新平民化特質，即使不少貧戶，仍因無力負擔門票而被隔絕在外。[127]對收入微薄的下層人民而言，日常民

---

[125]　柱宇，〈西單遊藝場〉，北平《世界日報》，1930 年 7 月 11 日，第 5 版。

[126]　韻，〈談北平〉，天津《大公報》，1929 年 5 月 12 日，第 16 版。

[127]　論者文龍章在遷都後不久，便撰文批評北平的娛樂場所門票費太貴，販夫走卒之類的類勞動階級很難付擔得起；中等人家即使可負擔這類開銷，但若算上車費與沿途的塵土飛揚，娛樂的舒適感與享受度也隨之大減。因此他大力

生消費若能與休閒娛樂消費結合、且不需花錢購買門票，或是以最少的錢盡享吃喝玩樂，如逛天橋，自是其最佳選擇。

不可否認，遷都後的北平由於消費實力萎縮與社會經濟蕭條，造就出整體物價降低、小本商業經營興盛、娛樂與餐飲業廉價競爭的平價式消費環境，因此故都北平人民所享受的城市美好，只能是「清風明月的一類」。然而，這種從國都絢爛復歸平靜的故都城市生活所展露的素樸面貌，卻比過去任何時期，更平易近人。

第二節　開發故都：創造城市價值

國府遷都之舉，宛如政治龍捲風一般，盡掃原先攀附中央政權的眾多人、事，與圍繞那些人事的社會經濟資源。值此外爍的政治濃妝斑落之際，恰是內斂的城市本質漸露原貌時：北平成為故都之後，外不再吸引權貴階層攀附，內乏工商業生產可發展，惟有寄望於自身悠久的傳統文化遺產——包括古蹟名勝、園林造

提倡北平「公園化」，將整個北平的內外城及四郊，都建設成像開放式的民眾公園空間，好讓人民盡情享受各種娛樂，以及天橋式、廟會式、夜市式的娛樂場。他認為這些才是「確確實實到民間去」的娛樂場，「藝員興發則演，沒有金錢限制之苦，有錢則賞，無錢白看，來來去去，隨人之便。」見文龍章，〈藝術化的北平民眾公園〉，北平《新晨報》，1928 年 9 月 12 日，第 7 版。文龍章，〈藝術化的北平民眾公園（續）〉，北平《新晨報》，1928 年 9 月 13 日，第 7 版。另見素忱，〈北平漫遊〉，天津《大公報》，1928 年 10 月 9 日，第 11 版。

景、文物遺產與學術教育——做爲城市存續與新生的根基。

面對遷都後急遽惡化的商業經濟與市況，北平市政府既無力提倡工業以改變該市原以消費爲主的發展走向，便盡力開發新的資源以刺激城市消費。本節將說明，北平市府如何將部份傳統文化遺產轉化爲消費新資源，打造供市民及遊客享用的環境與設施，重塑城市形象。在發展城市文化產業的過程中，北平市府先從整理文物著手，繼而在這些寶貴遺產的基礎上，經營文化遊覽事業，以創造城市消費新價值。

一、整理舊都文物

當北京不再是國都之後，時人對成爲故都的北平最常見的城市定位，就是文化中心，或如鄧雲鄉所稱的「文化古城」。[128]由於遷都迅速引發北平的城市危機，各界對此關切甚殷，紛紛發表「繁榮北平」之道；其共識大致可以天津《大公報》某篇社評所言，「使老大故都，勉爲一文化新市，以維北平之繁榮」爲代表。[129]北平市府與南京國府出於各自的考量，都以文化區做爲建設北平的主軸。在故都北平時期，由市府與國府執行的相關重要舉措，包括成立北平大學區、設置相關機構（指導整理北平市文化委員會、舊

---

[128] 賀昌群，〈舊京速寫〉，《賀昌群文集》第 3 卷（北京：商務印書館，2003），頁 556-561。汾，〈游覽區應有的注意〉，北平《新晨報》1929 年 9 月 28 日第 6 版。〈文化中心的北平，當舖與學生相依為命〉，天津《大公報》，1933 年 8 月 16 日，第 13 版。

[129] 〈繁榮北平之新設計〉，天津《大公報》，1929 年 2 月 12 日，第 4 版。

都文物整理委員會）、編纂《舊都文物略》，及修繕古蹟、建築與
文物。其中，屬於全國教育改革政策一環的北平大學區，經過一
年（1928 年夏至 1929 年夏）成效不彰的試辦期而匆匆結束[130]；1931
年由五位國民黨中央執行委員建議而成立的「指導整理北平市文化
委員會」，則雷聲大雨點小，未發揮實際成效。[131]真正在故都北平

---

[130] 有關北平大學區的設置及其始末，由於與本書主題較無關，因此略而未談。
其主要為中央重新規劃教育行政體制、以及某些人士（以李煜瀛為首）欲以
北平為中心擴展在北方的權力等考量交織而成的結果。北平大學區至少有三
項值得注意的特點：一、即前述其範圍與北平臨時政治分會的管轄區域重
疊；二、在當時試行的三個大學區當中，只有北平大學區是以「北平」這個
（特別市的）城市命名，其範圍卻遠超出該市的行政管轄區，而包括兩個省
份與兩個特別市。相較之下，浙江與中央大學區，便分別管轄浙江省與江蘇
省的教育與學術，不像北平大學區的範圍如此之廣。三、北平大學區是唯一
等設研究院（即北平研究院）的大學區；該研究院在北平大學區結束後，仍
繼續維持與運作。北平大學區停辦後，北平的高等教育界最大的風雨漸息，
逐步進入國立、省立與私立大學林立的蓬勃發展階段。北平大學區相關發
展，見陳哲三，《中華民國大學院之研究》（台北：臺灣商務印書館，1976）
王昊，〈民國時期的北平大學區風潮〉，《百年潮》，2002 年第 2 期，2002
年 2 月，頁 63-66。何炳松，〈三十五年來中國之大學教育〉，蔡元培等著，
《晚清三十五年來之中國教育（1897-1931）（香港：龍門書店，1969），頁
53-131。周天度，《蔡元培傳》（台北：新潮社，1994），頁 333-354。

[131] 該會的成立，乃源於吳稚暉（1865-1953）、張學良、葉楚傖（1887-1946）、
張繼（1882-1947）、李煜瀛在 1930 年底向中央政治會議所提之案。當時正
值北平擴大會議無疾而終、中原大戰宣告結束、河北省政府復從北平移至天
津之時，北平頹弱蕭索之象更甚於前，五位委員出於提振北平的動機而有此
案。該案於 1931 年 2 月底，由國民黨中央執行委員會政治會議通過，會員由
國府聘任，蔣中正擔任會長，張學良與李煜瀛為副會長，會員包括北平市長
及黨委、紳界、學界與商界等代表。同年 3 月公布〈指導整理北平市文化委
員會簡章〉（以下簡稱〈簡章〉），第一條明言該會「直隸於國民政府，所有

時期致力於開發城市文化資源的建設工程，並獲時人肯定者，應
屬 1934 年底開始進行的整理舊都文物案。

　整理舊都文物的工程，是北平經歷 1933 年前半期華北局勢大
震盪後，由市府向政整會提出的北平建設案。黃郛主持的政整會
雖「不欲插手各省市實際政治，而擬作華北整個建設計劃」，但因
蔣委員長欲保黃在華北的「出入便利與居處安全」，讓他推薦北平
市長與北寧鐵路局長的職位人選，使國府勢力首次得以插足原由
西北軍、晉軍與東北軍系輪流掌控的北平。[132]新任北平市長袁良
既為黃郛保薦，市府對政整會與國府的指示多全力以赴，政整會
也頗支持市府提出的市政建設案。依黃郛之妻沈亦雲的說法，整
理舊都文物案，是北平市府為「將北平建設成一世界文化都市，而
沖淡政治性」所提之計畫，政整會則有鑑於建設北平對安定華北情
勢的重要性，加以力挺。[133]北平市府先在 1934 年初秋，向政整會
提出「北平遊覽區建設計劃」（詳見下一部份），政整會認為遊覽

北平市古蹟風景，及明陵、湯山、西山風景區等處，無論直屬國民政府或市
政府管轄範圍，其一切保存佈置，並其他發展工藝、招致游賓等事宜，均由
本會指導該市積極整理，或創辦之。」較為特別的，是〈簡章〉第二條：「北
平市除法定政治機關外，不准有任何政治之集會及行動，或設立機關。遇有
前項情形，本會得知照市政府制止之。」以及第十一條：「本會俟北平成為
整個繁榮之文化市以後，即行裁撤，屆時再由國民政府改訂市政府組織，以
期適應特別之境地。」見〈指導整理北平市文化委員會簡章〉，1931 年 2~3
月，《國民政府檔案》，國史館藏，光碟號 138。另見〈故都興廢在此一舉〉，
天津《大公報》，1930 年 11 月 29 日，第 2 版。

[132] 沈亦雲，《亦雲回憶》下冊，頁 501-536。
[133] 沈亦雲，《亦雲回憶》下冊，頁 535。

區的概念過於狹隘，未能涵蓋將北平打造為文化中心的建設目
標，令北平市府「另行擬定舊都文物整理計畫實施程序，以利進
行。」[134]換言之，政整會是由大處著眼，將北平定位為文化中心以
求穩定華北形勢，故偏重全面整理故都文物。至於北平市府，於配
合中央之餘，還須藉觀光振興經濟，以解該市燃眉之急，故傾向
遊覽區建設計畫。[135]雙方考量的重點雖有出入，仍能凝聚出整理
文物與古蹟的共識，因為對市府而言，遊覽區的建設資源，正是
城內外眾多古蹟遺址。市府修改後的「舊都文物整理計畫」案，由
政整會於 1934 年底提請行政院審核，行政院隨即通過舊都文物整
理計畫的實施原則，並指示相關單位會同北平市府，審查該計畫
的實施方法與經費。[136]1934 年 12 月 22 日，行政院公布〈舊都文物

---

[134]　〈舊都文物整理委員會組織規程〉，1934 年 12 月 22 日，《國民政府檔案》，
國史館藏，光碟號 102。

[135]　根據沈亦雲的憶述，黃郛與袁良討論整理故都文物之事時，「第一步計劃為
修理名勝古跡，添設旅館，甚至以一部份宮殿改作旅館，以吸引國際遊
客。」亦即，黃郛所代表的政整會並非反對北平的遊覽區建設計畫，但其考
量的政治高度不只北平一市的繁榮，所以才會要求北平市府對原擬的遊覽區
計畫「酌量變更」，以更符合打造北平為文化中心的大方向。見沈亦雲，《亦
雲回憶》下冊，頁 535。〈舊都文物整理委員會組織規程〉，1934 年 12 月 22
日，《國民政府檔案》，國史館藏，光碟號 102。

[136]　相關單位包括內政、財政、教育、鐵道與交通五部、及中央古物保管委員
會。該案原擬總預算為 309 萬元，其中「擬請由財政部籌撥一百萬元，鐵道
部籌撥一百五十萬元，分期撥付，其餘由平市府籌措。」袁良為此事親赴南
京，為北平爭取到 209 萬（財政部負責籌 100 萬，鐵道部 109 萬）的補助。
見〈舊都文物整理委員會組織規程〉，1934 年 12 月 22 日，《國民政府檔案》，
國史館藏，光碟號 102。〈舊都文物會——下月初成立〉，南京《中央日報》，
1934 年 12 月 22 日，第 1 張第 2 版。

整理委員會組織規程〉，明訂該會職掌，包括指揮監督關於執行整理舊都文物之各項事宜、審核關於整理舊都文物之設計、以及籌畫保管關於整理舊都文物之款項。[137]1935 年 1 月 11 日，舊都文物整理委員會於北平成立，委員長由黃郛掛名，實際執行者為北平市府[138]；主要工程，一為修復北平各名勝，二為修築道路。[139]當政整會於 1935 年 8 月撤銷後，舊都文物整理委員會改隸於行政院，

---

[137] 〈舊都文物整理委員會組織規程〉，1934 年 12 月 22 日，《國民政府檔案》，國史館藏，光碟號 102。該會的當然委員，包括政整會委員長，相關五部及中央古物保管委員會代表、河北與察哈爾兩省政府主席，及北平市市長。到 1935 年 11 月初，行政院又公布〈修正舊都文物整理委員會組織規程〉，其中，當然委員部份，多了國立北平故宮博物院代表，而不復見（當時已撤銷的）「政整會」委員長與中央古物保管委員會代表。

[138] 〈舊都文物整理會昨日成立，通過該會議事規則，並組款項保管委會〉，南京《中央日報》，1935 年 1 月 12 日，第 1 張第 2 版。另見韓建識，〈舊都文物整理委員會文物整理工作述略〉，《北京檔案史料》，2003 年第 4 期，2003 年 12 月，頁 307-310。

[139] 〈袁良昨返平，謁黃郛報告一切，整理舊都文物即著手進行，平冀劃界現仍候中央主持〉，南京《中央日報》，1934 年 12 月 25 日，第 1 張第 2 版。在行政院於 1934 年 12 月 22 日公布的〈舊都文物整理計畫實施程序〉中，說明該計畫將分兩期進行。預定的時程安排，以 1935 年 1 月到 3 月為第一期工程進行前的準備期，同年 4 月到 9 月為第一期工程進行期；1936 年 1 月到 3 月為第二期工程準備期，同年 4 月到 9 月為第一期工程進行期。工程內容部份，「第一期工程以四郊公路為主幹，城內公路次之，古蹟名勝之修繕又次之」，至於第二期工程，「以古蹟名勝之修葺為主幹，城內公路次之，郊路又次之。」在經費使用方面，第一期工程三項，總計建設費 1,755,000 元，第二期工程三項建設費，共計 1,335,000 元；兩期總計建設費，預計共 309 萬元。見〈舊都文物整理委員會組織規程〉，1934 年 12 月 22 日，《國民政府檔案》，國史館藏，光碟號 102。

並在 1936 年 1 月移設南京繼續運作。[140]到「七七」事變爆發前,該會已執行第二期工程,後因日人佔領而中斷。[141]抗戰結束後,整理舊都文物計畫又繼續執行任務,完成近四十處整理工程。[142]

　　從經濟角度觀之,整理舊都古蹟名勝,是北平市府捨此無它的自救之途。當日軍發動「九一八」事變、並暴露其自東北而華北的侵略企圖後,北平眾多古物的去留,開始廣受各界關注,主張與反對古物南遷之說相持不下。1933 年初,日軍攻陷榆關並開始進逼熱河時,南京中央不顧強烈的反對聲浪,決定遷走故宮古物,自 2 月起至 5 月中旬,分五次陸續將總計一萬餘箱的古物、太廟與先農壇的樂器、及北平圖書館重要藏書南運。[143]在這些可搬運的

140　〈舊都文物整委會改組,移設南京直隸行政院,各關係機關代表推定〉,南京《中央日報》,1936 年 3 月 5 日,第 2 張第 4 版。該會因應時局與華北組織更動,陸續視需要修正組織相關規則。〈舊都文物整理實施事務改組及其組織規則〉,北京市檔案館藏,1936,卷宗號 J001-003-00084。到 1935 年底,該會已成為南京中央主導,而非華北主事者或北平市長主負其責的組織。此部份相關討論,見林志宏,〈北平市形象與 1930 年代中期的華北危局〉,中研院近史所演講稿,2007 年 8 月 16 日。

141　第二期工程擬修繕對象包括國子監、先農壇、白塔寺、妙應寺、隆福寺、前門、碧雲寺、國子監、總理衣冠塚、牛街清真寺、雍和宮,以及古物陳列所等。其預訂經費為 72 萬元,由行政院批示相關機關按月發給,預計於 1937 年 9 月底以前撥清。見〈舊都文物二期整理工程,決擇重要者修理〉,南京《中央日報》,1936 年 10 月 8 日,第 1 張第 4 版。當日人於 1937 年 8 月佔領北京後,此計畫便無法繼續。

142　〈北平市政府向記者介紹有關北平建設的資料〉,北京市檔案館藏,1912-1949,卷宗號 J001-003-00445。

143　據行政院秘書處在國民黨第五次全國代表大會中的工作報告,南遷古物共計 13427 箱又 64 包。行政院,〈國立北平故宮博物院之工作〉,中國國民黨黨

大批貴重古物被遷離之後，北平只剩下古蹟建築這項彌足珍貴的
文化不動產，可資憑藉。[144]眼見城市經濟亟待提振，工商業卻無力
發展，開發古蹟名勝的文化資源，逐被市府視爲繁榮北平刻不容
緩之道。因此，市府執行舊都文物整理計畫不遺餘力，除向銀行
貸款以籌措建設經費之外，還聘請「中國營造學社」的中國古建築
專家學者爲技術顧問，務求落實工程目標。[145]從國府在 1936 年 10

史史料編纂委員會編，《革命文獻第五十三輯：抗戰前教育與學術》（台北：
中央文物供應社，1970），頁 450-457。當古物南遷初期，北平各界及民眾團
體紛起反對，連被召集擔任運送古物的數十輛汽車司機、及搬運工人，也集
體罷工，使運送之日屢次被迫延期。〈宋子文電蔣中正關古物南遷一事〉，
1933 年 2 月 3 日，《蔣中正總統檔案》，國史館藏，光碟號 0B-02478。關於
古宮古物之外的其他文物圖書與碑帖等被南運的內容，見錢存訓，〈北平圖
書館善本書籍運美經過〉，《傳記文學》，第 10 卷第 2 期，1967 年 2 月，頁
55-57。

[144] 此後北平故宮博物院仍為求刺激觀光與繁榮市面，而將未運走的剩餘古物從
新陳設，開放供人參觀。不過，由於重要的玉器、銅器、瓷器、字畫等珍品
都已南遷，所餘者多被視為價值較低。見〈古物南遷後故宮博物院再度開
放〉，北平《北方日報》，1933 年 6 月 25 日，第 3 版。〈古物南遷後故宮博
物院再度開放（續）〉，北平《北方日報》，1933 年 6 月 26 日，第 3 版。

[145] 〈舊都文整委員會改組經過〉，北平《晨報》，1935 年 11 月 15 日，第 6 版。
當時相關的古建築修繕工程，都送中國營造學社審查。中國營造學社為曾任
民初高官的朱啟鈐（1872-1964）於 1930 年創辦，以研究及保護中國古建築
為主要宗旨，在 1930 年代前半期，培養與訓練出許多優秀的建築學者。1931
年 3 月，該社在中山公園舉辦圓明園文物展覽，頗引起社會注意。吳廷燮等
纂，《北京市志稿：文教志下》（北京：北京燕山出版社，1989），頁
186-190。另見梁思成，〈北平文物必須整理與保存〉，《梁思成全集》，第
4 卷（北京：中國建築工業出版社，2001），頁 307-313。此外，關於北平市
府向銀行界借款籌措經費之事，見〈整理舊都文物，財鐵兩部各撥三萬元〉，
南京《中央日報》，1935 年 3 月 12 日，第 1 張第 2 版。

月對第一期工程的驗收結果看來，北平重要的壇廟宮殿經整修後，「莊嚴燦爛，煥然一新」。[146]此種新市容與氣象，有力地展現故都北平的城市尊嚴，並孕育豐富的市場觀光潛能。

由上可知，肩負市政建設與改善經濟雙重責任的北平市府，自覺有義務展現北平最具開發價值的城市精華，因此傾力從事文物古蹟的修護與整理。然而，光是保存國粹、維護傳統，還不足以復甦城市經濟與重振市面生氣；必須從這些文化資產中開發出消費價值，才能使北平真正獲利。因此，北平市府進一步將傳統文化資產所體現的城市新貌視為產品，加以包裝與行銷，以便刺激城市產業及休閒旅遊消費，實際裨益北平社會。

二、從展示到遊覽北平

當北平特別市政府成立後不久，首任市長何其鞏於 1928 年 8 月中旬向來訪記者表示，市府除在財政允許範圍內進行建設之外，擬「召集舉行一大規模之博覽會，使北平市文化工藝以及其他一切固有之特點，得藉博覽會而盡量宣露於世」；舉凡「所有革命事蹟，東方文化，工藝，農工商業，交通，教育，建築，並其他一切之材料，概在展覽之列。」如此一來，「世人既了然於北平市

---

[146] 此為國府驗收代表之一的行政院參事滕固（1901-1942）在勘查第一期工程結果後，向記者表示的觀感。他認為整理舊都文物之舉，既可收整飭市容之效，也能激發市民的民族精神。見〈滕固返京談驗收舊都文物經過，第一期整理工程完竣，各項建築物煥然一新〉，南京《中央日報》，1936 年 10 月 12 日，第 1 張第 4 版。

之內容，當一致起而謀所以革新改進之方。」[147]市府的用意至明，
當時擬辦博覽會，乃在展示北平以謀自救。該月底，北平市政會
議通過「北平文化博覽會籌備處簡章草案」，準備進行相關事宜。
[148]

此一宣稱規模可觀的博覽會，卻因市府財政支絀，多次延
期，且名稱迭有更異。1928 年時，市府原擬辦文化博覽會，後又
令社會局在 1929 年春，準備大規模的國貨博覽會；社會局長趙正
平召集工商代表進行籌畫，由曾彝進及秦子壯於 1929 年 2 月向市
府提出「北平文化展覽會計畫」之案，說明所需經費約二十餘萬
元。[149]市府討論後，「以該計畫過於偉大，籌措經費之法，亦難期
實現」，將文化展覽會之名改為北平展覽會，並將社會局原計畫的
國產展覽會併入，縮短期限為兩個月，準備邀集國內各大公司工

---

147 〈市政設施計畫將開大規模博覽會〉，北平《益世報》，1928 年 8 月 19 日，
　　第 7 版。〈何市長談話：北平將舉行大博覽會〉，北平《京報》，1928 年 8
　　月 19 日，第 3 版。

148 〈市政府四次會議詳情 全體職員都支最低級俸給通過文化博覽會籌備簡章
　　發起組織北平貧民賑濟會〉，北平《世界日報》，1928 年 8 月 31 日，第 7
　　版。另見〈北平市文化博覽會籌備處請政府規定職權頒佈計畫的呈文〉，北
　　京市檔案館藏，1928，卷宗號 J001-003-00001。

149 〈計劃之中之北平博覽會〉，北平《世界日報》，1929 年 2 月 3 日，第 7 版。
　　該計畫之大要，係將北平及附近各種古蹟建築、文物出產、宮殿範圍，一律
　　畫為展覽範圍，開會期限為一年，經費預定為三十萬元，向銀行借十萬元，
　　發行長期遊覽券，每張售價十元，在開會期內均可持至各處遊覽，閉會後開
　　獎一次，分若干號獎額，既可遊覽，復有得彩希望，購者必多，預計可售十
　　萬元，其餘十萬元，可由普通票價收入。〈北平文化展覽會 市府正討論進行
　　方針〉，北平《世界日報》，1929 年 2 月 22 日，第 3 版。

廠展覽其產品，各教育機關學校展覽其成績，預定於該年秋季舉行。[150]3 月初，市政會議決議，將博覽會改至 1930 年春舉行，並令社會局擇期舉辦國貨展覽會。[151]5 月中旬南京國府召開的中央政治會議，又議定於 1931 年舉行北平實業博覽會。[152]1931 年 2 月，北平市府因自身能力未能獨任此事，在北平市總商會的要求下，呈請行政院准予飭知實業部，核訂中央與地方共同經營之辦法。北平市府在呈文中提及：

> 際茲百業凋敝之秋，誠宜利用固有特點，將歷代古物國貨出品，兼收並蓄，薈萃一堂，舉行大規模之博覽會，藉以招致游眾，吸收外資，庶幾調劑金融，振興市面，維持文化，發展工業，均有裨益。[153]

呈文之意與何其鞏當年所言相同，都在謀繁榮北平之計。《世界日報》報導相關新聞時，曾論及當此國府南遷之時，開辦國貨博

150　〈北平文化展覽會　市府正討論進行方針〉，北平《世界日報》，1929 年 2 月 22 日，第 3 版。

151　〈北平博覽會　市府議決令社會局妥置辦法〉，北平《世界日報》，1929 年 3 月 8 日，第 3 版。〈市府籌辦國貨文物展覽會前日在南海開籌備會〉，北平《世界日報》，1929 年 5 月 17 日，第 7 版。

152　〈最後消息…昨日中政會議決…定後年在北平開實業博覽會〉，北平《世界日報》，1929 年 5 月 16 日，第 2 版。

153　〈趕籌北平實業博覽會調劑金融以繁榮市面〉，南京《中央日報》，1931 年 2 月 17 日，第 1 張第 4 版。

覽會以發展工商，「實爲當務之急。」[154]同年 3 月 28 日，國府公布〈北平實業博覽會籌備委員會組織大綱〉，擬於 1933 年 4 月 1 日召開北平實業博覽會，「徵集全國出品，邀請世界各國參加」。[155]然而，這個長期處於籌備與規劃階段的博覽會，始終只聞樓梯響，不見人下來；「九一八」事變爆發後，該會更因時局動盪之故，未見舉辦，且一路擱置。直到 1935 年春，北平終得舉辦爲期一月零兩天、只以北平本市出產物品爲主的物產展覽會。當時的社會局長蔡元向記者表示，此物展的宗旨在「發揚故都固有之光榮，並謀手工業之發展」。「北平物產展覽會」於 4 月 17 日在太廟開幕，展覽物品共分工藝、農產、醫藥、飲食、礦產、生物六類，並有售品所約三百餘家。[156]該物展於 5 月 15 日閉幕，計徵集超過兩萬五千件物品，並設臨時售品所，以刺激買氣；參觀人數達二十五萬餘人，部份發揮了提振北平經濟與城市消費的作用。[157]「北平物產展覽會」之所以能有如此多參觀人數，與當時市府全

---

154 〈計劃之中之北平博覽會〉，北平《世界日報》，1929 年 2 月 3 日，第 7 版。

155 〈北平實業博覽會籌備委員會組織大綱〉，《國民政府公報》，第 735 號，1931 年 3 月 28 日，頁 3-4。

156 〈平市物展創舉昨晨正式開幕〉，北平《晨報》，1935 年 4 月 17 日，第 6 版。

157 〈平市物展明日閉幕〉，北平《晨報》，1935 年 5 月 14 日，第 6 版。〈故都社會雜寫〉，天津《大公報》，1935 年 5 月 27 日，第 6 版。據《大公報》記者所言，該展覽會觀賞人雖多，真正能刺激買氣的能力，仍屬有限。見鍾少華，〈三十年代北京的展覽事業〉，北京市社會科學研究所《北京史苑》編輯部編，《北京史苑》第一輯（北京：北京出版社，1983），頁 226-233。〈平物產展覽會昨召開籌備會議，天津《大公報》，1935 年 2 月 17 日，第 2 版。根據此則報導，當時即已徵集五百餘家商號參加，因此展覽會正式開幕時，

力推動的遊覽區建設計畫息息相關。展示北平物產的實際成效，還有賴發展最具觀光價值的名勝古蹟遊覽事業，使二者結合，真正將故都北平包裝並妝點成充滿消費魅力的城市。

建設北平為遊覽區的構想，在遷都不久後即開始醞釀，常與打造北平為文化區的主張被並置提出。不過，文化區與遊覽區的建設，在意涵及內容上不盡相同。將北平建設為文化區或文化中心，不只包括維護靜態的古蹟文物，也旨在發揚與提升該城的教育及學術研究。遊覽區的規劃與設置，則主要著眼於從城市歷史資產中再生商機，在宣揚中國文化的同時，更求落實提振城市經濟的目標。早在遷都初期，《大公報》頭版社論即接連指出，「所謂以北平為文化區域，以策繁榮者，責在政府，理論雖可能，事實難希望」，「惟一之策，其在誘致居民招徠遊人乎」，如此才能真正「有益於北平之市面」。[158]《大公報》將發展文化遊覽業視為繁榮北平的捷徑，因為「北平建築，雄偉古樸，最能代表中國，而數百年首都名稱，外人尤耳熟能詳」，更重要的是「此事祗須道路平治，交通恢復，即可從事鼓吹」。[159]換言之，惟有當古蹟建築成為觀光景點、國粹文物被開發出消費價值，可吸引遊客之時，北平整體收入才可能有起色。[160]

商家數或許更多。

[158]　〈維持北平繁榮之捷徑〉，天津《大公報》，1928 年 8 月 18 日，第 1 版。〈繁榮北平之新設計〉，天津《大公報》，1929 年 2 月 12 日，第 4 版。

[159]　〈維持北平繁榮之捷徑〉，天津《大公報》，1928 年 8 月 18 日，第 1 版。

[160]　《大公報》另一篇社論即指出，要建設北平為文化區，「理論雖可能，事實

　　不過，就如「展覽」北平的目標始終無法落實於遷都後的初期階段一般，從何其鞏市長任內便有意推動的文化遊覽區建設[161]，也因市府經費窘迫到無力修繕與維護市內古蹟建築，市內各名勝古蹟的管轄權又分屬不同政府機關，造成管理與規劃的諸多問題，困難重重。[162]市府只能先在 1928 年底成立繁榮設計委員會，

　　難希望。」同時，若想在此時把北平打造為工商業區，以資繁榮，則以北平現有基礎而言，「完全無經濟上之根據，即使政府努力，亦為事實所不能。」有鑑於此，眼下唯一之策，「其在誘致居民招徠遊人乎」。見〈維持北平繁盛之道〉，天津《大公報》，1928 年 10 月 16 日，第 1 版。

[161] 1928 年 9 月 25 日，內政部長薛篤弼在國民政府委員會中，呈報北平市的貧民問題，並建議籌設維持北平市面辦法時，便「擬請北平成為東方遊覽之中心，以解決北平貧民生計之大部分。」針對此案，國府委員會決議，交由內政部詳細計劃呈核。見洪喜美編，《國民政府委員會會議紀錄彙編（二）》，頁 473。徵諸此後發展，主要還是由北平市府自力救濟，但至少可由此略知國府對北平朝遊覽區方向建設的肯定態度。另見〈北平擬建文化遊歷區〉，北平《新晨報》，1928 年 11 月 7 日，第 6 版。

[162] 北平特別市政府成立後，持續向中央爭取接收該市內名勝古蹟或公園的管轄權。見〈北平特別市政府關於接收京兆公園與有關單位的來往函件〉，北平市檔案館，1928，卷宗號 J001-004-00009。〈北平特別市政府關於接收中海、南海、北海的有關函件〉，北平市檔案館，1928，卷宗號 J001-004-00005。訓政初期任內政部長的薛篤弼相當支持北平市府管理該市各重要古蹟遺址，曾於 1928 年 7 月下旬向國府呈請准北平市府管理頤和園，國民政府委員會照准。但他再於 8 月下旬呈請准由北平市府接管北平各壇廟，國民政府委員會則決議仍應歸內政部管理。見洪喜美編，《國民政府委員會會議紀錄彙編（二）》，頁 370, 431。直到 1933 年 10 月頒布的〈北平古物與建築物處理辦法〉，尚規定：「一、內政部所屬古物陳列所所存物品，宜劃作中央博物館基本物品。二、北平壇廟管理所仍歸內政部管轄。三、中央研究院所屬歷史博物館仍歸中央研究院管轄。四、天文陳列館仍屬於中央研究院。五、頤和園地址房屋暫交北平市政府保管，其古物移交於故宮博物院。六、圓明園故

委其進行規劃。[163]該會在 1929 年 2 月提出第一期繁榮計畫，主要
推動目標，包括擬訂各文物遊覽機關聯合售票辦法，與編印北平遊
覽指南。[164]市府通過此一售票辦法，將「編印北平指南」與「籌設
嚮導講習所」納入 1929 年《施政大綱》的預定工作事項。[165]該年 9
月 1 日，北平民社編輯出版了《北平指南》一書，共分十編，除了
地理名勝、風俗習尚與食宿遊覽等一般指南書常見內容之外，還

　　址交清華大學辦農事試驗場，原有古蹟及石刻等應交該大學妥為保存。」可
　　知北平的古物與建築，仍各歸屬不同機關管轄。見〈北平古物與建築物處理
　　辦法〉，1933 年 10 月 20 日，《國民政府檔案》，國史館藏，光碟號 521。
　　直到袁良擔任北平市長後，才在國府指示下，逐漸接收相關單位。詳見下
　　文。關於北平市府財政窘迫情形，以 1928 年為例，北平市全年收入共約
　　2,749,100 餘元，全年支出共約 5,608,000 元，嚴重入不敷出。〈北平市政府全
　　年收入總額〉，北京市檔案館藏，1928，卷宗號 J001-005-00002。

[163] 〈前日市政會議 議決案共三件〉，北平《世界日報》，1928 年 11 月 9 日，
　　第 3 版。〈北平繁榮仰仗諸公〉，北平《新晨報》，1929 年 1 月 12 日，第 6
　　版。

[164] 〈北平繁榮計畫近訊〉，北平《新晨報》，1929 年 2 月 15 日，第 6 版。《北
　　平特別市市報》第 69 期，1929 年 3 月 14 日，頁 6。〈北平特別市市政府訓
　　令北海公園委員會〉，北京市檔案館藏，1929，卷宗號 J077-001-00032。〈繁
　　榮北平之新設計〉，天津《大公報》，1929 年 2 月 12 日，第 4 版。

[165] 〈北平特別市市政府社會局稿：擬具十八年度施政大綱〉，北京市檔案館
　　藏，1929，卷宗號 J002-007-00030。〈編輯北平遊覽指南〉，北平《新晨報》，
　　1929 年 1 月 26 日，第 6 版。〈社會局編印北平指南〉，北平《新晨報》，1929
　　年 4 月 11 日，第 6 版。北平市繁榮設計委員會所擬的「聯合售票辦法大綱」
　　經市府通過，何市長因此要求包括北海公園、中山公園委員會，管理頤和園
　　事務所正副所長、北平特別市教育館（即鐘鼓樓）遵照此令，並即選派人員
　　對會集議，以便施行此令。「訓令」，《北平特別市市報》第 69 期，1929
　　年 3 月 14 日，頁 6。另見〈繁榮設委會議決保存古蹟名勝〉，北平《新晨報》，
　　1929 年 3 月 7 日，第 6 版。

包括法規、政治機關與社會團體的詳細條列。[166]由此可見《北平指南》在相當程度上，擬向讀者介紹及宣揚市府希望呈現出的北平城市內涵。曾有論者在1929年9月底提及，遷都一年多來，北平「社會經濟的維持，一半靠的是招徠遊歷」。[167]不過，當時北平離文化遊覽區的建設，仍相去甚遠，原因在於若欲招攬遊客來平觀光，除了修繕古蹟與整理古物外，還須改善交通與環境衛生，提升旅客住宿及休閒設施的水準，這些都需款甚殷且耗時不短，並非易事。1930年代以後，從1931年到1933年前半年，北平處於內部財政問題不斷，外逢「九一八」事變、榆關陷落與長城戰事連續衝擊北平市面之時，始終無法進行相關建設。直到《塘沽協定》簽訂後，市府才得以在國府的財政補助下，推動北平遊覽區建設計畫。

北平遊覽區建設的規劃與構想，主要出於新市長袁良希望符合國府期許、繁榮城市經濟並捍衛城市安全的多重動機而生。他在就任之初招待新聞界報告施政概況時，提及市府將積極修繕保存「本市古物及偉大建築」。[168]1934年4月，市府為整頓市容起見，要翻修前門外大街的馬路成為柏油路，袁良又向記者表示：「目今繁榮切要之圖，惟有藉其古蹟，造成一天然博物院，以吸引外人來此遊歷。」[169]到8月中旬，他進一步向報界透露，市府各局正加

166　北平民社編，《北平指南》（北平：北平民社，1929）。北平民社地址位於北平舊內務部內，或為市府贊助的出版機構。

167　汾，〈游覽區應有的注意〉，北平《新晨報》，1929年9月28日，第6版。

168　〈平市長袁良報告市政狀況〉，北平《導報》，1933年7月29日，第7版。

169　〈袁良昨日談話翻修前外大街即施行〉，北平《北辰報》，1934年4月16

緊推動有關打造北平為「世界之文化遊覽區」的措施與規劃，包括
改善市內衛生與交通，以及改造故宮、皇宮飯店與壇廟管理等事
宜。[170]9 月 24 日，市府向政整會提出「籌議建設北平市政及籌款方
法案」，並附上《北平市溝渠建設計劃》、《北平市河道整理計劃》
與《北平遊覽區建設計劃》，及相關預算表。[171]原案呈文說明，自
「九一八」事變後，北平成為國防前線，值此之際，「自應加意積
極進行，冀以建設力量，造成東方一最大之文化都市。使國際方
面，共同注意，寓國防於市政之中。」[172]市府並強調，若以繁榮北
平為出發點，首應進行的建設「計有二事，即河道溝渠之整理，及
遊覽區之創設是也。」籌設遊覽區，主要為求「吸引外人遊資」，
使北平經濟乃至華北外交皆能獲益。[173]袁良之所以大力推動遊覽
區計畫，除可招攬遊客、刺激消費之外，「且可借此大作聲勢，轉

日，第 6 版。

170　〈袁良昨談整理市政計劃〉，北平《北辰報》，1934 年 8 月 13 日，第 6 版。
　　　〈袁良談繁榮北平，將改建為文化遊覽區，衛生設備亦已臻完善〉，南京《中
　　　央日報》，1934 年 8 月 13 日，第 1 張第 2 版。

171　〈籌議建設北平市政及籌款方法案呈政整會〉，北京市檔案館藏，1934 年 9
　　　月，卷宗號 J001-005-00116。

172　〈籌議建設北平市政及籌款方法案呈政整會〉，卷宗號 J001-005-00116。

173　〈籌議建設北平市政及籌款方法案呈政整會〉，1934 年 9 月，北京市檔案館
　　　藏，卷宗號 J001-005-00116。當時北平處於主戰派批判喪權辱國的《塘沽協
　　　定》是為保平津而簽訂、但日本對華北的野心並未因此稍減的敏感時刻，更
　　　須自立自強。蔣廷黻（1895-1965）便曾慨嘆：「本來遷都給了北平莫大的打
　　　擊；日人的侵略和古物的南遷，停戰協定所引起的反感，及一般人對北平空
　　　氣的不滿意幾乎不待日人來滅北平就自動的把她消滅了。」見蔣廷黻，〈這
　　　一星期〉，《獨立評論》，第 57 號，1933 年 7 月 2 日，頁 2-5。

移視聽，使世界各國集中注意此地，杜絕日人的野心。」[174]換言之，文化遊覽區的建設構想，兼具繁榮北平、提振經濟、維護文化、外交親善與柔性國防諸多意涵。[175]此一構想，在當時頗受報界輿論肯定。[176]

　　雖然北平市府依政整會的要求，將原案修正為「舊都文物整理計畫」並獲國府通過，但市府仍繼續推動該市遊覽區的建設計畫，並在同年將《北平市溝渠建設計劃》、《北平市河道整理計劃》與《北平遊覽區建設計劃》編印出版。[177]基本上，整理舊都文物計畫由舊都文物整理委員會主持，北平市長為當然委員之一，並負實際執行之責；北平遊覽區建設計畫，則是由市長主持、市府統籌規劃進行的市政建設案。二者的計畫執行內容並行不悖、相輔相成，市府主要在修繕古蹟名勝與改善交通的基礎上，進行遊覽區所有配套設施的建設。其規劃理念與建設步驟，皆清楚呈現於《北平遊覽區建設計劃》中。該冊首先界定北平遊覽區的範圍：「凡由北平為出發點而到達之名勝古蹟，皆應劃入北平遊覽區之內」，並說明北平「宮殿之偉大莊嚴，園林之宏麗清幽，名山異泉，遍布西

174　陳聲聰，〈《舊都文物略》編纂經過的一些回憶〉，《兼于閣雜著》（上海：
　　上海古籍出版社，2002），頁76-79。

175　「柔性國防」在此之意，即不重視軍隊的戍衛與防守，而是倚賴非武力的途
　　徑──例如觀光遊覽──來吸引中外目光，營造出國際親善的交流氣氛，聚集
　　成某種無形的外交防護罩，借力使力，讓敵國不敢輕舉妄動。

176　〈應使北平成為世界公園〉，北平《晨報》，1934年8月29日，第2版。

177　三本冊子當中，《北平市溝渠建設計劃》為「北平市政府工務局」編，《北
　　平市河道整理計劃》與《北平遊覽區建設計劃》則為「北平市政府」編，出
　　版年都是1934。

北，荒剎古廟，隨處皆是」，中國若要建設國際知名的觀光都市，「將捨北平市莫屬」。[178]繼而陳述爲發展該市旅遊業，必須改善城市消費條件，因此，舉凡缺乏宣傳、各古蹟名勝保管權分散且未加修葺、交通不夠發達未敷遊客使用、觀光旅館或飯店不足、缺乏本國招待與導遊向外國旅客介紹中國文化與北平之美，都是市府重振旅遊消費經濟的改良重點。[179]該冊末尾再強調「如昔日已成之建設尚任其荒廢不能利用以救濟社會，而談其他建設計劃，捨近求遠，非計之所得也。」力陳「北平遊覽區之建設，實爲華北一切建設中之首要建設，亦爲一切建設中之需款最小、收效至宏之建設也。」[180]

　　北平遊覽區建設計劃一案，展現出袁良藉「保存國粹、發展觀光」，讓北平成爲融合傳統與現代精華的國際性都市之企圖[181]；

---

[178]　北平市政府編印，《北平遊覽區建設計劃》，頁 1-2。因此，除了北平市區之外，還包括八達嶺、明陵、湯山溫泉、妙峰山、檀柘寺等處。

[179]　北平市政府編印，《北平遊覽區建設計劃》，頁 1-3。《北平遊覽區建設計劃》以上述改善重點為基礎，分節說明遊覽區之古蹟名勝之修葺、交通建設、遊人居住建設、娛樂建設、遊覽社（即今旅行社）之創設、建設費之籌集。

[180]　北平市政府編印，《北平遊覽區建設計劃》，頁 31。

[181]　該冊長達 32 頁，從遊覽區的建設意義開始詳加詮釋，繼之說明遊覽區的範圍、古蹟名勝保管權的統一與修葺、遊覽區的交通、遊人居住與娛樂建設、北平遊覽社的創設、以及建設費的籌集，末尾還有「北平遊覽區建設費概算簡明表」。北平市政府編印，《北平遊覽區建設計劃》（北平：北平市政府，1934）。有關袁良主政時代對北平的都市發展規劃，可參見董玥文。該文說明 1928 年之前的北京市政當局（市政公所）對城市建設的努力主要在於對帝制時期空間結構、交通設計與各種建置的改變；1928 之後（尤其是 1933 至 35 年袁良擔任市長期間）則致力於將城市的悠久傳統開發為建設現代都市的

「需款最小、收效至宏」八個字，言簡意賅地勾勒出北平遊覽區建
設計畫自視的優點。當時市府的都市設計概念，乃以文物名勝為
核心資源，由此出發涵蓋所有重要市政建設，諸如改善市容、大
舉植樹、整頓市街、測量市區、整理河道、翻修馬路、修建城垣
等，以之為開發文化遊覽區的配套設施，將北平打造成國際觀光
城市。[182]由於北平市府所規劃的遊覽區，不只市內古蹟，還廣及
郊外重要名勝，因此市府也積極推動擴大北平市區、重劃冀平省
市分界之案。[183]此外，在國府高層的支持下，市府逐步接管原轄

重要資源。Madeleine Yue Dong, "Defining Beiping: Urban Reconstruction and
National Identity, 1928-1936," pp. 121-138.

[182] 〈整頓市容市府擬廣植樹木〉，北平《晨報》，1934 年 3 月 7 日，第 6 版。
〈繁榮北平市，袁良擬定計劃，吸引各國遊人〉，南京《中央日報》，1934
年 10 月 15 日，第 1 張第 3 版。〈造成遊覽區，北平明年大舉植樹〉，北平
《導報》，1934 年 10 月 20 日，第 7 版。〈平市府計劃明年整頓市街〉，北
平《東方快報》，1934 年 10 月 20 日，第 5 版。〈建設遊覽區之初步市府
三大計劃決於明春開始實行〉，北平《導報》，1934 年 11 月 26 日，第
7 版。〈總理逝世十週年紀年平市決在天壇造林〉，北平《北方日報》，1935
年 2 月 18 日，第 5 版。另見高巍等著，《漫話北京城》(北京：學苑出版社，
2003)，頁 373。

[183] 〈北平市更生之機〉，北平《晨報》，1934 年 11 月 16 日，第 2 版。北平市
府先在 1933 年 8 月提出「北平市根本界址計畫案」，因牽涉頗廣，人力與財
力未能配合，延宕近一年仍懸置未決。後因蔣委員長出於繁榮北平的動機而
予以支持，由國府內政部派員至河北與北平進行勘查，與冀平代表多次會
商，準備重新劃界。但那些眼看要被劃入北平市轄區的大興、宛平等縣民，
對此事大加抗議，阻力再生。最後似因冀平省市雙方歧見相差過大，無法協
商，而不了了之。見〈蔣中正電汪兆銘辦理維護北平各壇廟天然博物院與復
興農村令袁良籌畫準備接收並定整理辦法將大興宛平併入市區以便管理〉，
《蔣中正總統檔案》，國史館藏，1934 年 10 月 30 日，光碟號 06-00381。〈擴

不同政府機關的市內名勝，並陸續發表整理天壇、孔廟、頤和園等名勝古蹟的辦法。[184]為求盡量達到行銷文化遊覽區的目的，袁良充份利用報刊媒體宣傳管道，在接受採訪時宣傳市府的遊覽區建設措施，甚至經常主動召開記者會，說明市府近期相關計畫與進行狀況。[185]他屢藉北平膾炙人口的名勝為招待外賓的宴會場

大北平市年內可實現〉，北平《晨報》，1934 年 11 月 15 日，第 6 版。〈大宛昌三縣民眾堅決反對平市擴大〉，北平《晨報》，1934 年 12 月 5 日，第 6 版。〈平市壇廟劃歸市府負責管理行政院決定之經過〉，天津《大公報》，1935 年 1 月 3 日，第 10 版。

[184] 在北平市府推動遊覽區建設計畫的過程中，蔣委員長的支持亦發生作用。他曾於 1934 年 10 月底致電行政院長汪兆銘（1883-1944）：「查北平各壇廟均屬具有悠久歷史之偉大建築，足以代表東方文化。此次抵平，就聞見所及，此項建築，多失舊觀，長此以往，恐將淪為榛莽，至深惋惜。」並針對這些名勝古蹟等分屬不同機關，「而地方政府轉不負管理之責」的問題，建議「所有平市各壇廟及天然博物院以撥歸北平市政府負責管理為妥。」他並表示「已諭知該市袁市長令其預為籌畫準備接收，並規定切實整理辦法。」見〈蔣中正電汪兆銘辦理維護北平各壇廟天然博物院與復興農村令袁良籌畫準備接收並定整理辦法將大興宛平併入市區以便管理〉，《蔣中正總統檔案》，國史館藏，1934 年 10 月 30 日，光碟號 06-00381。1934 年 11 月，市府奉行政院電令，接收原屬中央研究院的天然博物院，與原屬內政部的平市壇廟管理處。〈天然博物院等處撥規市府管理〉，《北辰報》1934 年 11 月 11 月第 6 版。〈本市古蹟名勝市府發表整理辦法〉，北平《導報》，1934 年 11 月 24 日，第 7 版。〈平市政府保護古蹟名勝〉，北平《北辰報》，1934 年 11 月 24 日，第 6 版。

[185] 〈市長袁良談話：擴大市區繁榮北平〉，北平《導報》，1934 年 1 月 20 日，第 7 版。〈袁良昨日談話翻修前外大街即施行〉，北平《北辰報》，1934 年 4 月 16 日，第 6 版。〈袁良昨談整理市政計劃〉，北平《北辰報》，1934 年 8 月 13 日，第 6 版。〈袁良昨晨由京返平發表談話〉，北平《導報》，1934 年 12 月 25 日，第 7 版。做為南京國府機關報的《中央日報》，也不遺餘力

所，推動和平外交。[186]美國經濟考察團在 1936 年 5 月中旬訪北平時，遊覽北海公園、孔廟、國子監等名勝；該團團長福勃斯表示，此次來平考察，「所得印象極佳」。與袁良曾一度晤談的他，相當認同袁良所提的大遊歷區計劃，認為「確係繁榮北平之辦法。蓋以北平建築宏偉，有歷史上之價值，殊足令人羨慕。」[187]時任市長機要秘書的陳聲聰（1897-1987）曾憶及，「游覽區計劃布署既定，逐步進行，頗得社會各方面支持。」[188]顯然可見，將故都北平包裝成具觀光賣點的遊覽城市，頗受各界的支持與肯定。後世研究者

地報導中央社北平電文傳來的相關消息。〈袁良招待報界報告施政經過〉，南京《中央日報》，1933 年 7 月 29 日，第 1 張第 3 版。〈繁榮北平市，袁良擬定計劃，吸引各國遊人〉，南京《中央日報》，1934 年 10 月 15 日，第 1 張第 3 版。〈袁良談整理舊都文物，中央協款一月起撥付〉，南京《中央日報》，1935 年 1 月 18 日第 1 張第 2 版。

[186] 在北平各名勝中，頤和園最為袁良所偏好，屢次以之做為招待外賓的處所。袁良接待外賓與使節等報導，見〈法使訪袁良〉，南京《中央日報》，1933 年 7 月 12 日，第 1 張第 2 版。〈袁良昨訪西葡兩使〉，南京《中央日報》，1933 年 7 月 16 日，第 1 張第 2 版。〈平美丹兩使昨訪袁良〉，南京《中央日報》，1933 年 7 月 19 日，第 1 張第 3 版。〈瑞典卡爾親王抵平袁良陶德曼等均到站歡迎〉，南京《中央日報》，1933 年 9 月 5 日，第 1 張第 3 版。〈瑞典親王遊覽北平各處名勝市長袁良設宴歡迎〉，南京《中央日報》，1933 年 9 月 6 日，第 1 張第 2 版。〈袁良歡宴美海軍司令等〉，南京《中央日報》，1933 年 9 月 20 日，第 1 張第 3 版。〈袁良晏日使〉，南京《中央日報》，1933 年 11 月 7 日，第 1 張第 3 版。〈英使訪袁良袁定下週宴請〉，南京《中央日報》，1934 年 4 月 8 日，第 1 張第 2 版。

[187] 〈美經濟考察團昨晚由平赴漢，福勃斯對於繁榮北平意見，贊同袁市長大遊歷區計劃〉，南京《中央日報》，1935 年 5 月 16 日，第 1 張第 3 版。

[188] 陳聲聰，〈《舊都文物略》編纂經過的一些回憶〉，《兼于閣雜著》（上海：上海古籍出版社，2002），頁 76-79。

也將「北平遊覽區建設計劃」視為袁良市長任內推動的最重要市政
建設方案。[189]

　　北平市府為繁榮與保全北平而推動的遊覽區建設，所留下最
具代表性的文字結晶，即《舊都文物略》。當該計畫獲中央支持，
與整理舊都文物計畫一同推動後，袁良於 1935 年 3 月，應中國旅
行社要求，責成市府秘書湯用彬，主編北平指南一冊，此即《舊都
文物略》醞釀之始。[190]湯用彬先速編一本內附北平景物照片百餘張
的《北平導游概況》，於 4 月中旬印出，交由中國旅行社譯成英
文，準備攜往 5 月底在波蘭華沙舉行的世界旅行業會議，以廣宣
傳。[191]袁良則因此書為求應急，敘述過簡，且尚有不少景物照片
未及刊入，再令湯氏主持編輯更為完整的版本。據北平《東方快
報》所載，此書本擬定名為《偉大的北平》，「計劃共分城垣、宮
殿、壇廟、苑囿、坊巷、陵墓、名蹟、河渠、金石、技藝等十二

---

[189]　當代研究者梅佳在《北京檔案史料》中，選編幾項 1930 年代北平市政建設
　　　規劃史料時，說明《北平市溝渠建設計劃》、《北平市河道整理計劃》與《北
　　　平游覽區建設計劃》制訂後，「三年間，北平市政呈興盛局面。1935 年，南
　　　京國民政府將北平闢為游覽城市，對海內外游客開放。」見梅佳，〈三十年
　　　代北平市政建設規劃史料〉，《北京檔案史料》，1999 年第 3 期，1999 年 9
　　　月，頁 83。董可，〈袁良與北平的三年市政建設計劃〉，《北京檔案史料》，
　　　1999 年第 2 期，1999 年 6 月，頁 312-317。
[190]　據陳聲聰的憶述是：「袁就任之第二年（1934）春夏之間，即提出這個任務，
　　　至少也要一年數個月，速度之快，已足驚人。」見陳聲聰，〈《舊都文物略》
　　　編纂經過的一些回憶〉，《兼于閣雜著》（上海：上海古籍出版社，2002），
　　　頁 76-79。
[191]　〈「舊都文物略」〉，天津《大公報》1935 年 4 月 25 日，第 15 版。

篇，約八萬餘言，并附刊各種景物照片三百餘幀。」[192]最後於 1935
年底出版時，改爲《舊都文物略》，內容與原先預定者出入不大。
《舊都文物略》也分十二門，分別爲「城垣略」、「宮殿略」、「壇
廟略」、「園囿略」、「坊巷略」、「陵墓略」、「名跡略」（分
上、下兩部份）、「河渠關隘略」、「金石略」、「技藝略」與「雜
事略」。[193]曾參與《舊都文物略》編纂工作的陳聲聰表示，袁良動
用市府相關單位之力編纂此書，有幾點優勢：「一是圖書館調閱書
籍便利，二是各名勝游覽和拍照便利，三是北京印刷所歸市府管
轄，印刷便利。」[194]此書完成後，於 1935 年底編印出版，正值袁
良去職、秦德純接任北平市長之時，因此書中有兩篇分別由袁及
秦署名的序。[195]袁良在翌年 2 月將此書呈送蔣中正時，說明如下：

> 良去年在北平市長任內，以平市為吾國歷代帝都所在，文
> 物名勝最稱繁富，中外人士前來觀光者歲有增加，而竟無
> 一書為有統系之翔實記載，以作導遊之助，甚為缺憾。爰
> 與二三僚等共同商編舊都文物略，閱時半載，幸告厥成，
> 內容計分十二畧，分類說明，間插圖片，亦均係實地調查
> 採取，較之以前私家製作與現情每不相應者，似有一得。

---

192 〈市府責成專員編纂北平指南〉，北平《東方快報》，1935 年 5 月 5 日，第
　　6 版。
193 湯用彬總纂，《舊都文物略》（北平：北平市政府第一科，1935）。
194 陳聲聰，〈《舊都文物略》編纂經過的一些回憶〉，頁 76-79。
195 兩篇序言的執筆者分別為兩位市長的秘書陳寶書與柯燕舲。見鄧雲鄉，《文
　　化古城舊事》，頁 217-226。

196

　　《舊都文物略》可謂故都北平時期，最有系統、廣泛介紹北京歷史、城市風貌及文化傳統的圖文並茂之作。[197]如鄧雲鄉所言，《舊都文物略》是為導遊而編輯，「當時主要出售這本書的，不是各處書局，而是中國旅行社。」[198]從該書的文言文體例可知，其預設讀者是具一定文化水準的中上知識階層。換言之，市府編纂《舊都文物略》，在於吸引具有較高消費能力、且熱衷中國文化之美的各地中上階層，前來北平一窺中國文化精粹、以及故都城市建設之美。由客居北平的江蘇人馬芷庠在 1935 年所編撰的《北平旅行指南》，對市府推動遊覽區計畫，「以吸引遊人，藉資繁榮市況」，持肯定評價，並指市容氣像，已較五年前進步轉佳矣。」[199]論者「吞吐」在 1936 年中旬曾撰〈北平今日的三多〉一文，說明北平「今日顯而易見的有遊人多，白面客多，與學生災難多」[200]；後兩

196　〈袁良呈送在北平市府時所編舊都文物略請賜鑒察〉，《院轄市政務》，1936
　　年 2 月 7 日，《國民政府檔案》，國史館藏，光碟號 386。
197　該書全部以濃銅版紙影印，書內有照片四百多幅，可謂質量與重量兼具的巨
　　冊。直到今日，《舊都文物略》仍為世人瞭解北京歷史文物、名勝景觀及市
　　井瑣聞的重要作品。陳聲聰自己認為該書「各方面以此書體制完整，材料豐
　　富，條理明晰，而且在很短的時間內，完成這樣的巨著，文圖並茂，很是不
　　易。」見陳聲聰，〈《舊都文物略》編纂經過的一些回憶〉，頁 76-79。
198　該社總社在上海，且天津、北平、杭州與廣州等地都有分社銷售。鄧雲鄉，
　　《文化古城舊事》，頁 217-226。
199　馬芷庠編，張恨水審定，《北平旅行指南》，頁 12。
200　一般的白面客，指吸食毒品白面的人，但在當時的北平，白面客會從事各種
　　偷、搶與綁票行徑，其中多數是朝鮮人及日本浪人。見吞吐，〈北平今日的

者反映出日本勢力擴張對北平的不良影響，「遊人多」則應證當局開發城市資源的努力：

> 北平的景物，向來是中外共賞的，加之年來，為粉飾太平，預備做未來的「遊覽區」，更是比先前煥然一新，細膩綺麗，煞是醒目。故宮皇上住家的富麗堂皇，頤和園與西山，滿佈著南方的風味，三海也夠詩意，景山上崇禎的殉國處，很能吸引遊人的興趣。……據報載北平今年遊人特別的增多。外國人大有眼看山河變色，如此錦繡江山，不知尚能保存幾時，何不趁良晨美景，安然的一遊，後日恐再願遊，也非環境所允。[201]

「吞吐」此文，旨在批評當局缺乏明確抗日的意識，使眾多遊客生怕北平很快成為第二個東北而趕來做最後一次瞻仰。但除此之外，該文也間接說明市府推動的文化遊覽區建設，確實發揮行銷故都北平的成效，增加中外遊客前往北平旅遊的意願。

北平市府所編的《舊都文物略》，讓知識階層得以藉由文字之意與圖像之美，一窺故都文物精髓、建築意涵與城市文化。由北

三多〉，《宇宙風》半月刊，第 2 集合訂本，1936，總頁 443-444。另見鄧雲鄉，《文化古城舊事》，頁 407-408。

[201] 吞吐，〈北平今日的三多〉，《宇宙風》半月刊，第 2 集合訂本，1936，總頁 443-444。

寧鐵路局於 1934 年編輯的《北平旅遊便覽》，則較符合一般民眾旅遊所需；除了名勝古蹟、機關行號、當地物產、商家市場等介紹之外，該書的特色是有關搭乘北寧鐵路的詳盡旅客須知。[202]至於前述馬芷庠在 1935 年編撰的《北平旅行指南》，堪謂最受歡迎的北平指南，該書自期使「中產以下階級，或年邁不能遠遊，暨旅外華僑，關懷祖國，而欲一睹舊都勝景遺跡者，一經展閱，可作臥遊。」[203]在該書尚未編畢、先由平津各報廣告即將出版之時，便有來自「遠如粵閩桂湘，近如鄂皖蘇魯晉綏察冀等省」一千餘封附費定購的郵件，寄至報館。[204]該書出版後，迅速於隔年再版，可想而知該書被期待與受歡迎的程度。[205]《北平旅行指南》共分九卷，首先分城區與郊區，介紹北京的名勝古蹟，其後依次為食住、旅行交通、工商物產、文化藝術、軍政機關、公共團契、社會公益及氣候風俗的敘述。書中並附二百六十五幅照片與眾多插圖，自稱「為全國各導遊刊物中所僅見」。[206]該年底，還有另一本由田蘊瑾、朱景春與門建中所撰的《最新北平指南》出版。[207]上述

202　北寧鐵路管理局總務處文書課編，《北平旅遊便覽》（天津大公報館印刷，1934）。

203　馬芷庠編，張恨水審定，《北平旅行指南》，頁 3。

204　馬芷庠編，張恨水審定，《北平旅行指南》，頁 4。

205　有關此旅行指南的評價，見趙曉陽，〈外國人眼中的老北京——中外文版本的《北京旅游指南》比較及北京旅游間的新增長點〉，《北京檔案史料》，2003年第 2 期，2003 年 6 月，頁 327-331。該文稱《北平旅行指南》「當時轟動一時，在極短時間內連續再版，銷售達數萬冊。」

206　馬芷庠編，張恨水審定，《北平旅行指南》，頁 3。

207　田蘊瑾、朱景春、門建中，《最新北平指南》（北平：自強書局，1935）。

由時人或市府編纂的多本旅遊指南或城市導覽，多少反映故都北
平社會寄望藉由活絡遊覽業來刺激景氣之心。

　　北平市府以「寓國防於市政」為出發點、「藉觀光救北平」為
目標而推動的遊覽區建設計畫，隨著日軍的勢力在華北與平津恣
意擴張，發展空間日益萎縮。秦德純主政後的北平，受制於種種
不利北平繼續發展遊覽區的現實因素，只能盡可能維持市容，勉
強延續遊覽區的建設精神。[208]此外，或許因受上述 1935 年春舉辦
「物產展覽會」的正面刺激，北平市商會在 1936 年 10 月決議向市
府提請設立物產博覽館，「以期繁榮而利新北平之建設」。商會在
呈案中，縷述遷都前北京本地優良土產──如景泰藍、琺瑯、雕
漆、古玩、玉器、地毯、銅器、刻牙──的輸出，經英美德法等
洋商訂購、或華商海外運銷，動輒能年銷數千萬銀元，但遷都後
百業蕭條，加上世界經濟不景氣影響，本地產業已快無生路。因
此，商會希望能成立物產博覽館，以固定地點展出各類本土貨
品，並聘專人出刊宣傳，讓遊人產生好印象，進而購買產品，刺激
城市消費。市府基本贊同此案的精神與原則，批示商會擬訂詳細
計畫再加審查，但當時北平日人勢力深植、日貨充斥，物產博覽
館之議遂不了了之。[209]

　　北平的遊覽區建設，雖然到抗戰前兩年已呈強弩之末，但北

---

[208]　例如直到 1937 年初春，平市當局還力倡造林，希望使古城生色。見〈造林〉，
　　　北平《東方快報》，1937 年 3 月 24 日，第 2 版。

[209]　〈北平市商會呈創設北平市物產博覽館及市政府的批示〉，北京市檔案館
　　　藏，1936，卷宗號 J001-002-00077。

平身為全國最具有國際水平與知名度的文化遊覽區形象，的確在故都北平時期，愈來愈深植人心。倪錫英在 1936 年寫下的《北平》一書，有段敘述可資見證：

> 故都北平雖然已不是一個政治上的首都，而卻變成了一個遊覽上的名城了。每年，從全國各地和海外各國專任來拜訪這個故都的遊人，為數不下數十萬。這正因為北平有前朝遺留下來的許多雄麗的建築和清秀的景色，足供遊人們去鑑賞和瀏覽的緣故。我們試在北平城頭向著那內城的中央作一觀瞰，那一片廣大的金黃色的琉璃瓦的屋頂，在陽光下耀著異彩。四周襯著綠樹的圓蓋，在萬綠叢中掩映著一片黃金，雄偉而美麗，令人禁不住會想起前朝的遺事，感歎著這座故都城的偉大。[210]

不論倪錫英是感懷前朝古蹟建築的宏偉壯觀，或是肯定遷都後市府打造北平遊覽區的努力，當時有許多中外遊人參訪故都北平，已為不爭的事實。[211]這些由市府從文化遺產開發與再生的城

---

[210] 倪錫英，《北平》，頁 13-14。

[211] 及至抗戰結束後的 1947 年，北平市都市計劃委員會擬定的四大計劃綱領中，也包括遊覽區之建設（其餘三項為舊城區之改造、新市區之發展及衛星市之建設）。此或為求延續北平市府在故都時期已打下的基礎，事半功倍地形塑戰後北平的城市新面貌。《北平市都市計劃設計資料第一集》，北平市工務局編印，1947 年 8 月，頁 53-54。

市新資源，結合上節所述因消費條件重整而促成的消費新趨勢，共同爲故都北平開創出消費新環境。廟會、中西式商場、公園與各處名勝古蹟等重要的城市消費據點，雖早已存在，卻因遷都引發的連鎖反應、及其後時局共同改變的商業形勢與人口組成，出現不同於前的消費生態。在時人及市府的各自努力與需求驅使下，故都北平社會提供市民與遊客包羅廟會、中西式商場、公園與各處名勝古蹟的城市環境，從事各色城市消費。本書下一章，將把重心移到消費者身上，探討在故都北平具有代表性的三大消費新主力，如何參與並造就北平的消費新風貌。

第三章　消費新感受：新主力及其表現

　　國都北京階段的社會階層，可籠統地分為統治者與服務統治者二個層次；後者謀生之計，多在維持前者的各類消費需求，如當車夫、槓夫、轎夫、伙夫、跑堂、僕人等。[1]在消費型態與能力上，相應地存在官場文化與平民文化兩極落差，消費主力由政商權貴獨佔。[2]國府遷都之舉，對不同身份與消費層級的北京居民，造成程度不一的衝擊。底層勞動民眾誠然因遷都造成的經濟不振，而收入短少，卻也由於故都北平時期的物價下跌與生活水準低落，低收入與低物價兩相抵銷之下，其生活的艱困程度較之國都時期，無太大差別。[3]相對地，對社會上層的政商之流而言，遷都象徵榮華

---

[1]　〈國都南遷之後北平日趨窮困〉，天津《大公報》，1933 年 2 月 18 日，第13 版。蔣夢麟也曾言，「北京……我們第一個印象是北京城內似乎祇有兩個階級：拉人力車和被人力車拉的。」蔣夢麟，《西潮》（台北：晨星出版社，1986），頁 208。

[2]　余釗，《北京舊事》（北京：學苑出版社，2000），頁 108-113。

[3]　遷都前後的北京/北平下層社會發展的主要差異，端在遷都後的貧戶與失業人口（此為量的部份）增多。除了因失業而完全無收入的極貧戶之外，若就生活艱困的情狀（即品質方面）而言，差異並不大。因為即便在國都時期，底層勞動人民有較多服務權貴的工作機會，但當時物價比日後的故都時期高，

富貴的消逝，原先由他們帶動京城繁華而競尚奢麗的消費風格，隨其遷離而盛況不再。少數留居該市的前清貴族、退休官員、下野軍閥政客等遺老闊人，即使仍具消費實力，卻因缺乏可表演的政治舞台，多過著比以往低調的「賦閒」生活。4

隨著市民人口結構、商業經濟規模、城市消費環境與社會文

所以生活依舊十分清苦。概言之，故都北平社會的經濟劣勢，其關鍵在於本書第一章所言，即富戶的邊離；此「一少」與其他「三多」現象互為作用，始挫折故都北平的社會經濟。

4　瞿宣穎（1894-1973）曾在〈北遊錄話〉中，對故都北平的居民進行分類：一、舊皇族旗丁內監以及其他依宮廷而生活者；二、舊日公務機關的吏員差役之類；三、民國以來依附軍閥而起的各色人物；四、自前清以至民國十七年以前做京官的士大夫；五、依附教育文化機關而生存的人們。其謂「有了這五種人，而其餘的農工商賈方有所附麗，自然應有儘有，日益繁榮了。」銖庵，〈北遊錄話（二）〉，《宇宙風》半月刊，第 2 集合訂本，1936，總頁 426-429。另外，倪錫英也曾在《北平》一書中，將遷都後的北平住民分成七類──遜清遺老、滿清旗人、民國後的退休官員、當時政界人士、寄居在北平的闊老、文人學子、其他普通市民──並簡述其生活方式。他表示：「往日的達官貴人們，有的隨著政府南徙，有的便消聲匿跡下來，不再過那奢麗紛擾的忙亂生活。甚至有些便成了災官，不得不離開北平，回到家鄉，或到別處去另謀生路。這麼一來，北平因為政治的變革，生活程度便立刻低落下來了。」倪錫英，《北平》，頁 154-162。本書大致參考這些分類，並從故都北平的整體城市發展特色出發，綜論當時社會的消費新主力。關於原來的政治權貴在遷都後未離開北平的中上階層，所過的生活型態，可參見鄧雲鄉，《文化古城舊事》，頁 428-429。概言之，這些前政商權貴，一如某篇《晨報》文章所言：「北平的『有閒階級』，多以玩鷹耍狗，養鴿子，訓蟲、練鳥兒…這些東西來消磨時光。」其他或如聽戲、聽評書之類的娛樂，都是這些「有閒階級」常見的休閒消費活動。見鹽由仙子，〈上茶館去聽「評書」〉，北平《晨報》，1935 年 3 月 27 日，第 7 版。

化氣氛的改變，故都北平社會的消費主力，除了少數依附政權的舊臉孔以外，逐漸浮現一些與該市的新定位及發展取向有密切關係的新群體。須強調的是，這些群體並非遷都後才出現，卻因北平社會的演變，而躍爲支持城市消費、刺激新式休閒娛樂的新主力，此即文教界的文人學者與青年學子兩大世代。與此同時，人數雖少、卻有可觀消費貢獻的外僑，也以不容忽視的消費實力，及較具特色的消費需求，參與故都北平的城市生活，並開創城市消費新享受。本章將探討經歷轉變的故都城市環境及社會氛圍，與消費主力遞嬗之間的互動關連，並說明這三類中產群體，如何在其舊中有新、特色各具的日常與休閒消費行爲中，交相呈現北平的文化古味與摩登新意，開創自身的生活新感受。

第一節　城市新中堅：文人學者

對素來享有權勢與財富的上層權貴而言，遷都之舉象徵北京從尊貴國都淪爲落寞故都的巨大挫敗，北平對他們的吸引力，只剩下生活便利與物價便宜。因此，只要華北局勢生變，他們便易如驚弓之鳥般四處逃散，或遷至南方、或避居天津租界。相對地，主要任職於教育界、學術界及出版文化界的文人學者，對遷都的態度及感覺，與那些感到失落與焦慮的政商權貴大不相同。這群不賴政、商維生的「中產知識階層」[5]，厭惡政爭騷亂對學術教育界

---

[5]　陳明遠，《文化人與錢》，頁24。作者表示，自五四之後，文人學者逐漸成爲近代中國第一批新型的「中產知識階層」，其特色爲不依附於官，也不依附於商，得以盡量維持其言論自由與批評時政的空間。

的不良影響，咸視遷都帶走政治污濁之氣，使人民生活回歸純樸寧靜，是件好事。[6]多數文人學者關懷並亟力維持北平的文化命脈及學術教育環境，很少因時局的風吹草動而迅速遷移，堪謂故都北平時期最重要的社會中堅與消費主力。本節將先介紹這群讀書人對故都北平的城市書寫，並析論其中的文化與消費意涵，再說明他們在故都社會的實際生活與消費經驗。[7]

一、文化古城的書寫與流傳

---

[6] 倪錫英，《北平》，頁 153。當時文人多半對遷都後北平的政治空氣由濁轉淡，抱持肯定的態度，如劉半農（1891-1934）在 1929 年底所寫的〈北舊〉文中坦言，「在南北尚未統一的時候，我天天希望首都南遷說之可以實現」，好讓北平可成為讓讀書人「息心靜氣的讀書，安安閒閒的度日」的文化古城。他並表示，若能這樣下去，「說不定過上數十年之後，能把這地方改造得和日本的京都，英國的牛津、劍橋一樣。」見劉半農，〈北舊〉，《半農雜文二集》，頁 161。

[7] 關於文人在民國時期所撰寫與出版的各類北京城敘述，及其所再現的北京城歷史，及其政治與文化意涵，在董玥《民國時期的北京：城市及其歷史》一書中的第八與第九章，有相當深入的剖析。董玥在論及新式知識份子的北京城市書寫時，依其內容重點分為三個階段：第一階段是 1910 年代到 1920 年代中期，第二階段是 1920 年代中期到 1930 年代中期，第三階段則是 1936 年到抗戰初期。如此分期自有其道理，卻相對忽略了國府遷都對文人的北京書寫所造成的影響，因而無法較貼切地呈現出那些文人對北京從「國都」轉變成「故都」的城市生活感受，以及在此階段（即遷都後到抗戰前）匯聚而成的「文化古城」書寫。職是之故，本書這一部份，除了參考董玥書中許多具有見地的觀點及階段性分析之外，更希望集中敘述 1928 到 1937 年間的「文化古城」書寫、其內涵與特色。見 Madeleine Yue Dong, *Republican Beijing: The City and Its Histories*, pp. 246-295.

文人學者欣迎遷都之餘，留下許多寶貴的古城文化紀事，既得讓後人一窺北平的生活百態、悠遠文化與消費情狀，更爲當世提供生動傳神的故都書寫。這些文字經由出版管道流通到全國各地，在知識階層中互相唱和，成爲最佳的文化消費宣傳。故都書寫的題裁雖豐富，但多能被統攝入「文化古城」的意象，被當時就讀於北平的鄧雲鄉（1924-1999），在 20 世紀末勾勒出精髓面貌：

> 『文化古城』這一詞語，是一個特定的歷史概念，是在一個歷史時期中人們對北京的一種側重稱謂。其時間上限是一九二八年六月初……其時間下限是一九三七年七月"七七"事變之後……這其間，中國的政治、經濟、外交等中心均已移到江南，北京只剩下明、清兩代五百多年的宮殿、陵墓和一大群教員、教授、文化人，以及一大群代表封建傳統文化老先生們，另外就是許多所大、中、小學，以及公園、圖書館、名勝古蹟、琉璃廠的書肆、古玩鋪等等，這些對中外人士、全國學子，還有強大的吸引力……凡此等等，這就是"文化古城"得名的特徵。[8]

---

[8]　鄧雲鄉，《文化古城舊事》，頁 1。鄧雲鄉是山西人，卻與北京淵源深厚。他母親從小在北京生活，經歷過庚子拳亂與八國聯軍入京的大動蕩。小時候的鄧雲鄉便常聽母親娓娓道來北京的街面、商號與人情世故種種，十來歲時初到北京，後考取北平志成中學就讀，在北平待了相當長的時間，包括「文化古城」的後期階段。他日後著述頗豐，很多與憶述北京/北平社會點滴有關；《文化古城舊事》則明確地鎖定遷都後到抗戰前這個時段，廣泛縷述當時北平的學術、教育及文藝發展如何成爲最主要的城市特色。見鄧雲鄉，《文化

鄧雲鄉凸顯出遷都爲北京城帶來的改變，強調此後故都北平存留的重要文化資產與人事，並將這些古物、建置與產業，視爲城市吸引力所在。文化古城的生活內蘊，也在鄧雲鄉筆下娓娓道來：「文化古城在環境和氣氛上爲人們提供了足夠的條件，有各層次的最好的學校可供學習；有數不清的足以代表中國幾千年文化的專家學者、能工巧匠可供師承，有上千年的古跡名勝，幾百年的前朝宮苑文物可供憑吊、觀摩、研究，有古木參天的著名公園可供休息、逛覽、思索，有大圖書館可供閱覽，有數不清的書鋪可供買書，有世界水平的大醫院提供治療，有極好的飯館、烹飪可供飲饌，有極安靜爽朗的四合院可供居住，有極方便的交通，有極低廉的生活，冬天有足夠的廉價的煤，夏天有極便宜方便的冰……這一切還不算，還有極和諧的人際關係，極敦厚的風俗人情，一聲"您"、一聲"勞駕"、一聲"借光"……代表了無限的受文化熏陶過的人情味。」[9]

如此的城市描述，乃物質條件屬於中上的文人學者所體驗的故都北平，雖與市井小民感受的故都生活有落差，卻廣受文化人的認同。文學家如徐訏（1908-1980）、謝冰瑩（1906-2000）、林海音（1918-2001）、王向宸（筆名老向，1898-1968）等人，不約而同地抒寫對北平閒適生活與純樸民風的喜愛及想念，多少呼應

古城舊事》，頁 404-409。另見張潔寧，〈三十年代北平現代主義詩壇的集聚〉，《新文學史料》，2000 年第 4 期，2000 年 12 月，頁 172-182。

[9]　鄧雲鄉，《文化古城舊事》，頁 167。

鄧雲鄉連用七個「極」字，來形容北平生活種種優點的心情。[10]大
體觀之，文人最常描模的故都北平風貌，除了充滿文化與書香氣
息之外[11]，便是安步當車、舒適悠閒與物價低廉。[12]自 1932 年起擔
任北平圖書館編纂委員的歷史學家賀昌群（1903-1973），在〈舊
京速寫〉一文中，透過與他之前在上海的經驗比較，映照出北平生
活的閒情：「這裡中等階級的人，較江南同等階級的人多一些閒

---

[10] 　徐訏，〈北平的風度〉，梁實秋等，《文學的北平》，頁 33-45。謝冰瑩，〈北
　　平之戀〉，梁實秋等，《文學的北平》，頁 1-6。林海音，〈苦戀北平〉，梁
　　實秋等，《文學的北平》，頁 7-11。老向，〈難認識的北平〉，《宇宙風》
　　半月刊，第 2 集合訂本，1936，總頁 329-331。林海音，《我的京味兒回憶錄》
　　（台北：遊目族文化事業，2000）。另見陳鴻年，《故都風物》（台北：正中
　　書局，1970），頁 6-7。須說明的是，當時文人自也有撰文批評北京者，如作
　　家彭芳草（1903-1987），其〈關於北京〉一文，便表達對北京古老暮氣的不
　　滿。章依萍（1903-1946）也逕稱「北京是一塊荒涼的沙漠」。見姜德明，《如
　　夢令：名人筆下的舊京》（北京：北京出版社，1996），頁 65-67，132-134。
　　但從當時大量描述邊都後文化古城意象的北平書寫來看，文人學者對北平的
　　喜愛普遍度，實遠甚於諸如彭芳草或章依萍那類對北京（平）的反感。

[11] 　1930 年起在北大與清華任教的錢穆（1895-1990），於 1937 年冬才離開北平，
　　浸淫古城氣圍至深。他在追述故都北平學府情況時，提及當時過從較密的眾
　　多學者，堪稱人文薈萃，且「世局雖艱，而安和黽勉，各自埋首，著述有
　　成，趣味無倦。果使戰禍不起，積之歲月，中國學術界終必有一新風貌出
　　現。」見錢穆，〈北京大學——附清華大學及北平師範大學〉，《八十憶雙親
　　師友雜憶合刊》（台北：聯經，1998），頁 165-214。蔣夢麟（1886-1964）在
　　《西潮》中也曾言：「古代的文物，現代思想的影響，以及對將來的希望，
　　在這裏匯為一股智慧的巨流，全國青年就紛紛來此古城，暢飲這智慧的甘
　　泉。」見蔣夢麟，《西潮》，頁 203。

[12] 　孟起（鄭振鐸），〈蹓躂〉，《宇宙風》半月刊，第 2 集合訂本，1936，總
　　頁 568-571。類似敘述，亦可見鄭振鐸，〈北平〉，鄭振鐸著，鄭永康編，《鄭
　　振鐸全集》卷 2（石家莊：花山文藝出版社，1998），頁 531-541。

情，不那樣擾擾攘攘的。（例如，這裡的花店特別多，愛花惜草，也是一種閒情，而這裡無論貧家富戶總是花兒草兒的，上海的人就難得了。）」他並表示「在上海我們向來過著緊張的生活，連撒污的時間有時也得列在日程表內，這裡卻什麼都是從從容容的，大街上人們總是怡然自得的走著。」[13]

　　賀昌群沒有忽略此種閒情生活的另一面，是經濟的不景氣，就像 1930 年代初在北平先讀書後教書的譚其驤，也瞭解當時國難日益深重。但這些文人學者多認為，這些商況與時局的缺陷，乃瑕不掩瑜，北平的日常生活仍「相當舒服；這是當時的北平之值得眷戀之處。」[14]幽默大師林語堂（1895-1976）對北平的生活，也讚譽有加：

　　　　使北平成為這樣動人的，還是在於生活的方式。因為組織
　　　　得這樣好，所以即使住在鬧市附近，也能有平靜閒逸的享
　　　　受。生活費是低廉的，生活的享受卻是舒適的。官僚和富
　　　　人能在大酒樓宴飲，窮苦的洋車夫也能用兩個銅板去買油
　　　　鹽醬醋以外，還加一些香料的菜肴。不管一個人住在那

13　賀昌群，〈舊京速寫〉，《賀昌群文集》第 3 卷（北京：商務印書館，2003），頁 556-561。

14　譚其驤，〈代序〉，鄧雲鄉，《文化古城舊事》，頁 1-7。譚其驤從 1930 年代初期到 1940 年，先在燕大研究生院讀書，後在北平圖書館擔任了三年館員，同時在北大、燕京與輔仁等校兼課，前後在北平客居了將近十年。譚其驤，〈代序〉，鄧雲鄉，《文化古城舊事》，頁 2-3。

裡，在他住宅鄰近總不會沒有肉鋪，酒店，和茶館的。[15]

文人蘸滿感情的筆尖，流洩出溫醇古樸的北平意象，以及閒適悠情的生活型態，相對於充斥光、熱、力等西方物質現代性的上海十里洋場，彷彿另一個世界。[16]

　　值得一提的是，除了北平市府編的《舊都文物略》等書之外，當時流傳的文化古城書寫，主要由上海向外推廣。由中華書局出版的《北平夜話》與《北平》，即為一例。《北平夜話》，是留日文人錢歌川（原名錢慕祖，1903-1990）以「味橄」筆名所撰。他於 1932 年到北平開會後，回到上海，在自己主編的《新中華》半月刊，連載十篇敘述北平的文章。後由中華書局在 1935 年春，將這些連載文集結成書，加上十幅北平插圖予以出版。[17]該書很快再

15　林語堂，〈迷人的北平〉，姜德明編，《北京乎：現代作家筆下的北京（1919-1949）》（下）（北京：生活·讀書·新知三聯書店，1992），頁507-515。

16　關於上海的光、熱、力與西方物質與文化現代性的展現，見茅盾，《子夜》（北京：人民文學出版社，1980）。李歐梵著，毛尖譯，《上海摩登——一種新都市文化在中國 1930-1945》（北京：北京大學出版社，2001）。有關北京與上海的城市文化比較，可參見楊東平，《城市季風——北京和上海的變遷與對峙》（台北：聯經出版社，1996），頁 77。關於 20 世紀前半期文人學者在具有「京味兒」的散文中顯現出對該城的喜愛，可參見甘海嵐、張麗妨，〈北京散文——一貫穿古今的京都文化景觀〉，《京味文學散論》（北京：北京燕山出版社，1997），頁 55-102。

17　該書最初於 1935 年 3 月由上海中華書局出版，1936 與 1939 年又再版。本書此處所用乃新文豐出版公司再印之版本。味橄，《北平夜話》（台北：新文豐出版公司，1978）。關於《北平夜話》的寫作與出版經過，見許定銘，〈《北

版，甚至到 1939 年又出第三版，可見頗受讀者歡迎。[18]

圖九：錢歌川的《北平夜話》封面（1935）[19]

平夜話》〉，《大公報》副刊「大公園」，2008 年 2 月 25 日。
http://www.takungpao.com/news/08/02/25/TK-868417.htm

[18]　錢歌川在《北平夜話》〈再版序〉中表示：「這本小書不到一年就銷完一版，
實在是出乎作者意料之外。已經在雜誌上發表過逼次的雜感文字，彙集成
書，居然還有人要買，而且買的這麼多，銷得這麼快，未免使我覺得奇
怪。」見味橄，〈再版序〉，《北平夜話》，頁1-2。

[19]　本圖引自許定銘，〈《北平夜話》〉，《大公報》副刊「大公園」，2008 年 2
月 25 日。http://www.takungpao.com/news/08/02/25/TK-868417.htm

　　在這十篇北平遊觀記述中，錢歌川用「沉靜的，消極的，樂天的，保守的，悠久的，清閒的，封建的」一連串形容詞，概括對北平歷歷在目的最初印象。[20]接著，他把北平與上海和南京相比，說上海「萬商雲集，營業最宜」，南京「適宜於做官」，北平則因兼具生活便宜、交通方便及遊逛處多三種要素，「成為一個住家的絕好的地方」。[21]這種適於居住的城市生活特色，只有在北京成為故都之後，才得以浮現。錢歌川甚至浪漫地以「北平如果到處都是馬路，那還成什麼古都呢？」，來詮釋「無風三尺土，有雨一街泥」的北平街道市容。[22]一趟故都之旅，讓他歸結道：

> 北平的美，就美在一個「古」字上。二千年的古柏，到處皆是，三百年的古店，也有幾家。人民古樸，器物古雅，一切都是古香古色的。住在上海，廣州一帶的人，……說到古風古俗，大抵都要鄙視。這種人是不能了解古都北平的。也不能算是代表的中國人。一個代表的中國人，一定能賞鑑北平的古香古色。[23]

　　錢歌川以旅人的身份，將賞鑑北平古香古色的能力，做為評判真正中國人的依據，反映出他既認同北平所代表的中國文化精

---

[20]　味橄，《北平夜話》，頁 3-12。

[21]　味橄，《北平夜話》，頁 43-55。

[22]　味橄，《北平夜話》，頁 21。另外，梁實秋有篇文章也提及此情景。梁實秋，〈北平的街道〉，梁實秋等，《文學的北平》，頁 83-86。

[23]　味橄，《北平夜話》，頁 21。

華，也心儀北平的古城生活。這類對北平的美譽、以及寄望在故都尋找某種文化之根予以認同的心態，實與文人在摩登上海感受不到中國文化本色的「他者」情結，不無關聯。[24]且愈接近1930年代中期，華北危機日深，愈使仍居留及（尤其是）已遠離北平的文人們，察覺北平的可貴與可愛，及該城深度蘊含與展露的傳統文化之美。從國族與文化認同的角度觀之，在許多文人眼中，北平最能代表中國精髓，也散發出最濃郁的「故鄉」人情味。[25]因此他們對北平的熱切讚頌，除了反映真實的生活體驗與美化的回憶感受之外，多少也糾雜某種愛國與鄉愁情緒。

除了《北平夜話》之外，中華書局在1936年出版的《北平》，對遷都後的北平生活與社會環境，同樣極盡肯定之能事。[26]作者倪錫英在介紹完北平的歷史沿革、地理形勢與重要名勝之後，最後一章「北平生活印象」首段即言，北平雖不復為國都，仍殘留以往皇族權貴的生活習慣，「因此在北平生活的方式，是極舒適，極大方，十足的帶著官家派頭。」此使他深覺生活在故都北平社會，「真如倒在一個溫慈的老保姆的懷裡一般。」[27]如錢歌川的《北平夜

---

[24]　Madeleine Yue Dong, *Republican Beijing: The City and Its Histories*, pp. 266-295. 關於上海間接形塑了文人對北平的城市與文化認同，參見戴沙迪，〈北京是上海的產品嗎？〉陳平原、王德威編，《都市想像與文化記憶》（北京市：北京大學出版社，2005），頁234-238。

[25]　Madeleine Yue Dong, *Republican Beijing: The City and Its Histories*, pp. 266-295.

[26]　《北平》是上海中華書局出版「都市地理小叢書」系列之一，其他尚有《南京》、《青島》、《濟南》、《上海》、《杭州》、《西京》、《洛陽》、《廣州》。

[27]　倪錫英，《北平》，頁150。

話》，倪錫英也強調，這種「代表著東方色彩的平和生活」步調，
始於遷都之後：

> 當政府沒有遷都南京以前，北平的生活是正和現在南京的
> 生活那樣，含著濃厚的政治意味，而兼以人口的擁擠，住
> 所也不舒服了。各種物品供不應求，百物就昂貴了。……
> 在那時候，達官貴人的生活是比較舒適的，但是因為政事
> 的煩擾，稱不上安閒。而一般的市民，終天便在高昂的生
> 活線上掙扎著，一刻也不容閒息。自從政府南遷以
> 後，……往日各種物質設備是依然存在，可是因為市面上
> 驟然失去了政治和經濟的重心，一切的代價便全都低廉，
> 於是一般人的生活，也隨著由緊張而鬆緩了，不再像以前
> 那樣的掙扎著。[28]

北平因政府南遷而驟失政治經濟資源的窘狀，在倪錫英筆下被輕輕
帶過；此處歌誦的，是遷都後「去政治化」的城市氛圍與環境：政
治緊張空氣消散、帝制設施與良好服務卻得以保留，供人們用「最
低廉的代價」去享受「各式最新最摩登的物質設備」。故都北平與
上海的「急促壓迫」步調，以及內地各埠的「鄙塞簡陋」相比，顯
然最獲倪錫英青睞，並被他美化為去蕪存菁的理想生活環境。[29]

　　對故都北平的探究與書寫興趣，在 1930 年代中期的上海文化

---

[28]　倪錫英，《北平》，頁 152-153。
[29]　倪錫英，《北平》，頁 151。

出版界持續發酵；1936 年春的上海《宇宙風》半月刊，以「北平特輯」為名公開徵求來稿，是為著例。[30]其徵稿啟事說明，將於六月刊出一特大號「北平特輯」，「徵求關于北平的風光文物，衣食住行，城市個性，胡同生活，書攤廟會，花式鳥集，戲園茶館，及一切社會民生之斷片速寫等等文稿」，「如附與文字相關之照片圖畫，亦甚歡迎」。[31]短時間內，投稿回應熱烈，《宇宙風》以 19、20、21 三期續刊「北平特輯」共三十七篇文章，來稿者包括周作人（1885-1967）、郁達夫、老舍（本名舒慶春，字舍予，1899-1966）、瞿宣穎（1894-1973）等著名文人，可謂文化菁英書寫北平古城生活及人情物態的大薈萃。[32]

---

[30]　《宇宙風》由林語堂主編，陶亢德（1908-1983）編輯發行，於 1935 年 9 月 16 日於上海發刊，頗受讀者歡迎。林語堂在此之前，曾先後於 1932 與 1934 年創辦《論語》與《人間世》兩份刊物，並擔任周作人及魯迅主編的《語絲》之主要撰稿人。陶亢德則先在鄒韜奮（1895-1944）主持的《生活週刊》工作，後參與林語堂的《論語》與《人間世》的編輯工作。兩人在文藝圈浸淫多年，與北平、上海文人學者多所往來，後來主編《宇宙風》時，得以其廣泛人脈，為該刊邀集許多名人撰文，使其內容維持相當水準。見劉心皇，《現代中國文學史化》（台北：正中書局，1971），頁 583-613。另見俞王毛，〈《宇宙風》：與抗戰共輝煌〉，《廈門文學》，2005 年第 4 期，2005 年 4 月，頁 20-23。王樊逸，〈陶亢德——從愛國編輯家到文化漢奸〉，《出版史料》，2007 年第 3 期，2007 年 3 月，頁 87-93。

[31]　〈宇宙風北平特輯徵稿〉，《宇宙風》半月刊，第 2 集合訂本，1936，總頁 191。

[32]　「北平特輯」的徵文盛況，一如筆名「廢名」的馮文炳（1901-1967）所言：「北平之於北方，大約如美人之有眸子，沒有她，我們大家都招集不過來了。」見廢名，〈北平通信〉，《宇宙風》半月刊，第 2 集合訂本，1936，總頁 321-323。另見俞王毛，〈論《宇宙風》雜誌的近情文學〉，《浙江海洋

「北平特輯」刊出眾多北平文人、客居者與遊人對故都北平的生活體驗與觀察，描繪的多是令人喜愛與眷戀之處，形塑出北平「能古今並容，新舊兼收，極衝突、極矛盾的現象，在他是受之泰然，半點不調和也沒有」的寬厚城市性格。[33]眾文人尤愛將北平與其他城市比對，如郁達夫拿他居遊過的國內各大城與北平相較，覺得「上海的鬧熱，南京的遼闊，廣州的烏煙瘴氣，漢口武昌的雜亂無章，甚至於青島的清幽，福州的秀麗，以及杭州的沉著」，都比不上「五六百年來文化所聚萃的北平，一年四季無一月不好的北平」。[34]老舍則將北平與倫敦、巴黎及羅馬等歷史都城並陳，毫不掩飾對北平的青睞。北平對他而言，「和太極拳相似，動中有靜」，「在人為之中顯出自然」。[35]

自 1931 年起執教於燕京大學的鄭振鐸（1898-1958），曾如此敘述在北平蹓躂的感受，以及北平人的性格：「假如你在北平住上一年，那末你便可以領略到蹓躂的意味，和北平人的性格了。他們的性格是舒適，緩慢，吟味，享受，卻絕對不緊張。」[36]北平人

學院學報（人文科學版）》，第 22 卷第 4 期，2005 年 12 月，頁 83-87。

[33]　老向，〈難認識的北平〉，《宇宙風》半月刊，第 2 集合訂本，1936，總頁 329-331。其他對北平生活風貌與社會氣氛的描繪及讚美，例見老舍，〈想北平〉，《宇宙風》半月刊，第 2 集合訂本，1936，總頁 319-321。張玄，〈北平的廟會〉，《宇宙風》半月刊，第 2 集合訂本，1936，總頁 351-353。孟起，〈蹓躂〉，《宇宙風》半月刊，第 2 集合訂本，1936，總頁 568-571。

[34]　郁達夫，〈北平的四季〉，《宇宙風》半月刊，第 2 集合訂本，1936，總頁 423-425。

[35]　老舍，〈想北平〉，《宇宙風》半月刊，第 2 集合訂本，1936，總頁 319-321。

[36]　孟起，〈蹓躂〉，《宇宙風》半月刊，第 2 集合訂本，1936，總頁 568-571。

被鄭振鐸形容爲像駱駝般，帶著「從容不迫的態度，飄飄然的神氣」，在街道兩旁「緩步當車，安閒自在的走著」，令人印象深刻。[37] 投稿者陳啓選更將北平擬人化，親切地形容他所體驗的北平生活：「北平城，以一個耳順的老年人來譬喻她，是再適當也不過的：老年人的特性是悠靜，持重，那麼北平城也正是這樣！自己覺得在中國所走的城市，也不能算少了；但以我所到過的城市中，誰也沒有北平這樣的悠靜！」[38] 此與前述倪錫英認爲生活在北平，就如「倒在一個溫慈的老保姆的懷裡一般」的感受，不謀而合。

圖十：馮棣（畫），〈北平獨有的趣味〉[39]

37　孟起，〈蹓躂〉，《宇宙風》半月刊，第 2 集合訂本，1936，總頁 568-571。

38　陳啟選，〈北平早晨的吊嗓子〉，《宇宙風》半月刊，第 2 集合訂本，1936，總頁 490。

39　馮棣，〈北平獨有的趣味〉，《宇宙風》半月刊，第 2 集合訂本，1936，總頁 472。

　　若將這類譬喻，與（本書緒論提及的）1929年新曆元旦的《新晨報》插畫〈北平之今昔〉（圖一）對比，將發現當時人對故都北平社會，存在明顯的認知歧見。相較於〈北平之今昔〉圖文鮮明地展現今不如昔、新不如舊的城市意象，文人學者則截然相反地，突出故都北平如「溫慈的老保姆」或持重悠靜的「耳順老年人」之平和形象。這兩種看似彼此牴觸的故都形象描繪，實從不同角度呈現出北平的面貌：從社會經濟角度觀之，故都北平競爭力大不如前，各業蕭條衰頹；從城市氛圍角度觀之，故都北平擺脫國都階段的紛擾政爭，變得閒適自在。

　　分殊這兩類對立的城市形象時，尚須顧及時間上的階段性差異：如本書第一章第二節所述，遷都後兩年間的北平社會，深受高物價的通貨膨脹與高失業率之苦，使人們懷念國都時期的繁華興盛，因而有〈北平之今昔〉發抒的昔是今非之感慨。到1930年代前半期，北平轉為物價低廉的生活環境，收入中上且月薪穩定的文人學者，較不受經濟萎靡的影響，感受到的多是美好的故都生活特色。即使如《北平》或《宇宙風》的「北平特輯」出版於時局動盪的1936年，多數文人學者心中與筆下的北平，仍是1930年代前半期，那個生活便利、服務良好、悠閒舒適的美好故都。

　　這類對文化古城的謳歌，使北平的幽雅古味與深厚文化內涵，躍然紙上。[40]當時《宇宙風》的讀者遍佈國內各城，銷售量約

40　例見鋏庵，〈北遊錄話（一～六）〉，《宇宙風》半月刊，第2集合訂本，1936，
　　總頁324-329, 426-429, 473-474, 530-532, 566-568, 620-622。另見露，〈北平
　　頌〉，南京《中央日報》，1933年9月16日，第2張第4版。

有四萬五千份之多，使「北平特輯」匯集呈現的故都書寫與古城形象，得以放送於中國社會，深植讀者之心。[41]眾多離開故鄉北平的遊子，與客居過北平的旅人，得以睹文遙念、藉文抒懷；許多未曾造訪過北平的各地讀者，也能望文神遊故都。

　　從內容來看，《宇宙風》的「北平特輯」，除了廣涉《北平夜話》與《北平》所談的古蹟名勝、城市環境與民生百態之外，還即時地反映當時的政局對北平市民生活的影響。[42]1930 年代中期的北平，處處可見日本政客與浪人活動的蹤影。在「北平特輯」中出現三回、紀錄近三十則人事軼聞的〈古城雋語〉，作者「沒人」便用辛辣的語調，譏笑某些黨國要員的表現、諷刺部份北平人為求生存而倒向日方，或藉北平市民的日常對話內容，透露日本勢力深植該市情狀。[43]這類具紀實報導性質的來稿，呈現出當時北平人心

41　在《宇宙風》發刊前期，銷售量僅次於《生活》週刊與《東方雜誌》。見俞王毛，〈《宇宙風》：與抗戰共輝煌〉，《廈門文學》，2005 年第 4 期，2005 年 4 月，頁 20-23。

42　值此古城益發危急之際，《宇宙風》發起「北平特輯」的徵稿活動，確為對日抗戰前兩年的北平市況與時局，留下彌足珍貴的史料。馮文炳，便在〈北平通信〉中，對陶亢德表示：「宇宙風要在六月裏出一個北平專號，我覺得這很有意義，我們住在北平愛北平的人還不藉這機會好好的來鼓吹北平的空氣麼？」見廢名，〈北平通信〉，《宇宙風》半月刊，第 2 集合訂本，1936，總頁 321-323。

43　沒人，〈古城雋語〉，《宇宙風》半月刊，第 2 集合訂本，1936，總頁 32-35，100-101, 138-140。舉例言之，其（十三）「一日三回」：「當所謂『自治問題』初起時，當地的貴人們都異常緊張地東奔西跑，皇皇然有不可終日之勢。其時當交涉之衝的某氏曾對人說：『前途天天催著我要回話，每天總要來訪我兩三回。』有人拿這話去問所謂『前途』者，前途笑而答道：『一日催三回

思危的一面。前述鄭振鐸抒寫 1930 年代初期客居北平的悠閒「蹓躂」經驗之文，末尾也慨嘆「現在時代變了，情形也特殊了。今日北平人，是不是再有那種安閒的心情，出來蹓躂；再那樣的蹓躂，是不是要受到他人的干涉，這都成很大的疑問啊！」[44]署名「吞吐」的論者，則稱北平「自冀東宣佈獨立，鐵鳥（註：指日機）不時飛臨，孤城兀立，儼然邊陲。」[45]

時至 1936 年後，北京文人常感慨道：「華北之大，已經擺不下一張書桌了。」[46]鄧雲鄉追述當時北京街頭巷尾，常聽人提及「便衣隊、浪人、"白面"房子」，即日方滲透北平製造是非的人與事。[47]日本強大勢力籠罩故都的危城意象，在文人寫實的古城敘述中，

是實在的，可只是他來催我，不是我去催他。』」再如（十七）「鄉下人之言」：鄉下人進城，帶著他的小兒子逛燈節，在路上聽別人說起，這裏又立了一個新衙門，名字叫作外交委員會。小兒子問道：『這衙門是管什麼的』鄉下人想了一想，恍然大悟地回答道：『外是外國人，交是信封上常看到的「勞交某某人收」的交，兩個字合在一塊，大概也就是交點什麼東西給外國人的意思吧。』」

[44]　孟起，〈蹓躂〉，《宇宙風》半月刊，第 2 集合訂本，1936，總頁 568-571。

[45]　吞吐，〈北平今日的三多〉，《宇宙風》半月刊，第 2 集合訂本，1936，總頁 443-444。

[46]　鄧雲鄉，《文化古城舊事》，頁 409。

[47]　「便衣隊」指的是日本雇用的中國人，在日本軍隊與特務機關的指揮下，進行各種搗亂行為。「浪人」是日本在北平的亡命徒與流氓。至於「白面房子」則是主要為日、朝浪人（白面客）當後台的賣毒品處，浪人等人常以之為據點進行偷、搶與綁票行徑。見鄧雲鄉，《文化古城舊事》，頁 407-408。沒人，〈古城雋語〉，《宇宙風》半月刊，第 2 集合訂本，1936，頁 35。在那兩、三年中，日人竭其所能地策動華北自治，迫使南京國府勢力退出華北，北平也充斥愈來愈多日本與朝鮮浪人、軍閥餘黨、失意政客、親日份子、土

隱然浮現。[48]不過,正如遷都後時可聽聞的商界蕭條報導與城市衰頹論調,不足以掩蓋大批文人享受故都生活的事實,同樣地,「七七」事變前兩年的動蕩時局與不安氣氛,也抹殺不了眾多文人對北平生活的喜愛與眷戀。[49]

眾多文人溫暖抒情的筆調,所烘托出北平深邃持重的文化古城意象,既透露這些讀書人對北京遷都後的認知、期許與感受,也呈現該城長期的政治附加價值消失後,做為泱泱古城所積澱的深層內蘊與城市價值。從《北平夜話》迅速再版、三版,以及《宇宙風》「北平特輯」的踴躍投稿率與該刊的高銷售量,可想見大眾對故都北平生活的興趣與共鳴。這些將文人在北平的生活點滴與旅遊經歷加以濃縮再現的故都敘述,本身就是市民消費或觀光消費經驗的文字成品,再透過眾多讀者的閱讀消費,滋生出對北平的美好想像與旅遊欲望。

不可否認,文人的浪漫思維加上較好的經濟條件,使他們在

匪流氓等有心人士,每每乘機滋事,擾亂治安。見劉維開,《國難期間應變圖存問題之研究:從九一八到七七》,頁 311-336。另見碧野,〈募捐〉,姜德明編,《北京乎:現代作家筆下的北京(1919-1949)》(下),頁 466-473。

48 例見宛人,〈五日京兆與長期救國論〉,《宇宙風》半月刊,第 2 集合訂本,1936,總頁 140-141。么麼,〈冀東日報抄〉,《宇宙風》半月刊,第 2 集合訂本,1936,總頁 301-302。吞吐,〈北平今日的三多〉,《宇宙風》半月刊,第 2 集合訂本,1936,總頁 443-444。

49 鄧雲鄉,〈後記〉,《文化古城舊事》,頁 450。張恨水,〈想起東長安街──當年肆擾憲兵尚有存在者乎?〉,姜德明選編,《如夢令:名人筆下的舊京》,頁 137-138。

觀照與見證北平的轉變時，易忽略一般商民怨聲載道的不景氣與
衰敗危機，或以自身體驗涵蓋一般市民的現實生活。許多速寫北平
的散文，容易抽象地將該城呈現為一個美好的感性整體。[50]然而，
即使這些文字無法代表底層人民，至少在相當程度上，訴說著文人
自身的真正體會、生活經驗與城市觀察。[51]況且，正是這些筆觸細
膩生動、內容多元豐富的文人敘述，把北平的新形象，轉化成可供
全國讀者體驗與消費的城市資源，成為故都北平最具魅力、傳佈
最廣的另類指南。

---

[50]　筆名老向的王向宸曾以〈難認識的北平〉一文，曾以他居於北京/北平二十年
的生活經驗，讚言故都北平低廉的物價「就是一個苦力用了十枚或二十枚，
也能將就著生活，兩枚的作料，油鹽醬醋都有了，還可以饒上一棵香菜。」
或者「一個玉米麵窩窩，像茶碗那麼大的，只要兩個銅板。」徵諸本書第一
章的量化與質性分析，王向宸的說法並沒錯，只不過當時北平尚有不少日無
分文進帳的極窮戶，連一個玉米麵窩窩也買不起。整體而言，文人學者顯然
較少將那些極窮戶納入他們基於對北平美好的感受而發的故都書寫中。見老
向，〈難認識的北平〉，《宇宙風》半月刊，第 2 集合訂本，1936，總頁
329-331。

[51]　如同鄧雲鄉在《文化古城舊事》的〈後記〉所言：「回顧這一特定歷史時期
文化古城的史實，如果只注意到日本帝國主義強兵壓境的野蠻侵略，及青年
學生的愛國政治運動等等；而忽略了當時古城那種融匯中西學術於一體的濃
郁的文化氣氛，博大精深，嚴肅認真從事各種學術研究、教育文化工作的前
輩學人，家在古城以及不遠數千里從全國各地負笈而來的莘莘學子，熱情禮
讓的人際關係，便宜、方便、精美實惠的種種物質條件，寧靜祥和的各方面
生活環境，書畫、戲劇、宴飲、茶座……種種瀟灑高雅的文娛活動……總
之，忽略了以上這些，那都是片面的、不真實的，也是不公允的。」見鄧雲
鄉，〈後記〉，《文化古城舊事》，頁 450。

二、古城閒適生活代言人

　　上述的文化古城書寫，充份流露文人學者對北平城市氛圍及
生活步調的肯定與喜愛。肯定之因，在於國都時的政爭喧鬧大致終
結；喜愛之故，則因他們多受惠於城市的新走向與新環境。當時北
平各級學校教育事業陸續發展，學術研究卓有成績，文人學者廣
受尊崇，月薪收入相對穩定且有所提升。[52]在城市生活機能方面，
原爲國都的北平，電燈、電話、電車與自來水各項公用事業無一
不全，生活機能良好，尤其 1930 年後物價普遍由高轉低，城市書

---

[52]　在1930年代初期，北平的高等學府總數幾乎佔全國的一半，中等學校林立，
　　學術研究機構則有北平研究院與中央研究院，確堪謂教育與學術重鎮（中央
　　研究院設在北平的包括歷史語言研究所、心理研究所、天文陳列館、與歷史
　　博物館。）見蔡元培，〈中央研究院過去工作之回顧與今後努力之標準〉，
　　中國國民黨黨史史料編纂委員會編，《革命文獻第五十三輯：抗戰前教育與
　　學術》（台北：中央文物供應社，1970），頁 367-383。當時的北平，由於國
　　家教育行政漸趨穩定，教育經費雖仍偶有拖欠，但不復以往嚴重。北方國難
　　雖日殷，文化古城中的教育與學術仍持續進展，被譽為「民國以來教育學術
　　的黃金時代」。見郭廷以，《近代中國史綱》，頁 649。只有在某些特殊情況，
　　主要是受時因政局動盪影響時，教師的薪水無法按時撥給，確實可能造成各
　　級教師的生活困難。舉例而言，「九一八」事變發生時，北平學生南下請願，
　　南京國府疲於應付，經費一時未能按時撥付北大等校，當時的校長蔣夢麟，
　　曾在寫給胡適與傅斯年的信中，提及有許多教員，窮得沒有飯吃。但此種情
　　形不太常見。換言之，故都北平時期的教員學者收入大致穩定，且薪資在當
　　時北平社會屬於中上。鄧雲鄉，《文化古城舊事》，頁 13-19。另見陳進金，
　　《抗戰前教育政策之研究（民國十七年至二十六年）》（台北：近代中國出版
　　社，1997），頁 144。

香濃厚、綠地遍布、環境清幽，實爲讀書人嚮往的生活天地。[53]

　　1935 年時，曾有論者「老太婆」，從北平經濟自遷都後每下愈況的角度出發，慨嘆「現在北平祇有幾個大學，多少多少人靠著這窮大學來吃飯。窮教書匠到了飯館戲園，竟成了上等主顧，可憐哉！北平也。」[54]然則這些「教書匠」，以故都北平的物價水準來衡量，可一點也不「窮」；尤其大學教授，不只衣食無虞，住屋舒適，行極方便，娛樂開銷也游刃有餘。[55]誠如鄧雲鄉所述，彼時北平市面賴以點綴的，就是一些中學與大學；「一些著名的大學經費充足，講師、教授的工薪都比較高，因而就生活優裕，頗爲大家羨慕了。」[56]國府遷都之後，文教事業對北平城市發展與提振經濟

[53]　林頌河，〈統計數字下的北平〉，《社會科學雜誌》，第 2 卷第 3 期，1931年 9 月，頁 376-419。

[54]　老太婆，〈「生產的北平」〉，北平《晨報》，1935 年 3 月 24 日，第 8 版。

[55]　李東華在〈七年北大〉一文中，曾對他從 1922 到 1929 年執教北大時的待遇與日常生活消費，有如下憶述：「北大教授待遇最高薪每月大洋二百八十元，也有每月二百六十元或二百四十元者。講師待遇按每小時五元計算。助教薪水大約每月五、六十元至一百多元之間。我初到北大時，即領教授最高薪。彼時一年可領到八、九個月的薪水。北京生活便宜，一個小家庭的用費，每月大洋幾十元即可維持。如每月用一百元，便是很好的生活，可以租一所四合院的房子，約有房屋二十餘間，租金每月不過二、三十元，每間房平均每月租金約大洋一元，可以僱用一個廚子，一個男僕或女僕，一個人力車的車伕；每日飯菜錢在一元以內，便可吃得很好。有的教授省吃儉用，節省出錢來購置幾千元一所的房屋居住；甚至有能自購幾所房子以備出租者。」見李書華，〈七年北大〉，《傳記文學》，第 6 卷第 2 期，1965 年 2月，頁 17-24。

[56]　鄧雲鄉，《文化古城舊事》，頁 229。

變得益發重要，加上 1930 年代以降，物價持續下滑，使收入穩定且相對有所提升的文人學者，得以躍為故都北平社會的消費新中堅。從反面閱讀「老太婆」對於大學教員竟成飯館戲園上等主顧的感慨，亦可知文人學者確為故都北平社會的消費主力。

北平的文人學者，若就月薪而言，從名教授、一般大學教師、講師助教，到中小學乃至幼稚園教員，落差頗大，但收入均比遷都前更高。[57]教授級數最高者，若加上其兼職與稿酬版稅等收入，能從 500 銀元的基本薪，累積達 1000 銀元以上。[58]薪俸級別次

---

[57] 關於五四前後的北京與 1930 年代北平文化人的收入比較，見陳明遠〈五四前後北京文化人群體〉，〈20 世紀 30 年代北平文化人〉，陳明遠，《文化人的經濟生活》，頁 80-142, 143-163。另見王永芬選編，〈1937 年北平市立各級教育機構教職員薪金一覽〉，《北京檔案史料》，2004 年第 1 期，2004 年 4 月，頁 116-181。由該文所選北京市檔案館所存檔案可知，1937 年初時，北平幼稚園教員月薪約 40 銀元，小學級任教員在 40 到 60 銀元之間，中學教員則落差較大，從數十元到百餘元皆有。

[58] 根據大學院於 1927 年 6 月公布的〈大學教員薪俸表〉，規定：教授一級月俸 500 銀元，二級 450 銀元，三級 400 銀元；副教授一級 340 銀元，二級 320 銀元，三級 300 銀元；講師一級 260 銀元，二級 240 銀元，三級 220 銀元。助教一級 180 銀元，二級 160 銀元，三級 140 銀元。見〈大學教員薪俸表〉，《大學院公報》，第 1 年第 1 期，1928 年 1 月，頁 3-4。以此對照李東華在〈七年北大〉所述的相關內容，可知南京國民政府時期對大學教員薪水，較北洋政府時期調高不少。而像胡適，在 1930 年 11 月起擔任北大文學院院長兼中文系主任，月薪便有 600 銀元，還沒算上稿酬版稅等收入。再如陳垣，其教授與兼職所得，月收入可高達 1,500 銀元。其餘有類似如此高收入的學者，諸如、劉半農、周作人、朱自清、聞一多、陳寅恪、俞平伯、錢玄同等人。見陳明遠，〈20 世紀 30 年代北平文化人〉，陳明遠，《文化人的經濟生活》，頁 143-163。

之的教授，也能有 300 乃至 400 銀元以上的收入。再者，像譚其驤那種本職是北平圖書館館員、並在大學兼課的文人，月收入介於 100 到 200 銀元。[59]1930 年代，北平的公私立高中學教員的月薪，大致是 80 到 120 銀元不等，初中教員則約為 60 到 80 銀元。[60]若以上述各級教師的收入，對照第一章第二節所述普通市民每月約 30 元的基本開銷，其間的生活水準落差立現。

收入穩、待遇佳且享社會地位的文人學者，與絕大多數受經濟衝擊而載浮載沉的各行業者相比，確實具有相對的經濟優勢。即使教員中收入最低者，在景氣低靡、物價低廉的故都北平社會仍可算中等，維持一個小家庭的每月開銷綽綽有餘，大學教授的生活優渥更不在話下。鄧雲鄉曾舉當時在中法大學任教的鮑文蔚（1902-1991）先生為例，其月薪為 300 銀元左右，住家「共有兩個小院，八間北屋，兩東，兩西，有盥洗間、有浴缸、庖人、女傭、還有自己的包月車。有書房、有客廳，四壁書架上由法國帶回來的上千種的精美書籍。」鄧氏強調「這在當時還是一位普普通通的教授，至於老教授、名教授，其生活之優裕和安定更可想

---

[59] 譚其驤單是館員的月薪有 60 銀元，再加上兼課鐘點費及平日不定期的稿費（每千字 5 元），每月大致可有 100 到 200 元之間的收入。見譚其驤，〈代序〉，鄧雲鄉，《文化古城舊事》，頁 1-9。另見陳明遠，〈20 世紀 30 年代北平文化人〉，陳明遠，《文化人的經濟生活》，頁 147。王永芬選編，〈1937 年北平市立各級教育機構教職員薪金一覽〉，《北京檔案史料》，2004 年第 1 期，2004 年 4 月，頁 116-181。

[60] 陳明遠，〈20 世紀 30 年代大中學校經濟狀況〉，陳明遠，《文化人的經濟生活》，頁 141-142。

見。」[61]

　　文人學者、尤其是大學教師或研究人員的消費力，確是遷都後北平各業的生命線。這些高知識份子的家中多「養著不少閒人」，如廚子、奶娘、女僕、車夫各類傭工，在某種程度上替代以往的政商權貴人家，提供北平下層勞動者部份就業去處。[62]譚其驤也承認，在 1930 年代，做爲「生活水平比較優裕的大學教師」，有相對較高的經濟條件，其餘北平「大多數市民的生活，過得並不像我那樣舒適。」[63]以頗能代表北平底層勞動人民的洋車夫爲例，遷都之後，許多潦倒旗人甚至政客軍人都淪落到拉車賣力以營生，洋車夫人數不減反增，競爭更形激烈，收入相形短縮。[64]幸而 1930 年代前半期的北平物價低廉，加上文人學者與（下節將述）大批學生匯聚成的故都生力軍，出門總以洋車代步，多少提供眾洋車夫賺錢裏

---

[61]　鄧雲鄉，《文化古城舊事》，頁 229。

[62]　鄧雲鄉，《文化古城舊事》，頁 429-430。

[63]　譚其驤，〈代序〉，鄧雲鄉，《文化古城舊事》，頁 1-9。

[64]　署名「吞吐」的作者，曾在《宇宙風》投稿介紹北平的洋車夫，其謂北平人「好事情找不到，至低限度，還能抄起洋車把作牛馬走；既不用鑽營，也不必有好親戚，更談不到親日，全憑自己的氣魄來吃飯養家。...無怪北平近一二年來洋車夫的一天比一天增加。據報載北平有洋車四萬餘輛，分拉早拉晚兩班，洋車夫就有八萬多人，按平均每一個洋車夫要負擔家庭裏兩人衣食來計算，靠洋車夫生活的人至少十六萬，以北平人口是一百五十萬作比例，因洋車夫直接與間接的關係，要佔北平人口總數的十分之一有餘。這樣看來，拉洋車在北平的平民生活裏，要算最普遍的勞力了。」見吞吐，〈北平的洋車夫〉，《宇宙風》半月刊，第 2 集合訂本，1936，總，頁 533-535。另見〈北平最近之蕭條情形〉，北平《北京日報》，1928 年 8 月 7 日，第 6 版。〈嗚呼平市商況〉，北平《新晨報》，1930 年 4 月 18 日，第 6 版。

腹的機會，稍可緩解因政商權貴離散所造成的消費真空窘狀。

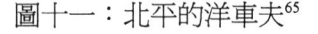

圖十一：北平的洋車夫[65]

　　學者的文化消費與娛樂休閒表現，特別反映出故都北平的「文化古城」氛圍，與文人學者相輔相成的互惠關係。當時這些讀書人，在飲食之外的日常消費與休閒享受，多散發文藝與自然氣息。借用譚其驤的說法是：「和我差不多地位這等讀書人的享受一般都是吃館子，逛舊書鋪書攤，聽戲。夏天還要上公園。」[66]除此之外，再加上坐茶館、遊賞名勝古蹟，大致就是這群文人的主要生活消遣，也可謂故都北平社會最具代表性的幾種休閒消費型態。[67]吃館

65　吞吐，〈北平的洋車夫（插圖）〉，《宇宙風》半月刊，第 2 集合訂本，1936，
　　總頁 533-535。

66　譚其驤，〈代序〉，鄧雲鄉，《文化古城舊事》，頁 4。另有學者指出，在民
　　國之後，「聽戲、吃小館、逛琉璃廠」成為文人的三大樂趣。見葉祖孚，《北
　　京琉璃廠》（北京：北京燕山出版社，1997），頁 96。

67　杜麗紅，〈20 世紀 30 年代的北平城市管理〉，中國社會科學院研究生院近代

子，在北平幾乎是除了貧戶之外的人民普遍的消費習慣，其不只是純粹的吃食而已，而是包含應酬交際、聚會聊天與消遣娛樂等眾多內容的市民消費。[68]那時，吃個小館子只需幾毛錢，價格之便宜，常令外來旅人大吃一驚，沉醉於「價廉物美的口福之中」。[69]大館子的魚翅席約 12 元一桌（十一人），平均一人 1 元多，海參席 8 元一桌。[70]這般價格對於當時的文人學者、尤其大學教授而言，多不成問題，他們也確實是中等飯館乃至高級飯店的常客。鄧雲鄉說過：「當時不要說『紅人』，應酬多；就是一般大學教書的，也幾乎天天有飯局。」[71]劉半農曾用詼諧的筆調，寫他「跑攤」赴餐約的情形，並提及他有時一週多至十餘次飯局。[72]郁達夫從 1934 年 8 到 9 月人在北平時，幾乎天天與朋友上館子吃飯聊天。[73]作家蕭紅（1911-1942）在抗戰前夕居住北平時，一樣常到飯館用餐。[74]

史系博士論文，2002 年 6 月，頁 63, 99。

[68] 本書第四章討論女招待的職業發展時，將會進一步說明對故都北平社會而言，上館子所演變出在情色與兩性互動方面的新意涵。

[69] 味橄，《北平夜話》，頁 65。

[70] 譚其驤，〈代序〉，鄧雲鄉，《文化古城舊事》，頁 1-9。

[71] 鄧雲鄉，〈六十年前北京人經濟生活雜述〉，頁 180-195。

[72] 劉半農，〈北舊〉，《半農雜文二集》，頁 152-185。

[73] 郁達夫，〈故都日記〉，姜德明編，《北京乎：現代作家筆下的北京（1919-1949）》（上）（北京：生活·讀書·新知三聯書店，1992），頁 303-315。從〈故都日記〉中，也可知郁達夫平日的娛樂消遣，則包括訪故友、到東安市場與西單商場買書、看戲、逛公園、看學生演劇，偶爾逛天橋、「去中央飯店水淇處」。

[74] 蕭紅，〈北平書簡〉，姜德明編，《北京乎：現代作家筆下的北京（1919-1949）》（下），頁 582-594。

上館子或飯店，也是胡適與友人談心或商洽公事的主要消費方式；他的日記充滿這類與友人吃飯的記述，除了一部份是在友人或自家用膳外，其餘都在外用餐。[75]

　　上館子屬於普遍的大眾化消費型態，至於逛書店書鋪舊書攤，則屬文人學者及青年學生的專屬樂趣與休閒選擇。如果說眾多大學與中學是支撐此階段北平發展的重鎮，而文人學者與學生是帶動消費的主力，那麼，為數可觀的書鋪或書攤，就是提供這些讀書人精神食糧來源地。在城市氛圍上，故都北平明顯比過去軍閥主政時更瀰漫文化與讀書氣息，各種圖書館、書市、書鋪、大小書攤、舊書地攤等，充斥城市各個角落。尤其是琉璃廠文化街，更是素來北京文人士大夫尋購圖書與文房四寶、品鑑字畫、訪求碑帖、收集信箋、考據版本、賞玩古董的文化消費地標，為北平讀書人的最愛，也深深吸引外來文人與遊客。[76]1930 年代時，琉璃廠及週邊的新舊書鋪，幾近百家。[77]隆福寺附近及其餘街道，

---

[75]　胡適日記中有關與友人赴飯館或飯店用餐談事之敘述，例見胡適著，曹伯言整理，《胡適日記全集》卷 6（1930~1933）（台北：聯經出版公司，2004），頁 530, 532, 539, 580-581, 628, 628-629。胡適著，曹伯言整理，《胡適日記全集》卷 7（1934~1939）（台北：聯經出版公司，2004），頁 34, 48-49, 66, 68, 70, 85, 92-93, 96, 116-117, 196, 242, 279, 376-377。以他在 1931 年 3 月 21 日記下的內容為例，他先到任叔永（任鴻雋，1886-1961）家吃飯，飯後到中山公園，欣賞中國營造學社展覽的圓明園遺蹟與文獻，之後與兩位友人回家續談，晚上再到東興樓，赴孫雲鑄（1895-1979，古生物學家）邀請的晚宴。（頁 533）

[76]　鄧雲鄉，《文化古城舊事》，頁 167-233。

[77]　琉璃廠位於宣武門東，原名海王村，繼因明代工部在此設置琉璃廠而得名。

約有八十五家書肆。即使不算西單一帶專賣線裝書的舊書鋪，琉璃廠與隆福寺的書鋪總數已近三百家，且在文化古城時期，一般營業都不差。[78]

圖十二：琉璃廠書攤[79]

　　東安市場內與西單商場門前的東西便道上，也有不少書肆書

　　當滿清入主北京後，將內城人民遷至外城，不少外地官員與文人士子聚集於琉璃廠一帶，此地便逐漸發展成文物、古籍與書畫的重要市場，可謂北京最負盛名的古老文化街，甚至被譽為中國的民族文化博物館。見胡金兆，〈琉璃廠書業捕聞〉，北京燕山出版社編，《古都藝海擷英》(北京：北京燕山出版社，1996)，頁 408-410。劉泰漢，〈中國獨特的文化社區──北京文化琉璃廠〉，《社區》，2006 年第 2 期，2006 年 2 月，頁 51-54。

[78]　鄧雲鄉，《文化古城舊事》，頁 183-187。孫殿起輯，《琉璃廠小志》(北京：古籍出版社・1982)，頁 107-139。

[79]　該照出自肖曉明策劃，藍佩瑾編輯，《北京：北京城與北京人》，頁 90。

攤，其特色是洋版書較多。自 1932 年起居住北平，後為北大歷史
系教授的吳小如（1922-），曾憶述 1930 年代中期的東安市場書攤
書店，流行「各種一折八扣的平裝書」；這些書雖錯字多且句讀訛，
但價格便宜，「起碼能滿足窮學生的求知欲。」[80]除一般賣新版或折
扣價的書店與書鋪之外，舊書攤更遍布北平，舉凡隆福寺街、什剎
海荷花市場、什剎後海的早市、宣武門外的曉市、安定門大街路
西、後門鼓樓前後、北新橋及各大街口間各處皆可見。[81]（參附圖
一）

　　根據市政府對全市商業家數的調查，在 1936 年 6 月時，北平
的印刷出版及書籍教育用品業共四百家，筆墨文具業一百二十三
家，數量相當多，消費群自以文人學者為主。[82]每年元旦與春節十
幾日的廠甸廟會，北平的舊書業者幾乎全聚於此，逛廠甸逐成為

---

[80]　吳小如，〈北京的書店和書鋪──燕塵掇舊〉，北京燕山出版社編，《古都藝海
　　　擷英》（北京：北京燕山出版社，1996），頁 418-421。吳小如自 1932 年隨祖
　　　母移居北平，先就讀匯文一小，1935 年畢業於育英小學，於該年進入育英中
　　　學就讀。

[81]　張涵銳，〈北京琉璃廠書肆逸乘〉，孫殿起輯，《琉璃廠小志》（北京：古籍
　　　出版社，1982），頁 47-52。《北平叢話》中的〈北平為中國文化中心〉一文，
　　　也曾將南京與北平相較，指稱當時南京雖為國都，各種學校也設立不少，但
　　　其文化與北平相比還相差很多；「因為文化不是驟成的，必須有他的環境，
　　　及悠久的歷史。不必談別的環境，只舊書鋪一種，就萬非其他城池所能比
　　　擬。」方師鐸、朱介凡主編，《北平叢話》（台北：天一出版社，1976），頁
　　　138。

[82]　〈北平市商業調查表〉，北平市政統秘書處第一科統計股，《北平市政府覽
　　　要》（北平：北平市政統秘書處第一科編纂股，1936），頁 33。

文人學者樂此不疲的最大娛興。[83]廠甸的舊書攤，主要分布在海王村公園西邊的南新華街東西兩旁便道上，「如果挨次仔細瀏覽，不遺一攤，那麼至少須要破費兩天的光陰。」[84]鄧雲鄉曾謂，故都時

---

[83] 廠甸，指的是琉璃廠外面的空地。廠甸廟會始於明朝嘉靖年間，盛於清代乾隆之時，其廟會由來乃因該處聚集了三座廟宇──火神廟、呂祖祠、土地廟──所致。到 1917 年，市府在廠甸建立了海王村公園，並對當地加以整頓，使其四通八達，成為琉璃廠的中心點。翌年海王村公園開幕，政府並正式規定每年舊曆正月初一至十五，以廠甸和海王村公園為中心舉辦廟會集市，成為當時北京唯一的官辦春節廟會。1926 年，在正陽門與宣武門之間開闢了新華門，隔年改為和平門，自此琉璃廠被分為東、西琉璃廠。廣義的廠甸，便包含上述三座廟宇及琉璃廠。1930 年代之後，由於南京國府中央要求各地廢除舊曆、推行新曆，原先以舊曆新年為主開放的廠甸，從新曆一月一日起開放十日。但因城市經濟衰頹，市府為繁榮市面、刺激消費起見，每年開放兩次廠甸集市，一在陽曆新年，一在舊曆正月（一至十五日）。包括琉璃廠文化商場及海王村公園在內的廠甸，一律由市府開放招商設攤，不收房租。由於廠甸不需門票，任何人都可自由參觀遊覽，且雖然廠甸也是廟會的一種，卻無任何宗教意味，其間的店鋪與攤商，匯集了京味小吃、書畫珍玩、雜物百貨、各地特產、娛興玩具、古董字樣，加上令人眼花撩亂的游藝與特技表演，就像個萬花筒市集。時值春節眾人歡慶、遊客聚集之時，廠甸的遊人不分身份貧富，太太小姐、老爺少爺、文人學生、村姑鄉婦、販夫走卒，都樂於至此消遣、購物、蒐尋古董舊書、或純粹游逛，感受過年歡喜氣氛。見孫殿起輯，《琉璃廠小志》（北京：古籍出版社・1982），頁 16-18。劉葉秋，〈京華瑣話：逛廠甸兒〉，劉葉秋、金雲臻，《回憶舊北京》，頁 8-13。林海音，〈家住書坊邊──琉璃廠、廠甸、海王村公園〉，《我的京味兒回憶錄》（台北：遊目族文化事業，2000），頁 33-44。崔金生，〈舊京廠甸廟會〉，《北京檔案》，2004 年第 5 期，2004 年 5 月，頁 48-49。李金龍，〈情懷廠甸〉，《前線》，2008 年第 1 期，2008 年 1 月，頁 68-69。

[84] 薇苐，〈從廠甸買書說到北平的舊書業〉，《宇宙風》半月刊，第 2 集合訂本，1936，頁 436-438。

期的廠甸書市，是「中外專家、大學教授、中學教員、機關職員、大中學生訪書淘書的好場所，盡管層次不同、要求不同購買力也大不相同，但都能得滿意的，甚至意外的收穫。」[85]朱自清（1898-1948）也提過，「陽曆正月裡廠甸的書攤值得看；有些人天天巡禮去。」[86]廠甸對文人學者的強大吸引力，使許多人即使到外地教書，回北平時也不忘再到廠甸逛上一逛。在十餘年居住北京期間逛了近五百次琉璃廠的魯迅，即便遷都後已定居上海，當他於1929年5月與1932年11月回北平省親與演講時，都再抽空逛以前常去的琉璃廠，在博古齋、靜文齋、寶晉齋、淳菁閣與松古齋等南紙店，蒐羅信箋數十種、以及給他小孩周海嬰（1929-）的玩具。[87]幾乎在北平的學者或文化人，沒有不愛好逛廠甸者。[88]以胡

85　鄧雲鄉，《文化古城舊事》，頁183-187。

86　朱自清，〈買書〉，姜德明選編，《如夢令：名人筆下的舊京》（北京：北京出版社，1996），頁106-108。

87　魯迅，《魯迅全集》第18卷：日記（1927-1936）（北京：北京人民文學出版社，2005），頁134-135, 334-336。「南紙店」指專賣產於南方的各種品質精良紙張，此外還販售文具用品、圖章墨盒等。關於魯迅居住北京十五年期間逛琉璃廠的次數敘述，見葉祖孚，《北京琉璃廠》，頁97。

88　如魯迅（1881-1936）、周作人、朱自清、錢玄同（1887-1939）、劉半農、黎錦熙（1890-1978）、陳垣（1880-1971）、鄭振鐸、老舍，書畫家如徐悲鴻（1895-1953）、張伯駒（1898-1982）、齊白石（1864-1957）、張大千（1899-1983）、陳半丁（1876-1970）、鄧拓（1912-1966）等，乃至於像譚其驤這些剛從研究院畢業的年輕學人，或是吳小如這般當時就讀中學的學生，都是廠甸廟會或琉璃廠的常客。見崔金生，〈舊京廠甸廟會〉，《北京檔案》，2004年第5期，2004年5月，頁48-49。李金龍，〈情懷廠甸〉，《前線》，2008年第1期，2008年1月，頁68-69。袁家方，〈尋根說故琉璃廠〉，《北京觀察》，2006年第7期，2006年7月，頁24-29。吳小如，〈北

適爲例，他在 1937 年 1 月初，先與毛子水（1893-1988）一道逛了
趟廠甸，後因病入院開刀，住十五日後，回家休養才一週，又立
刻偕著毛子水同遊廠甸，在土地祠買了些雜書，足見他喜愛逛廠
甸的程度。[89]

圖十三：琉璃廠古玩攤[90]

京的書店和書鋪——燕塵掇舊〉，北京燕山出版社編，《古都藝海擷英》（北京：
北京燕山出版社，1996），頁 418-421。胡適有時相偕友人同遊、有時獨逛廠
甸或琉璃廠。相關敍述包括 1931 年 2 月 19 日，與任叔永及陳衡哲
（1890-1976）夫婦同遊廠甸；1931 年 3 月 1 日，獨逛廠甸，且因「買得《忍
谷後集》，甚喜。」；1937 年 4 月 19 日，「到琉璃廠」；1937 年 1 月 8 日，
「與毛子水同去逛"廠甸"，天已晚了，買了幾本書。」胡適著，曹伯言整
理，《胡適日記全集》卷 6 （1930~1933），頁 495, 505。胡適著，曹伯言整
理，《胡適日記全集》卷 7 （1934~1939），頁 368, 404。另見鄭振鐸，〈訪
箋雜記〉，姜德明編，《北京乎——現代作家筆下的北京（1919-1949）》上冊，
頁 246-256。賀昌群，〈舊京速寫〉，頁 556-561。

[89]　胡適著，曹伯言整理，《胡適日記全集》卷 7 （1934~1939），頁 368, 380-388。

　　對這些讀書人來說，逛書店書鋪不只是為做學問，而是集學術、休閒甚至娛樂於一體的文化消遣。他們當中有些人抱著尋寶的心態蒐選書籍、碑帖、文物或古董，尤其喜愛購藏舊書，每逢週末假日，定會光顧北平各大小新舊書肆、書攤。[91]國府遷都後，市面蕭條時居多，充滿古味且價格便宜的小舊書肆，廣受文人與學生歡迎，並吸引不少大學教授與私人收藏家前往尋寶。[92]各書鋪老板伙計皆禮貌週到，顧客可逐架參觀、隨意取閱，且不論看多久、買不買，都熱情接待。[93]若遇熟客，老板還會請到櫃房或客房休息，讓伙計取書供其挑選。由於每家書鋪都有各自的文人熟客，商家相當瞭解他們的需求，一旦遇相關書籍進貨，常常直接送書到府任其揀取，每逢三節（端午、中秋與春節）再算帳。[94]北

90　該照出自肖曉明策劃，藍佩瑾編輯，《北京：北京城與北京人》，頁 94。

91　方師鐸、朱介凡主編，《北平叢話》（台北：天一出版社，1976），頁 118-119。

92　蕆茀，〈從廠甸買書說到北平的舊書業〉，《宇宙風》半月刊，第 2 集合訂本，1936，頁 436-438。張恨水，〈北京舊書鋪〉，姜德明選編，《如夢令：名人筆下的舊京》（北京：北京出版社，1996），頁 135-136。

93　蔣夢麟，《西潮》，頁 209。

94　以錢穆為例，他有時遇有某本想買之書，便一通電話請舊書肆查詢有書否；幾乎每逢週日，都有十數家書肆派人送書到他府上，他便在書齋放一大長桌，供書估放那些部書的開頭一兩冊，下一週書商再來訪，若他需要某部書，便下次再送來。見錢穆，〈北京大學〉，《八十憶雙親師友雜憶合刊》（台北：聯經，1998），頁 192-196。顧頡剛日記中提過書賈來收書帳之事。見顧頡剛，《顧頡剛日記》（台北：聯經出版事業公司，2007），頁 160。譚其驤也曾提及，雖然他只是大學的兼任講師，也有一兩家書鋪會送書上門。見譚其驤，〈代序〉，鄧雲鄉，《文化古城舊事》，頁 5。另見郭子升，《市井風

平文人學者對書籍的消費,是這些書肆得以生存的重要條件;許
多人甚至愛書成癖,巴金(本名李堯棠,1904-2005)便生動地形
容過愛書勝過其他日常消費的情狀:

> 鞋子綻了,由他;襪子穿了,不買;再把八元錢一個月的
> 包飯停止,去到切麵舖食用七分錢一餐就可以飽的燴餅。
> 及至抱了那一函線裝由書肆踱出了時,衷心實在是怦怦地
> 跳動著的。[95]

當時在北平教文史的大教授們,通常都有幾萬冊藏書。[96]這類
有足夠財力購買與收藏浩瀚書卷的文人學者,爲數雖有限,但如
巴金那般寧可節衣縮食以茲買書的心,則爲多數讀書人所共有。
如文史學家瞿宣穎所謂:「大家沒事,竟把書店當作公共圖書
館。」書肆門面雖不寬,卻也「棐几湘簾,鑪香茗碗,倦的時候還
可以朝炕床上一睡,吸煙談心,恣無拘束。」買書「給現錢也罷,
記帳也罷。」有如此的自在環境,「無形之中便養成許多愛讀書的

情:京城廟會與廠甸》(瀋陽:遼海出版社,1997),頁 191-195。

95 蔽芾,〈從廠甸買書說到北平的舊書業〉,《宇宙風》半月刊,第 2 集合訂
本,1936,頁 436-438。

96 錢穆曾述在 1930 年代前半期的北平教書時,所購之書「逾五萬冊,當在二十
萬卷左右。歷年薪水所得,節衣縮食,盡耗在此。嘗告友人,一旦學校解
聘,余亦擺一書攤,可不愁生活。」見錢穆,〈北京大學〉,《八十憶雙親
師友雜憶合刊》(台北:聯經,1998),頁 192-196。另見葛劍雄,《悠悠長
水‧譚其驤前傳》(上海:華東師範大學出版社,1997),頁 64-65。

人，無形之中也就養成了北平的學術空氣。」[97]

　　在其他的娛樂消費方面，文人學者也聽戲，這廣泛包括京戲、文明戲、話劇與電影。京戲無疑是最受北平各階層歡迎的大眾化娛樂，權貴之家或前清遺老愛聽京戲不在話下，市井小民也熱衷聽戲，甚至「看不起戲的人看小報登的戲目單也過癮」。[98]文人學者中不乏戲迷，如顧頡剛（1893-1980）、吳小如等；雖也有少數如周作人等，並不喜京戲。[99]民初以來，北京因迎合滿清遺老、政經新貴、大小官吏與軍閥人士的娛樂需求，儘管經歷多年內戰干擾民生，京戲仍頗為興盛，並建立多座新劇場，如第一舞台、青年會禮堂、新明大戲院、新世界、開明戲院、真光大戲院等。[100]

---

[97]　銖庵，〈北遊錄話（二）〉，《宇宙風》半月刊，第 2 集合訂本，1936，頁473-474。

[98]　孔昭愷，〈我在北平做記者──舊《大公報》"坐科"回憶片斷〉，中國人民政治協商會議北京市委員會、文史資料研究委員會編，《文史資料選編》第 39輯，頁 67-93。

[99]　關於顧頡剛與吳小如的愛聽京戲，分見顧潮，《歷劫終教志不灰：我的父親顧頡剛》（上海：華東師範大學出版社，1997），頁 33-35。吳小如，〈買票看戲──戲迷閒話之二〉，北京燕山出版社編，《古都藝海擷英》（北京：北京燕山出版社，1996），頁 192-195。另見孫犁，〈北平的地台戲〉，姜德明選編，《如夢令：名人筆下的舊京》（北京：北京出版社，1996），頁 222-224。陳明遠，〈20 世紀 30 年代北平文化人〉，《文化人的經濟生活》，頁 143-163。關於周作人對京戲的批評，見知堂，〈北平的好壞〉，《宇宙風》半月刊，第 2 集合訂本，1936，頁 317-319。愛戲成癖的，則可以顧頡剛為例。見顧潮，《歷劫終教志不灰：我的父親顧頡剛》，頁 33-35。

[100]　李暢，《清代以來的北京劇場》（北京：北京燕山出版社，1997），頁

遷都後的北平京劇界，由於政治經濟資源喪失的牽連，聲勢一時稍衰，但 1930 年代以後，新建的劇場又陸續開幕，包括 1930 年的哈爾飛戲院、1932 年的瀛寰戲院、1932 年的國劇學會舞台、1936 年的長安戲院與新新戲院。[101]據社會局調查，1932 年的北平共有大小劇場約二十家。[102]這些劇場的表演，素質多比過去更佳，人才輩出。[103]

當時的名角常在開明、中和、華樂、吉祥、哈爾飛等戲園演出。[104]看武生楊小樓的演出，票價是 1 元 2 角，四大名旦（程硯秋、尚小雲、梅蘭芳、荀慧生）與四大鬚生（譚富英、馬連良、楊寶森、奚嘯伯）的戲價，則每張 1 元。次一等角色擔綱的戲價，就便宜不少，大約一次 3 角以上。再下等的，如在天橋演出的小戲，則因設備簡陋，也隨之收費低廉，通常銀元 2 角、1 角、甚至

137-139。

[101] 李暢，《清代以來的北京劇場》，頁 140-141。另見吳小如，〈三十年代北京的戲院——戲迷閒話之一〉，北京燕山出版社編，《古都藝海擷英》，頁 189-192。

[102] 池澤匯、婁學熙、陳問成編纂，《北平市工商業概況》，頁 603。

[103] 那時北平著名的京戲演員，旦角如梅蘭芳（1894-1961）、程硯秋（1904-1958）、荀慧生（1900-1968）、尚小雲（1899-1976）、筱翠花（1900-1967），武生如楊小樓（1878-1938）、尚和玉（1873-1957），老生則有余叔岩（1890-1943）、馬連良（1901-1966）、譚富英（1906-1977）、楊寶森（1909-1958）、奚嘯伯（1910-1977）、言菊朋（1890-1942）等，都是備受歡迎的名伶名角。見北京市藝術研究所、上海藝術研究所組織編著，《中國京劇史》中卷（北京：中國戲劇出版社，1999），頁 1129-1346。

[104] 北平市政府編印，《北平遊覽區建設計劃》（北平：北平市政府，1934），頁 39。

銅元 20 枚便可聽戲。[105]再沒錢買票看戲的底層勞動者，在 1932 年底無線電台開始普及於北平之後，光站在街旁，聽各店鋪播放電台轉播的日夜兩場戲，也可過足乾癮。[106]此外，北平街巷中，還有別處少見的「地台戲」——即在平地擺上兩圈板凳，在中間唱戲——供下層群眾勞動之餘，以極廉價的費用，享受聽戲樂趣。[107]

圖十四：四大名旦（前程硯秋、後排左起尚小雲、梅蘭芳、荀慧生）

---

[105] 北平市政府編印，《北平遊覽區建設計劃》，頁 39-40。陳明遠，《文化人與錢》，頁 94-95。

[106] 吳小如，〈收聽實況轉播和業餘清唱比賽——戲迷閒話之四〉，北京燕山出版社編，《古都藝海擷英》，頁 198-201。

[107] 孫犁，〈北平的地台戲〉，姜德明，《如夢令：名人筆下的舊京》，頁 222-224。

[108] 該照出自北京市地方志編纂委員會編，《北京志·文化藝術卷·戲劇志、曲藝志、電影志》（北京：北京出版社，2000），頁 44。

不過，即使是名角擔綱的演出，在故都北平時期，仍易因時局動盪，或受經濟低靡波及，影響其賣座情形。[109]如老生名角言菊朋（1890-1942）於 1936 年底，在長安戲院登台，結果賣座不佳，該戲院因而停演整修，至 1937 年再邀楊小樓、錢寶森登台合演，才維持營業。[110]譚其驤則常常到吃晚飯時，才看當天報上登的各戲園戲碼，飯後再搭車趕赴戲園；因為即使錯過開場，還是有空位得以買票聽戲。[111]

至於觀賞話劇，雖不如京戲般普遍受北平市井小民歡迎，卻在文藝界與知識青年圈中有一定人氣，各校也多有話劇公演活動。[112]1931 年 7 月 11 日，胡適曾到北平小劇院，觀賞趙元任翻譯

---

[109] 葛劍雄，《悠悠長水‧譚其驤前傳》，頁 61-62。

[110] 吳小如，〈三十年代北京的戲院──戲迷閒話之一〉，北京燕山出版社編，《古都藝海擷英》，頁 189-192。

[111] 譚其驤，〈代序〉，鄧雲鄉，《文化古城舊事》，頁 5。

[112] 北平的話劇發展，主要始於五四之後；吹響新文化的號角手《新青年》雜誌，主要撰稿群中有多人猛烈抨擊舊傳統戲曲，提倡學習西洋的「為人生的戲劇」。以胡適、錢玄同、傅斯年等人為代表，紛紛猛烈抨擊舊傳統戲曲，提倡學習西洋的「為人生的戲劇」。例見《新青年》第 5 卷第 4 號（1918 年 10 月 15 日）中多篇論文（胡適，〈文學進化觀念與戲劇改良〉，頁 308-321。傅斯年，〈戲劇改良各面觀〉，頁 322-348。傅斯年，〈再論戲劇改良〉，頁 349-360。）胡適的實驗性獨幕劇《終身大事》，便是這些文人學者牛刀小試以提倡新話劇的代表作。胡適，《終身大事》，《新青年》第 6 卷第 3 號，1919 年 3 月，頁 311-319。1922 年，戲劇家陳大悲（1887-1944）與蒲伯英（1875-1935）在北京創辦了人藝戲劇學校，其辦學宗旨在提高戲劇藝術、造就戲劇專業人材，以輔佐社會教育發展。1925 年，包括趙太侔（1889-1968）與余上沅（1897-1970）等赴美學習戲劇的留學生，回到北京，在北京藝術專門學校成立戲劇系，指導學生演出與西洋話劇形式一致的中國話劇。1927 年

的話劇《軟體動物》演出，並發表劇評在《晨報》上。[113]除了到劇場觀劇外，看電影也是學界普遍的消遣。[114]北平各電影院每日分午、晚兩場放映，爲了便利學界消費族群，還特於每週日添開早場，票價一律減收，以示優待。[115]由此可知北平電影院相當重視學界的顧客源；不過若就人數而言，看電影的學生，還是遠勝老師輩。再者，某些偏好從事西式休閒運動的學界中人，喜歡到球社（房）去健身。球社包括台球（即撞球）、地球（即保齡球）與高爾夫球；根據《北平旅行指南》，1935 年時的北平有八家球社，「教育界多喜之，球技亦較嫻熟。」[116]

聽戲、觀劇、看電影屬於融合文化、藝術、音樂等多元的視覺與聽覺饗宴，是四季皆宜的室內娛樂；上球社健身，也是在室內進行的休閒活動。而去公園走走逛逛，則爲接觸自然、感受花香綠意、抒緩身心的最佳戶外享受，是文人學者偏好的休閒選

時，由於政局動盪，戲劇系因左傾的罪名被關閉；後於1928 年，成立國立北平大學藝術學院，恢復原先的戲劇系，並以戲劇系爲班底，組成北平小劇院。見李暢，《清代以來的北京劇場》，頁188-197。另見李少兵，〈1927-1937年的北京娛樂文化──官方、民間因素與新時尚的形成〉，《歷史檔案》，2005年第 1 期，2005 年 2 月，頁 109-118。

[113]　〈《軟體動物》的公演〉，北平《晨報》，1931 年 7 月 19 日，第 9 版。胡適著，曹伯言整理，《胡適日記全集》卷 6 （1930~1933），頁 576-579。

[114]　舉例言之，胡適曾於 1934 年 1 月 27 日，與胡祖望及胡思杜去看一部蘇俄影片《生路》（Road to Life）。見胡適著，曹伯言整理，《胡適日記全集》卷 7 （1934~1939），頁 44。

[115]　馬芷祥編著，張恨水審定，《北平旅行指南》，（食住遊覽）頁 19。

[116]　馬芷祥編著，張恨水審定，《北平旅行指南》，（食住遊覽）頁 20。

擇。[117]且舉遊人最多的中山公園為例，在太平天國史家謝興堯眼中，其優點就有空氣清新和暖、景物精緻典雅、建築美麗古樸、花木奇異美麗、茶好點心佳，且到這裡就「可以把一切煩悶的思慮洗滌乾淨，把一切悲哀的事情暫時忘掉。」[118]文人學者們逛公園之餘，常到公園裡的茶座或城市各處及近郊的茶館坐坐。北平的大小茶館與茶店，隨處可見文人學者的蹤跡：

> 北海茶座、公園茶座、太廟茶座、中南海茶座以及有來今
> 雨軒、上林春、漪瀾堂、道寧齋……等，都是有名茶座、
> 大茶座，還有多少小的、無名的，但都是文人學者構思、
> 論學、寫作、閒談的最佳場所，那樣自由，那樣閒散，那
> 樣寧靜，那樣舒暢。[119]

　　除了逛公園、坐茶館之外，文人學者也喜歡遊北平市內與城郊眾多名勝風景。胡適的日記裡，記述不少與友人一同出遊的休閒攬勝活動，足跡廣及玉泉山、香山、秘魔崖、秀峰山、白松林、碧雲寺、黑龍潭、大覺寺、八達嶺等。[120]（參附圖一、二）被

---

[117]　〈速寫之三：北海之夜〉，北平《北方日報》，1933年6月10日，第3版。

[118]　謝興堯，〈中山公園的茶座〉，《宇宙風》半月刊，第2集合訂本，1936，頁347-350。

[119]　鄧雲鄉，《文化古城舊事》，頁169。

[120]　胡適著，曹伯言整理，《胡適日記全集》卷6（1930~1933），頁530。胡適著，曹伯言整理，《胡適日記全集》卷7（1934~1939），頁6-7, 101-102, 119-120, 209-210。關於胡適在1910與1920年代常逛（尤其是中央/中山）公園、上餐館等日常社交生活，逯耀東教授曾有篇生動的文章加以介紹。見逯

胡適譽為「一代才女」的建築學家林徽音（1904-1955），那時也常「和親戚朋友一道騎毛驢遊香山、西山，或到久已冷落的古寺中野餐。」[121]故都北平時期，市府不斷修築馬路與改善交通，使市民與遊客到城內外與近郊的名勝古蹟多相當便利；這是市府推銷故都、刺激觀光消費的政策之一，確使北平憑添更多生氣。

　　整體而言，文人學者對故都北平的商業經營、城市意象、社會文化與消費型態的新發展，都發揮舉足輕重的作用。他們的存在，造就遷都後北平文化教育事業的發達與興盛，也在相當程度上活絡了城市消費。這群「中產知識階層」，在日常消費中展現的知性與文化內涵，與北平當時的「文化古城」形象相得益彰，並孕育出他們特有的消費新感受。眾多的文人古城書寫，便是這些新感受的最佳見證。簡言之，他們儼然北平閒適生活的最佳代言人，以及故都濃厚書香氛圍的主要受益者。

　　聽戲、觀劇、吃館子、逛書店、上公園、坐茶館、游名勝，這些本節所述的消費行為，在遷都之前固然早已存在。但當城市消費主力從多金的政商權貴，下移至中產的文人學者時，這些讀書人透過上述日常生活表現，開啟了某種異於往日官場消費文化的新消費模式。與昔日揮霍無度、炫耀財勢的政商權貴不同，文人學者

121　耀東，〈胡適逛公園〉，《胡適與當代史學家》（台北：東大圖書，1998），頁37-63。梁從誡，〈倏乎人間四月天〉，林徽音著，梁從誡選編，《林徽音文集》（台北：天下遠見，2000），頁11-48。林徽音之子梁從誡回憶其母時，曾說「三十年代是母親最好的年華，也是她一生中物質生活最優裕的時期，這使得她有條件充分地表現出自己多方面的愛好和才藝。」（同引書，頁21。）

多屬理性的消費者，少有打腫臉充胖子或好大喜功式的奢侈消費行為，此可證於他們逛書鋪書攤的表現，「盡管常常逛而不買，但逛本身就是樂趣。」[122]不可否認，文人學者較節制而不鋪張的消費特質，無法有力地提振萎靡的經濟，此亦間接說明以他們為主力的北平社會，難以像國都時期那般，因政商權貴的支撐而經濟繁榮，消費旺盛。但他們悠閒的生活風格、與樸實的消費表現，使故都北平的風貌，得以突破單從經濟角度切入而被強調的蕭條凋敝與今不如昔，呈現出文化層次靜謐恬淡且書香飄送的一面。

第二節　青年生力軍：學生

一、以量取勝的新生代

　　若說文人學者是國都南遷後的北平消費新中堅，人數眾多的中學與大學生，便是深具潛力、且充滿生氣的消費新生代。一來為數頗鉅且來自全國各地的青年學子，生活開銷全在北平，二來此時北平經濟疲弱，學生遂成為提振城市各業消費頗具份量的消費族群。[123]北京原即全國教育中心，「學校之多，甲於各地」。[124]到故都

---

[122]　譚其驤，〈代序〉，鄧雲鄉，《文化古城舊事》，頁5。

[123]　見劉半農，〈北舊〉，《劉半農選集》，頁140-149。根據鄧雲鄉的敘述，北平的小學生基本上都是家住北平的市民，中學生當中便有相當比例來自外地，至於大學生，則更是大多來自全國各地。見鄧雲鄉，《文化古城舊事》，頁12。另見〈市面蕭條不景氣米珠薪桂生活難〉，北平《北方日報》，1933年12月18日，第6版。

[124]　〈平市中等以上學校統計〉，北平《民國日報》，1931年2月7日，第4版。

北平階段，尤其 1930 年代前半期，各級學校教育持續發展，與文化教育事業有關的各類經費，總數相當可觀：

> 有人屈指算計，每年中央匯來的北平教育文化費是四百餘萬，加上經華燕京協和等等特殊財源以及其他零碎的學校機關，每年怕不要一千萬。大中小學學生以十萬人計，每人以一年消費一百元計，兩下合起來，北平市面因教育事業而流通的金額，總在二千萬元以上。這不能不說是北平的生命線。[125]

這段瞿宣穎的敘述，雖只是片面粗估，卻多少透露北平教育界與城市消費的緊密關連。時任商會主席的冷家驥，在 1935 年中旬向記者表示，「平市自國都南遷後，以一般商店，賴以支持者，僅為平市之教育中心，以及各省來平求學之少數青年而已。」[126]國都南遷後，北平的學生人數曾一度下降，但隨之又回升，到 1930 年代之後更形驟增。[127]根據北平市府針對北平城郊各區中等及初等

---

[125] 銖庵，〈北遊錄話（二）〉，《宇宙風》半月刊，第 2 集合訂本，1936，頁 426-429。

[126] 〈將來的平市準備造成工業區〉，北平《北方日報》，1935 年 5 月 9 日，第 5 版。類似言論，見〈發展平市管見〉，北平《晨報》，1935 年 10 月 23 日，第 2 版。

[127] 以北平中學生人數為例，1925 年度時有 10,458 人，到 1928 年度降為 6,496 人，1929 年度回升為 8,578 人，到 1930 年度續至 17,265 人，1935 年 6 月時又增至 21,053 人，遠超過 1925 年度的人數。見吳相湘、劉紹唐主編，《第一次中國教育年鑑》第二冊（台北：傳記文學出版社，1971），頁 1619-1621。

學校的調查統計，1933 年（大學除外）的學生人數共六萬八千二百九十人。[128]到 1934 年初，北平學生總數更達八萬三千三百六十人，居全市各業人口（農、礦漁、工、商、軍警業及自由職業）第三位，僅次於商業與工業人口。[129]1935 年末，《大公報》社評曾指出：

> 自國都南遷後，平市之維持，首賴教育。試僅計中學以上學生，當不下三萬人，全體生活消費，不下一千萬元。公私各校經費，及聯帶存在之文化相關經費，合計亦當在千萬以上。況各省人居北平者，多為子女教育便利之故，往往有供職他省，而住眷平市。若學校不能維持，此等民家，皆將他適。是以直接間接，教育界所消費於北平之金錢，年不下數千萬，此乃平市養命之源也。[130]

「養命之源」四字，一針見血地道出青年學生（及其家庭）對北平城市消費的重要性；若北平教育界不穩，該市經濟與社會發

〈北平市城郊各區中等及初等學校學生人數統計表〉，北平市政統秘書處第一科統計股，《北平市政府覽要》（北平：北平市政統秘書處第一科編纂股，1936），頁 35。

[128] 男生四萬五千四百一十一人，女生二萬二千八百七十九人。〈北平市各級學校教職員學生人數比較表〉，北平市政府秘書處第一科統計股主編，《北平市政府二十二年度行政統計》（台北：文海出版社，1993），頁 31。

[129] 冀察政務委員會秘書處第三組第三科，《冀察調查統計叢刊》，第 2 卷第 2 期，1937 年 2 月 15 日，頁 4-6。

[130] 〈平津教育界之前途〉，天津《大公報》，1935 年 11 月 21 日，第 2 版。

展將難以維持。即使學生的個別消費能力，多無法媲美師長級的
文人學者，卻可以量取勝，成為活絡北平市面最不可忽視的消費
生力軍。北平許多商家，紛紛鎖定學生為重要客源，盡可能滿足其
食衣住行育樂各方面的消費。[131]觀諸當時的北平社會，不難發現學
校聚集之處，確可帶動週邊商區的發展；西單商圈的興盛，便是
顯著的例子。學校附近的飯館、書攤、當鋪等業，都以學生為主
要客源。[132]曾有論者指出，遷都後的北平不至於全然的蕭條冷
落，是因有數量龐大的學生存在，才勉強維持各業生存。[133]

二、摩登消費佼佼者

鄧雲鄉曾以過來人的經驗，提及在整個「文化古城」時期，到
北平就學的外地大學生，每年最少需花（包括學費、伙食、宿費、
書籍、衣著等）200 銀元的開銷。[134]北平的中學與大學生，主要來
自資本家、官僚、地主、高級工薪階層等中上家庭。由於學生是
純然的消費者，尤其中學與大學花費更鉅，清寒家庭中的優秀子
弟，只能依靠獎學金補貼，或選擇師大這類「管吃、管住、管讀

131　菁如，〈北平特有的公寓〉，天津《大公報》，1933 年 6 月 16 日，第 13 版。
132　〈文化中心的北平，當鋪與學生相依為命〉，天津《大公報》，1933 年 8 月
　　16 日，第 13 版。菁如，〈北平的飯館業績〉，天津《大公報》，1933
　　年 10 月 12 日，第 13 版。
133　〈文化中心的北平，當鋪與學生相依為命〉，天津《大公報》，1933 年 8 月
　　16 日，第 13 版。
134　鄧雲鄉，《文化古城舊事》，頁 26。

書」的大學。[135]出於家庭經濟的差異，這群青年學子參與或貢獻北平城市消費的方式與程度，有頗大落差。家境窮苦的學生，自無本錢將心思與開銷，花在學業之外的休閒生活上。相反地，富裕家庭的少爺學生，易受課業之外的物質享受所誘惑，並有充足的財力享用北平的餐飲、休閒與娛樂設施。這些紈絝學生的奢侈消費與放浪生活，引發時人的言論撻伐：

> 平市各大校學生，能逐日到校上課的，十無一二…名不符實…舞場影院，是他們的實習講室，八埠三海，變成了他們的操場。每天晚上，石頭道上，飛也似的洋車，成群結隊，游船，兜圈子，與愛人品茶，種種尋樂兒，無非揮霍父兄血汗換來的金錢。[136]

姑不論北平大學生是否真如上所言，十有八九不逐日到校上課，至少可由此窺見少爺學生們的校外生活梗概；要言之，不外乎看電影、上舞場、遊車河、划船、逛街等。這些處於青春期或剛成年的中學、大學生，多半年輕氣盛、心性未定，他們的生命熱情與旺盛精力，除發抒在間或有之的愛國示威與罷課抗議活動外，更多人將之傾注於日常生活的享受與開銷，以及情愛追求上。他們的消費生活，多與時尚娛樂密切結合，與身為師長級的文人學者相較，明顯更活潑、趨新與崇洋；換言之，家境中上的

---

135 鄧雲鄉，《文化古城舊事》，頁 26-32。
136 文祥，〈趕快醒悟罷！〉，北平《新晨報》，1930 年 4 月 18 日，第 9 版。另見劍華，〈都市繁華與學生〉，北平《新晨報》，1930 年 6 月 8 日，第 9 版。

大學或中學生，實為北平摩登消費的佼佼者。以下便從他們的日常生活出發，觀察其消費表現。

　　先從「住」方面談起；有錢學生多住在設備完善的公寓。公寓可謂北平社會因學校普及但校舍有限，而順勢發展出的居住型態。[137]這種林立於北平大中學校附近，專門提供學生住宿的處所，兼有（比按日計算的旅館）價格便宜、以及（多半）提供伙食而方便週到的雙重優點，廣受經濟能力不差的學生歡迎。[138]論者徐崇壽，根據自身從中學到大學的北平求學經驗，投稿至《宇宙風》的「北平特輯」，描述當時公寓的學生生活與消費情狀。他說公寓有三大方便：出入方便、起居方便、留人方便。出入部份，住在公寓，可避免學校住宿常遇的「學監探查，校規約束」，得以縱情「看畢夜戲十二點鐘歸來」，若愛人來訪，也不會被打擾。即使「交遊頗

---

[137]　馬芷祥編著，張恨水審定，《北平旅行指南》，（食住遊覽）頁 13。《大公報》記者菁如便指出，「公寓可說是北平特有的，不僅濟南開封太原等處沒有，就是天津上海也很少見。」本來北平有的是民房和旅館，但北平習俗向來是居住民房必須有家眷鋪保，更得預交兩個月或三個月的房租，而且房還空空的，不僅不供給茶水，房裡甚至也無桌椅床鋪。北平大學或中學生許多都是外地人，不便住民房。至於旅館雖較方便些，但吵鬧叫囂聲使人無法靜心讀書，每天六七角錢的房費，也過於昂貴。因此比民房旅館與便利、價錢又比較便宜的公寓，便應時而起。見菁如，〈北平特有的公寓〉，天津《大公報》，1933 年 6 月 16 日，第 13 版。

[138]　從不同史料看來，當時的北平公寓有的供伙食，有的則沒有。提及包辦伙食者，如正文後述的徐崇壽之〈北平的公寓〉，另見程心芬，〈北平的公寓〉，梁國健編，《故都北京社會相》（重慶：重慶出版社，1989），頁 157-160。後者見王同禎，〈記三十年代的北平家庭小公寓〉，北京燕山出版社編，《舊京人物與風情》（北京：北京燕山出版社，1996），頁 413-416。

廣，門庭若市，既無需乎傳達（校中有傳達處）之勞，亦無須乎號房之報，來既不迎，去亦不送。」[139]講到起居，則公寓生活「例如昨夜八圈牌打完，頭昏腦悶，精神不支，於是來個一覺十二點，決無起床鈴驚人好夢。」或者「拉胡琴唱二黃，自己作樂，誰能干涉？」「打瘋雀，聽『大鼓』，為的消遣，誰敢呵責？」至於留人，同樣無人管問、方便至極，留友人、愛人、親人、甚至「性慾衝動，呼野雞來伴眠，恣意玩樂」，皆無不妨，方便之至。[140]

次言學生在「食」方面的消費表現。雖然公寓提供伙食服務，但有的是父兄所匯之錢的青年學子，多半喜歡上館子吃飯；尤其闊學生們，更是遷都後北平中上等飯館的主要客戶。[141]對為數眾多的青年學子而言，遷都後的北平飯館，除了便宜方便外，更出現某種吸引他們趨之若鶩的誘因，即年輕的女招待服務。（詳見第四章）大學與中學生們，正值渴求認識異性的青春期或成人階段，女招待的出現，給男學生除了女同學之外，可親近同齡女性的良機。女招待出於工作所需，於服務或應付這些年輕男顧客之餘，也不乏為求增加小費收入、或受自身情愛慾念所驅，而與青年學子多所互動者。[142]以往在北京不多見的公開兩性互動與交流，竟悄

---

[139] 徐崇壽，〈北平的公寓〉，《宇宙風》半月刊，第 2 集合訂本，1936，頁440-443。

[140] 徐崇壽，〈北平的公寓〉，頁 440-443。

[141] 〈國難當頭無心飲酒作樂：平市飯館生意不如昔〉，北平《世界日報》，1933年 1 月 11 日，第 8 版。

[142] 〈李秀貞賣笑：曾任女招待，顧主多大學生〉，北平《全民報》，1933 年 5月 15 日，第 3 版。

然萌生於故都北平飯館中。有些男學生對女招待敬之以禮，以書信禮物追求之，表現癡情的一面；有的抱持輕蔑態度調戲女招待，視其可狎可玩，縱情爲之。還有被女招待迷得神魂顛倒，甘願作牛作馬、彼此爭風吃醋、甚至觸犯法律者；亦不乏青年學子與女招待兩情相悅，共同從事飯館外的種種娛樂消遣，例如看電影、逛商場等。[143]這些從飲食延伸出的種種消費，多少活絡了部份商家生意，並爲故都北平憑添一絲穩重古城形象之外的嬉鬧浮戲氣息，使北平報刊增加許多可追逐聚焦的八卦資訊。（詳第四、五章）

接下來看學生在衣著與外表上的開銷，此尤以女學生的消費爲代表。若說北平大學或中學的男學生，在飲食或娛樂方面花錢不手軟的話，女學生則花較多心思與費用來置裝，視自身儀容與裝扮爲最要緊事。署名「南雲」的論者，曾以北平大學女子文理學院的女學生爲例，表示「不要看小姐們走出來漂亮，對於吃飯是很知道節儉的。」[144]其並表示：「這裏面的學生，很少的人是來自富豪之家，大多數都是稍有資產而日漸沒落的家庭。其中固然也有個性特殊，志願宏大，專心在學問事業方面求發展，不願波逐流，以服裝的美觀爲事的人。但有些還是打不破女子的習性，極

---

[143] 〈三位大學生之生活！「挈女招待吊上暗娼」〉，北平《全民報》，1931 年 7 月 9 日，第 3 版。〈大學生居然行竊：爲女招待犧牲一切〉，《北平新報》，1932 年 7 月 26 日，第 4 版。〈女招待狐媚大學生：床頭金盡一去不返〉，《新北平》，1933 年 4 月 18 日，第 4 版。〈萬祿園飯館女店員出條子，深夜訪大學生〉，北平《全民報》，1933 年 9 月 11 日，第 3 版。

[144] 南雲，〈平大女院學生生活（上）〉，天津《大公報》，1934 月 11 月 11 日，第 11 版。

力以漂亮摩登相號召，狂流所趨，人多效之。同學在一塊的時候，談到的往往是衣服鞋襪尤其是電影……學問的探討，卻不很熱心。」[145]另一篇報導亦言，北平中等以上家庭的小姐，「有少數是真正到學校去念書，大多數照例只是到學校去過群樂的生活。」[146]女性若有大學生身份又注重打扮，自然更獲男性青睞，學校群居生活則使各類消費資訊得以互相流通，因此女學生常是城市中追逐流行時尚的佼佼者。

　　1920 年代末以來，由上海開始向各大城市吹起的摩登風潮，迅速在北平吸引女學生等摩登女性的注意。摩登風潮所到之處，雖常不分男女甚至老幼都可見追隨者，但仍以年輕人、尤其女性，最能在外表上展現摩登。論者「季默」便表示，自從「摩登」這個字眼在北平流行開來，眾人的詮釋不一；「甚有借為浪漫婦女之代稱者」[147]；換言之，打扮時髦、行為洋化的女性，主導著人們對摩登的理解與慾望。[148]女學生既身負社會對婦女解放後的女性個性覺醒、與經濟獨立的深切期望，卻也深陷資本主義商業化的消費漩渦中。她們或自覺或不自覺地跟隨時尚起舞，在權貴富戶多數遷離、官家太太小姐不若以往之多的故都北平社會中，領銜追逐

---

[145] 南雲，〈平大女院學生生活（下）〉，天津《大公報》，1934 月 11 月 18 日，第 11 版。
[146] 〈新舊婦女之前瞻後顧〉，北平《北辰報》，1933 年 12 月 30 日，第 7 版。
[147] 季默，〈北國見聞錄（三）〉，《論語》半月刊，第 4 卷第 40 期，1934 年 5 月，頁 783-784。
[148] 〈從衣服看節氣女學生即寒暑表〉，北平《晨報》1932 年 9 月 18 日，第 6 版。

摩登潮流。[149]

　　北平女學生在時裝的流行樣式上，緊跟上海的腳步；如《大公報》記者「菁如」所言，「北平的時裝公司，多是上海的分號，直接受上海的支配，上海某種裝束風行，立時就可以流傳到北平來。其流傳之迅速與普遍，有甚於『虎列拉』（註：即霍亂）之傳染，簡直令人不可思議。」[150]「菁如」指出，為提供這些摩登女性對時尚服飾的高度需求，不只「中式成衣舖在北平，通衢小巷，觸目皆是」，也出現替顧客量身訂作的女西服莊。這些摩登女性的服飾消費，刺激了北平成衣業、製服業與綢緞業的生產：

> 綜合北平有萬餘成衣工人，每天在一針一線的為北平的摩登婦女們縫衣服，而仰賴著她們來生活，同時我們在北平還可以看見，街市上充滿了大小酬緞洋貨莊，不斷的從外國運來大批的花樣新奇的舶來品，以供給這些愛美的婦女，無窮無盡的來消費。[151]

---

[149] 〈北平婦女生活之全面〉，《正風雜誌》第 4 卷第 7 期，1937 年 5 月 16 日，頁 664-665。該文指出某些北平新資產階級家庭的小姐們，因有經濟後盾，「一切生活大都追逐潮流，揮霍浪費一任心意，因而釀成其浮華之性焉。」這些年輕女性，多半也是女學生，其求學情形「隨意缺課」，假期時間則「遊公園，看電影，觀舊劇」皆有之。

[150] 菁如，〈北平婦女服裝的演變及其現狀〉，天津《大公報》，1934 年 1 月 8 日，第 13 版。

[151] 菁如，〈北平婦女服裝的演變及其現狀（續）〉，天津《大公報》，1934 年 1 月 13 日，第 13 版。

除了服飾之外，女學生在化妝品方面的消費也絕不手軟；「菁如」另一篇報導說明：「北平化妝品消費最多者，以女學校爲大本營，其他如住家太太小姐娼妓亦是主要的顧主。」[152]由於北平向來風沙大，愛美的摩登女學生出門時，不論走路或搭車，總會用一

圖十五：北平女學生的頭紗[153]

條極薄的白絲巾罩在頭面上，以遮蔽沙塵。錢歌川曾以〈飛霞粧〉一文，記述他遊北平時在街上目睹的這類奇景。對他而言，那絲巾

152　菁如，〈北平的化妝品〉，天津《大公報》，1933 年 10 月 17 日，第 13 版。
153　馮楝，〈北平女學生的頭紗〉，《宇宙風》半月刊，第 2 集合訂本，1936，總頁 571。

如「被風吹得像泅泳時的浴衣一樣緊貼不動」，女郎的五官輪廓隱約透顯出來：

> 彷彿在那胭脂口紅上面，薄薄地罩了一重白粉，有如大理石像一般的莊嚴嫻淑，那種高傲的態度，直是鬼神不可侵犯，被洋車夫如箭一般地拉著從路人萬目睽睽之中飛跑過去，這一剎那間的印象，令人如在霧裏觀花，格外覺得好看。[154]

再就摩登女性重要標誌之一的高跟鞋來說，北平開始流行高跟鞋始於1929年，隨著北伐成功從上海傳入。最有名的鞋店，是東安市場的佳美麗，北平一般達官要人的太太小姐們以及師大、女大、清華、燕京各學的女學生，都是該店的重要主顧。[155]有錢的女學生，買上四五十雙新鞋，亦不稀奇。[156]相形之下，雖然「所謂摩登男性，頭上抹梵士林，臉上擦雪花膏，甚至於敷粉的也大有人在」[157]，不過愛美與注重打扮的摩登男性——其中不乏就讀於高等學府的青年學子——仍不及以女學生為代表的摩登女性人數。

---

[154] 味橄，《北平夜話》（台北：新文豐出版公司，1978），頁15-25。
[155] 〈現代婦女趨重健康美何必定要穿高跟鞋〉，天津《大公報》，1933年5月11日，第13版。
[156] 味橄，《北平夜話》（台北：新文豐出版公司，1978），頁72。
[157] 菁如，〈北平的化妝品〉，天津《大公報》，1933年10月17日，第13版。

圖十六：都會中典型人物素描：大學生[158]

　　受到摩登風潮的影響，北平男女學生在娛樂方面的消費，也有西化傾向。出門的交通工具，除了最便宜的電車之外，搭洋車（即人力車）、開汽車者，比比皆是。年輕好動的學生們，常「每天晚上，石頭道上，飛也似的洋車，成群結隊，游船，兜圈子，與愛人品茶。」[159]至於多采多姿的校外休閒生活，以逛新式商場、看電影、跳舞、溜冰，爲最時髦的娛樂。[160]其中，西單商場

158　〈幾種都會中典型人物素描〉，北平《北辰報》，1935 年 5 月 4 日，第 7 版。
159　文祥，〈趕快醒悟罷！〉，北平《新晨報》，1930 年 4 月 18 日，第 9 版。
160　電影是個由西方傳入的新式影像娛樂，早在 1896 年，上海徐園就放映過「西

與各大飯店跳舞場，都是故都階段才出現於北平的重要娛樂處

所。在東安與西單這類新式商場中，經常可見打扮入時的男女學

圖十七：拉洋車一景[160]

生。[162]據時人記述，1930 年代前期到東安市場的主要消費者，是

些「大摩登，小摩登，男摩登，女摩登之類。」[163]凡是摩登女子，

洋影戲」，即國外的早期電影。1905 年，中國第一部電影「定軍山」，在北

京的豐泰照相館完成拍攝，此後到民初、尤其是 1920 年代後，隨著電影機

器、拍攝技術各方面的改良與中國洋化的程度更深，電影從原本只吸引少數

人的新鮮洋玩意，演進為人們日常生活的消遣活動之一。李多鈺主編，《中

國電影百年 1905-1976》(上編)(北京：中國廣播電視出版社，2005)，頁 1。

161　該照出自肖曉明策劃，藍佩瑾編輯，《北京：北京城與北京人》，頁 162。

162　太白，〈北平的市場〉，梁實秋等，《文學的北平》，頁 173-176。

163　孟起，〈蹓躂〉，周作人、老舍等撰，李重光編輯，《北京城》(新京：開明，

1942)，頁 86-87。

「莫不醉心於該處，一若物非購自於彼，則腐舊不堪服用。」[164]穿著時髦在新式商場逛街的摩登女子或女學生，不只享受購物消遣樂，也享受眾人注目的眼光。對觀者而言，在某種程度上，這些打扮入時的女性，就像新式商場中的非賣品一樣，多少讓看客一飽眼福，想像性地消費一番。

看電影對故都北平階段的學生來說，是很常見的休閒選擇。在國都時期，北京的娛樂場所相當有限，除了中山公園與北海公園、兩大遊藝場與戲園之外，就是幾家電影院。但西式的電影，始終無法像京戲一般深入民心並廣受歡迎，以致雖有幾家營業尚佳，整體而言不算發達。[165]遷都之後，北平不減反增的青年學生，成為電影院最倚重的消費族群，學生的消費態度，甚至能決定電影院的興衰。每逢國難當頭，學生出於愛國心而號召減少娛樂時，電影院的營業便受到衝擊；不過學生這種基於愛國精神而拒看電影的堅持，通常撐不到一個月，之後便又故態復萌，繼續回電影院享受。[166]1934 年時，北平共有十餘間電影院，所播影片、影院規模及主要消費群，皆有差異。[167]例如平安電影院由外國人營

[164] 〈摩登的東安市場：最可思念的失業舞女，洋車夫一段趣談〉，北平《晨報》，1931 年 12 月 9 日，第 6 版。

[165] 亮亮，〈北京的電影院〉，天津《大公報》，1927 年 8 月 10 日，第 8 版。蒼翁，〈寫在「北京的電影事業」的後面〉，天津《大公報》，1927 年 8 月 10 日，第 8 版。詠梅，〈讀「北京的電影事業」書後〉，天津《大公報》，1927 年 8 月 10 日，第 8 版。

[166] 哲洛，〈舊都社會〉，《生活週刊》第 8 卷第 15 期，1933 年 4 月 15 日，頁 301-302。

[167] 根據 1934 年出版的《北平旅遊便覽》，當時共有十一間電影院：中央、平安、

業,放映的是西洋片,顧客以北平的僑民及外交人員的隨從兵役
為主。光陸大影院則最先放映有聲片,且有播放美國派拉蒙影片
的優先權,容易吸引喜愛趨新好洋的中國人、與闊綽的男女學生
前往觀賞。另有真光與中天影院,也放映有聲片,西片與國片兼
有,主要消費群便是文人學者與學生。[168]

　　當時的電影票價,像平安與光陸這類規模較大的首輪外片電
影院,票價最高時要2元,不太好的場次是5或6角;次之為以播
放聯華影業公司影片為主的真光電影院,一般是4角到1塊半。[169]
其他規模較小的非首輪影院,如同樂、大觀樓、光明、國貨陳列
館等,票價只要幾角。[170]像後者這類的普通電影院,票價與戲園
相去無多,不過在傳統文化氣息較濃的北平社會,一般北平市民仍
喜以聽戲與喝茶,做為日常消遣。相對而言,較認同西式娛樂的學

　　社交堂、鐘樓、光陸、哈佩、真光、中天、大觀樓、市民、吉祥。但天津
　　《大公報》作者菁如則稱北平電影院約二十餘家,除上述之外還有來福園、
　　西慶軒、新新影院等。北寧鐵路管理局總務處文書課編,《北平旅遊便覽》
　　(天津大公報館印刷,1934),頁 39-40。菁如,〈北平的電影院(一)〉,
　　天津《大公報》,1933 年 10 月 3 日,第 13 版。菁如,〈北平的電影院(二)〉,
　　天津《大公報》,1933 年 10 月 5 日,第 15 版。

[168] 菁如,〈北平的電影院(二)〉,天津《大公報》,1933 年 10 月 5 日,第 15
　　版。平安與光陸因為機器設備都由外國進口,票價較貴,普通市民較無少涉
　　足。此外的中央戲院與社交堂則多放國片,票價更低,適合一般市民前往消
　　費。

[169] 李微,〈娛樂場所與市民生活——以近代北京電影院為主要考察對象〉,《北
　　京社會科學》,2005 年第 4 期,2005 年 11 月,頁 55-61。

[170] 〈德國使館調查本市電影事業的調查表及市政府的指令〉,北京市檔案館
　　藏,1936,卷宗號 J001-003-00091。

生族群，則偏好看電影。

　　若說看電影是學生常見的靜態休閒，逛商場屬於動靜皆宜的消遣，那麼，跳舞便是他們最熱衷的動態新式娛樂。跳舞這種西式娛興活動，在故都北平才真正普及與興盛；在此之前，北京只有外僑的私人晚宴舞會、以及學校舉辦的學生舞會。[171]到 1930 年代前半期，北平市民對跳舞的喜好，主要表現於前往有舞女伴舞的舞場跳舞。北平各大飯店附設的舞廳中，除了政商人士、外僑與文人學者的身影之外，最常見的就是大批青年學生。學生對跳舞率多表現出濃厚的興趣，不只喜歡參加學校偶一為之的舞會，尤其男學生更愛到舞場跳舞，其中主因在於可一擁身材姣好、姿態婀娜的舞女翩翩起舞。這些知識青年出入舞場甚為頻繁，樂此不疲，報載有大學生在一學期內，耗費於舞場多達 10,000 餘元，「其瘋狂程度，可以概見。」[172]錢歌川對北平學子的跳舞熱，有生動的描述：

> 北平雖然古樸得很，他們（註：指學生）卻歐化得厲害…學生多半著的是洋服，講的是洋話，不咳嗽，不吐痰，但不能不跳舞。所以當北平城內的跳舞場被封以後，他們便把學校中的食堂暫闢為跳舞場，晚飯以後，將唱片向話匣

---

[171] 宋春舫，〈我不小覷京劇〉，《宇宙風》半月刊，第 2 集合訂本，1936，總頁 336-337。有關故都北平時期的舞場文化、舞女職業及相關討論，請見本書第四與第五章。

[172] 〈北平舞女生活〉，天津《大公報》，1933 年 2 月 3 日，第 11 版。

子上一擱，十幾對青年男女便乘著音樂的波浪在電光下摟著腰兒跳舞起來。[173]

由於太多青年學生沉迷舞場，流連忘返，致使學業荒廢，花費甚鉅，引發輿論側目與批評，甚至導致市府禁舞。[174]但另一項運動，溜冰，則未受當局管束，成為北平青年男女喜好的冬日消遣；每每在冬日降臨，湖水結冰時，便能看到青年學生一副摩登男女的打扮，將各公園中的溜冰場點綴得紅紅綠綠。[175]正是這樣的時節，益發對照出青年學生令人羨慕的消費能力。在冷冽的北平寒冬，一邊可看到走在大街小巷中，衣衫襤褸的男女老少，被凍得拱肩縮背，手抱乘著小米粥的破鍋盆；另一邊則是肩背著溜冰鞋、騎著腳踏車或坐人力車，有說有笑地向公園溜冰場出發的摩登學生及青年男女們。[176]

---

[173] 味橄，《北平夜話》，頁 75。

[174] 〈周市長談取締女招待舞女辦法〉，北平《民國日報》，1931 年 9 月 6 日，第 4 版。〈舞場命運只有半月了：一律禁止以勵頹俗〉，北平《晨報》，1931 年 11 月 12 日，第 6 版。關於北平市府禁舞措施，請見本書第五章。

[175] 〈士女如雲昨日北海溜冰大會〉，北平《晨報》，1932 年 1 月 25 日，第 6 版。〈國難當前北平人士玩樂如故！〉，北平《平西報》，1932 年 3 月 20 日，第 3 版。〈各校溜冰熱〉，北平《晨報》，1932 年 12 月 17 日，第 10 版。〈溜冰場先後成立摩登青年消遣多〉，北平《晨報》，1932 年 12 月 19 日，第 6 版。

[176] 〈冰場粥廠苦樂懸殊〉，北平《北辰報》，1934 年 1 月 9 日，第 6 版。菁如，〈北平貧民生活的素描（二）〉，天津《大公報》，1933 年 12 月 10 日，第 13 版。〈雪後街頭冷落甚滿瀾堂外門摩登〉，北平《晨報》，1933 年 12 月 29 日，第 6 版。粥廠是政府及慈善團體或人士為賑濟災民、饑民與貧民而設

看電影與跳舞，是時新消遣；此外，北平學生也廣泛參與北平市民經常從事的休閒娛樂，如逛公園與遊廟會。北平各公園，尤以中山公園最明顯，常可見學生三五成群，散步閒逛、賞花玩樂，或與愛人卿卿我我、溜冰嬉笑、偕伴看展覽。[177]謝興堯曾在其〈中山公園的茶座〉文中，圖文並茂地向讀者介紹在中山公園裡的三代茶座──春明館、長美軒與柏斯馨──的顧客與氣氛差異。三家茶舖的顧客，分別代表父、子、孫三個世代，春明館是「以遺老們爲基本隊伍」，長美軒爲「紳士和知識階級的地盤」，可謂「文化界的休息所」。柏斯馨的份子「則比較複雜，但簡單歸納說也不過止紅男綠女兩種人。其原因是一般交際花，和胡同裏的姑娘都坐在這兒，於是以女性爲對象的公子哥兒，摩登青年，也跟著圍坐在這裏。」[178]他還特別形容柏斯馨那邊的空氣「特別馨香，情緒也特別熱鬧，各個人面部的表情，也是喜笑顏開，春風滿面，不

置的臨時賑濟處。自民初以降，京師警察廳由每年11月起，至翌年3月止，設立粥廠，遷都後北平市府成立，社會局繼續負責此項業務。另亦有北京貧民救濟會、北京恆善總社、北京市各慈善團體聯合會、北京市五臺山普濟佛教總會、北京市中國三教聖道總會、世界紅十字會中華總會、北京市藍十字會、南城貧民暖廠等慈善組織。見張金陔，〈北平粥廠之研究〉，李文海主編，《民國時期社會調查叢編：社會保障卷》（福州：福建教育出版社，2005年），頁400-428。另見吳廷燮等撰，《北京市志稿：民政志》，頁149-240。

[177] 〈春到人間後中南海情波漪艷〉，北平《民國日報》，1932年4月4日，第4版。〈中山公園遊人如鯽〉，北平《北辰報》，1934年4月25日，第6版。〈初夏中山公園一瞥〉，北平《北辰報》，1934年5月15日，第6版。味橄，《北平夜話》，頁51-52。

[178] 謝興堯，〈中山公園的茶座〉，《宇宙風》半月刊，第2集合訂本，1936，頁347-350。

像前兩個地方的客官，都帶著暮氣沉沉國難嚴重的樣子。」[179]該文
以中山公園三家茶舖的不同世代族群為例，側寫北平市民消費的
多樣性，也道出青年學子所代表的生氣與洋化，包括他們所享用
（柏斯馨提供）的檸檬水與火腿麵包等洋食。[180]

　　生活在北平的莘莘學子，除了對上海摩登熱潮亦步亦趨之
外，多少仍受古城深厚的歷史文化氣息、與傳統消費方式的渲
染。許多學生熱衷於遊廟會，便是個貼切的例子。遊廟會不只是
北平學生常見的閒暇生活樂趣，廟會還是家境較差的學生購買民
生用品的重要處所。不少女學生，即使有許多新式娛樂供其選
擇，也會在假日偕伴遊廟會。[181]學生的消費有個特色，就是常出
現群體活動；尤其是去廟會這種地方，更時與一群人共同前往湊
熱鬧。碰到城外的廟市開會時，有些學生還會雇驢騎乘，吆喝馳
騁，引起路人側目；有時樂極生悲，不懂駕馭技巧，反被驢摔倒
在地而受傷。[182]

　　此外，到北平就讀的青年學生，不少人也迷上聽戲這個全市最
普及的平價娛樂。有些男學生、甚至女學生，也跟時髦地捧角（即

---

[179]　謝興堯，〈中山公園的茶座〉，《宇宙風》半月刊，頁 347-350。

[180]　類似敘述，見常人春，〈『三代』茶館〉，《老北京的風情》（北京：北京出
　　　版社，2001），頁 131。

[181]　程為坤，〈戶外尋樂：二十世紀初年北京的休閒，社會空間及監控婦女〉，
　　　第二屆中國近代城市大眾文化史國際學術研討會，會議論文集，中國成都，
　　　四川大學，2007 年 7 月，頁 103-121。

[182]　〈逛白雲觀記：廣安道上行人接踵〉，北平《益世報》，1932 年 2 月 12 日，
　　　第 7 版。

追捧京劇名角）一番。作家吳祖光（1917-2003），在 1930 年代中期，便是個道地的「學生捧角家」；他愧稱自己爲了看戲、捧角，「瞞了父母不知花了多少冤錢？不知虛糜了多少光陰？更不知犧牲了多少功課？糟蹋了多少精神？」[183]北平青年學子以遊公園、逛廟會及聽京戲，做爲日常民生或休閒娛樂的消費選項，堪謂其融入道地北平市民文化的具體表現。與上海等其他城市的學生消費生活相較，這些深具京味的特色，頗爲突出。

與此同時，在文化氣息濃厚的故都北平，眾多的書店書鋪，自少不了學生的身影。前述文人學者鍾愛的琉璃廠，屢現學生蹤跡；不少具有文化素養的知識青年，喜愛琉璃廠的書味與古味，反復遊逛而樂此不疲。當時琉璃廠的某些書店業者，眼見中高等教育日漸發達，轉營教材或各類文史譯書與新書，此舉益發吸引更多學生消費群。[184]

綜上所述，故都北平社會的青年學生，雖不具生產力，卻得以匯聚出可觀的消費力。許多外來的富家子弟，包括少數財力雄厚的華僑後代，對當時北平城市消費的投入之高，更甚其師長輩的文人學者。[185]即使北京始終不如上海來得洋化，故都北平更不

---

183 吳祖光，〈廣和樓的捧角家〉，姜德明，《如夢令：名人筆下的舊京》，頁 315-320。

184 袁家方，〈尋根說故琉璃廠〉，《北京觀察》，2006 年第 7 期，2006 年 7 月，頁 24-29。

185 雪因，〈北平燕京大學的學生〉，天津《大公報》，1934 月 4 月 22 日，第 11 版。該文表示；「燕大的女生可分為兩大部分：一部份是所謂『華僑』，但為數極少。她們之在校內，完全是另一團體，生活是整個西洋化的，用錢

若上海十里洋場般地繁華與時髦，北平的知識青年仍盡情享受課外休閒生活，展現摩登的消費欲望。當時曾有論者表示，1930 年代的北平大學生普遍具有「三 G」主義的想法，即「分數（grade），游樂（games），女友（girls）」。[186]倘此說屬實，那麼，北平大學生至少有三分之二的心思不在書本上。也因此，他們的消費表現頗遭時人議論：

> 看呵！娛樂場中，或公園戲場：空氣污染，飛塵人覽，吵得頭眩，電影場中，特別是星期假日，學生總占多數，影院經理大老板，藉此大發財源，聚精會神，注視銀幕，暗地裏交換炭氣，悠揚的樂聲，富於肉感的跳舞，又不知沉醉了多少青年，真是物質戰勝一切，所以西服革履，短髮旗袍，最時髦的裝束，時常映入眼廉，寶貴的光陰，無限的金錢，全消耗在剎時間。[187]

　　這類敘述，自非北平學生消費生活的全貌；不少用功上進及愛用國貨的大學與中學生，以及更多家境較差的學生，多半幾個同

之多要超過國內學生四五倍之上。又一部份女生是國內的，其中有頂奢侈的，如前宋子文的妻妹以及王正廷的女兒等，但這不過是一種特殊的例子。」雖謂如此，家有貲財的「書香門第」、「高門大戶」、乃至於鄉下土財主家的子弟或（相對稀少的）女兒們，在當時北平中高等學校中，還是不乏可見。見鄧雲鄉，《文化古城舊事》，頁 54-55, 71-72, 113-123。

[186] 洛立，〈大學生的三 G 主義〉，北平《平西報》，1932 年 3 月 22 日。

[187] 劍華，〈都市繁華與學生〉，《新晨報》1930 年 6 月 8 日第 3 張第 9 版。

學湊合租賃民房,買書只能上舊書攤。[188]偶爾攢出點閒錢時,會去看一次電影,其餘的額外揮霍則談不上。[189]有些較窮但用功的學生,則靠著幫有錢學生寫報告、交作業,換取一些休閒娛樂的消費代價。[190]無論如何,由於當時北平的學生數量繁多,因此以量取勝的實力,仍相當重要地支持著故都北平的社會經濟與都市消費。

　　整體而言,青年學子對故都北平的城市消費貢獻,至少可從兩方面觀之:其一是學校聚集之處,容易推動附近區域商業的發展,其二是學生的趨新心態與崇洋的價值觀,促成跳舞、溜冰、看電影等新式休閒與娛樂業的興起,並成為光顧這些娛樂場所的主要族群。用時人的話來說,正因大批學生的存在及其消費表現,始造就故都北平「低度的繁榮」。[191]介於青年與成年階段的學生,

---

[188] 菁如,〈剝削智識階級的北平舊書賈〉,天津《大公報》,1933 年 5 月 3 日,第 13 版。

[189] 亞農,〈北平學生生活一斑〉,北平《北辰報》,1933 年 4 月 4 日,第 6 版。當時就讀北平師範大學的侯庭督(後曾任國民政府立法委員),亦曾言:「北師大同學衣著不講究,不交際,只知道啃書本」,當時他「唯一的娛樂,是星期假日看一場早場電影。」見劉志英編輯,《國立北平師範大學》(台北:南京出版社,1981),頁 348-352。

[190] 1934 年從燕大轉學就讀北大中文系的方師鐸(1912-1994),便曾說過「在我們那個時代的『北大』學生群中,就有一部份說話侉腔侉調,...口袋裡有大把的現大洋,叮噹作響的人物。到了考試、或是交報告的時候,他們可就走投無路,不知如何是好了,只好向我們這些窮小子求援:沒話說,請吃館子,看梅蘭芳,逛『八大胡同』。」方師鐸,《方師鐸先生四部曲之北平憶往》(台中:方謙亮,2001),頁 7-8。

[191] 〈文化中心的北平,當舖與學生相依為命〉,天津《大公報》,1933 年 8 月

心性與行為都易受外在環境影響，又憧憬與異性交往，這些特色都與故都北平社會的消費生活及兩性文化的發展，產生密切關聯。[192]雖然當時有些青年學子也隨著時局變遷，反復來往於北平與南方（即華北生變就往南逃，局勢穩定後又北上復學），但絕大多數的學生，仍與他們的師長一齊守著這座文化古城。[193]文人學者與青年學子在故都北平扮演著城市消費主力的重要角色，直到「七七」事變後，才又開始另一段艱辛的遷校與流亡過程。

第三節　政治副產品：外僑

北京長期做為帝制統治核心的京城所在地，常出於權力分配或妥協的政治考量，而孕育出某些特權階級；其既依附政權之起而興，也隨政權之落而衰。清代的旗人在民國之後的迅速沒落，即見證政權/政治對特權階級經濟與消費生活的深遠影響。[194]北京旗

---

16 日，第 13 版。

[192]　〈摩登青年的摩登戀愛術〉，北平《益世報》，1931 年 4 月 28 日，第 7 版。當時北平消費文化與兩性關係的相關發展，本書第四章將有進一步討論。

[193]　〈文化中心的北平，當舖與學生相依為命〉，天津《大公報》，第 13 版。

[194]　旗人指的是清代在旗的人，分隸於所謂的「八旗」當中。八旗制起源於努爾哈赤（1559-1626）在統一女真人的過程中，成立的臨時軍事與生產組織，平時生產，戰時從征。滿族人完全都被編制於八旗制之下。隨著征戰勝利致使漢人與蒙古降眾增多，到皇太極（1592-1643）時，為求擴大軍事實力並籠絡人心，便將蒙古人與漢人也編入旗籍。旗人待遇優渥，可領餉銀、俸米，還可分得份地與房產。清代旗人的生活狀況，隨著清廷財政由盛轉衰，出現相當大的變化。清代後期的旗人已面臨嚴重的經濟問題，辛亥革命後，八旗制度隨著清帝遜位、清朝覆亡而解體，旗人的甲糧停發，王莊旗田則被

人到故都時期，更多淪爲貧戶或無業游民，做著如人力車夫這類出賣勞力、提供服務的苦工。[195]相對地，另一群身份特別的北京住民——外國人——則屬近代中國與國際社會互動的產物，在 20 世紀之後逐漸成爲北京城中另一群特殊階級。北京的外國人與旗人，同屬特定時空下的政治副產品，不過二者一洋一中，一新一舊，且在民國時期一起一落，適成鮮明對比。雖然民國時期的北京數千名外僑人數，與前清眾多旗人數量完全無法相提並論，這群生活習慣與消費型態有別於華人的外國人，尤其是西方人士，確實刺激北京城市消費產生新風貌，且在遷都後，仍繼續扮演「量少質精」的重要消費者、與新式娛樂消費的催生者角色。

丈放，自此之後被迫自給自足。由於旗人在清代毋須自謀生計，許多人根本無一技之長，因此在民國時期經濟社會地位皆一落千丈。見果鴻孝，《昔日北京大觀》(北京：中國建材工業出版社，1992)，頁 235-239。瀛雲萍主編，《八旗源流》(大連：大連出版社，1991)，頁 152-157。劉小萌，《旗人史話》，頁 208-212。閻崇年，〈北京滿族的百年滄桑〉，《北京社會科學》，2002 年第 1 期，2002 年 1 月，頁 15-23。到 1920 年代之後，北京報紙不時可見旗人因家庭困頓，導致全家走上絕路的新聞報導。〈旗人因貧自縊〉，北京《晨報》，1920 年 5 月 22 日，第 6 版。〈旗人一家八口投河〉，北京《晨報》，1920 年 9 月 1 日，第 6 版。〈旗人全家投河〉，北京《晨報》，1924 年 12 月 7 日，第 6 版。

[195] 在近代北京市民消費的演進過程中，多數旗人從貴爲清代的都市消費主力，至民初迅速降爲消費能力有限的中下階層，到遷都之後更多地從事體力勞動與提供服務的底層工作，消費能力陡落。見〈故都舊臘(一)：貴胄變游民，旗民生活悽愴悲涼〉，天津《大公報》，1931 年 2 月 14 日，第 5 版。〈國都南遷之後北平日趨窮困〉，天津《大公報》，1933 年 2 月 18 日，第 13 版。〈一世豪華今安在八旗子弟沒落的悲哀〉，北平《晨報》，1936 年 12 月 28 日，第 6 版。

一、從東交民巷說起

近代北京雖然不像上海、天津與廣州等開埠都市，在清末因戰敗而被迫劃定租界供外人居住，卻存在特殊的使館區，即赫赫有名的東交民巷。東交民巷最初在元代稱為江米巷，為介於正陽門以東、崇文門以西，南到正陽門與崇文門之間的城墻根，北邊達東長安街。到明代，這兒成了各國朝貢外人、國內少數民族、各地商人與學生聚集之處，其名也衍變成「東交民巷」，意指各民族交流之處。[196]經過明清兩代，東交民巷逐漸成為中外人士雜居，國家衙署（包括工部、翰林院、詹事府等）、皇室官府（如肅王府、鎮國公府）、大臣住宅（如大學士徐桐住處）與外國使館共處的特殊地區。[197]大致而言，1860年代之前，東交民巷尚屬中國人民與外國人民友好往來的處所。但在1860年英法聯軍借修訂條約之名義進攻北京後，英法強據東交民巷中原屬皇族的王府，其後，美、日、比、德、與俄國，也分別以「利益均沾」的理由，在東交民巷設立使館。東交民巷的外國勢力不斷擴張，各國使館區

---

[196] 傅中午，〈東交民巷的由來和變遷〉，北京市政協文史資料委員會選編，《府園名址》（北京：北京出版社，2000），頁160-173。對於「東交民巷」稱呼的由來，另有一說這是在清末之時由「僑民巷」的諧音（「交民巷」）演變而來。見靳麟，〈北京東交民巷雜記〉，中國人民政治協商會議北京市委員會、文史資料研究委員會編，《文史資料選編》第四十二輯（北京：北京出版社，1992），頁229-236。

[197] 靳麟，〈北京東交民巷雜記〉，頁229-236。

皆設有數十名武裝衛兵。[198]

　　到19與20世紀之交，由民間自發、其後卻受慈禧太后縱容的義和團，在直隸、山西等省份恣意屠殺基督徒，並於1900年6月中旬圍攻東交民巷使館區。由英、法、德、美、日、俄、義、奧八國組成的聯軍，於該年8月攻佔北京城，雙方的對峙與爭戰，在北京造成大規模的燒殺破壞。[199]聯軍在1900年12月10日設立「管理北京委員會」，由各國分區佔領北京城，長達近一年之久。[200]

　　1901年9月，清政府與英、美、俄、日、法、德、義、奧、比、西、荷十一國簽訂《辛丑和約》，第七款同意在天安門的東南開闢「各使館境界」，「以為專與住用之處，並獨由使館管理，中國民人，概不准在界內居住，亦可自行防守。」[201]東交民巷成了外人獨佔的使館界，北京的國中之國，類似其他商埠都市的公共租界。[202]該處成立使館界事務公署，由值年外交使團公使主持一

---

[198]　傅中午，〈東交民巷的由來和變遷〉，頁160-173。

[199]　魏開肇、趙惠蓉，曹子西主編，《北京通史》第8卷（北京：中國書店，1994），頁188-227。郭廷以，《近代中國史綱》，頁316-331。

[200]　胡光明，〈北京近代城市文化演進歷程與構成特質論略〉，北京市檔案館編，《檔案與北京史國際學術討論會論文集》上冊（北京：中國檔案出版社，2003），頁240-264。

[201]　王鐵崖編，《中外舊約章匯編》第二冊（北京：生活·讀書·新知三聯書店，1957-1962）頁1006。

[202]　費成康，《中國租界史》（上海：上海社會科學院出版社，1991），頁3444-345。

切。各國在其中駐紮軍隊、設置炮台，並闢有練兵場，與足、籃、棒球場。[203]

圖十八：東交民巷館界圖[204]

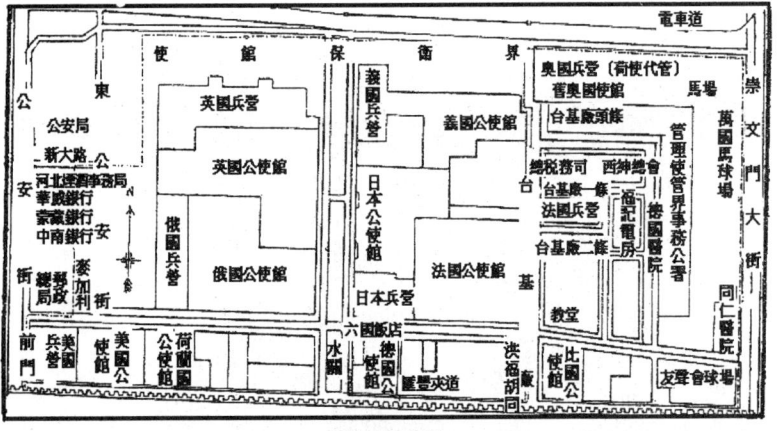

民國肇建後，在南京宣誓就任中華民國臨時大總統的孫中山（1866-1925），極力反對將首都建於北京，理由之一即北京若為民國首都，「而東交民巷乃有大炮數尊，安置於各要隘，殊與國體大有損辱。」[205]換言之，東交民巷這樣的國恥，不應存在於一國之

203　吳遠民，〈昔日之東交民巷〉，中國人民政治協商會議北京市委員會、文史資料研究委員會編，《文史資料選編》第三十九輯（北京：北京出版社，1990），頁249-254。

204　該圖出自北平民社編，《北平指南》（北平：北平民社，1929）。

205　孫中山，〈在北京與各報記者的談話〉，廣東省社會科學院歷史研究室、中國社會科學院近代史研究所中華民國史研究室、中山大學歷史系孫中山研究

都。當 1928 年建都之爭再起時，吳稚暉也曾以同樣的說法，回敬主張國都續留北京的馮玉祥，讓馮氏啞口無言。[206]

圖十九：東交民巷全貌[207]

東交民巷使館區成立後，各國陸續將區內之地，租給洋商經營，外商銀行、洋行、工廠、飯店、教堂、醫院、學校、俱樂部、郵電局、通訊社等設施，逐漸林立。這些均屬自由營業的機構，到 1930 年代中期時，約達九十餘家，既提供各使館大使、參贊、代辦、武官、秘書、隨員及其家屬子女的生活與消費需求，也連帶刺激更

室合編，《孫中山全集》第二卷（北京：中華書局，1982），頁 426-427。

[206] 〈國都問題〉，天津《大公報》，1928 年 6 月 12 日，第 3 版。

[207] 該照出自肖曉明策劃，藍佩瑾編輯，《北京：北京城與北京人》，頁 70。

多外人來此發展，使北京城外僑數目漸增。[208]不只居住在東交民巷的外僑可謂特權階級，就連專門服務他們的百餘名洋車夫，也屬於洋車夫中的特殊階級。他們的洋車須在該區內的巡捕局登記，領有牌照，稱爲牌車，車身顏色與一般拉中國客人的車色不同。[209]這些專門伺候洋人的車夫們，得會說或聽點英語，有時還順便充當外僑的導遊。[210]

除了東交民巷之外，另有些僑民散居在城郊各區，其中以東城的內一區最多。[211]1912 年時，京師內、外城已有外僑三百六十八戶，共九百三十五人，分屬美、德、法、英、俄、瑞典等十六個國家。[212]1917 年時，全城約有一千五百二十四名外僑，以日僑爲數最多，約佔 40%，其次爲美、英、德等國人。[213]

當南京國民政府先在 1927 年成立，後於 1928 年夏確立奠都南

---

[208]　哲洛，〈北平的外國人〉，《生活週刊》第 8 卷第 22 期，1933 年 6 月 3 日，
　　　頁 441-442。另見馬芷庠編，張恨水審定，《北平旅行指南》，（古蹟名勝）
　　　頁 107-109。

[209]　靳麟，〈北京東交民巷雜記〉，頁 229-236。另見吳逸民，〈昔日之東交民
　　　巷〉，中國人民政治協商會議北京市委員會、文史資料研究委員會編，《文
　　　史資料選編》第三十九輯，頁 249-254。

[210]　吳逸民，〈昔日之東交民巷〉，中國人民政治協商會議北京市委員會、文史
　　　資料研究委員會編，《文史資料選編》第三十九輯，頁 249-254。另見老舍，
　　　〈駱駝祥子〉，《老舍選集》第一卷（成都：四川人民出版社，1982），頁 3-5。

[211]　馬芷庠編，張恨水審定，《北平旅行指南》，頁 8。

[212]　李慕真主編，《中國人口（北京分冊）》（北京：中國財政經濟出版社，1987），
　　　頁 58-59。

[213]　吳建雍等著，《北京城市生活史》，頁 308-311。

京後，列強見大勢已定，先後承認南京國府政權，各國使館也相
繼南遷，使東交民巷成為沒有使節入駐的地區，形同特殊的公共
租界，仍由外國控制。[214]此後的北平外僑人數，除 1929 年略降之
外，呈現逐年上升的趨勢。

表十四：北平外僑戶口統計表（1928-1946）[215]

年別	戶數	人口			
		男	女	合計	佔全市人口比
1928	—	1,492	1,049	2,541	0.19%
1929	—	1,243	875	2,118	0.16%
1930	—	1,408	1,034	2,440	0.18%
1931	—	1,515	1,124	2,639	0.19%
1932	—	1,694	1,360	3,054	0.20%
1933	—	1,886	1,420	3,306	0.22%
1934	—	2,032	1,619	3,651	0.23%
1935	—	2,269	1,812	4,081	0.26%
1936	1,438	2,737	2,177	4,914	0.32%

---

[214] 費成康，《中國租界史》，頁 344-345。

[215] 此表數據來自北平市工務局編印，《北平市都市計畫設計資料第一集》，1947
年 8 月，頁 15-16。抗戰之後，北平僑民人數明顯激增，乃因該城被日軍佔
領，湧入大批日僑與朝（鮮）僑所致；因此，對日戰爭時期的北平外僑人口，
是不降反升。見李慕真主編，《中國人口（北京分冊）》，頁 58-59。

1937	1,693	3,081	2,306	5,387	0.36%
1938	5,524	11,143	8,319	19,462	1.21%
1939	8,796	17,687	13,594	31,281	1.84%
1940	10,098	20,636	16,028	36,664	2.10%
1941	10,856	22,038	17,091	39,127	2.18%
1942	11,986	24,081	13,653	42,734	2.38%
1943	11,987	23,916	18,197	42,113	2.57%
1944	11,562	23,269	18,123	41,392	2.53%
1945	8,228	15,611	14,474	30,085	1.82%
1946	786	1,309	1,111	2,420	0.13%

　　由表十四可知，故都北平時期的外僑，從兩千多人緩慢增加
到五千多人。該市的僑民來源眾多，除了原先駐節北京的各邦交
國之人民外，還來自希臘、丹麥、瑞典、瑞士、捷克、芬蘭、波
蘭、挪威、葡萄牙、土耳其、匈牙利、塞爾維亞等歐洲國家，巴
西、秘魯等美洲國家，以及印度、越南、朝鮮等亞洲國家。[216]根
據《晨報》於 1933 年 9 月的相關報導，旅平的外僑來自三十一個
國家，人口最多者為日本、美國、朝鮮與英國，其餘各國都不到
百戶。[217]

---

[216]　北平民社編，《北平指南》（北平：北平民社，1929），（統計表）頁 2。
[217]　〈外僑調查〉，北平《晨報》，1933 年 9 月 21 日，第 6 版。

　　至於北京外僑的職業，在國府遷都前，主要為使館人員及其
眷屬、商人、傳教士與研究人員。[218]遷都後各國使館逐漸撤離，
相關人員隨同南行，北平外僑的職業身份更形多元。1935 年的北
平公安局戶口調查顯示，外僑中無業者最多，佔全市外僑人口約
33%，其次為「其他」，佔 32.3%，再其次為「自由職業」，佔
10.8%，從商者則有 4.6%。[219]官方統計顯示的無業者，或許是外僑
眷屬，因此有無職業與其消費能力並不成正比。至於「其他」與「自
由職業」兩類，徵諸其他史料，應廣泛包括傳教士與各種專業人員
（如醫師、獸醫、教員、理髮師、舞者、裁縫）等。[220]此外，故都
北平時期學校林立，文化薈萃，在該市從事學術教育與新聞傳媒
事業者也不少。[221]

　　綜合上述，可歸結外僑在故都北平社會的幾項特色：首先，
整體人數較民初時更多，且呈陸續增加之勢。其次，就職業而
言，故都階段的外僑，不像國都時期集中從事外交或傳教等工作，

---

[218] 吳建雍等著，《北京城市生活史》，頁 308-311。

[219] 公安局將職業分類為農、礦、工、商、交通運輸、公務、自由職業、人事服
務、其他與無業，因此「其他」應屬無法歸納進前述各類別的職業。見〈北
平市外僑職業調查〉，冀察政務委員會秘書處第三組第三科，《冀察調查統
計叢刊》，第 2 卷第 2 期，1937 年 2 月 15 日，頁 14。

[220] 吳建雍等著，《北京城市生活史》，頁 308-311。哲洛，〈北平的外國人〉，
《生活週刊》第 8 卷第 22 期，1933 年 6 月 3 日，頁 441-442。李興耕等，《風
雨浮萍：俄國僑民在中國（1917-1945）》（北京：中央編譯出版社，1997），
頁 120。

[221] 冀察政務委員會秘書處第三組第三科，《冀察調查統計叢刊》，第 2 卷第 2
期，1937 年 2 月 15 日，頁 9-14。

而朝各行各業發展。再者，從國籍觀之，故都階段仍以日本僑民
人數最多；此種現象到 1930 年代中期，愈爲明顯。基本上，旅平
外僑，尤其是白人與日朝僑民，因中國與其祖國的不平等條約關
係，以及 1930 年代後日本在華北勢力日益高漲，一般在中國享有
較高的身份地位。[222]不少外僑在北平的政、商、醫、學術、外交
界有其勢力與影響力，儼然故都北平的新特權階級。1933 年，北
平市籌備自治委員會向內政部呈請繁榮北平計劃提案書，其中包
括建設北平爲「良好住宅區」，倡言讓北平：

> 做成有法律之中外住宅區，自庚子以來，各國僑民雜居
> 已成事實，萬難強令遷出。與其無法律之默認，以致捐
> 稅、保護、防查種種問題無從解決，何如制定條例，於
> 此試行雜居，以為將來收回租界，撤消領事裁判權之模
> 範。北平氣候適宜，醫術完備，生活程度並不過高，若
> 道路改良，保衛周到，則各國人民之來居北平者，將日
> 見其增益也。[223]

　　當時主政的市長周大文，對此一建議不甚認同；他向內政部
回復：「查中外雜居一節，事關對外條例，司法改良，絕非制定一
紙條例，即可了事。且各國僑民寓此者，類爲經營商業，其數要

222　哲洛，〈北平的外國人〉，《生活週刊》第 8 卷第 22 期，1933 年 6 月 3 日，
　　頁 441-442。

223　〈內政部關於北平各自治區公所呈請繁榮北平之計畫的咨文〉，北京市檔案
　　館藏，1933 年 3 月，卷宗號 J001-007-00035。

不能格外增加。至其他各界人民，即使道路改良，保衛周到，超越倫敦巴黎，謂其能不遠萬里，捨其本國，來此僑寓，恐萬無此事。此項所陳，未能達於事情。」[224]周大文對吸引外僑的計畫不感興趣，倒是繼任的袁良市長，大力推動遊覽區建設計劃，期將北平打造為具備各種娛樂建設、為各國外僑或遊客樂而忘返的世界級優良住宅區。[225]下一部份，將說明外僑參與北平城市生活的消費表現。

二、中西交融的消費特色

外僑佔居北平全市人口的比例確實極低，但這一小群經濟能力主要分布在中上階層的外國客民，整體消費實力不容小覰。尤其在國都時期叱吒風雲的政商權貴逐漸消聲匿跡之後，物質生活原即優渥的多數外僑，在物價下滑的故都北平社會，更倍顯雄厚的消費本事。且因他們對休閒娛樂的某些需求有別於中國人，因而刺激北平發展出更多元的消費型態。許多源自西方的物質享受或休閒方式，陸續出現，飲食方面有番菜（西餐）館，娛樂消遣部份有咖啡館、球房、舞場與電影院。[226]這些西式的消費處所，一

---

224 〈內政部關於北平各自治區公所呈請繁榮北平之計畫的咨文〉，卷宗號 J001-007-00035。

225 北平市政府編印，《北平遊覽區建設計劃》（北平：北平市政府，1934），頁 19-27。

226 根據 1933 年北平市政府對全市營業的調查統計，番菜館有 7 間。〈營業分類統計〉，北京市檔案館，1933，卷宗號 J002-007-00092。再據 1935 年馬芷祥編的《北平旅行指南》，當時北平有擷英、來今雨軒、福生食堂（回教）、

方面滿足外僑的生活需求與享受，另一方面也提供北平市民不同
於傳統的消費新選擇。

上一章曾說明國府遷都後，北平如何逐漸形成新的消費環
境；在北平的都市轉變與商業區興衰的過程中，外僑也發揮舉足
輕重的影響力。典型的例子，是造就東安市場的興盛，使其得以
取代清代到民初始終繁榮的前門大街：

> 比及民國十七年，國都南遷後，北平失去政治之重心，一
> 切達官貴人，日愈減少，全市繁榮，大受打擊，於是南
> 城，亦遂一蹶不振，所幸東單崇文門內一帶地方，距東交
> 民巷甚近，外商林立，各國僑民雜居是處，東城繁榮，乃
> 集於斯。加之東安市場，年來擴充，王府井大街，遂成東
> 城薈萃之地。其富庶情況，不減於昔日之前門大街。[227]

東安市場得以不斷擴充並躍為北平市的一級商業中心，與外
僑及外國旅客高消費力的支持，有直接的關係。[228]據 1934 年北平
公安局的戶口調查，住在內一區的外僑，佔全北平外僑人數

韓記、森隆、大美、鑫華、華美、半畝園、泰安紅樓、與華利經濟食堂共十
一家西餐館，以及二妙堂、有光堂、柏斯馨、國強與英林共 5 家咖啡館。馬
芷祥編著，張恨水審定，《北平旅行指南》，（食住遊覽）頁 5-6。

[227] 〈北平市況：南城的繁榮已被東西城所奪〉，天津《大公報》，1933 年 3 月
2 日，第 13 版。

[228] 高松凡，〈歷史上北京城市場變遷及其區位研究〉，《地理學報》，第 44 卷
第 2 期，1989 年 6 月，頁 129-139。

68%，其次是東北的內三區，但所佔全市外僑人口比例已驟降至
8%左右，再來是西北的內四區，約佔 7%；西郊因有北大、清華
等大學，（尤其英、美、法）外籍教授人數不少，在北平各區外僑
人數中排第四。[229]此一分佈情勢，清楚說明地處內一區的東安市
場所以興盛之因。東安市場供應的貨品，是全北平最時新的洋
貨，就連那兒的書店，也以洋版書為主，是外僑從事日常民生與
休閒娛樂消費的第一選擇。[230]此外，北京飯店、六國飯店、協和
醫院、平安電影院與諸多洋行，都開在外人聚居的東長安街與王
府井等處，可謂北平最洋化的區域。[231]東長安街路北的平安電影
院、東安市場內的真光電影院主要顧客，多是外國士兵、使館人
員與僑民。[232]至於源自西方的社交舞，以及由此活動衍生出的跳
舞場，更在 1930 年後的北平風靡一時。外僑人士與外國士兵，除
了參加私人設宴舉辦的社交舞會之外，也樂於前往有舞女伴舞的
舞場，或與友人共樂，或一親舞女芳澤。[233]

　　若說歐美僑民因其母國習俗，而有參加舞會或上舞場的習慣
與嗜好，那麼在 1935 年代中期後人數速增的日本與朝鮮僑民，似

229　〈北平市外僑戶口統計表〉，冀察政務委員會秘書處第三組第三科，《冀察
　　調查統計叢刊》，第 2 卷第 2 期，1937 年 2 月 15 日，頁 10。
230　孫殿起輯，《琉璃廠小志》（北京：古籍出版社，1982），頁 52。
231　〈北平市況：南城的繁榮以被東西城所奪〉，天津《大公報》，1933 年 3 月
　　2 日，第 13 版。
232　李微，〈娛樂場所與市民生活──以近代北京電影院為主要考察對象〉，《北
　　京社會科學》，2005 年第 4 期，2005 年 11 月，頁 55-61。
233　〈舞場憧景之如是觀，舞女數十人顛來倒去伴舞〉，北平《益世報》，1931
　　年 3 月 20 日，第 10 版。

乎青睞某些涉及賭博的小型遊戲場。這多少與日本勢力在北平大
肆擴張，許多日本浪人湧入北平從事不法行徑有關。[234]雖然部份
的日本或朝鮮僑民造成北平市民的諸多不安與憤怒，但不能否認
這群外僑的商業經營，也變相刺激著北平的消費。[235]

　　外僑在北平的生活，不僅有助於促成西式的物質消費文化，
也多少見證中國文化對外國人的吸引力。不少外僑逐漸融入傳統
氛圍濃厚的北平市民生活中，過年去逛廠甸，平日去廟會湊湊熱
鬧。[236]屬於廠甸部份的火神廟，每逢新舊曆年開放時，主要陳列
的珠寶、翡翠、玉器等寶物，便多鎖定外僑或富戶為主要客源。
[237]業餘作家陳鴻年，曾不加掩飾地提及火神廟「這個地方，淨是
洋鬼子，鬼子娘兒們，還有洋涇濱舌人。」[238]此外，位處東北
隅內三區的隆福寺，更因「外人僑居，商業日盛」，在故都北平發
展得比過去更興盛，規模居當時五大廟會中最大，集會商攤近
千。從廟會的發展起落，在相當程度上操之於人數有限的外僑手
中，便可略窺這一小撮特殊族群，對北平消費的貢獻度與影響力。

234　〈全國五大城市七年來人口激增（續）〉，北平《晨報》，1937年3月10日，
　　　第12版。

235　如第二章曾述及1935年之後出現的由日人經營的遊戲場。徐醒，〈故都「游
　　　戲場」速寫〉，北平《晨報》，1937年1月22日，第7版。

236　卓然，〈廠甸風光記（十）〉，天津《大公報》，1935年3月3日，第4張第
　　　16版。王彬、崔國政輯，《燕京國土錄（上卷）》（北京：光明日報出版社，
　　　2000），頁253。

237　〈春節期間廠甸開放火神廟生意蕭條〉，北平《東方快報》，1937年2月18
　　　日，第2版。

238　陳鴻年，《故都風物》（台北：正中書局，1970），頁289-290。

　　此外，北京這座古城及其近郊的眾多名勝古蹟與廟宇，也常可見外僑的蹤跡。劉易斯‧查爾斯‧阿靈頓（1859-1942），一位在中國居住近五十年的美國漢學家，曾於 1935 年在上海出版《尋找老北京》（*In Search of Old Peking*）英文專著。[239]該書提及北京的外國人，多喜到城內、外與四郊的名勝踏青，感受北京悠久的歷史文化之美，與翠綠山林及雅緻景色帶來的心曠神怡。諸如遊覽西山及其中的眾寺廟、香山、頤和園、黑龍潭等處，都是外國人常見的消遣。[240]（參附圖二、三）

　　文人學者、青年學生與外僑，都不是北京社會的新面孔；從「五四」以來到 1920 年代，北京報端常可見他們各種活動與言論的相關報導。但若就整體消費實力而言，國都北京階段的消費主力，無疑是政商權貴與軍人之流，而非主要領固定月薪或版稅的文人學者、無生產職業的青年學生、或人數極有限的外僑。直到北京因遷都引發社會經濟、消費條件、商業規模與城市定位的轉變，始造就原在國都階段言論活躍、消費表現卻平平的文人與學生，成為城市的消費新中堅。擁有穩定收入的文人與做為純消費者的學生，較不受市場景氣波動影響，且二者的社會身份與故都

239　阿靈頓在清末到中國時，尚不滿二十歲，曾陸續於中國水師、中國海關與郵政局任職，1920 年退休後，居住於北京，從事寫作與研究，成為著名的漢學家。其《尋找老北京》一書，後來以中文譯本出版時，出名有更動。見阿靈頓（Arlington, L. C.）著，趙曉陽譯，《古都舊景：65 年前外國人眼中的老北京》（北京：經濟科學出版社，1999）。

240　阿靈頓（Arlington, L. C.）著，趙曉陽譯，《古都舊景：65 年前外國人眼中的老北京》，頁 180-185。

北平的文化古城定位相得益彰，在當時享有文化與經濟上的雙重優勢。至於身份特殊的外僑，在遷都之前，各國使館人員即常與政商權貴往來交際，多屬上流社會份子；當政商權貴與某些使館人員在遷都後相繼離平，留居或後來加入北平的數千名外僑，多半仍屬經濟能力中上之戶。因此，外僑人數雖不多，卻在原富戶泰半離去的故都北平社會，展現中上水準與異國特色的消費能力。這三類支撐故都北平社會經濟的消費群體，交相促成上一章所述某些消費新趨勢。舉例而言，部份廟會受到外僑的支持，得以復甦；廟會及天橋除了供應大多數市井小民的民生所需，也是家境較差的學生仰賴的消費據點。西單商場的勃興與繁榮，主要拜週邊學校群聚之賜；東安市場旺盛的營業，則與外僑、大批青年學生與文人學者的支持，息息相關。

　　值得注意的是，故都北平的消費新貌，不光是由文人學者、青年學生與外僑、乃至於續留北平的少數政商富戶等新舊主力來展現。誠如本書第一章對遷都後北平人口結構重組的說明，為數漸增的中下層人口（極貧戶除外），儘管個別經濟能力毫不起眼，其點滴累積的整體消費貢獻卻不容忽視。遷都對北京商業造成的重大打擊，使不少業者無法再靠政商權貴量少質精的消費，順利經營，轉而將眼光望向數量龐大的小市民，因此催生出以他們為主要客源的新式消費服務。此外，本章提及的西式消遣（跳舞），也在故都階段提供以往未見的娛樂服務。下一章將以提供這兩類新式消費服務的職業群體——即女招待與舞女——為主，討論其為何及如何出現於故都北平社會，並說明她們的服務，給予消費者什麼

樣的新體驗,且在相當程度上,改變了城市的消費風貌乃至兩性
社交型態。

第四章　古城春色：新服務與新體驗

如前三章所述，隨著國府遷都及其後的時局發展，故都北平社會從人口組成、經濟情況、商業規模、時局形勢到消費主力都經歷相當的轉變。原先官氣濃厚[1]、貴族味十足的政治首都，改頭換面爲書香味重、平民風取勝的文化古城，展現有別於昔的城市面貌。曖昧的是，此時的北平社會，雖以具有文教氣息的文化古城自居，卻同時瀰漫某種春情蕩漾的消費慾望。啓動這類消費慾求的肇始者，是餐飲與休閒娛樂業者，他們藉以刺激與滿足消費者之道，則是由女性提供服務。最具代表性者，首推在飯館、球房、電影院與咖啡館工作的女招待，其次爲舞場中陪伴客人的舞女。

這類允許年輕女性公開服務顧客的職業，向來難在以維護傳統道德自居的國都北京生根；遷都促成的政治力下降，則不期然

---

[1]　遷都前的北京，始終被視爲富有官氣與貴族氣，政治氣味濃厚。直到遷都之後，這樣的城市氛圍遂出現改變。見陳源，〈官氣與洋氣〉，《西瀅閒話》（石家庄市：河北教育出版社，1995），頁 99-100。倪錫英，《北平》（上海：中華書局，1936）。

為這類職業打開新機，順勢而生地展現出跨階級的服務魅力，廣受男性消費者歡迎。這些年輕的職業女性──尤以女招待為然──所提供的服務及娛興，正可謂遷都前後似無差異的下層市井生活中，最主要的消費新貌。

本章將先簡述近代北京女性服務業的發展過程，說明其與市民消費的關聯，進而分節討論女招待與舞女如何透過她們的工作與表現，參與故都北平的市民消費生活，開創城市消費新體驗。

第一節　女性服務業生機乍現

近代北京的女性職業及女性在公領域的活動表現，相較於上海或天津等商埠都市，顯得發展遲緩且不發達。誠然，五四時期婦女解放思潮中，要求經濟獨立的呼聲此起彼落，身為新文化運動中心的北京，也因緣際會地出現婦女就業的契機，包括擔任教師、醫師、職員與各種勞動工作。報端也出現開辦女子商店、籌設女子工廠與女子職業學校等報導。[2]

2　〈籌設女子工廠〉，北京《晨報》，1919 年 3 月 28 日，第 6 版。〈北大將聘女教員〉，北京《晨報》，1920 年 4 月 3 日，第 3 版。〈男女醫生之總數〉，北京《晨報》，1920 年 7 月 3 日，第 6 版。〈各縣將設婦女習工廠〉，北京《晨報》，1921 年 1 月 16 日，第 6 版。〈女子職業學校招生〉，北京《晨報》，1921 年 1 月 31 日，第 3 版。〈女子商店行將開業〉，《北京日報》，1921 年 2 月 25 日。〈女相士看不出賊相〉，北京《晨報》，1921 年 7 月 22 日，第 6 版。〈好一個自謀生活的賣報女子〉，北京《晨報》，1921 年 8 月 14 日，第 6 版。陳友琴，〈中國商業女子的現狀〉，《婦女雜誌》，卷 10 號 6

不過，除了極少數知識婦女或受專業技能訓練者，有資格從事教育或醫療行業之外，北京婦女絕大多數只能從事出賣勞力的廉價工作。[3]雖說這是民初婦女職業在各城市發展的普遍現象，但在北京更形明顯，此與其國都身份及京城發展特色有密切關聯。

北京久為皇城所在地與政權中心，從明清朝廷到民初軍閥，都對規範兩性言行與互動有較強的控制力，社會風氣比其他商業城市來得保守。[4]在達官貴人與富商巨紳充斥的北京城中，中上階層家庭的婦女因身份限制，很少出外拋頭露面，遑論工作。此外，北京素來倚靠全國各地輸入的物品與資源，服務業與商業興旺，工業生產卻從未發達，因此女工人數始終不多。[5]概言之，不論從

（1924 年 6 月 5 日），頁 902。

[3] 〈不是工業區的北平：婦女謀生多賴手工〉，天津《大公報》，1933 年 3 月 17 日，第 13 版。〈北平婦女職業調查之一：小學教員的生活〉，天津《大公報》，1933 年 3 月 1 日，第 13 版。

[4] 早在晚清時期，北京的社會與女界風氣，以及對女學堂的要求，都比江南尤其上海一地來得保守。例見夏曉虹，〈新教育與舊道德——以杜成淑拒屈彊函為例〉，夏曉虹，《晚清女性與近代中國》（北京：北京大學出版社，2004），頁 38-66。另見田炯錦，〈北大六年瑣憶〉，《傳記文學》，第 22 卷第 1 期，1973 年 1 月，頁 41-46。1920 年代的北京報紙新聞，也不時可見京師警察廳或教育部針對妓女、女伶或女學生等女性，發布各種禁令。〈部令取締女生〉，《北京日報》，1921 年 3 月 14 日，第 5 版。〈取締妓女規則〉，《北京日報》，1921 年 5 月 25 日，第 5 版。〈警廳取締女伶應酬〉，《北京日報》，1921 年 9 月 3 日，第 5 版。

[5] 1929 年的北平女工人數為四千兩百四十九人，佔全體工人總數的 5.4%。至 1936 年，北平女工人數為六千三百一十人，佔全體工人總數的 6%。見〈北平市民職業統計〉，北平《新晨報》，1929 年 2 月 21 日，第 6 版。〈北平市

職業生產或娛樂消費來看，北京婦女都不像上海婦女那樣地早參與及多投入。[6]

即使在北伐終結的 1928 年前後，北京婦女的就業狀況仍不甚活絡。[7]若純就數量來看，遷都後的北平婦女職業發展，更呈每下愈況之勢。表十五為 1929 年出版的《北平指南》中，引用平津衛戍司令部所做的北平居民職業調查：

表十五：北平居民職業統計表（1929 年 7 月）[8]

市民職業表〉，北平市政府秘書第一科統計股，《北平市統計覽要》，1936，頁 12。

[6] 以北京婦女出門在外的休閒活動為例，其進戲園聽戲，是遲至 1907 年後的事。相較之下，上海在1870年代中期即屢見閨閣女子或妓女出入各類娛樂場所的報導；另外，上海女工也人數日增地投入工廠勞動生產。見吳建雍等著，《北京城市生活史》，頁 295-298, 338。羅蘇文〈都市文化的商業化與女性社會形象〉，葉文心等，《上海百年風華》（台北：躍昇文化，2001），頁 55-110。另外，

[7] 1920 年代末以前可見的北京女性職業，包括教員、職員、看護婦、接生婆、藥婆、女工、女傭、小販等，種類與上海相比，十分有限。見宋化歐，〈北京婦女之生活〉，《婦女雜誌》第 12 卷第 10 號，1926 年 10 月，頁 39-43。李家瑞編，《北平風俗類徵》（上海：上海書局，1996），頁 152-181。Weikun Cheng, "Nationalists, Feminists, and Petty Urbanites: The Changing Image of Women in Early Twentieth-century Beijing and Tianjin," （Ph.D. dissertation, Batimore: The Johns Hopkins University, 1995）, pp. 186-195.

[8] 北平民社編，《北平指南》，頁 1。此處要說明的是，表十五所顯示的總人口數與外僑人數，與第一章表一及第三章表十四所示的1929年度數據有些微出入，這應與表十五並非最終年度人數統計有關，無礙於本書的分析。表十六的數據也是同理。

	共計	男	女
官吏	26,547	26,510	37
公職	22,814	13,219	9,595
兵士	43,897	43,897	
農業	107,322	76,757	30,565
工業	158,564	141,120	17,444
商業	236,292	226,991	9,301
外國人	2,351	1,383	968
無職業	413,236	134,645	278,591
其他	342,529	162,953	179,576
合計	1,353,552	827,475	526,077

由上表可知，扣除「外國人」與「無職業」兩欄，所得女性從事各行各業（包括「其他」）總數，共爲二十四萬六千五百一十八人，佔女性居民總數 46.86%；其中，若不包括「外國人」、「無職業」與「其他」三者，北平女性從事的行業人數排行，依次爲農、工、公職、商、與官吏。相對地，男性有職業者（六十九萬一千四百四十七人）佔總男性人口 83.56%；就同樣的行業排行觀之，依次爲商、工、農、兵士、官吏與公職。再看表十六，由北平市政府

於 1936 年 6 月進行的調查統計：

表十六：北平市市民職業表（1936 年 6 月）[9]

	共計	男	女
共計	1,533,083	943,429	589,654
農業	88,686	66,557	2,129
礦業	721	716	5
工業	104,948	98,638	6,310
商業	143,324	141,304	2,020
交通運輸業	14,889	14,899	---
公務員	39,184	39,134	50
自由職業	133,349	117,029	16,320
人事服務	47,059	28,684	18,375
無業	980,913	436,468	544,445

根據表十六的數據，1936 年中旬，北平女性有職業者共四萬五千二百零九人，竟只佔當時女性總人口7.67%，同時期的男性有職業者（五十萬六千九百六十一人），佔男性總數 53.74%。由上可知，從 1929 到 1936 年，北平男女市民的就業總數與就業率，都有明顯衰頹的趨勢，女性部份的跌幅更爲驚人。這些數據，皆與本書第一章所述故都北平經濟蕭條、失業率高的情勢相吻合。但光展示這些量的改變，無法真正掌握遷都後北平女性職業的演變及發

---

[9] 北平市政府秘書室第一科統計股，《北平市統計覽要》，1936，頁 12。

展特色。惟有透過質的分析，才能真正探究此階段婦女就業的情形，及其與城市轉變之間的關係。

　　表十五與表十六恰好提供了研究切入點：從職業分類來觀察婦女職業的演進。1936 年的數據與 1929 年最大的差異，一是從事農業、工業與公職的女性人口，都大幅減少，二為增添了礦業、自由職業與人事服務這幾種職業類別。尤其，「人事服務」的數量，不僅躍居所有婦女職業類別的首位（佔全市職業婦女總數 40.6%），也是女性在各業中所佔比例最高者（39.0%）。換言之，平均三位職業婦女，就有一個以上從事服務業；同時，平均三位從事服務業者，就有一位是女性。這個變化，標誌出遷都後北平婦女職業的重要發展趨勢：即在農業與工業發展衰頹、公職機會也減少的同時，有許多女性開始投入服務業的行列。北京在國都時期，即有老媽（即女僕，也稱小老媽）這項服務業，且不乏年紀頗大的已婚婦女擔任；以下將說明，遷都後新興的女性服務業，主要鎖定年輕女性為招聘對象，其差異值得注意。[10]

　　基本上，服務業著重的是接待客人的表現，因此女性的親

10　必須指出的是，即使在遷都後的故都時期，北平的人事服務業當中，仍有相當比例是老媽業，主要人力來源為城郊與農村地區的貧窮勞動婦女。見〈農村經濟破產貧窮婦女集中城市〉，北平《北方日報》，1933 年 11 月 8 日，第 6 版。對於此職業、及該職業介紹所的相關報導，見〈傭工介紹所詳情細況：平市老媽作坊內幕種種〉，北平《益世報》，1932 年 3 月 19 日，第 7 版。〈傭工介紹所詳情細況：平市老媽作坊內幕種種（續）〉，北平《益世報》，1932 年 3 月 25 日，第 7 版。

切、溫柔、耐心等社會加諸女性的特質，成為她們適於從事服務業的有利條件。[11]然而，年輕女性對男性顧客的性吸引力，卻常是雇主聘用女性從事服務業的重要動機，且成為容易擦槍走火、演變成情色消費的致命要素。因此，在女性就業情形仍普遍不發達、服務工作多被視為不入流的民初社會，只有貧寒或下層年輕女性才選擇入此業。這些女子雖然在商業資本主義社會發展新式消費文化的過程中，得以從事服務業維生，卻同時被要求表現女性特質，做為眾人消費的對象。女性若要從事服務業，又想保全好名聲，著實困難重重。

在此之前的國都北京階段，女性之所以鮮少公開服務男性顧客，除了社會保守風氣阻礙其發展外，也因八大胡同的妓女文化，已可滿足政商權貴的各種欲望與需求，其餘的情色消費暫無發展空間。[12]八大胡同做為達官貴人、富商巨紳與軍閥政客最重要

---

[11]　洪毓甡，〈服務業女性就業變遷與兩性就業差異之研究〉（嘉義：台灣中正大學勞工研究所碩士論文，1996），頁 27-28。

[12]　所謂的「八大胡同」，在前門大街外，即王廣福斜街、陝西巷、皮條營、韓家潭、石頭胡同、胭脂胡同、百順胡同、與紗帽胡同。依市府管理樂戶（即妓館）與取締妓女的規則可知，北平妓院分為四個等級，第一級為清吟小班，第二級為茶室，第三級為下處，第四級為小下處。見阿尚，〈舊北京妓院黑幕〉，《文史精華》編輯部編，《近代中國娼妓史料（上下卷）》（河北：河北人民出版社，1998），頁 321-329。〈北平市公安局管理樂戶規則〉、〈北平市公安局取締娼妓規則〉，北平市政府參事室編，《北平市市政法規彙編》（北平：社會局救濟院印刷組，1934），頁（公安）101-105。此外，必須說明的是，國都北京時期除了妓女之外，在公眾場所工作的女性，還包括沿街叫賣的婦女小販，以及五四時期偶見且為數甚少的職員、行員與店員。但這

的溫柔鄉與常見的議事處，存在爲數可觀的一、二等妓女，供政商
權貴與文人墨客賞玩，情色文化盛極一時。國府南遷後，北平妓
業因應消費人口結構的重整，在妓女層級上出現一二等劇減、而
三四等驟增的明顯變化趨勢，妓業品質沒落，盛況不再。[13]曾在國
都北京倚權貴而興的上等妓女，在遷都後被具有平民風味的女招
待、與代表摩登潮流的舞女取而代之，使故都北平演變出大眾化

些與本書所討論的女招待，性質都不相同。

[13] 以下這段 1930 年的報導，相當簡拢地綜述民初北京與遷都後北平妓業的興
衰：「平市原為首都，往昔繁榮甲全國，消金窟裏，暗藏百嬌，南北金粉，
爭奇鬥艷，八埠平康，車馬水龍，常夜以繼日，曾幾何時，國都南遷，南城
遊客銳減，樂戶因之倒閉者，亦前後繼，陝西巷韓家潭一帶名花，亦可屈指
數矣。」見〈本市皮肉生涯統計〉，北平《益世報》，1930 年 7 月 8 日，第
7 版。妓女等級人數變化的趨勢，舉例而言，1919 年的一等（642 人）與二等
（743）北京妓女共 1385 人，三等（1465 人）與四等（280 人）則有 1745 人；
一二等佔全數的 44.2%。到 1929 年，一等（323 人）與二等（405 人）妓女
只剩 728 人，三等（1692 人）與四等（321 人）妓女有 2013 人，一二等僅佔
總數的 26.5%，三四等為 73.5%。見參倩曾，〈北京娼妓調查〉，《社會學界》
第 5 期，1931 年 6 月，頁 105-146。此種趨勢在故都社會不斷變本加厲，根
據報載，1931 年 12 月，平市三等與四等妓女佔全妓女總數的比例為 75.6%。
到了 1934 年夏天，更高達 80.7%。〈平市最近的三種統計〉，北平《導報》，
1931 年 12 月 22 日，第 7 版。〈八月份全市妓女人數及其疾病統計〉，北平
《東方快報》，1934 年 9 月 21 日，第 5 版。當時論者多指出妓業的沒落蕭
條，見〈舊都娼業之冷落蕭條〉，北平《京報》，1931 年 1 月 18 日。〈天然
禁娼〉，北平《導報》，1932 年 4 月 3 日，第 7 版。另見杜麗紅，〈20 世紀
30 年代的北平城市管理〉，中國社會科學院研究生院近代史系博士論文，
2002 年 6 月，頁 108-115。

的情色消費新風貌。[14]

綜言之，國府遷都後，北平經濟與消費景況丕變，轉變中的商業市況、社會情勢與人口組成，共同促成以女招待與舞女爲代表的服務業發展契機。這些年輕女性的工作及其表現引發的連鎖社會效應，爲北平這座古城帶來商機、生氣、春色、緋聞、法律訴訟、以及持續不斷的輿論爭議，也使北平社會經歷新的兩性互動階段。以下兩節，將基於前三章對遷都後北平社會經濟演變的討論，探究女招待與舞女的出現及其表現，如何爲北平的市民及遊客帶來消費新體驗，進而擴展兩性「社交公開」的層次與意涵。

第二節　豔名昭彰的平民天后：女招待及時人的「吃女招待」

廣義的女招待，即在公共營業場所擔任服務工作的女性，自古即有；漢代「當爐賣酒」的卓文君，或北宋在汴京（開封）街坊店內爲客人換湯斟酒的「焌糟」，都屬此類。[15]不過，這些女性服

14　本章與下一章所討論的情色消費，主要是男性市民在各類消費過程中，與提供服務的女性工作者之間衍生的種種具有色情意味、涉及性慾或情感交流的消費行為。至於市民彼此間的兩性情愛或婚外關係，不能以消費行為視之，因此不在討論範圍內。

15　1930 年代曾有論者把漢代「當爐賣酒」的卓文君，視為最早類似女招待或女酒保的人物，並從某些漢代樂府及唐代詩作中，推敲出這類個別職業女性的存在。見萬石蘭，〈中國古代的女招待〉，南京《中央日報》，1935 年 2 月 2 日，第 3 張第 4 版。至於北宋時期，在店內為客人服務的婦人「焌糟」，相

務者，多半是自營商店的老板娘，或年齡較長的已婚婦女。[16]專以
年輕女性爲雇用對象的女侍職業，主要是近代資本主義與消費文
化發展下的產物；20 世紀前後的歐美、日本與澳大利亞各國，都
不乏女性在咖啡廳、飯館、酒吧等場所服務顧客。[17]類似的職業，
在中國首先出現於清末上海租界的烟館中，即「遞烟倒茶以供役
使」的女堂倌。[18]此後中國社會多以「女招待」的字眼，稱呼在商

關敍述見（宋）孟元老撰，鄧之誠註，《東京夢華錄注》（台北：世界書局，
1999），頁 107。

[16]　基本上，本節所討論的女招待，與帝制時期中國社會的婦女服務工作相較，
無論在就業人數、工作場所的性質、發展地區的數量與幅度，或其工作內
容、所衍生的社會爭議及時代意涵各方面，都有相當大的差距。

[17]　關於日本的咖啡館女侍研究，見 Miriam Silverberg, "The Cafe Waitress Serving
Modern Japan," in Stephen Vlaston, ed., *Mirror of Modernity: The Japanese
Invention of Tradition* （Berkeley: University of California Press, 1998）, pp.
208-225. Elise K. Tipton, "Pink Collar Work: The Café Waitress in Early
Twentieth Century Japan." *Intersections: Gender, History & Culture in the Asian
Context*, Issue 7, March 2002.http://intersections.anu.edu.au/issue7/tipton.html 關於美國
餐廳女侍的研究，見 Dorothy Sue Cobble, *Dishing It Out : Waitresses and their
Unions in the Twentieth Century*（Urbana: University of Illinois Press, 1991）. 至
於澳大利亞的酒吧女侍相關研究，見 Diane Kirkby, *Barmaid: A History of
Women's Work in Pubs* （Cambridge: Cambridge University Press, 1997）. 值得
注意的是，包括當時在日本統治下的台灣，也出現許多女招待，時稱「女
給」。此可見於《日據時期台灣統計書》其中「戶口」項下的「現住戶數職
業別」。見台灣總督官房統計課著，《日據時期台灣統計書》，1899。相關
研究，見朱德蘭，〈日治時期台灣花柳業問題（1895-1945）〉，《國立中央
大學人文學報》，期 27（2003 年 6 月），頁 99-174。

[18]　〈傷風化論〉，上海《申報》，1872 年 5 月 23 日，第 3 頁。〈擬請禁女堂倌
議〉，上海《申報》，1872 年 5 月 25 日，第 1-2 頁。〈論烟館女堂倌〉，上

業或娛樂場所——如茶室、戲院、球房、澡堂、咖啡館、美容院、跳舞場、冰果室、遊戲場、嚮導社、按摩院——服務顧客的女性工作者。[19]從民初以降到 1920 年代，女招待在上海、天津與廣州等沿海商埠大城漸次出現。[20]就時間而言，北平女招待出現甚遲，卻發展迅速，其「浪漫」言行更是遠近馳名，成為旅人口中與記者筆下的北平特色，進而刺激該職業在中國內陸縣市的蓬勃發

海《申報》，1872 年 10 月 21 日，第 1 頁。〈討女堂倌檄〉，上海《申報》，1872 年 11 月 25 日，第 2 頁。〈禁烟館女堂倌說〉，上海《申報》，1872 年 12 月 3 日，第 1-2 頁。〈女堂烟館禁止未絕〉，上海《申報》，1873 年 2 月 14 日，第 2 頁。〈論上海租界將復用女堂倌事〉，上海《申報》，1873 年 2 月 29 日，第 1 頁。劉志琴，〈最早的女性職業大軍——女堂倌〉，收入劉志琴，《思想者不老》（天津市：天津古籍出版社，2001），頁 141-145。

[19] 近代中國服務業的發展，則與中外文化日益頻繁的接觸有密切關聯。概言之，由西方傳入的資本主義、都市文明與休閒方式，以及中國人求新求變的物質欲望，刺激並加速了清末以來中國都市——始於沿海而漸進於內陸——的近代化與商業化。工商業的發達、製造業的多樣化、都市人口的增加與市民公共活動的活絡，互為作用地鼓勵人們進行或要求各類消費，進而創造出新式而繁興的都市文化，賦予服務業、娛樂業與餐飲業發跡及生存的空間。見嚴昌洪，《中國近代社會風俗史》（台北：南天書局，1998），頁 80-95。劉志琴主編，《近代中國社會文化變遷錄》（杭州：浙江人民出版社，1998），卷 3，頁 84-86；羅澍偉主編，《近代天津城市史》（北京：中國社會科學出版社，1993），頁 152-153；陳代光，《廣州城市發展史》（廣州：暨南大學出版社，1997），頁 334-335。民初之後的女招待，見〈酒館有女招待出現〉，上海《時報》，1913 年 6 月 2 日。陳友琴，〈中國商業女子的現狀〉，《婦女雜誌》，第 10 卷第 6 號，1924 年 6 月 5 日，頁 904-905。

[20] 〈女招待兼賣笑生涯〉，北平〈民國日報〉，1922 年 10 月 4 日，第 4 版。陳友琴，〈中國商業女子的現狀〉，《婦女雜誌》，卷 10 號 6（1924 年 6 月 5 日），頁 904-905。

展，成爲 1930 年代普及的婦女職業。[21]甚至連美國舊金山市（San Francisco）的中國城餐館，也以「士女招待，殷勤侍理」，做爲報

---

[21] 百合，〈舊都之浪漫女招待〉，上海《社會日報》，1930 年 11 月 2 日。仍聖，〈順德的女招待〉，北平《世界日報》，1932 年 5 月 14 日，第 5 版。記者飄飄，〈由北平到漢口〉，北平《老百姓日報》，1934 年 4 月 2 日。女招待現身之處，不只包括上海、天津、廣州、北平、南京等大城，也包括通縣、蘇州、杭州、鄭州、保定、汾陽、太原、唐山等地，甚至南達浙東蘭谿、廣西梧州、杭州，北至瀋陽、哈爾濱，與山東青島等處。見朱朱，〈艷事流傳女票員〉，上海《申報》，1929 年 2 月 21 日，第 17 版。山渡，〈吳門女子新職業談〉，上海《申報》，1929 年 3 月 13 日，第 19 版。桂雲女士，〈談談女招待〉，天津《大公報》，1931 年 3 月 19 日，第 11 版。徐啟章，〈我來談談女招待〉，北平《鐸聲日報》，1933 年 11 月 12 日，第 3 版。〈閑話杭市女招待〉，《婦女月報》，第 2 卷第 2 期，1936 年 2 月，頁 20-22。〈廣西禁止茶樓酒店女招待〉，《婦女月報》，第 2 卷第 5 期，1936 年 5 月，頁 28。邱駝，〈蘭谿的三多〉，《女聲》半月刊，第 3 卷第 17 期，1935 年 8 月 15 日，頁 9-10。春風，〈請看今日之瀋陽〉，《宇宙風》半月刊，第 2 集合訂本，1936，總頁 97-99。〈唐山女招待反對徵捐〉，北平《晨報》，1935 年 12 月 23 日，第 5 版。祝蝦，〈女子職業在哈爾濱的一頁〉，上海《申報》，1936 年 3 月 7 日，第 15 版。〈青島之職業女子〉，天津《大公報》，1931 年 3 月 30 日，第 5 版。〈西子湖畔的女招待〉，《北平新報》，1936 年 8 月 28 日，第 3 版。〈添女招待〉，天津《大公報》，1930 年 5 月 13 日，第 12 版。〈保定流行女招待〉，天津《大公報》，1930 年 7 月 25 日，第 5 版。〈鄭州的社會：女招待漸風行理髮竟有大商店〉，天津《大公報》，1931 年 7 月 2 日，第 5 版。〈太原女招待取消後之救濟辦法〉，北平《晨報》，1936 年 7 月 23 日，第 5 版。〈并垣盛行女招待〉，天津《大公報》，1931 年 6 月 11 日，第 5 版。〈汾陽女子的三條出路〉，北平《世界日報》，1935 年 4 月 3 日，第 6 版。1920 年代後期的香港，也出現被視為「中等職業」的女招待。〈香港取締女招待員：因為良莠不齊的原故〉，北平《世界日報》，1926 年 11 月 27 日。儉超，〈香港婦女生活的客觀〉，《婦女雜誌》，卷 15 號 6（1929 年 6 月），頁 9-13。

紙廣告的噱頭。[22]

　　自從女招待加入北平社會後，該市大、小各報皆不約而同且異常熱絡地，鎖定以女招待爲主角的各類故事，將其轉化爲攸關市民生活的日常新聞與社會議題。[23]透過各類實質與想像的消費，故都北平讓這群年輕女招待享有高知名度；她們的服務與言行，又不斷生產與再製城市各色消費行爲，孕育出不同於國都階段的市民消費風貌。

一、女招待現身

　　女招待在北平做爲一種持續發展的職業群體，主要始於 1930 年春；在此之前的北京/北平社會，只出現過零星而短暫的類似工作。1924 年的北京王府井大街上，有間名叫「一五一公司」的百貨商店，聘用年輕女子來站櫃台，一時間成爲新聞：

> 一五一公司…在初開張之時，門前時常圍上一群少見多怪的市民，聽留聲機似的，在那裏看女店員。女店員之能吸引觀眾，這倒是個明證。[24]

22　〈美京中央飯店廣告〉，《中西日報》，1935 年 1 月 9 日。該報在舊金山發行。

23　相關報紙資料非常豐富。本書第五章將針對不同文類加以討論。

24　水，〈感於「一五一」之倒閉〉，北平《世界晚報》，1928 年 3 月 27 日，第

　　不過，即使當時北京民眾覺得女店員很新鮮，甚至趨之若鶩地前往「觀賞」，實質消費的人卻不多，該店不久便因虧本而關閉，女店員的身影成為驚鴻一瞥。[25]雖然此後曾有論者想像性地預示，北京將出現女招待員，但當北京仍是國都時，除了正陽公司或幾間由女性經營的女子商店之外，未再出現雇用女性店員之事。[26]且當時的女店員，都在兩性隔離的環境中工作，並未像 1930 年代那般，因社會經濟變化等緣故，開始出現男女共事的情形。[27]

　　1928 年，北京有位叫張小垣的理髮館主人，在觀音寺街開設一家名為「小小」的飯館，並向社會局申請雇用女招待；他所提的理由是，聘雇女招待既可繁榮市面，又可提倡女子職業。社會局原先批准此一申請，後因小小飯館遷移到德義客店內營業，社會局認為客店沒有嚴格劃分店內住宿與用膳之間的區隔，可能惹出

4 版。

[25]　熱昏，〈故都女招待的源源本本〉，上海《文化日報》，第 39 號，1932 年 9
　　　月份。梁治耀，〈北平市政之研究〉，燕京大學法學院政治學系，法學士畢
　　　業論文，1932 年 5 月，第三章第一節。

[26]　小記者，〈送座兒的改為女招待員：未來的北京之十〉，北平《世界晚報》，
　　　1926 年 10 月 8 日，第 4 版。在這篇純粹想像的短文中，該作者驚人地預示了
　　　幾年後北平女招待的發展盛況：「用這種女招待員的地方，很多很多，大概
　　　說一說；旅館，番菜館，咖啡館，理髮館，洋貨店，文具店，綢緞莊，南式
　　　茶樓，酒館，球房。總而言之，凡店夥不用賣力氣，而為上等人物光顧的地
　　　方，都有女招待員。……」雖然其想像性論述與日後的發展事實有些出入，
　　　但已八九不離十。另見〈舊都雜寫：老商店多學摩登〉，《北平晚報》，1936
　　　年 8 月 23 日，第 3 版。

[27]　連玲玲，〈「追求獨立」或「崇尚摩登」？：近代上海女店職員的出現及其形
　　　象塑造〉，《近代中國婦女史研究》第 14 期，2006 年 12 月，頁 1-50。

有傷風化的情事，決定從嚴取締。[28]小小飯館雇用女招待的舉動，再度成為曇花一現，並未立即吸引同業跟進。直到 1930 年 2 月 16 日，有家德源居飯館的店主，向社會局呈請雇用女招待獲准，且營業立獲改善，使其他飯館業者見狀紛紛效尤，自此揭開女招待在北平興盛發展的序幕。[29]1930 年的春天，成為北平女招待之春；短短 2 到 6 月之間，社會局允許雇用女招待的商家，高達一百四十餘家，女招待共八百五十九人。[30]《益世報》記者表示，在「暮氣沉沉」的北平社會，女招待的出現是件「新奇可喜」之事。[31]時人亦謂，只要添上女招待的飯館，包管有「生意興隆通四海，財源茂盛達三江」的好生意。[32]即連上海暢銷的《生活》週刊，也有讀者投稿表示，北平的新聞，簡單一句就是「北平女招待員的遍地如

[28]　〈小小便飯館營業新發展〉，北平《新晨報》，1930 年 4 月 2 日，第 2 張第 6 版。〈旅店禁用女招待〉，北平《世界日報》，1930 年 4 月 13 日，第 6 版。〈冷家驤對解僱女招待之意見〉，北平《民國日報》，1932 年 2 月 29 日，第 4 版。張如怡，〈北平女招待研究〉，燕京大學文學院社會學系學士畢業論文，1933 年 5 月，頁 33。

[29]　張如怡，〈北平女招待研究〉，頁 6-7。關於社會局批准這些店主所提雇用女招待的呈請，例見〈北平特別市社會局每週重要工作報告表〉，《北平特別市市政公報》第 70 期，1930 年 11 月 10 日，頁 4。〈北平特別市社會局每週重要工作報告表〉，《北平特別市市政公報》第 77 期，1930 年 12 月 29 日，頁 6。另見〈風行故都之女招待〉，天津《大公報》，1930 年 4 月 16 日，第 9 版。

[30]　〈女招待統計〉，《北平日報》，1930 年 7 月 13 日，第 7 版。計「飯館 117 家，786 人；茶社 16 家 36 人；娛樂場 4 家 25 人，其他 3 家 12 人。」

[31]　〈女店員〉，北平《益世報》，1930 年 4 月 4 日，第 7 版。

[32]　SC，〈女招待和活招牌〉，《新晨報》，1930 年 4 月 21 日，第 3 張第 9 版。

流」。[33]

　　爲何女招待自 1930 年春之後，大量湧現於北平市面？基於本書之前的討論，可合理推測其原因，與擴大會議的時局發展有關。1930 年初的北平社會經濟與市場各業，處於亟待提振的境地，而擴大會議在北平的醞釀，不只爲反蔣勢力帶來希望，也給予北平商界一線復甦生機。某些腦筋機靈的商人眼見時局可爲，絞盡腦汁地思考新點子以重振營業；結合食與色的綜合性消費，便成爲商家陸續採取的行銷策略。不可否認，食色的結合是古已有之的消費型態，至少在國都北京階段，政商人士常在高等妓院或飯莊中聚談軍國大事或商場交易。[34]遷都之後，人們在飯館中洽商談事的習慣依舊，惟此時的八大胡同名妓文化已風華盡逝。[35]值此經濟衰頹、消費疲弱的局面，中小型飯館不僅取代原先引領風騷的大飯莊，成爲北平市民的平價飲食新選擇，也接手國都階段由高等

---

[33]　魯西，〈北平的女招待〉，《生活》週刊，第 5 卷第 40 期，1930 年 9 月 14 日，頁 671-672。

[34]　關於國都北京時期的政商權貴習於高等妓院聚會談事，見 David Strand, *Rickshaw Beijing: City People and Politics in the 1920s* （Berkeley: University of California Press, 1989）, pp. 116-118. 菁如，〈北平的飯館業〉，天津《大公報》，1933 年 10 月 11 日，第 13 版。

[35]　劉半農曾在〈北舊〉文中提及，「北平地方，已成了這樣的一個習慣：若要邀集幾位朋友或同事商量什麼一件事，即使這件事是公事，並非私人的請託，似乎總得先請一頓飯，說起話來才便當些。」見劉半農，〈北舊〉，《半農雜文二集》（上海：上海書店，1935），頁 156。另見〈國難當頭無心飲酒作樂：平市飯館生意不如昔〉，北平《世界日報》，1933 年 1 月 11 日，第 8 版。

妓院主導的食色消費，順勢推出女招待的平價新服務。

　　當反蔣勢力於 1930 年春開始集結北平，並重燃某些政商軍界
人士的復都希望時，北平《實報》記者王柱宇（？-1961）曾撰文
諷刺道：「我覺得『北平』『北京』，是政治的問題，我們做小百姓
的，很可以不必研究，不必過問。」[36]從政治角度觀之，復都與否，
確實無涉小百姓生活；微妙的是，一場復都鬧劇，卻間接促成北平
小百姓享受新式服務的消費契機。概言之，國民黨反蔣力量於 1930
年春在北平的集結與商議開會，相當程度地激勵景氣低迷的商
界，使其有意無意重啟國都階段食色互涉的消費模式。不同的
是，遷都後的北平無法再如往昔那般，充斥奢侈排場與炫耀浪
費，只能東施效顰地，讓平民男性顧客以有限的消費能力，在吃
飯之餘也能享有女招待的服務。

　　從某種角度來說，這是北平商界提供消費者，重溫國都階段官

---

[36]　柱宇，〈北京〉，北平《實報》，1930 年 4 月 14 日，第 4 版。《實報》在當
　　時的北平是相當暢銷的大眾讀物，王柱宇的「柱宇談話」專欄，尤廣受販夫
　　走卒歡迎。他之所以認為復都與否無涉百姓，乃因「橫豎北平雖窮，我們眼
　　疾手快的人，也不會餓死。將來再改成北京，我們也無非為人做牛做馬掙兩
　　頓飯吃。比較起來，沒有多大的區別。」見田語時，〈我辦北平晨報〉，《傳
　　記文學》，第 26 卷第 4 期，1975 年 4 月，頁 35-42。王柱宇這段批評北平某
　　些人總妄想復都的言論，起於 1930 年春北平開始集結各反蔣勢力，思以北京
　　對抗南京當局。由於北京復都論開始在政商界開始沸沸揚揚地議論著，王柱
　　宇有感而發，覺得北京是不是國都，跟一般勞動界朋友，其實不發生關係，
　　只對那些靠著發政治財的投機人有重要意義。

商消費型態的變相平民化表現。[37]透過女招待在飯館的服務，這些商家與男性顧客，有種回復京城時期杯酒交觥、食色添香的錯覺。這些女性的招呼與接待，使一般男性顧客，彷彿得以體驗過去達官貴人享受妓女才情般的快感與虛榮：

> 一般走馬王孫，墜鞭公子，素好召伎侑酒的，聽說吃飯有女子招待，便趨之若驚。那時受市面影響的飯館老板瞧著眼紅，也爭先恐後的油飾門面，安五色電燈，聘女士招待。於是女招待的職業便像雨後春筍般的方興未艾。[38]

　　北平女招待在 1930 年春的出現與迅速興盛，與擴大會議在北平的進行幾乎同步發展，反映出北平政治與商業緊密互惠的消費本質。當擴大會議於該年夏末迅速解散後，女招待也經歷其於北平竄起後的第一波低潮，此尤可證明擴大會議的時局，是女招待得以出現於故都北平的關鍵因素。[39]至於此後女招待仍得復甦並興盛發展，及其主要集中在飯館服務的特色，則與遷都後北平社會逐漸形成的「經濟型」消費風格，息息相關。透過女招待的出現及其

---

[37] 〈花瓶和丫頭——應當立刻剷除這類侮辱女性的事實——〉，北平《益世報》，1930 年 4 月 24 日，第 9 版。

[38] 〈女招待面面觀（一）：是解放？是墮落？〉，北平《京報》，1932 年 4 月 18 日，第 6 版。

[39] 當時《大公報》記者表示：「北平市面，因政府無急遽成立希望，又轉趨蕭條，尤以飯館營業，竟一落千丈，一般女招待，亦紛紛被裁失業。」見〈高潮已過北平女招待失業多〉，天津《大公報》1930 年 8 月 19 日，第 5 版。

服務所帶來的享受，中小型飯館結合飲食與娛樂需求的消費方式，迅速於 1930 年後的故都北平社會擴散，成爲中、下市民階層的主流消費型態。

根據當時論者的說法，高等飯莊多視女招待不登大雅之堂，因此拒而不用；那些「合乎中等階級脾胃」的飯館業者，則將提振商機的厚望寄予女招待身上，期待她們廣招徠以增財源。[40]當此舉奏效之後，風氣廣開，連規模較小的二葷鋪、切麵鋪子、小飯棚子等，也可見女招待的身影，「燕燕鶯鶯，熱鬧之極」。[41]

徵諸國都北京階段的保守社會風氣，這種中下層飲食業湧現女子招待的景象，確實只可能在遷都後經濟衰落、權貴離棄、中下層人口日增種種條件匯聚下，才得出現。從發展環境來看，北平女招待是在都市經濟危機叢生、景氣不佳的背景下誕生，因此高達八、九成在屬於民生必需消費範疇的飯館工作。[42]相較之下，上海女招待則爲經濟日興而刺激女性就業的產物，主要服務於遊

---

[40] 〈平市女招待調查記（續）〉，北平《民國日報》，1932 年 4 月 19 日，第 4 版。另見陳鴻年，《故都風物》，頁 91-94。

[41] 〈女招待今昔觀〉，北平《實報》，1939 年 3 月 21 日。

[42] 以 1930 年爲例，北平市社會局從 2 月到 6 月批准呈請添雇的女招待，在飯館服務者共七百八十六人，高達總數的 91.5%。〈女招待統計〉，《北平日報》，1930 年 7 月 13 日，第 7 版。另根據當時燕京大學社會系學生張如怡，針對社會局的文卷紀錄所做的統計，從 1930 到 1932 年，北平社會局批准各業添用女招待的家數總數，飯館業在全部二百三十四家當中，就佔了一百九十七家，比例高達 84.2%。見張如怡，〈北平女招待研究〉，頁 8-9。其餘的女招待，則受雇於茶室、冰室、球房、咖啡館與電影院等休閒娛樂場所。

戲場與茶室之類的娛樂休閒場所。[43]近代上海的商業發達與經濟繁榮，刺激人們產生各式各樣的消費慾望，使情色深入為商品生產與消費的一環；投身休閒娛樂業的女性，包括歌女、舞女、按摩女、嚮導女、女招待等，多涉及程度不等的賣弄色相。[44]由於男性消費者在上海可尋求的情色慰藉選擇眾多，女招待的服務相對顯得不夠特別，有關女招待的輿論評述與新聞報導也較少。

反觀北京，儘管國都階段的消費文化發展蓬勃，但婦女不論進出公共場所聽戲娛樂、或公開服務顧客的年代，都晚於社會風氣相對開放的上海、天津與廣州。國府遷都後，北平發展出新的都市環境、人口結構與經濟實惠的消費風格，才使廉價的女性勞動力成為有利可圖的商業考量。對當時亟待振衰起敝的商家而言，女性服務者的性魅力，比她們自身甚至男性的勞動力，更具

---

[43] 上海自1870年代以降，因為商品經濟及休閒娛樂業的發展，促使各階層的女性以勞動、消費、投資等不同方式參與社會。商家開始雇用女性以招攬生意，此可見於清末上海租界中出現的女堂倌。見李長莉，《晚清上海社會的變遷：生活與倫理的近代化》（天津：天津人民出版社，2002），頁392-414。羅蘇文，〈都市文化的商業化與女性社會形象〉，收入葉文心等合著，《上海百年風華》（台北：躍昇文化，2001），頁57-110。關於上海女招待服務的主要處所，見夏林根，《舊上海三百六十行》（上海：華東師範大學，1989），頁45-50。郁慕俠，《上海鱗爪》（上海：上海書店出版社，1998），頁149-150。

[44] 賀蕭著，韓敏中、盛寧譯，《危險的愉悅：20世紀上海的娼妓問題與現代性》（*Dangerous Pleasures: Prostitution and Modernity in Twentieth-Century Shanghai*）（江蘇：江蘇人民出版社，2003），頁56-63。賀蕭把這些女性稱之為「做的是『摩登』的娼妓業」。至於女招待與妓女的分殊，將於後文續論。

利潤商機。1930 年之前的北平，已經歷近兩年的故都社會與經濟低潮，適逢反蔣勢力在此運作召開擴大會議，商界中人才趁勢趕搭政治熱以求生存，催生出女招待這種令人似曾相識、卻又耳目一新的婦女職業。似曾相識，是因為女招待宛如國都時期，妓女被叫局到飯莊陪酒的平民式翻版；耳目一新，則由於飯館中的女招待突破過去這類服務所費不貲的限制，讓廣大的中下階層民眾，得有機會享受難得的多重消費愉悅。男顧客的大力捧場，使女招待廣受歡迎，商家眼見有利可獲，更樂得紛紛向社會局申請添雇女招待。在此種情況下，雇主為求添用女招待而向社會局提出的「提倡婦女職業」等理由，究竟佔有多少真實成份，當時人多心知肚明。[45]

　　北平的女招待，就在令顧客感到似曾相識卻又耳目一新的心態下，被欣然接受，並在 1930 年代的故都北平，形成一股沛然莫之能禦的氣勢，成為中下層年輕女性的主要謀生之道。1933 年時，燕京大學社會系女學生張如怡，曾以〈北平女招待研究〉為其畢業論文主題，進行綜合社會調查與個人訪問的研究。該論文根據社會局的統計，列出 1930 年北平社會局批准各業添雇女招待的家數與人數：

---

[45]　張如怡，〈北平女招待研究〉，頁 1-4。由於女招待多為年輕女子擔任，因此曾有論者為文質疑雇主是否真有意「擴充女子職業」；因為若如雇主所宣稱，就不應只聘用年輕女子。換言之，這些雇主欲以年輕女招待來招攬男顧客的考量，可謂司馬昭之心，路人皆知。見琴音，〈女招待為啥都是青年〉，北平《世界日報》，1930 年 5 月 3 日，第 7 版。

表十七：1930 年北平各業雇用女招待之家數與人數[46]

營業	家數	百分比	人數	百分比
飯館	142	87.12%	924	90.06%
茶社	8	4.92%	30	2.93%
球房	7	4.30%	53	5.17%
娛樂場	1	0.61%	4	0.39%
照像館	1	0.61%	3	0.29%
印書館	1	0.61%	2	0.19%
布店	1	0.61%	6	0.59%
織襪廠	1	0.61%	2	0.19%
拍賣行	1	0.61%	2	0.19%
總計	163	100%	1026	100%

　　由表十七可知，1930 年的北平女招待總數已超過一千人，其中九成以上集中在飯館。此後的女招待總數，隨著北平社會經濟及時局演變而有起伏。[47]到 1935 年春時，北平尚有近五百名被雇

---

[46]　張如怡，〈北平女招待研究〉，頁 7。

[47]　在 1930 年代前半期的女招待，有幾次職業低潮，多與市況及商況惡化密切相關。見〈女職業界驟行衰頹〉，北平《晨報》1931 年 1 月 22 日第 6 版。〈市況蕭條失業者日增〉，北平《導報》，1932 年 11 月 20 日，第 7 版。〈市況蕭條勞働界多失業〉，北平《導報》，1933 年 3 月 13 日，第 7 版。

的女招待。[48]女招待迅速竄爲故都消費新寵，雖然其人數與發展情況，隨著北平社會經濟及時局演變有所起伏，但她們無疑是故都

---

[48] 關於北平女招待的確切數字，實不易掌握，僅能就當時報紙依北平市府統計而做的報導為主，做出如下並不完全、且不盡然是年度總數的女招待人數表：

日期	僱用女招待之店家數	被僱女招待人數
1930 年 2~6 月	130	861
1931 年 12 月	155	556
1932 年 1 月	-----	579
1934 年 3 月	-----	380
1934 年 12 月	-----	400
1935 年 3 月	138	470

上述資料出處，見〈北平市女招待八百六十一人〉，北平《全民報》，1930年6月26日，第3版。〈平市最近三種統計〉，北平《全民報》，1931年12月22日，第3版。〈本市女工統計〉，北平《民國日報》，1932年1月13日，第4版。〈公安局派員調查女招待〉，北平《老百姓日報》，1934年3月31日，第3版。〈取銷女招待〉，北平《老百姓日報》，1934年12月13日，第3版。〈北平市女招待〉，《全民報》，1935年3月9日，第3版。〈女店員統計最近數字日增：全市共有二千餘人〉，北平《世界日報》，1933年11月23日，第8版。這類統計數字與報導，常存在某些問題。例如1933年11月23日，北平《世界日報》報導：「平市因生活程度日高，市面極為蕭條，各商店紛紛添用女店員，以資招徠，起始於十九年，是時風起雲湧，全市添用女店員者共一百一十餘家，女店員共一千一百餘人，二十年增添者三十餘家，女店員共一百餘人，二十一年增添者共四十餘家，女店員共二百餘人。本年度至最近止增添者共六十餘家，女店員共三百餘人，合全市女店員共有二千之多云。」乍見之下，似與上表出入甚大；實則《世界日報》此篇報導，並未算入1930年至1933年中被解僱的女招待人數，才會累加得出「兩千之多」的數字。總而言之，這些數字只能當參考，在這些不完全的量化數據之外，更重要的，是當時種類繁多的質性敘述（諸如報紙社論、時評、文人敘述、小說等），亦即本章及下一章討論女招待所倚重的史料。

北平社會知名度最高的職業女性。

從事招待工作的女性，出身相當複雜，就社會階層而言，普遍來自中下等人家；教育程度則較爲紛歧，從不識字者到中學肄業的學生都有，但整體而言並不高。[49]女招待的年齡，以十五到十九歲之間爲數最多，並依年齡增長而遞減；三十歲以上者雖有，卻爲數甚少，而且多在女浴所擔任體力勞動的工作。依當時論者所言，飯館掌櫃多以「年青、貌美、性情活潑」，做爲聘雇女招待的標準。[50]1933 年 3 月，天津《天風報》曾有篇〈女招待與夥計之解剖〉，生動地爲「女招待」做逐字界定：

> 女招待三字之創名者，姑不考其爲誰。不過此三字之恰合伊等身分，洵盡致也。「女」已標明其非夥計之男性。「招」者招而吸引之也。招之來，女即以待之。「待」之者又已標明非男性夥計，聽呼喚而急來，嫣然侍俸在旁，始足謂爲盡職。商店雇用之目的，亦即在於斯。[51]

由此可知，女招待是被聘來「嫣然侍奉」顧客的服務人員，「無怪

---

[49] 〈女子職業地位反較男子爲優〉，天津《大公報》，1930 年 6 月 8 日，第 5 版。秋鴻，〈女招待不應取締且應提倡〉，北平《世界日報》，1932 年 3 月 7 日，第 5 版。〈社會經濟高壓下津市女侍生活一斑〉，天津《大公報》，1933 年 12 月 7 日，第 13 版。

[50] 夢薇，〈女招待的風尚〉，北平《新晨報》，1930 年 5 月 10 日，第 3 張第 9 版。

[51] 〈女招待與夥計之解剖〉，天津《天風報》，1933 年 3 月 14 日。

老年的婦女望塵莫及了」。[52]

　　女招待大多數是北平本地人，其中又以民國之後生活沒落的旗人女子爲主。[53]從婚姻狀態來看，女招待以未婚者居多，但也有不少已婚婦女迫於生計而從事女招待一業。[54]這些女招待的基本工資相當微薄，以月領 3、4 銀元者最多；顧客給的特別小費（也稱酒資）便成爲多數女招待的主要收入。不難想見，愈是年輕貌美或使客人盡興的女招待，所獲小費愈高。[55]此外，受歡迎的女招待，常可收到男性愛慕者的禮物或情書，工作之餘，尚不乏男性請客去看電影、聽戲或遊玩。但也因女招待與男顧客或男同事之間的頻繁互動，牽扯出許多被市府取締與輿論批評的糾葛情事，使女招待職業被蒙上層層陰影，招致人們的有色眼光。其中，飯館裡的女招待既是該職業爲數最多者，也是最常佔據報端社會新聞版面、屢生是非爭端的主角。飯館女招待人紅是非多，使得一般商店女性雇員（即女店員），爲求避免人們同樣用異樣眼光看待，總

---

[52]　夢薇，〈女招待的風尚〉，北平《新晨報》，1930 年 5 月 10 日，第 3 張第 9 版。

[53]　〈女招待面面觀（一）：是解放？是墮落？〉，北平《京報》，1932 年 4 月 18 日，第 6 版。

[54]　以燕大社會系畢業生張如怡所調查的二百二十名女招待爲例，其中未婚者有一百三十人，佔全體 59.09%，已婚者八十六人，佔全體 39.09%，寡婦四人，佔全體 1.82%。見張如怡，〈北平女招待研究〉，頁 13-15。

[55]　再以張如怡的調查統計爲例，一般而言，得 5 到 9 元酒資的女招待人數最多。10 到 14 元的次之，5 元以下的再次之。見張如怡，〈北平女招待研究〉，頁 22-23。

企圖與女招待劃清界限。[56]

　　從城市消費與情色意涵兩方面來看，女招待工作的本質與特色，正好彰顯於其與女店員的差異中。基本上，女店員在當時，主要指受雇於各商店行號的服務員；其餘在餐飲業與娛樂業工作的女子，則多被稱為女招待。二者雖同為服務業者，卻因工作場合不同，導致女店員的社會層級與職業身份認同，略高於女招待。箇中原因，當與性欲（sexuality）被允許開發或遂行的程度有關。由於一般商店，屬於消費者前來選購物品，交易後便離去的處所，顧客與女店員彼此互動的程度及時間有限。相形之下，在飯館用餐、酒樓喝酒、茶樓飲茶或球房打球的客人，能與女招待接觸的層

---

[56] 基本上，雖然女招待與女店員同屬在公共場所服務顧客的女性，且當時不少輿論將女招待與女店員視為可互換使用的稱呼，但二者在官方界定、工作地點、工作性質與自我職業認同各方面，都存在著差異。當女招待自1930年春開始出現於北平之後，北平市社會局首先於4月24日核准通過「管理商店女雇員規則」，將女招待與女店員歸為同一類職業加以管理。到1934年時，由於飯館與娛樂場所的女招待常發生妨害風化之事，公安局遂再制定〈取締女招待辦法〉，商店女雇員並未在取締對象之列。公安局並在頒布「取締女招待辦法」的命令中，說明：「女招待，係專供奔走之役，與普通商店之女店員，其性質究屬有別。」由此可知女招待與女店員在官方的認定中，已有區別。見〈北平公安二科關於抄送取締女招待辦法及管理細則的函〉，北京市檔案館藏，1934，卷宗號 J181-020-13269。〈北平市政府公安局取締女招待辦法〉（中華民國二十三年二月一日府令核准），北京市檔案館藏，1934，卷宗號 J181-016-00052。市府的官方界定與調整取締對象，一方面說明女招待與女店員在實際發展過程中漸行漸遠，另一方面也凸顯出女招待行為招人非議之處。

面，便較廣而深。[57]

　　以飯館爲例，女招待的工作內容，名義上包含多項體力勞動，例如掃地、擦桌、端菜、送茶、打水、洗手巾。[58]但她們之所以被雇用，非爲從事體力勞動，而在施展女性氣質與性魅力以吸引客人。業者的精打細算，在壓低女招待基本工資、迫其依靠小費維生的營業策略中，一覽無遺。以往的北京社會，人們上飯館用餐即有給小費的習慣，由掌櫃、廚師、跑堂等照比例分配；女招待出現之後，開始多了一筆只賞給女招待的「特別小費」。這樣的不成文慣例，促使女招待爲求增加收入，須使出渾身解數讓客人多掏點小費，充份反映業者欲以最小成本獲得最大利潤的心態。

　　女招待在業者的營利動機下，成了業餘作家陳鴻年筆下「名符其實的飯館花瓶，招攬顧客的先鋒」。[59]當女招待成爲飯館營業興盛的保證後，她們的工作內容，便由原先兼顧體力勞動與招徠顧

57　事實上，即使是非商店女店員的女招待們，也存在某種自我認定的層級之分。一般說來，球房、咖啡館等處的女招待，地位高過結合食色消費的飯館女招待，自視也較高。她們之中，有人不屑於女招待這個字眼，欲以女店員自稱，以藉此與其他女招待有所區隔。這不僅顯現女店員的社會地位較高，也反映出女招待對於社會所給予的負面評價，存在著不滿或慨嘆之心。見〈北平的『球房』女招待改稱女店員〉，天津《大公報》，1934 年 8 月 14 日，第 15 版。

58　〈女招待面面觀（一）：是解放？是墮落？〉，北平《京報》，1932 年 4 月 18 日，第 5 版。英喆，〈『女權高於一切』的口號背後的女性的權威？〉，天津《大公報》，1933 年 9 月 17 日，第 11 版。

59　陳鴻年，〈女招待〉，《故都風物》，頁 92。

客，轉爲偏重後者，「報菜不會，送菜不管」。[60]與客人親密地噓寒問暖、邊問菜邊調笑、甚至坐陪喝酒聊天，成了女招待的主要工作。[61]綜言之，相對於商店女店員，女招待更容易被顧客視爲可調笑與消遣的對象。當時有論者表示，女店員與女招待二者並不同，「前者是一種職業上的名稱，後者帶有供給男人開心的意義。」[62]而究竟女招待是如何「供給男人開心」的呢？此可從當時北平流行的「吃女招待」現象談起。

二、「吃女招待」現象及其多重意涵

當故都北平的社會人口結構經過重整，廣大的青壯男性人口成爲城市消費主力之後，中小型飯館提供的食色套餐式平價消費，經濟實惠地讓許多男人不受誘惑也難。論者谷杏春，曾描述他在飯館用餐時，旁邊兩位飯客的對話：

---

[60]　〈女招待面面觀（三）：是解放？是墮落？〉，北平《京報》，1932 年 4 月20 日，第 5 版。

[61]　但要說明的是，這多限於年輕貌美的女招待所從事的要職；其餘一些沒姿色、歲數較長的女招待們，其工作內容則與老媽子這類傭僕的勞動工作沒有兩樣。見〈平市女招待調查記〉，北平《民國日報》，1932 年 4 月 18 日，第4 版。〈平市女招待調查記（續）〉，北平《民國日報》，1932 年 4 月 21 日，第 4 版。

[62]　〈北平婦女職業的又一調查：女店員的生活〉，天津《大公報》，1933 年 3月 9 日，第 13 版。

吃女招待比打茶圍（註：即光顧妓院）強多啦！打茶圍不
過和她們鬧鬧而已，吃女招待還賺著吃一頓飯！[63]

市井小民短短兩句話，言簡意賅地道出女招待在故都北平受
歡迎的主因。所謂「吃女招待」，意指男性顧客在飯館中接受女招
待服務的各色消費表現。[64]女招待應雇主的要求，必須向顧客提供
服務，盡可能滿足（尤其男性）顧客的消費需要。在這項服務業中，
男性雇主與顧客做為優勢者所建立起的性別權力層級，益發明
顯。[65]雇主對女招待的聘用條件選擇、工作要求與宣傳策略，已先
行決定女招待的工作性質，進而影響該職業的形象塑造。雇主很
清楚女招待對他們的意義與用處何在，因而竭盡所能地開發女招
待被消費的資本。把女招待當廣告噱頭加以宣傳，是雇主初期最
常見的行銷手法。當 1930 年春女招待方興之際，北平街頭立即出
現如「本館新添女招待應酬週到」的店舖標語，或把「新添女子招
待」與「新添燜爐烤鴨」等招牌，併貼在門首。[66]女招待宛如一道

---

[63] 谷杏春，〈新青年的五種仇敵〉，北平《晨報》，1931 年 9 月 19 日，第 6
版。

[64] 與此相對照的，是上海的「敲玻璃杯」，因為上海女招待多服務於遊藝場與
茶室，時人便將她們比喻為服侍顧客時端的杯子，起了個「玻璃杯」的外號；
「敲」字所影射之意，概為可供顧客撫觸把玩。見夏林根，《舊上海三百六
十行》（上海：華東師範大學，1989），頁 45-50。

[65] Diane Kirkby, *Barmaid: A History of Women's Work in Pubs* （Cambridge:
Cambridge University Press, 1997）, pp. 10-11.

[66] 〈平市女招待調查記（續）〉，北平《民國日報》，1932 年 4 月 19 日，第 4
版。徐啟章，〈我來談談女招待〉，北平《鐸聲日報》，1933 年 11 月 12 日，

飯館新添佳肴，歡迎顧客前來品嘗。這種打著女招待旗號以廣招徠的手法，據當時論者所言，較少見於上海等處，乃北平特有的景致。[67]為求滿足顧客流動於食色之間的種種慾望，有些心思細膩的雇主，甚至將飯館隔成一間間小包廂，以營造女招待與顧客親熱互動的私密空間。[68]

飯館業者此種食色並舉的宣傳女招待策略，將這群年輕女性嬌柔浪漫的風味，包裝得更甚鮮嫩多汁的燜爐烤鴨，意在挑起城市裡男性顧客的興奮、期待、想望，刺激他們持續消費。[69]徵之當時諸多報導與相關敘述，此舉顯然奏效，女招待成了吸引眾多男人蜂湧群聚的光源。[70]在一個過去鮮少有妙齡女子公開服侍用餐的社會裡，大家都想嚐嚐那究竟是什麼滋味：

第 3 版。〈社會經濟高壓下津市女侍生活一斑〉，天津《大公報》，1933 年 12 月 7 日，第 13 版。

67　柱宇，〈女子招待的廣告〉，北平《實報》，1930 年 4 月 30 日，第 2 版。 良曼，〈街談巷議〉，天津《大公報》，1930 年 5 月 4 日，第 9 版。

68　〈是當女招待呢還是餓起母親來呢？〉，北平《世界日報》，1932 年 1 月 5 日，第 5 版。

69　〈平市女招待調查記〉，北平《民國日報》，1932 年 4 月 18 日，第 4 版。

70　英喆，〈『女權高於一切』的口號背後的女性的權威？〉，天津《大公報》，1933 年 9 月 17 日，第 11 版。

> ……這新添的「女子招待」，不知價碼是三毛二，還是六
> 毛八，更不知味口如何，也不知是鹹的，是酸的，還是甜
> 的。我簡直沒有嘗過，不知閱者先生們嘗過沒有。[71]

女招待的行為與表現，雖受北平市府的法令管束（詳下章），
在顧客實際消費的過程中，卻難以控制，甚至肆無忌憚。對許多
原只為果腹或享用美食而前來飯館的顧客而言，有女招待服務之
後，上館子的意義與先前不再相同。甚至有些男性顧客前來消
費，只為親近女招待，求取某種情感與性慾的滿足。[72]此種消費慾
求被持續地撩撥與強化的結果，在北平普遍而具體地表現為家喻
戶曉的「吃女招待」現象：「在飯館吃女招待，可與女招待攀談、
猜拳、調笑、打鬧，…無不恣意為之。」[73]某位署名「碧波女士」
的北平女招待，在她的工作自述中，清楚描繪顧客「吃女招待」之
一幕：

---

[71] 柱宇，〈女子招待的廣告〉，北平《實報》，1930 年 4 月 30 日，第 2 版。

[72] 當代學者羅勃·布卡克（Robert Bocock）曾指出，現代意義裡的消費文化，
不只以需要為基礎而發展，也同樣建立在欲望之上；而欲望不盡是生理的
身體運作，其可能是後天社會文化的建構所激發、引導或制約的產物。此種
詮釋，頗貼合 1930 年代北平女招待盛行的消費/欲望運作。見 Robert Bocock
著，張君玫、黃鵬仁譯，《消費》（台北：巨流圖書公司，1995），頁 11-12、
107、118-145、149-150。

[73] 〈從女招待鼻祖談到平市女招待（二）〉，北平《晨報》，1934 年 8 月 6 日，
第 7 版。

我是北平某某飯館的女招待，幹這個活也有一年多了。起先我很不慣，吃飯的客人來了，我害羞似的，也許就是害怕，將他們（或許只一位客）引進了雅座內，隨後就將門帘放下來了。記著第一句應該說的話：「你來了！」接著就要將客人的帽子接了，大衣接了，統統的安置妥當，再去打手巾把子，然後再問：「泡茶不？」隨後又是「喝酒不？」「吃什麼？」以至於拿菜牌子，取紙筆，擺碗筷，和小碟子，來回的忙哪。客人多了，更是麻煩，甲問我的年齡，乙問我的名姓，丙要和我拉拉手，丁要爭著和我說話，許多眼睛來注視我，許多話言來打趣我，或是看到那些滑稽的表情，或聽到那些逗笑的話語，我忍不住的笑了，他們還說「我樂！」要是我扳著面孔不陪笑他們，一定會挨罵的，隨後就會惹事生非，無故搗亂起來，甚至他們明白的說：「我們來吃飯，不是受氣的！」……。[74]

由上可知，顧客在吃飯之餘，也在精神與肉體層面，或多或少享用他們心中秀色可餐的女招待。上述對女招待拉拉小手、言語調笑、問些無關乎點菜之事的「吃」法，還算文明；有的則擁抱強吻、摸索胸部，各類求歡示愛之舉，比比皆是，幾至需索無度。[75]綜觀當時報章雜誌的相關報導與輿論評述，可知男人「吃女招待」

---

[74]　碧波女士，〈一位飯店女招待的自白〉，收入玲瓏婦女雜誌社編，《女子的出路！？》（上海：三和出版社，1936），頁 117-119。

[75]　〈醉後一吻女招待翻臉〉，北平《益世報》，1930 年 7 月 13 日，第 7 版。〈是當女招待呢還是餓起母親來呢？〉，北平《世界日報》，1932 年 1 月 5 日，

所獲得的，從言語交談之歡，視覺、聽覺與觸覺的感官愉悅，情書情物的相互傳遞，乃至雙方在飯館之外的各式約會與燕好，都不同程度地釋放並滿足各種消費與情色慾望：

> 北平的飯館多僱有女招待，而一般有寡人之癖者，並不是完全為飢渴問題的食慾，因為另有其他的「慾」而光顧她們群雌粥粥的寶店，既受飲和食德，又可調情打趣，故有女招待的店舖，營業很發達的…[76]

「吃女招待」已然成為風靡北平中下層社會的消費現象，以至於有論者表示「祇要三朋四友集在一塊，便大家異口同聲地說：『喚女招待去』！」[77]在《導報》連載「平市百影」系列短文的作者「老成」，亦如是說：「只要是雅座裏有女招待，於顧客們的說笑中立刻像加上了一層歡喜的情調，這樣顧客不多掏小費還等什麼？」[78]

第 5 版。鍾凡，〈飯館中的一幕（上）〉，北平《北方日報》，1933 年 11 月 9 日，第 5 版。〈社會經濟高壓下，津市女侍生活一班（續）〉，天津《大公報》1933 年 12 月 8 日，第 13 版。

[76] 萬石蘭，〈中國古代的女招待〉，南京《中央日報》，1935 年 2 月 2 日，第 3 張第 4 版。

[77] 文匙，〈模範典型的女招待：中央茶廳所給予茶客的印象，紳士化的男招待中的女招待〉，南京《中央日報》，1936 年 7 月 13 日，第 12 版。另見麻姑，〈吃「女招待」去〉，天津《天風報》，1933 年 3 月 17 日。

[78] 老成，〈平市百影（十七）：飯館的女招待〉，北平《導報》，1930 年 12 月 8 日，第 5 版。老成，〈平市百影（十七）：飯館的女招待〉，北平《導

但這不表示所有女招待都同等受顧客青睞。特別當雇用女招待成為北平飯館常態時，如何在此業中脫穎而出，吸引顧客上門，便成為一門學問。女招待必須擅用個人魅力，才能讓那些為女色前來消費的顧客們，心甘情願地犒賞特別小費。通常，女招待若堅持不放下身段陪飯座說笑解悶，調情嬉戲，即使面貌姣好，也不盡然能得高額小費。當時名滿全市的女招待「小一號」，便是著例。

「小一號」受雇於西單北大街的有光堂咖啡館，時人譽為「上至半大政客，教授學生，下至販夫走卒，無人不知，無人不曉」。[79]她對外自稱姓任，但據《北平新報》、《老百姓日報》與《北辰報》所載，本名為孫淑貞（珍）。[80]關於她的生平，各報內容略有出入[81]，但對其艷名與吸金能力的肯定，則眾口一致。[82]《東方快

報》，1930年12月9日，第5版。

79　半月，〈咖啡店裡〉，北平《世界日報》，1933年10月1日，第9版。

80　〈女招待有待殊力量〉，《北平新報》，1932年8月19日，第4版。（該報稱其「孫姓女」）〈有光堂不能特殊待遇，小一號去心難留〉，北平《老百姓日報》，1933年2月19日，第4版。（該報作「孫淑珍」）〈有光堂又賣一號：急色兒溫舊好，大掌櫃廣招財〉，北平《北辰報》，1934年4月24日，第6版。（該報作「孫淑貞」）

81　〈女招待有待殊力量〉，《北平新報》，第4版。該報稱她「實則西斜街孫姓女，一年之久，已掙得財產，置有洋車十餘輛，其父貨庫為生，孫視女如搖錢樹子。」《老百姓日報》的說法是：「小一號名孫淑珍，以二十有寡母幼弟及妹四口度日，現住什八半截南半壁街六號，係浙江籍，其父早年在平作飯館業，父故後，始操女店員，以濟家用。」〈有光堂不能特殊待遇，小一號去心難留〉，北平《老百姓日報》，1933年2月19日，第4版。另《北辰報》將她的名字刊為「孫淑貞」。

報》記者稱她「品貌俏麗，舉動亦極不俗」，[83]《新北平報》著重於她的性魅力，形容「小一號以細腰與高膛，見稱於世，破瓜之後，胡媚更能惑人，一般登徒子趨之若鶩，有光堂大佔光，生意興隆。」[84]甚至連重慶《新民晚報》記者，也在 1938 年介紹咖啡館時，憶及 1930 年代前半期最負盛名的北平女招待「小一號」，指稱：「她的善於招待就是大方而不浪蕩，適可而止，而且客人下樓時，一聲『小費』，如鶯啼婉轉，直沖雲霄。」[85]「小一號」的招待魔力，使許多青年「甘心拜倒石榴裙下」，甚至出現某張姓大學生因想去卻沒錢去有光堂消費而偷竊被捉之事。[86]

綜覽時人對「小一號」的品評，可概知她之所以能「名滿故都」，主因不盡然在其長相，而是高明的服務手腕。[87]當「小一號」

---

[82] 冬炎，〈北平通信〉，《論語》半月刊，第 2 卷第 24 期，1933 年 9 月，頁909。該作者將小一號稱為北平女招待中之負盛名者。

[83] 〈女店員一段佳話：小一號與小小一號盟結姊妹〉，北平《東方快報》，1933年 8 月 10 日，第 6 版。

[84] 〈女招待小一號救國〉，《新北平報》，1933 年 1 月 24 日，第 4 版。

[85] 〈摩登商店之一咖啡館：在夏天買賣最興隆，是情侶們談情之所〉，《新民晚報》，1938 年 3 月 20 日，第 4 版。

[86] 〈大學生居然行竊〉，《北平新報》，1932 年 7 月 26 日，第 4 版。

[87] 〈人人捐輸愛國捐有光堂老板一毛不拔接有恐嚇信，小一號進行燈下勸：「小費提成捐出？」「老板不敢得罪！」〉，北平《老百姓日報》，1933 年 1月 24 日，第 4 版。北平《世界日報》記者對於「小一號」的外表及其高知名度之間的落差，有如下形容：「[她有] 尖尖的鼻子，媚媚的眼，笑的時候，常常露出一顆鑲金邊的牙。」「粉臉，紅唇，高領子，說話笑，不時的向靠北牆的一面大鏡子攏攏鬢髮，一個極其平凡的女人，果然令人驚異如何會這樣閧傳遐邇？」〈女招待大發牢騷：因為對無聊飯客之侮辱舉動無法避免，日看

因店中分紅之事擺不平，憤而辭職之後，有光堂生意由原先的「異常暢旺」明顯轉衰。[88]舖長王國棟趕緊另聘兩位女招待，以求拉抬生意，而「該兩人姿色亦頗不賴，惟對於招待之祕訣，似未能得其要領。」情勢逼得王國棟不得已，再請「小一號」重出江湖，記者預料「有光堂必又走出一番鴻運也」。[89]「小一號」的例子，說明惟有深諳招待之道，才能掌握男性顧客，並出現像論者「半月」描述某中學生去吃「小一號」時，「用錢三毛，小費七毛」的情形。[90]

如「小一號」這般，因善於逢迎應酬，致使飯客賞的小費高過菜錢的女招待，顯然不少。流風所及，北平出現一首歌謠：「女招待，真不賴，吃三毛，給一塊。……」，街頭巷尾地傳唱。[91]1931年3月中旬，《全民報》有篇新聞報導，指稱西單牌樓附近一家飯館添了女招待後，生意興隆；每到傍晚，就有十幾名附近住家的小孩，跑來門口偷看，並齊聲合唱「女招待，女招待，吃三毛，給三

市府取締辦法之效力如何？〉，北平《世界日報》，1934年2月4日，第8版。

88　〈有光堂已不似從前之有光了〉，北平《老百姓日報》，1933年2月18日，第4版。〈有光堂不能特殊待遇，小一號去心難留〉，北平《老百姓日報》，1933年2月19日，第4版。

89　〈有光堂又賣一號：急色兒溫舊好，大掌櫃廣招財〉，北平《北辰報》，1934年4月24日，第6版。

90　半月，〈咖啡店裡〉，北平《世界日報》，1933年10月1日，第9版。

91　陳鴻年，〈女招待〉，《故都風物》，頁94；〈平市女招待調查記（續）〉，北平《民國日報》，1932年4月22日。此歌謠至少還有另一個版本，為「女招待，人人愛，吃三毛，給一塊。」見徐啟章，〈我來談談女招待〉，北平《鐸聲日報》，1933年11月12日，第3版。

塊，臨行饒一個小……」。舖掌趕罵無效，氣到去警局拜託警察，
幫忙通知小孩家長加以管束，以免影響飯館生意。[92]

　　歌謠自可任唱者隨口改詞，孩童從「給一塊」唱到「給三塊」，
雖可能只是信口哼唱，但歌詞的弦外之音，卻再明顯不過：飯客
只吃三毛，卻付了一塊（甚至三塊！）；飯錢之外的開銷，便是「吃
女招待」的消費代價。既然要吃女招待，當然要找年輕的，因此又
出現這樣的歌詞：「女招待，真不賴，吃一毛，花一塊，就是不要
老太太。」[93]箇中意涵不言而喻。此外，坊間還流傳一句雷同的俗
語「女招待，真不賴，先要乖乖，後叫菜」，指的是有些飯座在點
菜前、以及點菜與飲酒之間，有約莫一刻鐘到一小時跟女招待獨
處的談話時間。顧客捨得給特別小費，就是為了這些「一寸光陰一
寸金」的溫存時光。[94]

　　女招待的存在與服務，開啟兩性得以公開或半公開地公然互
動的機會。女招待可進可退的服務尺度，以及被市府批准的合法職
業身份，使她們對男性的誘惑力，更甚妓女。因為青年或許對上妓
院有所遲疑與顧忌，卻可理所當然或光明正大地，到飯館用餐並
「吃女招待」。[95]且女招待當時充斥北平的程度，幾乎已到想找一

---

[92]　〈飯館門前之童謠〉，北平《全民報》，1931 年 3 月 17 日，第 3 版。

[93]　〈故都舊臘：貴冑變游民〉，天津《大公報》，1931 年 2 月 14 日，第 5 版。

[94]　〈女招待之魔力〉，《北平新報》，1932 年 4 月 20 日，第 3 版。

[95]　谷杏春，〈新青年的五種仇敵〉，北平《晨報》，1931 年 9 月 19 日，第 6
　　版。谷氏所列新青年的五種仇敵，分為妓女、女招待、舞女、電影院、戲園。

家沒女招待的中等飯館都很難的地步！[96]年輕男性對於「吃女招待」，實趨之若鶩。有位署名「梅影」的讀者撰文表示，自從北平有了女招待之後，他吃飯若無女子招待，「哎喲⋯⋯簡直的我就吃不下去。」[97]類似的論調，所在多有。[98]即使社會局三令五申，各區署員警不時巡視糾察，也壓抑禁絕不了這股新熱潮。很明顯地，「吃女招待」的行為，與北平市府的相關規範全然背道而馳。無論是社會局制定的《管理商店女雇員規則》中要求女招待「言語行動須莊重、和平，不得笑謔詈罵，及有猥褻形狀」，抑或公安局頒布的《取締女招待辦法》規定女招待「不得與顧客戲謔及有浪漫形態」，在民眾種種消費表現中，皆蕩然無存。[99]因為光是約束女招待的言行，絕不足以遏止「吃女招待」的行為與欲望；換言之，女招待既非「吃女招待」熱潮的始作俑者，也非「吃女招待」過程的真正主導者。

在「吃女招待」的行為中，雇主、顧客與女招待之間的互動與權力關係，頗為複雜而微妙。依違於提升營業收入與遵從政府規範之間的雇主，在初聘女招待之時，比較會約束女招待的服務行

---

[96]　〈女招待今昔觀〉，北平《實報》1939 年 3 月 21 日。

[97]　梅影，〈吃女店員的新紀錄〉，北平《鐸聲日報》，1933 年 11 月 8 日，第 2版。

[98]　青原，〈關女招待〉，天津《天風報》，1933 年 2 月 4 日。〈女招待今昔觀〉，北平《實報》，1939 年 3 月 21 日。

[99]　〈女招待面面觀（四）：是解放？是墮落？〉，北平《京報》，1932 年 4 月21 日，第 5 版。關於市府對女招待的規範與取締，見本書第五章。

為。[100]不過，即便雇主為顧全大局而節制女招待的言行，仍時常發生需動員管區警察出面解決的糾紛，這其中端視顧客如何「吃女招待」而定。[101]

關於顧客與女招待之間的互動，必須強調的是，顧客「吃女招待」的心態與舉動，與女招待的實際服務及表現，有一定程度、但非絕對必然的關聯。因為縱使女招待難免與顧客有某些言語或行為的親密表現，也不表示她允許客人恣慾而為。有些較為極端的例子，讓我們發現單單是女招待的存在，已足以吸引一般想親近異性的男人前往消費。舉例而言，北平有家名為興昇館的飲食店，該處女招待以「規矩謹嚴，態度莊重出名」，她們的工作只限於上菜、打手巾等勞動服務，對顧客多餘的要求乃至無禮的舉動，皆毫不客氣地嚴拒。其結果竟是「因為她們保持了這種可望而不可即的態度，愈使一般色情狂的男人顛倒，所以這裏買賣也很

---

[100] 合理的解釋是，當女招待乍興於北平市面時，雇主與女招待自身言行較謹慎，惟恐不小心被管區巡警發現違規行徑，輕者對鋪長開具安分甘結，重者甚至可遭勒令停業。例如曾有報載鋪長因女招待陪顧客喝酒，而以「恐其又惹是非，於營業前途攸關」的理由將她辭退。見〈慇懃過火了女招待竟侑觴〉，北平《益世報》，1930年8月28日，第7版。另見〈女招待不守規矩…被辭退〉，北平《益世報》，1930年9月30日，第7版。

[101] 1930年7月的北平《益世報》曾有一則報導，敘述某飯館女招待受到兩名顧客在點菜之餘的言語戲逗，她因「為拉攏飯座計，故委屈求全，毫不介意」，但顧客卻得寸進尺，借酒裝瘋地抱住女招待欲加強吻，結果被該女「敬以鍋貼」，並被同店男鋪夥仗義相助地痛打一頓，最後一干人等全被警察帶去區署訊辦。見〈醉後一吻女招待翻臉〉，北平《益世報》，1930年7月13日，第7版。

發財。」[102]另有論者曾言，女招待「饒是直僵僵站著不動，急色兒見了還覺得有注意的必要。」[103]

　　上述情形雖不多見，卻透露出一個重要訊息：即男人對於女招待的好奇、窺伺、綺想與覬覦等欲望，有時可能只是前者一廂情願，不必然由女招待挑起。事實是，不論女招待風流待客、極盡挑逗，或害羞矜持、不知所措，乃至謹守分際、嚴拒調戲，她們已在種種「吃女招待」的實踐與想像中，被眾人以有色眼光看待。借用研究日本女給（*jokyū*，即咖啡廳女招待）的美國學者米蕊安・席薇柏格（Miriam Silverberg）的論點，「即使女招待不賣身，仍有部份顧客相信她是賣身的。」[104]這種將女招待等同於性玩物的男性思維，使這個婦女職業在男性主導的輿論中，淪為「變相的娼妓」或「摩登娼妓業」之流。[105]職是之故，當時不時可聞男顧客毫不自制地「吃女招待」的放肆行徑、乃至於欺凌女招待的粗野舉動。[106]

　　不過，女招待與妓女畢竟是兩種職業。若說妓女（尤指非以才藝吸引嫖客的下層妓女）出賣的是她的肉體，那麼女招待出賣的，

---

[102] 〈北平市上女店員調查〉，天津《大公報》，1933年3月11日，第13版。

[103] 〈燈下閒話〉，天津《大公報》，1930年6月2日，第7版。

[104] Miriam Silverberg, "The Cafe Waitress Serving Modern Japan," in Stephen Vlaston, ed., *Mirror of Modernity: The Japanese Invention of Tradition*, p. 217.

[105] 鮑祖寶，《娼妓問題》（上海：女子書店，1935），頁107-110。賀蕭著，韓敏中、盛寧譯，《危險的愉悅：20世紀上海的娼妓問題與現代性》，頁56-63。

[106] 〈抬腿翻桌被控調戲〉，北平《全民報》，1931年4月6日，第3版。

主要是她的性魅力。某些女招待出於自身需求，或自願與顧客發生肉體關係、或兼營淫業，並不代表這個職業需要賣身。若將中下層女性所從事的工作拉成一道光譜，並以單純賣力的女工，與依靠賣身為生的妓女做為兩個軸端的話，女招待顯然居於其中，且依個別女招待的言行來決定其位置，難以明確界定。就工作內涵而言，女招待一職，可謂女性傳統家庭角色——女僕、廚娘甚或妻妾——向公領域的延伸與擴大。[107]而從職業發展的社會意義觀之，女招待的出現，顯然賦予平民大眾實驗/踐兩性社交的豐富機會。

正是在兩性互動與情慾互涉的這層意義上，「吃女招待」所衍生出的性別權力關係，便不純然如前述那般，呈現惟雇主是從、以顧客為尊的男性絕對優勢。當某些雇主將女招待等同於商品展示販售，男顧客帶著「吃女招待」的心態前往飯館用膳時，女招待確實被制約在雙重權力框架中，被要求與渴望著；縱然如此，女招待卻非純然被動的行為客體。從當時不勝枚舉的社會新聞報導中，可看到許多女招待主動與積極的服務，在努力創造一種「三贏」的局面，讓顧客滿意、雇主歡心、自己獲益。

且不應忽略，這些多半出於經濟動機而擔任招待的女性，想/可從這份工作中得到的，不盡然只是工資與小費。從當時為數異

---

[107] 關於這部份觀點，Cobble 對美國餐館中的女侍研究有深入的分析。見 Dorothy Sue Cobble, *Dishing It Out : Waitresses and their Unions in the Twentieth Century*, pp. 17-21.

常豐富的報紙新聞與時人評述中，可發現主動並積極與顧客互動的女招待，除了希求物質上的報酬外，也渴望感情甚或情慾的交流，乃至於終身大事的底定。[108]暫且撇開已婚女招待的婚外情慾需求不談，有些未婚女招待，確實抱著從工作中尋得良人的想法。女招待可說是北平第一個允許年輕女性拋頭露面、公開服務顧客的職業，雖然其中不乏有人埋怨雇主逼迫她們對顧客賣笑賣相，但也有人懂得把握機會，推銷自己。當時有報導指出，女招待中「姿容稍美者」，會「借此過渡，各得其所」，其意即此。[109]

　　同樣地，男顧客當中，除了把女招待當妓女般可狎可戲地對待之外，還存在著不少純情學子，或對女招待動心的顧客。從這個角度來觀察女招待與顧客之間的互動時，原本是女招待服務顧客的主從關係，便轉變成男女社交的兩性關係。原先主僕間明確的權力天秤，開始出現擺盪的契機：當女招待在店內服務男顧客時，雙方關係似以顧客居絕對優勢；但當此種公開的商業服務關係，變質成半公開或私人的男女關係時（例如來店內消費成為變相約會，或私下相約見面活動），女招待反而可能成為佔上風的被追求

---

[108]　〈中華公寓盤獲風流女招待〉，北平《實報》，1930 年 6 月 14 日，第 4 版。〈女招待誤識薄情郎〉，北平《全民報》，1931 年 3 月 20 日，第 3 版。〈飯座戀愛女招待〉，北平《民國日報》，1931 年 4 月 12 日，第 4 版。〈愛情所至金石為摧：天順樓女店員偕戀潛逃〉，《新北平》，1932 年 11 月 9 日，第 4 版。

[109]　〈平市兒歌：男招待又抬頭，女招待！女招待！吃三毛！給三塊！〉，北平《益世報》，1931 年 3 月 24 日，第 10 版。

者。[110]男顧客恣意「吃女招待」的消費行徑，部份衍伸出「被女招待吃」此一權力倒置的後續發展。許多男顧客為追求女招待，幾乎賠了夫人又折兵；因此而丟工作、別妻子仍未能得女招待青睞者，尚不少見。[111]

　　就城市發展的角度觀之，從女招待現身故都北平、「吃女招待」的盛行、到「被女招待吃」的變相發展，都與國府南遷後的社會經濟形勢與轉變中的消費環境，有密切關連。人數眾多的單身青壯男性與外來人口，以及比例漸懸殊的男（多）女（少）人數，促使眾多行業陸續鎖定廣大的中下階層男性為主要客源，使女招待這樣的服務業得以在北平生根。當時報紙社會新聞版中，與女招待有所牽連的男主角身份廣泛，舉凡富家少爺、教授、學生、醫生、會計、商人、職員、舖長、舖夥、男招待、軍人、農民、車

---

[110]　〈拐款報效女店員〉，《北平民治報》，1933 年 3 月 26 日，第 4 版。〈荒唐商人寫情書難得女招待垂青〉，北平《民國日報》，1933 年 6 月 13 日，第 4 版。1933 年 4 月 30 日一篇《大公報》的報導文章，其冗長的標題，生動地道盡時人對女招待與男顧客之間權力的曖昧辯證關係。見〈男女社交公開時代究竟誰略誘了誰：女招待為飯碗只得故意獻媚，你入她的圈套便受法律制裁，由各方看來總是女子沾光〉，天津《大公報》，1933 年 4 月 30 日，第 13 版。

[111]　〈迷戀女招待結局：虧空潛逃〉，北平《晨報》，1932 年 9 月 7 日，第 6 版。〈西服莊經理保餐醉飲歡心後邀女店員遊逛被拒〉，北平《公安日報》，1933 年 2 月 9 日，第 2 版。〈錢行人戀愛女店員：好事多磨遭毆打〉，北平《民國日報》，1933 年 2 月 15 日，第 4 版。〈迷戀女招待：遺棄結髮妻〉，北平《東方快報》，1933 年 3 月 3 日，第 6 版。〈戀女招待虐待髮妻〉，北平《全民報》，1933 年 3 月 16 日，第 3 版。

夫、洋人、甚至僧侶或綁匪，明顯可證「吃女招待」在北平是跨階層的普遍消費現象。[112]當時數量驚人、性質多元且內容龐雜的報紙論述，則打響女招待在北平甚至其他大城的名氣。[113]曾有上海的論者興致勃勃地提及，故都北平出現比上海更浪漫的女招待。[114]還有北平的記者敘述其到鄭州時，看到幾家小吃館門外特別標

112　〈澡堂夥計與女招待妍度〉，北平《民國日報》，1931 年 7 月 26 日，第 4 版。北平《世界日報》，1932 年 8 月 14 日，第 9 版。〈姊妹花深夜入禪林：風流女招待愛上了情僧〉，北平《東方快報》，1933 年 9 月 27 日，第 6 版。〈大學生調笑女招待〉，北平《北辰報》，1934 年 4 月 1 日，第 6 版。〈女招待鍾情鐵路員〉，北平《益世報》，1931 年 3 月 30 日，第 10 版。〈女招待面面觀（二）：是解放？是墮落？金錢魔力，人肉上市　平市各飯館女招待生活之調查〉，北平《京報》，1932 年 4 月 19 日，第 5 版。〈外國人調戲美女店員：王俊卿無端受辱〉，北平《民國日報》，1932 年 12 月 7 日，第 4 版。〈花花世界〉，北平《老百姓日報》，1933 年 9 月 14 日，第 4 版。〈福海軒飯館票匪戀招待〉，北平《老百姓日報》，1933 年 10 月 1 日，第 4 版。〈女招待倚窗賣風流：洋車夫動春情，飛進羊頭磚，權作接吻〉，北平《民國日報》，1933 年 7 月 12 日，第 4 版。〈雍和宮藏垢納污，侵吞公款吸食鴉片煙，妍女招待在廟住宿：羅布桑請章嘉等澈底查究〉，北平《世界日報》，1933 年 10 月 6 日，第 8 版。

113　天津《大公報》中便有不少北平女招待的相關論述，其也曾類似北平四大報那般，數天連載對北平女店員的專題報導。見〈北平婦女職業的又一調查：女店員的生活〉，天津《大公報》，1933 年 3 月 9-10 日，第 13 版。此部份的相關討論，見本書第五章。

114　某位署名「百合」的作者，表示其訪問過一名來自北平的旅客，據後者所言，北平的女招待多如「過江之鯽」，而且「態度浪漫，神情飛揚」，讓人見了魂都快飛了一般。「百合」表示原不太相信北平女招待只要有小費可拿，就真的可任顧客「恣意調笑」，但那位被訪問者則「言之鑿鑿，一似確有其事者也。」見百合，〈舊都之浪漫女招待〉，上海《社會日報》1930 年 11 月 2 日。

明「特聘北平女招待」，敢情是「『女招待』已成北平特產了」！[115]
不管上述言論有無誇大之嫌，這些透過報紙而流傳到國內各地、
甚至再從外地傳回北平的女招待艷名，都直接間接地強化北平市
民遐想女招待的程度。

　　正因過去的國都北京風氣保守、兩性社交公開的程度極有
限，因此女招待在故都北平的發展，竟不經意地促成新的市民文
化與兩性關係。[116]女招待的工作場所、及其服務男顧客的工作內
容，分別演變成提供彼此交往的地點，與孕育情感的催化劑。換
言之，女招待上班時的表現與人際交往，在下班後還有所延續。一
如谷杏春所言，男人與女招待「熟識以後，就可以相攜去逛公園！
看電影！住旅館！開房間！」[117]若撇開該論者充滿貶抑女招待的語
氣，只看其所描述的兩性行為，實不得否認女招待這項服務業，
為故都北平的兩性社交，提供了前所未有的機會與發展空間。這
樣的情形之所以能出現，皆拜遷都後人口結構與消費形態的調
整、以及城市氣氛轉變之賜。

---

[115]　飄飄記者，〈由北平到漢口（續）〉，北平《老百姓日報》1934年4月2日。

[116]　李素曾於1930年代中期，在〈北平的歌謠〉一文中，有如下分析：「為什麼
　　　北平沒有情歌？大概因為北平是禮儀之邦，文明上國的京都，天子所居，朝
　　　廷所在，自然是嚴綱紀，重禮教……傳統下來，遂使小民性靈盡失，只知機
　　　械地走著人生生老病死的各階段，不復知有戀愛自由和浪漫的生活。雖然在
　　　婚姻上感到極端痛苦，但是都認為是命裡注定，不知也不敢另找出路。」此
　　　文雖是作者的觀點，卻也值得參考，以理解北京社會長久受當權制約而相對
　　　保守的兩性關係。見李素，〈北平的歌謠〉，陶亢德編，《北平一顧》（上海：
　　　宇宙風社，1939，再版），頁40-49。

[117]　谷杏春，〈新青年的五種仇敵〉，北平《晨報》1931年9月19日，第6版。

舊京時期權勢階級的狎妓，雖也具有恩客與名妓間你情我願、相互唱和之事，但這種高級妓女究屬少數，其餘所有妓女，仍屬嫖客付錢便需賣身的絕對弱勢族群。遷都後一般市民的「吃女招待」行為，則不完全等同於過去那種金錢決定一切的消費模式，甚至從這種消費行為，流衍出情感的投入，以及服務之外的後續進展。女招待與男顧客彼此的婚姻狀態（已婚或未婚），交織出多種排列組合，其中的故事被記者再現於新聞報導時，便出現兩情相悅、女方單戀、男方糾纏、三角戀愛或雙方通姦等各式各樣的情節敘述。[118]

一旦瞭解「吃女招待」所牽涉的複雜人事與互動，便無法襲用一般男強女弱或男主女從的思維，來界定女招待是群弱者。因為女招待雖在男性中心的社會經濟結構中確屬弱勢，但一涉及情感

---

[118] 例見〈私逃戀飯客〉，《北平新報》，1932 年 4 月 4 日，第 4 版。〈一個有夫之婦充當女招待：與客人姘度，棄本夫不顧〉，北平《世界日報》，1932 年 6 月 13 日，第 8 版。〈風流女店員：與男店員姘度，又有了一位情人〉，《北平新報》，1932 年 11 月 10 日，第 4 版。〈罐頭公司舖掌金錢難買女店員心：特別要求竟遭拒絕〉，北平《民國日報》，1932 年 11 月 14 日，第 4 版。〈女店員與飯客同行：路遇其夫…因為要錢…起了交涉〉，《北平新報》，1932 年 11 月 24 日，第 4 版。〈女店員戀多情飯客：母不允婚憤而私逃〉，北平《民國日報》1932 年 12 月 3 日第 4 版。〈貴族的消遣所平市球房傳佳話〉，北平《晨報》，1932 年 12 月 28 日，第 6 版。〈元亨居一頁風流史〉，北平《北辰報》，1933 年 2 月 26 日，第 6 版。〈特別特浪漫女店員之交結情敵相逢當街扭打〉，北平《老百姓日報》，1933 年 3 月 5 日，第 4 版。〈同戀女招待葱起醋風波：情敵見面分外眼紅〉，北平《北辰報》，1934 年 2 月 24 日，第 6 版。

之事，便不能一概而論地斷定男性必然佔上風。男性顧客對女招待的投資，不論是金錢或情感，都不保證能得到對方同等的回應。因爲當時雖可見願爲金錢出賣身體乃至情感的女招待，卻同樣不難發現因迷戀女招待而朝思暮想、無心工作、甚至身敗名裂的男顧客。「吃女招待」的結果與代價，有時頗難以預料。

　　除了雇主、顧客與女招待之間的三方互動造就「吃女招待」的熱潮外，還有兩種相關人物不應忽視，一是女顧客，二是男招待。雖然故都北平仍是個相對保守的社會，女性不常單獨到飯館吃飯，但從數量眾多的社會新聞中，還是可爬梳出女顧客與女招待互動的情形。那些女顧客的身份，包括摩登女郎、女學生、妓女、鼓姬等，上中下層女性皆有之。[119]頗值玩味的是，這些女顧客清一色是隨某（些）男顧客前往消費，並與女招待形成微妙的競爭關係：雙方都希望抓住男人的心，因而彼此較勁意味濃厚。就女顧客而言，自己的客人身份應具某種優勢，但看到男伴對女招待的友好態度，常不禁吃味，因而容易刻意找女招待的碴。對態度積極、想賺小費的女招待來說，陪同男顧客前來消費的女伴，多數是礙事者或競爭者，因爲男顧客會因此收斂行爲、也減少小費。同爲女性的女招待與女顧客，常互相打量，形成一種不甚友善的緊張關係，並出現具挑釁性的言行舉止，爆發言語甚至肢體衝

---

[119]　〈女招待失言：顧客偕女郎吃飯，她說人家是野妓〉，北平《世界日報》，1932 年 5 月 24 日，第 8 版。〈攜帶鼓姬上飯館去吃飯〉，北平《民國日報》，1933 年 1 月 9 日，第 4 版。

突。[120]

　　女招待與女顧客之間的互動情形，除了同性相斥的爭寵心態以外，有時則因女顧客的存在或其身份，刺激女招待反觀自身境遇，而悲從中來。這種情形，最常出現在因家庭因素而輟學當女招待的女性身上，並偶見於報紙連載小說之類的文學創作中。那些本身曾是女學生的女招待，看到跟著男學生一起上飯館用餐的女學生時，總會想起自己的過去，再對照現在自己做為服侍顧客的女招待，面對那些抱著書本的女學生，不由得自慚形穢。[121]概言之，女顧客雖非受女招待的吸引而前來消費，但在某種程度上，她們的出現與表現，卻可能影響男人的消費心情及「吃女招待」的結果，連帶地左右女招待特別小費的多寡。有些陪伴男人前往消費的女顧客，有意無意地顯出較高的身份地位或經濟能力，欲使女招待相形見絀，變相地佔女招待便宜，這或可謂某種另類的「吃女招待」吧！

　　另一群受北平「吃女招待」熱潮影響之人，則是原被稱為跑堂或伙（夥）計的男招待。[122]這些在女招待出現前，擔任服務顧客工

---

[120]　〈女招待大吃鍋貼因出言不慎：指良女為野雞〉，北平《民國日報》，1932年5月24日，第4版。〈女招待輕視交際花：警士光臨風波平息〉，北平《北辰報》，1934年1月13日，第6版。

[121]　秦女，〈一個女招待的日記（續）〉，北平《世界日報》，1932年3月11日，第5版。

[122]　在女招待出現之前，北京/北平的飯館服務員都是男人。這些男招待令顧客印象深刻之處，並非其長相俊俏、善於逢迎，而在於他們的專業及對顧客餐飲方面的著意，如同某位論者憶述道，跑堂中的「個中能手不但能代客點配菜

作的男跑堂與職工，在雇主紛紛雇用女招待之後，至少出現兩種反應：一是想方設法地與女招待爭工作機會，二是日久生情地與女招待發生關係。女招待由於體力、服務技術（如點菜、端菜等）與工作經驗都不如男招待，自不可能完全取代後者。然而，確實有些飯舖雇主，將部份男招待解雇，另聘女招待以廣招徠，使男招待備感威脅。[123]

　　《大公報》記者在 1930 年 4 月下旬，亦即女招待現身北平之初，曾報導北平社會出現男女招待競爭工作的情形。該文指出由於女招待一時間迅速崛起，大有奪男跑堂工作之勢，使男性工作者紛求自保之道。某些飯店及舞場裡的男招待，為求證明自己也有吸引顧客的魅力，開始講求臉蛋與衣著的修飾；甚至有年過三十、皮膚已粗老者，還擦上雪花膏等加以保養，以求博得顧客青睞。據記者所述，此奇招一時間竟頗為奏效，吸引不少時髦婦女

饈，而又善與灶上聯繫，經他傳呼的菜，廚房必加意烹調，使之特別出色，以便得到顧客的讚賞。故熟悉飯館情形的顧客會事先挑選房間，以得其人之招待。至於所付小費，亦較優厚。伙計送客時，必高呼「某官惠過，小賬若干」。北京飯館的伙計，多為山東福山人，鄉音未改，和易近人，不憚繁瑣，對於小費從不爭多論少，即便不滿意時，也絕不悻悻於色，確屬一種特色。」見陳育丞，〈飯館〉，中華人民政治協商會議、北京市委員會文史資料研究委員會編，《北京往事談》（北京：北京出版社，1988），頁 6-8。當時的男性飯館服務員被稱為跑堂或伙計；自從女招待出現後，他們也被相應地稱為男招待。另見崔金生，〈北京飯館風俗〉，胡玉遠主編，《日下回眸：老北京的史地民俗》（北京：學苑出版社，2001）頁 418。〈社評：坤伶和女招待〉，北平《新晨報》，1930 年 4 月 4 日，第 2 張第 6 版。

123　〈女權擴張橫遭嫉妒〉，天津《大公報》，1930 年 4 月 8 日，第 9 版。

顧客的注意。在該篇報導文末，記者倒是為這群男招待慨嘆了一番：

> 茲聞該待役等能以花樣翻新的方法招徠顧客，雖為抵禦女招待保持固有之飯碗計，然其用心之苦，其殊可憐，尤復可嘆矣。[124]

由於當時女顧客究屬少數，男招待與女招待競爭著以性魅力搶客人，終究還是屈居下風。不過雇用女招待也非營業萬靈丹，若遇天災人禍波及市面狀況時，女招待同樣無力起衰振頹，遭辭退者為數還是不少。此外，「吃女招待」所須付出超過飯錢甚多的小費，對部份有心顧客造成壓力（怕自己給得少沒面子，被女招待看輕），致使某些店主，尤其在經濟蕭條之際，為求維護營業、留住客人，反將女招待辭退。[125]

雖然女招待吸引顧客的能力高過男招待，但男招待仍有許多女招待無法取代的強項，諸如女招待體力較差、點菜能力低、應變能力弱等。男招待做為飯館營業常態不可或缺的職工，依舊是雇主倚賴的勞力來源。[126]因此，男招待只在女招待現身初期，感受

124　〈北平社會之怪現象〉，天津《大公報》，1930 年 4 月 20 日，第 9 版。
125　〈平市兒歌：男招待又抬頭〉，北平《益世報》，1931 年 3 月 24 日，第 10 版。
126　〈國難當頭無心飲酒作樂：平市飯館生意不如昔〉，北平《世界日報》，1933 年 1 月 11 日，第 8 版。

到強烈威脅，此後的北平社會，基本上不大看到男女招待競爭工作的報導。倒是，由於男女招待長時間共事，某種超乎同事關係的男女情愫順勢滋長，演變成男歡女愛的情慾關係。有時，男主角不只男招待，也可能是掌櫃、舖長或雇主。[127]這樣的親密交流，是市府社會局嚴禁卻難絕的，被發現時總會被記者披露，成為北平市民茶餘飯後的消遣話題。[128]不論如何，像男招待因工作之便，得以近水樓台先得月地與女招待打情罵俏、甚至共赴巫山，稱其為免費「吃女招待」，似不為過。

再從市民消費的角度觀之，除了以女招待做為消費提供者所促成的種種「吃女招待」表現模式、及其中流洩的古城春色與性別文化值得注意之外，女招待做為消費者這部份的層面與意義，也不容忽視。當時不乏北平女招待打扮摩登入時、出入娛樂場所的報導與記述。例如某位女招待投書敘述她的女招待同事們，小費拿得多的，上班時常「身批斗篷，好似闊小姐一般」，且內穿「綢緞皮袍，高級絲襪，緞子鞋，臉上更是修飾得出色，細眉毛，紅嘴唇。」[129]

127　柱宇，〈漫言〉，北平《世界日報》，1931 年 3 月 27 日，第 7 版。〈男女店員一幕風流艷史：雙飛雙宿被警抄辦〉，北平《民國日報》，1932 年 12 月 8 日，第 4 版。〈男女店員心心相印，白晝在雅座間宣淫，掌櫃的一腳踏進來！〉，北平《現代日報》，1932 年 12 月 18 日，第 4 版。〈廚師姘招待：近水樓台先得月，從此糟糠是路人〉，北平《老百姓日報》，1932 年 12 月 30 日，第 4 版。〈男女招待自由戀愛婚約未訂稱乾兄妹〉，北平《全民報》，1933 年 7 月 21 日，第 3 版。

128　〈女招待面面觀（一）：是解放？是墮落？〉，《京報》，1932 年 4 月 18 日，第 6 版。

129　〈是當女招待呢還是餓起母親來呢？〉，北平《世界日報》，1932 年 1 月 5

如此打扮，與當時中產階級的摩登女郎不相上下。1932 年 4 月 21
日的《北平新報》某篇報導，以「平市摩登風中女招待之魔力」爲
標題，形容女招待「她們的裝束與行動同女學生相仿彿」。[130]同年 8
月，北平《民國日報》刊登過一則社會新聞，指某名張姓學生，見
明記咖啡館一名張姓女招待「貌若西施，舉止活潑，言笑動人，並
且鼻架托力克白光鏡一隻，久有垂涎之意」；張姓學生藉機偷走那
隻眼鏡，後以對方獻上一吻爲代價，將該眼鏡還給張姓女招待。[131]
毋論女主角是否確如報導所言「不以張爲意中人」，以致不甘願地
以一吻要回自己的眼鏡，至少故事中那隻托力克白光鏡，已間接暴
露女招待的摩登消費表現。

　綜而言之，女招待出現後引發的故都北平市民消費，不論在
表現方式、涉及層面或普及程度上，都頗具時代意義。女招待及
「吃女招待」現象，在雇主精打細算的商業策略，與市民力求經濟
實惠的消費意識結合下，於北平大行其道。就商業策略而言，雇
用女招待雖屬舊瓶裝新酒，從消費心態觀之，「吃女招待」亦無甚
異於國都時期權貴人士的召妓侑酒。實則召妓侑酒的官場文化運

日，第 5 版。另見〈女招待面面觀（二）：是解放？是墮落？金錢魔力，
　　　人肉上市　平市各飯館女招待生活之調查〉，《京報》1932 年 4 月
　　　19 日第 5 版。彭若蘭，〈一個女招待的自述：女招待不是正當職業，
　　　是使女子墮落的陷阱〉，北平《世界日報》，1933 年 10 月 4 日，第
　　　6 版。
[130]　〈平市摩登風中女招待之魔力〉，《北平新報》，1932 年 4 月 21 日，第 4 版。
[131]　〈顧客氣忿偷走女招待的眼鏡：見面索還一吻爲報〉，北平《民國日報》，1932
　　　年 8 月 5 日，第 4 版。

作，與「吃女招待」的平民經濟型消費風格之間的差別，正反映出
遷都前後北京/北平城市消費文化的轉變。

　　遷都後的北平，經歷人口洗牌、經濟震盪、消費調整等社會轉
變，使「吃女招待」這般看似簡單的食色消費，蘊含著比早先召妓
更複雜而微妙的人事交流與兩性互動。這種結合飲食娛樂、所費不
高的實惠服務，堪謂此階段最攸關一般（男性）市民生活的新消費
行為。至於女招待，她們的身家背景及教育程度雖多與中上人家女
學生有別，卻在此時因緣際會地成為既提供新式服務、亦參與摩登
消費的特殊族群。她們的職業表現與言行舉止，部份展現故都北平
中下階層婦女（除妓女之外）的就業環境與消費慾望，足可稱為故
都另一新風貌。

第三節　引領西化風騷的尤物：舞女及舞場
文化

　　國府遷都之後，原駐北京的各國使館陸續南遷，不過仍有數
千名外僑，在物價不升反降的故都北平社會中，繼續過著闊綽安
逸的生活。外僑的生活型態與娛樂方式，與中國人多少有出入，
常引進西式的娛樂與休閒活動。以上海一地而言，跑馬、跑狗、回
力球等，皆曾於民國時期風行一時。[132]這些西式娛興活動，不盡

132　〈最近之上海：披髮鬼的發源地跑狗和跳舞〉，北平《晨報》，1931年8月
　　9日，第6版。〈上海是怎麼樣（二）〉，北平《老百姓日報》，1934年12

然都能被市風較保守的北京社會接受。惟獨自上海掀起的舞場跳舞熱潮，得以迅速席捲遷都後的北平社會，成爲多數中上階層消費族群熱衷的時興消遣。

此處所謂跳舞，指的是由西方民間舞蹈演變而成的西式社交舞。當上海於 1843 年開埠後，赴滬的外國人陸續帶入母國的娛樂習俗，遂出現舞會這種晚宴後的娛興節目。[133]與外人頻繁交流的買辦階級與的部份中國官員，是最早接觸與接受這種西式娛樂的華人。到 19 世紀後期，消費能力日益雄厚的上海人，在求新鶩變的享樂慾望驅使下，開始仿效並從事各種西人娛樂。愈來愈多權貴階層，視參與交際舞會爲重要的休閒與交際活動。[134]由西人與洋商買辦領銜展開的舞會活動，逐漸帶動上海市民的跳舞風氣；流風所及，如天津等商埠都市亦風起景從。[135]到 1920 年代，中國商人進一步使跳舞普及化與商業化，成立專供跳舞的場所、或學

月 11 日，第 4 版。對於上海的西式休閒娛樂活動，中研院近史所副研究員張寧有一系列的研究。見張寧，〈是運動還是賭博？跑狗論述與現代上海的成型，1927-1933〉，《中央研究院近代史研究所集刊》，第 42 期，2003 年 12 月，頁 73-124。張寧，〈從跑馬廳到人民廣場：上海跑馬廳收回運動，1946-51〉，《中央研究院近代史研究所集刊》，第 48 期，2005 年 6 月，頁 97-136。

[133]　沂平、胡正豪、李學昌主編，《民國社會大觀》（福州：福建人民出版社，1991），頁 1000-1003。

[134]　沂平、胡正豪、李學昌主編，《民國社會大觀》，頁 1000-1003。馬軍，《1948年：上海舞潮案：對一起民國女性集體暴力抗議事件的研究》（上海：上海古籍出版社，2005），頁 1-8。

[135]　〈天津舞潮〉，天津《大公報》，1929 年 1 月 5 日，第 6 版。〈滬上舞潮再起〉，天津《大公報》，1929 年 9 月 14 日，第 10 版。

習跳舞的學校，使跳舞的性質，從早期宴請賓客的私人娛興活動，轉變成頗具商機的娛樂消費行為。[136]隨著資本主義與西方物質文化在中國的傳播，到（多半是附設於飯店內的）舞場或舞廳跳舞，不只成為上流社會的重要消遣，也是新式文人的娛樂選擇，乃至年輕人追求時髦的消費表現。[137]此時在中國的跳舞，主要被視為新式的摩登娛樂，與西方社會已將跳舞提升到藝術層次，並賦予其民族特色的舞蹈文化，仍相去甚遠。[138]

而舞場中最具消遣價值、且令人目眩神迷的，並非精彩的樂

---

[136] 馬軍對上海舞場的研究指出，1922 年始見國人經營跳舞場，但當時只限於有身份的紳士參加，鮮少一般市民涉足。約到 1927 年後，國人開始競相在上海設置跳舞場，引起風潮。至於舞女部份，上海的職業舞女始於 1920 年代初，當時多由俄、日兩國女子擔任，直到 1927 年後，中國女性的舞女人數才顯著上升，成為佔優勢者。另根據北平《晨報》對上海舞場的系列報導，「民國十七年秋，為跳舞場初興時代」。由此可知，國人陸續投入開辦跳舞場之列，並在沿海各大城市醞釀出跳舞的熱潮，確是在 1920 年代晚期之事。見馬軍，《1948 年：上海舞潮案：對一起民國女性集體暴力抗議事件的研究》，頁 2-11。〈兩年來上海之浪漫跳舞場（一）～（五）〉，北平《晨報》，1931 年 4 月 1~5 日，第 6 版。

[137] 胡俊修，〈近代上海舞廳的社會功能——以 20 世紀 30 年代《申報》廣告為主體的分析〉，《甘肅社會科學》，2007 年第 1 期，2007 年 1 月，頁 142-145。另見江勇振，《星星 月亮 太陽：胡適的情感世界》頁 208-213。

[138] 當德國名舞蹈家瑪塔女士（Miss Morda Mata）於 1933 年受邀赴華表演舞蹈藝術時，曾對訪問她的北平記者表示，這次來華交流所領教到的中國「舞術」，可謂「重於娛樂，尚談不到藝術」。她甚至直言「中國現在營業舞場的情形，是僅為一般達官富商及貴族子弟消遣的地方。」見〈我國跳舞尚談不到藝術〉，北平《導報》，1933 年 6 月 2 日，第 7 版。〈我國跳舞尚談不到藝術（續）〉，北平《導報》，1933 年 6 月 4 日，第 7 版。

隊伴奏、或助興的飲酒交談，而是穿著誘人、姿態妖嬈的舞女。
舞女是服務於跳舞場中，以陪伴客人跳舞爲主要工作內容的新興
婦女職業。[139]從 1920 年代到 1930 年代，上海舞業進入全盛時期；
到 1937 年時，上海各類舞場已超過五十家，舞女約兩千多人。[140]
在上海這種男女性別比例失衡的沿海大城中，舞廳被摩登男子視
爲認識異性的絕佳場所，舞女無疑爲吸引男性顧客赴舞廳跳舞的
金字招牌。[141]天津是另一個比北平更早有舞場的城市，至少在北伐

---

[139]　李歐梵與 Andrew Field 的著作，讓讀者充份見識到 1930 年代前後上海舞國文
化的迷幻魔力、舞女魅惑眾人的身姿、以及男性投射在舞女身上的諸多想像
與欲望。見李歐梵著，毛尖譯，《上海摩登——一種新都市文化在中國
1930-1945》（北京：北京大學出版社，2001），頁 28-35；233-241。另見
Andrew D. Field, "Selling Souls in Sin City: Shanghai Singing and Dancing
Hostesses in Print, Film, and Politics, 1920-1949," in Yingjin Chang ed., *Cinema
and Urban Culture in Shanghai, 1922-1943*（Stanford: Stanford University Press,
1999）, pp. 99-127.〈兩年來上海之浪漫跳舞場（一）〉，北平《晨報》，1931
年 4 月 1 日，第 6 版。舞女在上海還有「彈性女兒」（取「Dancing Girl」的音
/意譯）、「貨腰女郎」（指出賣柳腰供客摟抱）與「蓬拆姑娘」（「蓬拆」爲舞
樂強弱節奏的諧音）的別稱。馬軍，《1948 年：上海舞潮案：對一起民國女
性集體暴力抗議事件的研究》，頁 11。

[140]　馬軍，《1948 年：上海舞潮案：對一起民國女性集體暴力抗議事件的研究》，
頁 3。

[141]　魏斐德，〈給娛樂發執照——中國國民黨對上海的管制〉，收入葉文心等，《上
海百年風華》（台北：躍昇文化，2001），頁 267。雖說當時跳舞場雇用舞女，
除了陪客跳舞、應酬交際之外，也有表演舞蹈的部份，但即使是後者，也是
爲吸引顧客，而非藝術的展現。無庸置疑地，除了部份舞客是前往舞場共渡
浪漫時刻的夫妻或情侶之外，大多數男舞客皆衝著舞女而來；醉翁之意不在
酒的舞客，更是比比皆是。見郁慕俠，《上海鱗爪》（上海：上海書店，
1998），頁 21-22, 137-138。另外，有關當時諸多報刊及小說對上海舞女的敘

結束前，跳舞已成為天津青年男女競尚的新潮流。[142]

　　這股跳舞時髦風，先以舞會的形式吹到國都階段的北京，繼而在故都北平時期，由舞女領銜帶動起一股舞場跳舞浪潮。舞女身為遷都後始興於北平的另一個女性服務業，與女招待在間或重疊、卻不盡相同的社會層級中，交相撩撥起北平市民追逐物質享受、休閒樂趣、與情慾交流的渴望。本節將從舞女在故都北平發展的興衰，繼續描述當時北平時人的消費新體驗。

一、從舞會到舞場

　　在遷都之前，北京身為北洋政府所在地，常可見外交或政治圈舉辦的社交舞會，宴請上流社會與各國賓客參加娛興，並且不乏舞姿優雅、巧笑倩兮的名媛淑女；陸小曼（1903-1965）當屬其中知名度最高者。[143]但由國人營業的跳舞場，在國都時期始終還未出現。1927 年 6 月，《世界晚報》刊登了署名「秋魔」的論者

　　述及再現，可見陳文婷，〈上海舞女：以休閒報刊與小說為中心（1927-1949）〉，國立臺灣大學中國文學研究所碩士論文，2003。

[142] 1927 年 7 月時，天津《大公報》還曾以跳舞為主題，有過一番討論。見「銅鑼（不定期刊之三）：跳舞號」，天津《大公報》，1927 年 7 月 13 日，第 5 版。「銅鑼（不定期刊之四）：跳舞問題號二」，天津《大公報》，1927 年 7 月 22 日，第 8 版。「銅鑼（不定期刊之五）：跳舞問題號三」，1927 年 7 月 23 日，第 8 版。

[143] 徐志摩，《愛眉小扎》（高雄：大眾書局，1975），頁 66，77。另見宋春舫，〈北平〉，《人間世》半月刊，第 8 期，1934 年 7 月 20 日，頁 21-22。時影編著，《民國名媛》（北京：團結出版社，2004），頁 83。

所寫的短文〈無跳舞不能成會〉，其中提及：

> 早個兩三年，青年的學生，有一種演劇化。你也演新劇，
> 我也演新劇。只要是有鼻子眼睛的人，他有膽子敢上台，
> 也就準有人看戲。現在進步了，演劇化，已變為跳舞化。
> 無論什麼會，裏面都得加一段女士跳舞。惟其有女士跳
> 舞，所以到會的人，一定踴躍。反過來說：若是沒有跳
> 舞，大家就要掃興而去了。因為有這種趨勢，一班青年的
> 跳舞熱，比讀什麼功課，還覺著重要。[144]

　　由上文可判知，那時「秋魔」所指稱的跳舞熱，並非到舞廳那
種營業跳舞場消費，而是學校舉辦、私人宴客或園遊會等非商業
聚會的表演活動。[145]直到遷都之後，北平才出現附設在飯店中的
舞場，招徠中上階層的顧客享受聲光與舞樂結合的消遣樂趣。
1930 年初開始，舞場業者為發展營業起見，主要希望招攬更多男
性顧客，便開始雇用舞女表演舞藝、陪客跳舞與交際應酬。[146]有
的飯店跳舞場還以「派人往香港上海，約聘舞女來平獻技」的廣告

---

[144]　秋魔，〈無跳舞不能成會〉，北平《世界晚報》，1927 年 6 月 19 日，第 4
　　　版。

[145]　〈中南海又要熱鬧了〉，北平《新晨報》，1929 年 8 月 9 日，第 6 版。

[146]　〈交通舞場增聘妙女〉，北平《新晨報》，1930 年 4 月 21 日，第 6 版。〈中
　　　央飯店跳舞場東長安街：招聘舞女廣告〉，北平《全民報》1930 年 7 月 31
　　　日，第 6 版。

噱頭，來吸引摩登趨新者。[147]此後北平的跳舞場中，雖然繼續可見許多上流仕女與摩登女客的身影，但真正在舞場引領風騷且普受男性顧客青睞的，是那些以討好他們歡心為工作內容的舞女。

如從時間點來看，北平比起上海或天津出現舞女的時間，只略晚數年，不像北平的女招待落後其他商埠都市十數年之久。若就北平本身而言，該市的舞女與女招待，幾乎同時於 1930 年春現身。北平舞女的出現與興盛之因，仍與時局的轉變有關，但與女招待有些出入；箇中差異，主要在於二者的服務對象不盡相同。遷都造成的社會人口結構調整與各業資本萎縮等轉變，及 1930 年北平政局的騷動與商界的回應，共同促成了女招待的出現；她們面對的顧客來源，是廣大的中、下層民眾。相對地，上舞場跳舞的顧客，多來自較有身份地位的上流社會，以及外籍人士。[148]雖說國府遷都南京，導致大批權貴富戶流散其他各大城，但北平仍有數千多名外僑，得以支撐東安市場及西式飯店等新式商場的營業，並樂見西式娛樂的出現。[149]換言之，1930 年北平跳舞場的林立與舞女的繁興，並未如中小型飯館的女招待那般，較直接因應

---

[147] 〈中國飯店舞場〉，北平《實報》，1930 年 5 月 14 日，第 4 版。

[148] 從當時報紙的相關報導內容可知，舞場的主要消費者包括學界中人、外籍僑民、外國軍官與士兵、富商大賈，其中也不乏「中上等社會士女」前往舞場跳舞。見〈中央舞場化裝跳舞〉，《北平日報》，1930 年 2 月 17 日。〈舞場流血詳誌〉，北平《全民報》，1930 年 4 月 14 日，第 3 版。〈實行禁舞後燈紅酒綠猶是可憐宵〉，北平《導報》，1933 年 8 月 27 日，第 7 版。

[149] 〈旅居北平二十八國人男女二千六百名〉，北平《益世報》，1931 年 10 月 3 日，第 7 版。

遷都後北平的城市與社會轉變，而是綜合當時中國沿海城市的時尚新潮、與北平某些消費需求而誕生的產物。1930 年北平政局出現的變數，多少也刺激各飯店擬以開設跳舞場，做為招徠活動漸頻的政商界人士交際的場所。《新晨報》在 1930 年 4 月 1 日，報導位於王府井的交通大飯店欲添設跳舞場的消息時，指出：

> 北平市內，近來舞風甚熾，舉市若狂，各飯店之舞場，相繼而起。近聞王府井交通大飯店內，亦將開設跳舞場，以為競爭。該場聞係學界中人承辦，設備方面，頗為新穎，並不售門票，添設消夜，以為號召。該場緊鄰東安市場，地點之佳，無出其右。今日開張，定有一番盛況也。[150]

4 月 21 日，《新晨報》又報導了該舞場的後續發展：

> 王府井大街交通舞場，開幕以來，因設備之完善，售價之低廉，以及地點之優異，故營業盛極一時。茲聞該場又新聘到色藝雙絕之妙女數人，每晚在來賓交際舞之間穿插入場，表演各種艷舞，頗受歡迎云。[151]

　　不難想見，這些「色藝雙絕」的曼妙舞女，像花蝴蝶般地翩臨舞場，提振不少賓客交涉談事或交際娛樂的心情。此時適逢各路

---

[150]　〈被交通跳舞場今晚開幕〉，北平《新晨報》，1930 年 4 月 1 日，第 6 版。
[151]　〈交通舞場增聘妙女〉，北平《新晨報》，1930 年 4 月 21 日，第 6 版。

反蔣人馬陸續齊聚北平之際，北平商人不可能錯過此一拉抬營業額的造勢良機。此外，《新晨報》的記者表示交通舞場「聞係學界中人承辦」，若此事屬實，則也頗值注意。

　　至少，除了經常出入舞場的外僑、富商與政客等上流社會人士之外，鎮守北平的文人學者與爲數漸增的青年學子，確實成爲跳舞場的重要消費族群。由於社交舞是西方社會的習俗，因此早期接受跳舞的華人，多是在海外讀過書的留學生，或受西式教育的知識份子，雖然這群人當中，也有始終對跳舞嗤之以鼻者。[152]一般而言，文人學者與青年學子對跳舞的態度有些差異，所去的舞場種類也有別。1930 年代之後，北平舞場大分爲兩種，一是僅置樂隊，沒有舞女，由入場客人自攜舞伴，其性質較類似原先的舞會，另一種則是主打舞女牌，以廣招徠的舞場。前者主要是爲習慣跳舞的外僑而設，舞客多著正式服飾前往舞場，男性彬彬有禮，女性端莊典雅；文人學者較多前往此種舞場，或觀舞、或閒談，偶一舞之，與友共樂。後一類舞場則是受更多中國舞客歡迎的娛樂型態，有人喜歡看舞女跳舞，有人喜歡抱舞女跳舞，各人消遣方式不一，但皆以舞女爲舞場焦點。這種設有舞女的舞場，在中國沿海各城，皆吸引大批青年學生蜂湧群聚。接受新式教育洗禮的年輕人，在西式物質文化不斷在中國各大城市強力推銷與散播下，常是最快接受洋貨、洋思想與洋娛樂，甚至耽溺其中者。

---

[152] Andrew D. Field, "Selling Souls in Sin City: Shanghai Singing and Dancing Hostesses in Print, Film, and Politics, 1920-1949," in Yingjin Zhang, *Cinema and Urban Culture in Republican Shangha*, pp. 105-106.

1931 年 9 月，《大公報》有篇題為〈大災中北平跳舞場問題〉的社論，直言「不幸半年以來，北平竟有與文化區絕對不相宜之『有舞女式跳舞場』，風起雲湧，遍於全城，且多數皆以學生為目標，致近日學生界中，竟流行『往舞場泡泡去』之新名詞，此何等駭人之事。」[153]該報記者對於舞場中孕育的兩性文化，有頗為精闢的觀察：

> 中國男女，界限素嚴，一般青年，遣興無從，而妓寮曲院，又為一般自愛者所不願往，於是舞場遂成為一般青年流連之所。前者青年所認為不易接近之少女，今竟得以些微代價，相抱而舞，且江南佳麗，北國美人，燕瘦環肥，聽任選擇，無怪入其中者，有欲罷而不能之惑。[154]

在這裡，我們彷彿看到「吃女招待」興盛之因的翻版：舞場的熱絡，源於一般青年欲罷不能的異性渴望。觀諸當時的北平，兩性素乏社交管道，社會氛圍較商埠都市保守，且有包括眾多大學、中學生在內的廣大青壯男性人口。他們之中較有消費能力者，多半樂於嘗新、追逐時尚，企盼接觸異性，遂予舞場業者利用舞女引誘其消費的良機。

從雇用動機來看，舞女與女招待在業者眼中，確實具有相同的商業價值。二者的差異之處，一是服務對象雖有部份重疊、但

---

[153]　〈大災中北平跳舞場問題〉，天津《大公報》，1931 年 9 月 3 日，第 2 版。
[154]　〈北平舞女生活〉，天津《大公報》，1933 年 2 月 3 日，第 11 版。

仍存在階級區分，赴舞場的消費所需，一般比上飯館用餐更高；
二是雙方工作場域的消費性質有別。聘雇多數女招待的中小型飯
館，是人民日常飲食的必要選擇[155]；舞女所服務的飯店、茶樓或
娛樂場所附設的跳舞場，雖也提供酒水或茶食，但主要爲休閒消
遣的活動處所，較屬純娛樂消費。在遷都後經濟常處於低靡狀態
的北平社會中，市民多採飲食結合娛樂的經濟型消費方式，因此
女招待得以大行其道。整體而論，女招待確比舞女更能貼切反映
出遷都後的北平城市轉變，也更接近廣大的中、下階層民眾。當時
報紙輿論對女招待的各類敘述，更是無其他婦女職業能出其右。
對廣大的中下階層而言，舞場中的花花世界，只可想像而不得其
門而入；無法一睹舞女的誘人媚態，便在女招待的溫柔服務中，求
得撫慰。在遷都後北平經濟民生困難重重之時，跳舞場中的紙醉
金迷與闊綽消費，與大多數民眾的休閒消費水準，確有相當的距
離。[156]然而，當時的北平二、三十家舞場，多半擁有充沛的舞客來
源，足證在北平社會金字塔式的消費層級中，屬於中上到頂端的
族群仍有一定程度的消費能力，且擁抱流行於商埠都市的西化娛
樂。簡言之，女招待的發展比舞女更具濃厚的北平地方色彩，而
舞女的繁興，則相對展現出故都北平接受西化新潮的速度與程
度。以下將說明，舞業在北平的發展，充份顯露故都社會中上階層

---

[155] 鄧雲鄉便曾述及，「當時不少客居北平的人，不少都是兩頓都在小飯館中
吃。」鄧雲鄉，《文化古城舊事》，頁 433。

[156] 以 1930 年 1 銀元兌 400 枚銅元的匯率為例，跳一支舞的舞票約大洋 3 角 3 分，
為 133 枚銅元。而當時逛公園只需 20 枚，差距甚遠。見陳明遠，〈近代中國
的貨幣〉，陳明遠，《文化人的經濟生活》，頁 339。

趨新尙洋的充沛活力、不容小覷的消費能量，以及嚮往男歡女愛的
兩性慾望。

二、舞動故都的盛況

　　從 1930 春到 1931 年 5 月，短短一年之內，北平添設跳舞場的
各大飯店，已有三十餘家，聘雇的舞女總數達五百多人，幾呈「有
飯店皆舞場」的趨勢。[157]一時之間，舞場在遷都後百業蕭條的北
平，異軍突起，成爲中上階層的休閒娛樂新寵。由於北平的舞場
常客爲外僑與學生，因此舞場多設於外僑聚居的東城，以及學校
林立的西城。[158]各家舞場的主要客源互異：營業最盛的白宮舞
場，位於東單牌樓東安飯店中，舞客多爲軍政界人士；王府井大
街交通飯店中的交通舞場，主要爲各大公司職員前往捧場；東長
安街的中央飯店跳舞場，則是學生們的歡樂天地；崇文門內大街
的正昌飯店舞場，多半由摩登青年男女佔據舞池。[159]即使在北平
工商業凋零、經濟不振之時，斥資昂貴且佈置精美的跳舞場，仍
陸續出現且營業旺盛。[160]北平迅速勃興的舞業，使鄰近的天津也
相當注意，《大公報》不時可見對北平舞場及舞女的相關報導。在
1931 年 7 月下旬，該報記者還以「跳舞狂燄佈滿全城，消耗之巨

---

[157]　〈北平舞女達五百餘人〉，北平《益世報》，1931 年 5 月 1 日，第 7 版。〈平
　　　市百影（三）跳舞場上〉，北平《導報》，1930 年 11 月 14 日，第 5 版。

[158]　〈北平舞場調查〉，天津《大公報》，1931 年 7 月 23 日，第 5 版。

[159]　〈舊都舞影〉，天津《大公報》，1931 年 3 月 22 日，第 5 版。

[160]　〈跳舞狂〉，天津《大公報》，1931 年 6 月 11 日，第 5 版。

令人驚詫」這樣的副標題，來報導有關北平舞場的調查。[161]每到深夜，北平最熱鬧喧嘩、澈夜狂歡之處，莫過於各大跳舞場；舞女舞動故都的魅力，展露無遺。

那麼，舞場中的舞女究竟如何進行伴舞呢？1931 年 4 月初，北平《晨報》對上海跳舞場進行了一系列報導，清楚說明舞場規則與舞池文化。舞客到舞場跳舞，需以現金購買舞票，通常三張舞票售價 1 銀元，每與舞女合跳一支舞，就給舞女一張票。舞女事後再以所得的舞票，與雇主對分兌取現金；換言之，舞女拿六張舞票，可與雇主換得 1 銀元。[162]通常舞女會在每晚九點之後，齊圍於舞場週邊：

> 及樂聲起時，全場燈光漸斂，在此朦朧幽沉之光線下，舞客均離座四起，於燕瘦環肥中，選擇其相當舞伴。客至舞女座前，小立略一點首，女即起立相擁，舞伴一對，至是遂告組成。樂聲起後，一分鐘內，舞伴均已起舞。天下事亦從此定益。後至者須在此殿底貨中，勉擇一女，一過舞癮。營業興盛之舞場，每次約有舞侶數十對起舞，每次歷三四分鐘，樂聲即止，對對舞伴，紛紛拆散歸座。[163]

---

[161] 〈北平舞場調查〉，天津《大公報》，第 5 版。

[162] 〈兩年來上海之浪漫跳舞場（二）〉，北平《晨報》，1931 年 4 月 2 日，第 6 版。

[163] 〈兩年來上海之浪漫跳舞場（一）〉，北平《晨報》，1931 年 4 月 1 日，第 6

　　此即舞池規則的大概。該報導也生動地敘述有些衷情於某舞女的舞客，始終只想與她同舞，但若動作稍慢、被其他舞客搶得先機與之共舞，只得「廢然而返，不復另選他女補缺，以示用情之專」。[164]舞場裡也可見俄、日等外籍舞女，應酬外僑顧客。但一方面，外僑舞客常自攜伴上舞場，較非只爲鍾情於舞女而跳舞；另一方面，人數眾多的華人青年學子或公司職員，主要青睞的仍是本國舞女，因此中國舞女顯然是舞場業者倚賴以提振業績的重要搖錢樹。

　　大致上，舞場徵聘舞女的條件是「品貌優秀，精通各種交際舞爲合格」[165]。舞女的收入，包括舞票、月薪及其他小費，普遍比女招待來得高。容貌姣好、受舞客歡迎的舞女，一晚收入約有 20 至 30 元；就算是姿色與舞技皆平庸的舞女，每夜大概也能賺得 5 到 10 元。她們的底薪至少有 30 元，若是較具號召力的紅牌舞星，月薪可高達 50 至 80 元不等，其總收入約有 300 到 400 元，與大學名教授相比，幾有過之而無不及。[166]如此可觀的收入，引誘許多妓女或女招待紛紛學舞，加入舞女的行列。[167]某些女學生，也眩惑於舞女看似精彩多金且左右逢迎的生活，而投入舞女這項職業。

版。
164　〈兩年來上海之浪漫跳舞場（一）〉，北平《晨報》，第 6 版。
165　〈中央飯店跳舞場東長安街：招聘舞女廣告〉，北平《全民報》1930 年 7 月 31 日，第 6 版。
166　〈北平舞場調查〉，天津《大公報》，1931 年 7 月 23 日，第 5 版。
167　〈平市舞女仍在各飯店變相營業〉，北平《世界日報》，1932 年 4 月 15 日，第 8 版。

舞女的素質因而良莠不齊，但大致而言，除由妓女轉業的舞女較
未受教育、多靠姿色與性感取勝之外，其餘業舞之女性，多半有
小學以上的教育程度，中學畢業或肄業者不乏可見。跳舞之餘，
舞女與上流社會或學生青年等舞客在應對談吐上，多不成問題。
舞女的收入高、開銷也大，尤其為求吸引客人，更不吝於在服飾
儀容方面的消費。舞女時尚的外表與洋化的生活，使其儼然成為
引領北平摩登風潮的佼佼者，深深擄獲眾多青年學子與行員店夥
的心，使其沉溺於舞場而難以自拔，心甘情願地付出金錢甚至情
感，以求得佳人芳心。[168]

　　跳舞場是個愈夜愈美麗、愈舞愈上癮的娛樂處所。「各跳舞場
的裏部，有五光十色的電燈，光滑的地板，另外陪襯著許多鮮
花，華燈方明之際，有些翩翩的情侶接踵而來，剛一進門，就聞
見一股香脂粉，鮮花合而組成的富有激刺性的香味直刺鼻孔。」[169]
除卻樂聲悠揚、舞姿悅目的浪漫氣氛令人著迷之外，舞場最吸引
消費者之處，端在兩性軀體的接觸、與情慾的交流。舞池中緊緊
相擁、耳鬢絲磨的一對對人兒，隨著音樂擺動搖晃，彼此配合舞
步前後左右，很容易激發出純跳舞之外的情愫或慾望。某位上舞
場觀舞的北平論者，這般描述著跳舞中的男女：

> 你看這肚皮相抵著，擠來擠去，恐怕陰陽二氣相合，不會
> 不發生電氣的吧。這電氣一發，不但當局青年，充滿電力

---

[168]　〈北平舞女生活〉，天津《大公報》，1933 年 2 月 3 日，第 11 版。

[169]　〈平市百影（三）跳舞場上〉，北平《導報》，1930 年 11 月 14 日，第 5 版。

之作用，衝動起來，失去知覺，感受不可思議的快樂，就
是在座的觀眾，男男女女，但夠成年的資格，沒有不被這
電力波及到自己的電部，觸著自己的電機，不由得發動起
來的。所以霎時陰陽電充滿一堂電。......[170]

在這位論者戲劇性的描繪下，舞池活脫脫是個異性相吸的巨
大發電場，不論是舞客自身、或在座看客，都同樣心蕩神馳、意
亂情迷，不捨離去。可想而知，陪客跳舞的舞女們，更是使出渾
身解數，眼神流轉、舞姿嫵媚，令男人不心動也難。《北方日報》
記者也如此介紹：「舞場，多麼神秘而又迷人的所在！您要是沒有
觀光過的，總不免有這樣異樣之感吧？這兒，有酒，有音樂，有
年青而又妖艷的女人，只要你袋兒裏花花綠綠的鈔票豐富，任何
東西你可以盡情享受的。」[171]

若說女招待的工作，基本上不涉及與客人的肢體接觸，那
麼，舞女的職業要求，則讓她們理所當然地供舞客摟抱；就職業
的本質而言，舞女與顧客的身體親密度，更勝女招待一籌。對習
於到這類娛樂場所消遣、有親近女性之意、或喜歡大顯舞技的男
人而言，舞女無疑是他們的最佳陪伴。在舞場中，摟腰吻臂是司
空見慣之事，開香檳喝酒助興之舉，也不時可見，舞客更常挾妓
前往舞場任意調情。[172]舞場裡樂舞與酒色交雜下的享樂，確實容

---

[170]　〈某君之華北飯店跳舞談〉，《北京日報》，1930 年 1 月 15 日，第 6 版。
[171]　〈哥兒夫舞場之夜〉，北平《北方日報》，1933 年 6 月 12 日，第 3 版。
[172]　〈娼妓入舞場〉，北平《華北日報》，1930 年 10 月 26 日，第 6 版。

易讓人迷醉，但有意思的是，與舞女有所牽連的逾軌報導，卻遠
遠少於女招待者。窺其原因，也許與女招待的顧客多涉三教九流
之輩、言行更易放縱有關。無論如何，女招待與舞女乘遷都後北
平城市轉變之機，躍爲故都消費新寵，既提供市民與遊客前所未
有的普及服務與享受，也讓自己有機會成爲消費主體，甚至擁有
過去不敢企求的物質與情感生活。故都北平在這群年輕女性的長
袖善舞下，春色不斷蔓延。

第五章　春色蔓延：市民消費衍生的輿論與規範

　　當女招待與舞女的服務，成為市民常見的消費新享受時，這些服務允許且強化的兩性社交與情色慾望，便在故都社會不斷滋長，透過報紙的放送與再現，成為人民日常生活的另類休閒消費。而以維持風化為己任的市府當局，則迅速因應這些新興的情色消費，制訂各種禁令，加以規範與取締。尤其在 1930 年代中旬的新生活運動期間，北平市府對古城春風吹又生的情色，採取了先下手為強的眾多禁制措施，企圖透過隔絕兩性交往與互動，達到圍堵春色蔓延的目標。市府對人民的規範與管制，從情色消費廣泛延伸到服裝打扮、戲劇觀賞與休閒起居等方面，引發市民與輿論的反彈，產生深遠的社會影響。

　　本書最後一章，將以涉及情色的城市消費表現為主，分別從報紙論述、市府管制與民眾反應三個層次進行探討，綜論輿論媒體及市府當局如何參與或干涉城市消費，而包括新興服務業女性及其雇主在內的社會大眾，又如何回應這些參與或干涉，共同呈現故都北平的消費風情。

第一節　報紙對市民情色消費的評述

　　1920 年代之後，中國的報刊業，逐漸成為兼具提供多元資訊、與孕育價值觀念兩大特色的重要市民消費商品。[1]尤其是日報，做為當時即時性最高、流通量最大、涵蓋面最廣的大眾媒體，更是市民讀者擷取資訊與交換意見的重要信息平台。在資本主義的贏利商業理念與滿足讀者需求雙重動機的驅使下，地區性報紙除了刊載國內外政軍大事外，必須在市民日常生活中，發掘可吸引讀者的新聞，因而常可見具腥羶味及窺淫式（voyeuristic）的報導與評述。[2]這些鎖定市民情色消費表現的各種報紙文類，不只再現市民生活點滴，生產日常生活語彙及觀念，進而形塑社會價值觀，也透過記者的生花妙筆，社會評論家的分析批評、以及投稿者的經驗分享，提供讀者精彩且多元的城市文字消費。

　　綜觀故都社會時期輿論對市民情色消費的各類評述，有相當大的比重，涉及女性服務業者及其對象（包括顧客、同事或雇主）

---

[1]　　Rebecca E. Karl, "Journalism, Value, and Gender in 1920s China," 東海大學社會系專題演講稿，2005 年 5 月 2 日。

[2]　　那些涉及性或性行為的相關新聞，在 1920 年代末期比前期有更變本加厲的著墨、與類似現今狗仔式的追蹤報導。見顧德曼（Bryna Goodman），〈向公眾呼籲：1920 年代中國報紙對情感的展示和評判〉，《近代中國婦女史研究》第 14 期，2006 年 12 月，頁 179-204。筆者在廣獵 1920 到 1930 年代的北京/北平報紙社會新聞後，也有此種深刻感觸：即1930 年代前後的報紙比過去更經常出現涉及性行為或情色消費的社會新聞，且報導內容多半比過去更加仔細，加油添醋式的寫法比比皆是。

的互動關係，其中又以女招待的表現最受北平社會矚目。此因女招待人數眾多、行為活躍，比舞女、鼓姬、妓女、小老媽等其他職業，更深入市民的日常生活消費，並與顧客、同事或雇主等男性犯下許多違紀行為，成為故都北平報紙曝光率最高的女性群體。[3]

　　為求符合並滿足眾多中下階層市民的消費品味，各大、小報紛紛鎖定以女招待為主角的各類新聞，頻繁地挖掘女招待的生活點滴，某些小報更開闢專刊或方塊專欄，極盡八卦地蒐羅社會活動力較高的女性——如女招待、舞女、摩登女學生、女伶、鼓姬——與異性交往的蹤跡點滴。報紙匯聚著關於情色消費的社會新聞、有關女招待等職業群體的專題介紹、論者對市民情色消費行為的社會批判、市民讀者的實際經驗分享、圍繞情色消費的文學創作與專欄來稿、以及女招待或舞女等職業女性的自述回應，為故都社會的讀者，提供既實質又具想像力的文字消費。

　　本節先從報紙不同文類的內容出發，交叉檢視市民情色消費所衍生的輿論文化，再分析被多數輿論視為消費提供者的服務業女性，如何透過文字自述與記者訪談，對社會將她們與情色消費的高度連結，表達雖微弱卻仍具能見度的反擊。

---

[3]　方淑敏，〈為女店員向報紙呼籲〉，北平《世界日報》，1933 年 11 月 14 日，第 6 版。該論者表示：「我們每天翻開平市的大小報紙，「女店員」，或「女招待」幾個字總會首先現在我們的眼前，尤以小報為最甚，每天報紙上要是沒有關於女店員的文字，這張報紙好像有什麼缺陷似的。」

一、不同文類，多種欲望

近代北京社會市風保守，除了大學男女學生偶有機會互相接觸之外，市民兩性社交並不發達；且除妓女之外，幾無涉及情色消費的婦女職業，使北京報刊相對而言缺乏談資。國府遷都之後，北平社會經濟備受打擊，然而——尤其 1930 年春以降——市井文化與市民消費卻因緣際會地出現新發展；由女招待領銜表演，舞女擔任配角，偶爾加入妓女、女伶與鼓姬串場的情色香艷劇，開始頻繁地佔據各大小報紙的社會新聞版面，並延伸出多五花八門的文類，諸如專題報導、時人社評、職業專刊、方塊專欄、小說創作、讀者投書等。以下將分別就幾項數量較多的文類為主，說明報紙記者如何再度消費情色，回饋市民。

就文類豐富的報紙而言，地方社會新聞版可謂生產情色消費論述的大本營。即使這些新聞可能存在記者誇飾報導的問題，其本身的存在，已說明女招待、鼓姬與妓女的艷/惡名昭彰，仍源於她們經常違法犯紀的言行。諸如她們暗操妓業、陪酒賣笑、在家中賣鴉片煙或白面（海洛英）、與匪賊或賭徒有所牽連、引誘顧客虧空公款…[4]等，與情色消費有關的緋聞與醜聞，在社會新聞中屢見

---

[4]　〈芙蓉城中也添女招待〉，北平《益世報》，1930 年 4 月 28 日，第 7 版。〈女招待被捕〉，北平《實報》，1930 年 5 月 14 日，第 4 版。〈鼓姬張桂蘭賣淫〉，北平《全民報》，1930 年 5 月 16 日，第 3 版。〈女招待被抄：因為開燈供客並販賣煙土〉，《北平日報》，1930 年 8 月 4 日，第 7 版。〈新式陪櫃：女招待夜間服務〉，北平《導報》，1931 年 1 月 9 日，第 7 版。〈迷戀女招待：犧牲了飯碗，結果吃官司〉，北平《世界日報》，1931 年 4 月 26 日，第 7

不鮮。且在故都北平時期，這類報導幾乎一面倒地以女招待為女主角，如女招待的容貌或身段令男顧客傾倒；未婚女招待與未婚男員工或顧客私會、同居、私奔；已婚女招待棄夫與別的男人潛逃；女招待的丈夫與顧客、或顧客彼此間爭風吃醋而大打出手；與中學或大學生扯出情事或糾紛等，不勝枚舉。[5]

值得注意的是，除了這些職業女性本身的行為導致上報之外，還存在某些單純藉其知名度進行報導的社會新聞。以數量明顯居冠的女招待新聞為例，許多報導不只充斥涉及人身與價值評判的言辭，還企圖向讀者呈現女招待私生活的每個細節，包括女招待與車夫等人吵架；與其他女招待對罵；被車夫調戲；與情敵當街打架；出外逛街；坐車跌跤；遭人惡作劇；跌落河中；小腳被窺見而大哭；月經不順臉色不好等。[6]有時還可見與女招待職業

版。〈煙館代賣海洛英並約妓女為招待員〉，北平《民國日報》，1932年3月28日，第4板。〈鼓姬操副業〉，北平《導報》，1933年4月10日，第7版。〈鼓姬被捕因兼副業〉，北平《導報》，1934年5月10日，第7版。〈六千元吃女招待：學徒墮落攜款潛逃，掌櫃倒運報區協緝〉，北平《中和報》，1934年5月13日，第5版。

5 〈男女招待員忽雙飛〉，北平《益世報》，1930年6月25日，第7版。〈女招待藉故棄夫潛逃〉，北平《導報》，1930年11月11日，第7版。這類新聞，偶爾也可見如小老媽等為主角者。如〈老媽兒雖小魔力真大〉，北平《新晨報》，1930年5月1日，第6版。

6 〈小腳女招待〉，北平《民國日報》，1933年6月22日，第4版。〈女招待月經不調〉，北平《實報》，1930年6月24日，第4版。〈街頭調戲女招待〉，北平《益世報》，1931年9月17日，第7版。〈輕薄兒惡作劇往女招待頭扔爛柿〉，北平《民國日報》，1932年12月24日，第4版。〈小舟蕩漾於河中女招待賣弄風流〉，《民國日報》，1933年7月10日，第4版。〈女招待

本身無關、卻以女招待為標題的報導。[7]這些瑣碎枝節的新聞，之所以能佔據社會版的篇幅，只因主角的工作身分是女招待，屬於市民情色消費的衍生敘述。像女招待這般與市民情色消費高度連結的職業群體，「幾乎完全變成時興的談笑資料」。[8]

甚而有之，記者在報導社會新聞時具渲染效果的敘事手法，透過對這些女性的描繪，成功地再製充滿意淫味道的情色消費。再以女招待的報導為例，她們的外表與舉止，總是記者們的首要著力點，諸如「風騷漂亮」、「姿美性浮」、「性極風流」、「楊花水性」、「舉止浪漫」、「性極輕佻」、「性素放蕩」等形容，經常映入讀者眼簾。[9]記者透過這些聳動的字眼，將女招待「不安份」

　　互相對罵〉，北平《鐸聲日報》，1933 年 11 月 2 日，第 5 版。

[7]　例如與女招待本人無關、而是其親人鬧糾紛的報導：〈女招待家中表兄弟爭風〉，北平《全民報》，1931 年 3 月 18 日，第 3 版。又如新聞女主角是「卸職」女招待，也被強調其曾任女招待的身份：〈墮落自殺：嚇壞下野女招待〉，北平《中和報》，1934 年 5 月 28 日，第 5 版。另見〈女招待的父母抽大煙被警察捉去〉，《新北平》，1931 年 11 月 3 日，第 4 版。

[8]　相較於報紙上關於妓女、舞女、歌女或鼓姬這類女性服務業者的各類論述，女招待的報導數量無疑居冠，其敘述情節詳盡，故事生動且更觸及個人隱私，可謂故都時期的北平報端最具代表性的情色消費客體。見〈花瓶和丫頭──應當立刻剷除這類侮辱女性的事實──〉，北平《益世報》，1930 年 4 月 24 日，第 9 版。

[9]　〈萬福居女招待風流史〉，北平《民國日報》，1931 年 4 月 8 日，第 4 版。〈水性楊花：離婚改嫁又姘情人〉，北平《世界日報》，1931 年 8 月 30 日，第 7 版。〈中華公寓盤獲風流女招待〉，北平《實報》，1930 年 6 月 14 日，第 4 版。〈女招待進一步工作…為娼〉，北平《全民報》，1933 年 1 月 13 日，第 3 版。〈北平市上女店員調查〉，天津《大公報》，1933 年 3 月 11

的性格與表現，轉化爲她們頻上報端的原罪，讓多數讀者深信她們是一群行爲不檢、自作自受的浪蕩女。如此，女招待是因個性隨便而受男顧客挑逗並與之發生關係、或女招待是因貪圖金錢而被男顧客拐逃之類的因果分析報導，便能名正言順地成立。[10]而且不論大報小報，對這類社會新聞的報導，如出一轍。

　　若說各報記者關於女招待的消息來源，都是市府公安局或社會局，其敘述筆法，則又不同於官方檔案的紀錄。從公安局所存關於女招待肇事的官方檔案內容，可發現其不像媒體報導那般，用浪漫、淫蕩等字句描述女招待。[11]因此，報社記者的新聞稿源，雖可能來自市府，但報導中對女招待人格與言行的描繪，應屬報紙增添的價值判斷敘述。記者在社會新聞中，對女招待與男主角（雇主、顧客、同事…）擅加的形容字眼，以及爲求故事的完整性而做的情節鋪陳，或許確實提高了報導的可讀性。然此舉卻可能犧牲故事的真實性，醜化女招待與異性間的所有互動關係，純粹只從情色消費的角度，看待男女兩造的交往與情慾關係。概言之，這類報導的娛樂性，或大過其真實性；種種欲望在這類新聞中交纏，包括記者自認對此一新興婦女職業負有深入報導的責任、讀者對女招待的好奇與觀察的樂趣、以及對女體女色的文字遐想。那些力求

日，第 13 版。〈要當女店員〉，《新北平》，1933 年 3 月 13 日，第 4 版。

10　〈女招待好事未送〉，北平《益世報》，1930 年 9 月 2 日，第 7 版。

11　例如一則在 1930 年 11 月有關女招待皮淑貞招引飯座余仁等三人賣淫被抓的檔案記載。見〈外五區署關於女招待皮淑貞招引飯座余仁等賣姦一案的呈〉，北京市檔案館藏，1930 年 11 月，卷宗號 J181-021-08474。

呈現女招待生性風流浪漫的敘述，多少刺激某些不曾體驗女招待
服務的讀者，想親身嘗試置身溫柔鄉的慾望。[12]

　　若說地方社會新聞打響服務業女性在北平的知名度，那麼，
小報持續鎖定這些女性公私生活點滴的追蹤報導，以及腥羶的八
卦筆法，更充份暴露這些媒體極盡能事地消費城市情色的心態。
此類敘述的佼佼者，一種是盡蒐相關資訊、特別開闢的整版專
刊，另一種是提供市民扮演現今狗仔隊角色的機會、爆料小道消
息的方塊專欄。前者最具代表性的，當屬北平《鐸聲日報》從 1933
年 11 月到 1934 年 1 月出版的「招待專刊」，即以女招待為主角的
星期副刊。編者在〈本專刊徵稿啟事〉中，聲明該報出於「提倡女
子職業」的動機，而添設招待專刊，歡迎各界就以下幾項投稿：女
招待的艷聞趣史、學識品格、生活狀況、最近相片、勞資狀況、
與飯館中女招待的相關資訊調查。[13]該專刊除有常見於其他報紙的
社會新聞、讀者評論與連載小說之外，還有較特別的打油詩、歌
謠、對聯等文類。幾期「招待專刊」看下來，編者在「啟事」中自
稱的創刊動機，就像雇主也聲明是為提倡女子職業而聘女招待一
樣，似乎都有此地無銀三百兩之嫌。以下這首打油詩〈招待西江

---

[12] 雖然當時偶可見同情或讚揚女招待某些表現、或女招待拾金不昧或行為端莊
的故事的社會新聞，但這些屈指可數的正面敘述，幾乎完全被淹沒在違法犯
紀的報導中，發揮不了任何制衡效果。例見〈有光堂女店員小一號燈下勤老
板〉，《北平新報》，1933 年 1 月 24 日，第 4 版。〈女招待說來娓娓動人顧
客羞言而去〉，《北平新報》1932 年 4 月 23 日，第 4 版。集樵社燕樵，〈鶴
立雞群之「傅秀儒」〉，北平《鐸聲日報》，1934 年 1 月 1 日，第 3 版。
[13] 〈本專刊徵稿啟事〉，北平《鐸聲日報》，1933 年 11 月 5 日，第 3 版。

月〉爲一例：

　　△迎合社會心理　家家紅粉當爐　一般急色與登徒　終日趨之若鶩

　　△醉翁意非在酒　那管菜飯精粗　三巡來過眼模糊　不知他鄉何處

　　△魔力真能叫座　狐媚又把人勾　摩登浪漫代溫柔　米湯灌得濃厚

　　△那叫傷風敗俗　何爲滿面含羞　提倡職業美名謟　無限春光洩漏

　　△座客洋洋得意　大姐喜笑開顏　二爺三爺叫連連　今日天氣真暖

　　△先來手巾茶點　吩咐酒菜去傳　新鮮調貨預備全　鹹肉活魚隨便

　　△一時觥籌交錯　滿酒代打通肉　噯吆缺德討人嫌　不是何公案辦

　　△個中種種黑幕　就怕報館訪員　任您怎樣作得嚴　紅綠眼鏡會看

　　該詩中的「提倡職業美名謟，無限春光洩露」兩句，已讓讀者
了然於心。這類以女招待爲主角所創作的詩、詞、歌謠與對聯，
充滿對女招待的戲謔與遐想，視她們爲情色客體的消費心態，展
露無遺。[14]詩中最後一句「紅綠眼鏡會看」，指的是與「招待專刊」

---

[14]　他她牠，〈女招待歌謠〉，北平《鐸聲日報》，1933 年 11 月 29 日，第 3 版。
　　渭泪，〈女招待〉，北平《鐸聲日報》，1933 年 12 月 11 日，第 3 版。半癡，
　　〈女招待八可〉，北平《鐸聲日報》，1933 年 12 月 11 日，第 3 版。黃老道，
　　〈戲談女招待〉，北平《鐸聲日報》，1934 年 1 月 1 日，第 3 版。痴佛，〈招
　　待聯語〉，北平《鐸聲日報》，1934 年 1 月 8 日，第 3 版。集樵社 燕樵，〈招
　　待打機子詩〉，北平《鐸聲日報》，1934 年 1 月 8 日，第 3 版。痴佛，〈招
　　待歌（仿蘇武調）〉，北平《鐸聲日報》，1934 年 1 月 15 日，第 3 版。

同時出現在《鐸聲日報》的「紅綠眼鏡」專欄，一個專門提供讀者投稿爆料北平的人事八卦，被報導的主角包括女招待、摩登男女青年與妓女等公眾人物。[15]以下爲幾則「紅綠眼鏡」中讀者現場直擊式的投書內容：

> 【本紅綠眼鏡】看得前日廣德樓，有一對情侶去聽白玉霜，敢情是天□樓女店員劉□芳同她的西服飯座云 　　（多事）[16]

> 【本紅綠眼鏡】看得東單洪盛靴鞋館，近來摩登妞兒登破其門，敢情是胖子張新出了不少時髦的花樣的鞋所致云。　　　　　　　　　　　　　　　　　　　（殿臣）[17]

> 【本紅綠眼鏡】看得東單喝風□招待個個松架十足，大有凡人不理之態，日前去有三位老者往顧，呼喚多時方至，敢情人家妞兒愛小白臉，可是無事竟跟男跑堂起秧子云。（靜龍）[18]

> 【本紅綠眼鏡】看得東廠胡同段□舜君，這些天面黃肌瘦，精神非常萎靡，敢情是人家孩子想吃一回女招待又沒

---

15 論者方淑敏曾言，當時「有幾種小報專欄闢出一小欄，為投稿的人們投來肉感的小新聞。如同『無線電』、『廣播電台』、『得律風』、『透光鏡』、『探照燈』、『愛克司光』、『照妖鏡』等等的名詞。在這種小欄裡每天登載的女店員的文字，竟佔了十分之四五。」見方淑敏，〈為女店員向報紙呼籲〉，北平《世界日報》，1933 年 11 月 14 日，第 6 版。

16 多事，〈本紅綠眼鏡〉，北平《鐸聲日報》，1933 年 11 月 11 日，第 2 版。

17 多事，〈本紅綠眼鏡〉，北平《鐸聲日報》，1933 年 11 月 11 日，第 2 版。

18 靜龍，〈本紅綠眼鏡〉，北平《鐸聲日報》，1933 年 11 月 13 日，第 2 版。

子兒，焦急所致云。　　　　　　　　　　　　　　　　（老祖）[19]

【本紅綠眼鏡】看得近來各飯館之女招待，皆特別透著規矩，敢情是怕叫本眼鏡給看透了云。　　　　　　　　（地仙）[20]

　　這些擺明以有色眼光品評女性的游戲文字，行文或揶揄或嘲諷，為的就是娛樂男性讀者。類似於「紅綠眼鏡」的方塊專欄，還有北平《老百姓日報》的「花花世界」及《北平晚報》的「廣播無線電」。[21]《北平晚報》也在 1934 年 5 到 11 月有個「廣播無線電」的專欄，提供市民讀者一些北平的人事資訊。這些方塊專欄的投書讀者，絲毫不須擔負文責，內容是否真為市民提供或是記者捏造，也無從得知，但被書寫者的言行，任人恣意捏塑拈寫，箇中意味再明顯不過：她們的存在，即為供市民娛樂消遣。

　　相較於北平小報如此徹底地消費與情色難脫干係的服務業女性，北平的大報展現出較沉穩的理性關注。除了社會新聞部份各報皆無甚出入之外，自許報導深度與內容層次皆勝小報的北平大報，傾向於以社會調查的姿態，對新興的女性服務業及其牽涉的情色消費，進行專題式的報導。1932 年 4 月中旬，北平《民國日

---

[19]　佩，〈本紅綠眼鏡〉，北平《鐸聲日報》，1934 年 1 月 13 日，第 2 版。

[20]　佩，〈本紅綠眼鏡〉，北平《鐸聲日報》，1934 年 1 月 13 日，第 2 版。

[21]　「花花世界」專欄大致出現於 1933 年 9 月，直到 1934 年 8 月 9 日停止。在 1935 年 8 月 2 日開始，北平《老百姓日報》又出現名為「照像機」的新專欄，但其中已不復見關於女招待的八卦報導。就時間而言，1935 年下旬也是女招待已漸趨沒落之時。《北平晚報》的「廣播無線電」方塊專欄，則刊於 1934 年 5 到 11 月左右。

報》、《京報》、《晨報》、《世界日報》、《導報》五大報，不約而同地對女招待進行詳盡的專題連載報導。其內容廣泛涉及女招待的身家背景、一般年齡、工作內容、制服打扮、收入、與衣食住行等生活情況等，可謂扼要而全面的百科全書式調查。[22]北平大報或天津《大公報》也曾對妓女及舞女做過類似的專題報導，但由五報同時刊登者，似乎只有女招待那次。[23]觀諸其內容，並無小報那種集中並放大女招待緋聞的煽情筆法，卻也如北平《晨報》的報導標題〈顯微鏡下的女招待〉所示，形同將女招待放置於媒體顯微鏡下，放大檢視其公私生活種種，難脫視她們為情色消費客體的既定觀念。

---

[22] 〈平市女招待調查記〉，北平《民國日報》，1932 年 4 月 18~24 日，第 4 版。〈女招待面面觀（一）：是解放？是墮落？〉，北平《京報》，1932 年 4 月 18~21 日，第 6 版。〈顯微鏡下的女招待（一）～（四）〉，北平《晨報》，1932 年 4 月 18-21 日，第 6 版。〈平市各飯館女招待之調查〉，北平《世界日報》，1932 年 4 月 18~21 日，第 8 版。〈女招待面面觀：平市各飯館女招待生活之調查〉，北平《導報》，1932 年 4 月 18~21，日第 7 版。

[23] 考其原因，或與 1932 年初發生的「禁女招待」風波（詳見後文）有關。很可能是那次風波更加打響女招待在北平的知名度，大報做為掌握民意風向球的大眾媒體，自忖應提供讀者更多關於這項婦女職業的資訊，因而進行職業訪查報導。就筆者蒐羅所及，有某些關於妓女的專題報導，如〈北平暗娼生活調查〉，北平《民國日報》，1933 年 11 月 19 日，第 4 版。〈北平暗娼生活調查〉，北平《民國日報》，1933 年 11 月 20 日，第 4 版。〈平市三等妓女生活：人肉市場調查〉，天津《大公報》，1933 年 2 月 12 日，第 13 版。〈平市三等妓女生活：人肉市場調查（續昨)〉，天津《大公報》，1933 年 2 月 13 日，第 13 版。然而，這些報導既未如正文所述女招待調查報導那般詳盡，也並非同時由好幾份大報同時刊載。

　　由於這些女性在大庭廣眾下的服務，為故都北平市民及旅人提供令人難忘的享受，因而被廣泛視為具有高度商業價值的產品。她們不斷成為媒體文藝創作或戲曲電影的題材，由此擴大流傳其言行表現與情色消費間千絲萬縷的關係。其中，與人民日常生活及飲食消費緊密結合的女招待，總是最常見的描述對象。1931 年初春，北平曾有電影《天香女侍》與《女招待艷史》的上映。1932 年 2 月，光陸電影院曾放映過西片「浪漫女招待」；1933年 1 月，也有外片《風流女招待》的上演。[24]這些電影廣告總綴以艷影迷離、唇接胸貼、春意撩人、熱情激蕩等具性暗示的形容詞，藉此撩撥觀眾的欣賞慾望。[25]除了動態的影像表現之外，當時北平還有《女招待百美圖》之類的靜態影像出版物；該書在 1933年時再版，多少可見其受歡迎程度。[26]

　　在小說創作方面，報紙連載或單篇的相關小說，至少有《現代日報》的〈招待小史〉、《平西報》的〈女招待〉、《益世報》的〈女招待一週日記〉、《鐸聲日報》的〈招待艷史小煤球〉與《世界日報》的〈一個女招待的日記〉等。[27]較特別的是，這些多半以

24　〈浪漫女招待〉電影廣告，北平《京報》，1932 年 2 月 8 日，第 1 版。〈風流女招待〉廣告，天津《大公報》，1933 年 1 月 15 日，第 11 版。

25　天津《大公報》，1931 年 2 月 12 日與 3 月 30 日，第 9 版第 3 張廣告。〈風流女招待〉廣告，天津《大公報》，1933 年 1 月 15 日。

26　爾人，〈北平通信〉，《論語》半月刊，第 3 卷第 28 期，1933 年 11 月，頁200。另見〈女招待〉，北平《實報》，1933 年 8 月 30 日，小實報版。

27　俠飛，〈招待小史〉，北平《現代日報》，1932 年 11 月 11 日~1933 年 3 月11 日。司清甫，〈女招待一週日記（一）～（十四）〉，北平《益世報》，1930

女招待爲第一人稱敘述者的中篇或短篇小說，與前述小報八卦式或大報調查性的報導皆有別，較偏重於再現女招待生活中，被男性消費與壓迫的不堪。[28]這些文藝創作的內容，或許反映社會現實與女招待生活片斷[29]，並令人爲女招待的悲慘境遇一掬同情淚；但不可否認，小說中常出現女招待被調戲與捉弄、或與客人調笑甚至

年 5 月 14~27 日，第 9 版。雙君，〈女招待〉，北平《平西報》，1932 年 3 月 27 日，第 2 版。雙君，〈女招待（續）〉，北平《平西報》，1932 年 4 月 3 日，第 2 版。東施，〈招待艷史小煤球〉，北平《鐸聲日報》，「招待專刊」，1933 年 11 月 5~29 日，第 3 版。秦女，〈一個女招待的日記〉，北平《世界日報》，1932 年 3 月 10 日，第 5 版。此外，坊間尚流傳《女招待》或《女招待艷史》等小說，其內容率皆與女招待的情慾生活有關。〈婦職協會昨議決「女招待艷史」嚴加取締〉，北平《世界日報》，1932 年 8 月 17 日，第 8 版。

28　雖說這些報紙上的相關文藝創作多以女招待第一人稱進行敘述，但是女招待自身所撰的可能性很低。曾讀書識字的女招待，充其量會自書其經歷，投稿到報紙，很少以文學性文類表現。相關討論請見本節下一部份。

29　以〈女招待一週日記〉爲例，文中述及女主角服務的飯館經理爲求宣傳生意，特意宴請記者，並由女招待著意服務，希望請他們多在媒體上幫忙廣告女招待。小說中這麼敘述著：「…宣傳的力量，真是偉大。近來報紙上言論的集中在有「女招待」的我們這飯館子，正不亞於批評黨國內訌的要論。並且對於「女招待」這問題，縱是得到「反響」的或「毀謗」的論調，而其爲替這飯館子做義務的廣告，則是極明顯的事實。」司清甫，〈女招待一週日記（八）〉，北平《益世報》，1930 年 5 月 21 日，第 9 版。；此一情節可能是事實，因爲當時確可見報紙對某些飯館聘雇女招待的宣傳報導。相關例證，見〈玉記飯館對顧客之新設施加聘名廚女招待〉，北平《民國日報》1931 年 5 月 7 日第 4 版。〈協慶和添女招待〉，北平《實報》，1930 年 4 月 18 日，第 4 版。〈開幕未久之慶源春飯館〉，北平《民國日報》1931 年 3 月 9 日，第 4 版。英丙，〈鴻順樓羊肉館〉，北平《民國日報》，1931 年 4 月 24 日，第 4 版。

出遊的橋段，仍使她們深陷情色消費的框架中，既無力自救、也無法自拔。

　　與紀實性的新聞報導（雖不無渲染可能）、窺淫式的小報品評文化、社會學式的專題調查、可讀性高的文學創作、以及吸引人的廣告宣傳同時並存於故都北平各報的另一種文類，乃以（包括報社編輯等）知識份子為作者群的社會評論。這些社評有別於報紙其他文類之處，在於態度嚴肅甚至語氣嚴厲地，從社會問題的脈絡出發，分析與批判這類女性服務業的實際發展及其流弊。被論述的女性，若非被當做行為不檢的引誘犯罪者，就是被視為遭剝削壓榨的受害者。再次，那群最易激發食色結合的消費慾望、且服務顧客層級最廣的女招待，成為知識菁英與社會評論家最主要的論述對象。大體而言，肯定女招待者，看重的是她們做為新興婦女職業，靠己力維生，有加以正確導引與提倡的前景；否定者強調的，則是當時女招待的實際表現令人失望。[30]這些評論雖意見紛

---

[30]　對女招待持肯定態度的論者所持理由，在於女招待屬於自食其力的正當工作，不僅順應時代潮流，為女子開闢生機，也能適切發揮女性謹慎小心的天性。甚且，女招待是個可以引導妓女從良、從事生產工作的重要職業，所以應提倡而非取締。見〈津市的職業婦女生活（卅三續）〉，天津《大公報》，1930 年 4 月 21 日，第 9 版。邵霆源，〈晶女招待〉，北平《新晨報》，1930 年 5 月 14 日，第 3 張第 6 版。秋鴻，〈女招待不應取締且應提倡〉，北平《世界日報》，1932 年 3 月 7 日，第 5 版。對女招待較持否定論調者，則批評女招待這項職業為北平社會帶來許多負面影響，認為這項職業沒有必要存在。不過，在這群否定女招待職業的論者中，又可分為兩種態度，一是偏重於指責女招待自身行為可議、自甘墮落，一種則傾向從大環境條件與權力結構出發，指出社會黑暗、雇主貪金、顧客縱慾是促成女招待墜入罪惡深淵的主

歧，卻都基於提倡婦女職業與端正社會風俗的立場，期許女招待
與市民消費文化的健全發展。[31]

在上述眾多涉及情色消費的報紙文類中，大概只有社會評論
這項，才可發現女性的言論；特別值得一提的，是以金秉英
（1909-1996）擔任編輯的《世界日報》「婦女界」專欄。金秉英是
北京女子師範大學的高材生，於 1931 年畢業後，在《世界日報》
創辦人成舍我（1898-1991）的邀請下，負責該報「婦女界」專欄，
並在 1933 年開始任教於北京新聞專科學校。[32]她不僅是北京首位
女記者，也是小有名氣的女作家，其夫是曾任《立報》總編的薩空
了。[33]她以「秉英」為筆名，在「婦女界」發表多篇有關女招待與

因。見耦人，〈談女招待〉，北平《世界日報》，1932 年 2 月 4 日，第 5 版。
〈男女社交公開時代究竟誰略誘了誰〉，天津《大公報》，1933 年 4 月 30
日，第 13 版。周曙山，〈中國婦女運動的現階段〉，《婦女共鳴》，第 1 卷
第 9 期，1932 年 9 月，頁 14。〈社會經濟高壓津市女侍生活一斑〉，天津《大
公報》，1933 年 12 月 7 日。〈北平婦女職業的又一調查：女店員的生活〉，
天津《大公報》，1933 年 3 月 9 日，第 13 版。芷畦，〈關於取締女招待的
一個意見〉，北平《世界日報》，1934 年 2 月 4 日，編者，〈談談取締女
招待〉，北平《北辰報》，1934 年 2 月 9 日，第 8 版。第 6 版。梅琳，〈女
招待走上賣淫之路是社會的罪惡〉，北平《世界日報》，1936 年 7 月 26 日，
第 8 版。

31 低能兒，〈由吃飯得來的一點經驗〉，北平《世界日報》，1933 年 2 月 25
日，第 6 版。

32 金秉英，〈當代論才子如公復幾人——憶成舍我先生〉，中國人民大學港澳台
新聞研究所編，《報海生涯：成舍我百年誕辰紀念文集》（北京：新華出版
社，1998），頁 245-251。

33 祝均宙，蕭斌如編，《薩空了文集》（上海：上海科學技術文獻，2002），

舞女的評論。該專欄相當關注這些新興婦女職業的發展，及其引發的社會問題，也曾刊載多篇女招待的投書、以女招待境遇爲主題的故事、以及評析女招待這項職業的論述。[34]

金秉英原先認爲，女招待「如果能知自愛，哪一個顧客又敢施以輕薄？」甚至批評「一般的女招待，都是因爲不知自愛而被人輕視。」[35]但當某位署名倪淑貞的女招待投書「婦女界」，陳述自身遭遇與工作感受之後，金秉英再撰文坦承「我並不很了解這個社會的經濟制度是怎麼樣的壓榨著我們女同胞的靈魂」；「經過倪女士的指示，我才清楚女招待之類的女同胞的不惜自辱，乃是爲了生活。」[36]先不論倪淑貞的說詞是否具有自我職業辯護之意，「婦女界」專欄的相關論述，確實較站在體諒女招待處境的立場發言，有別於其他窺密式的八卦報導、或百科全書式的生活介紹。[37]

頁 412-416。

[34] 〈是當女招待呢還是餓起母親來呢？〉，北平《世界日報》，1932 年 1 月 5 日，第 5 版。〈一個難能可貴的女招待〉，北平《世界日報》，1931 年 12 月 12 日，第 5 版。溫廣耀，〈改良女招待的一點意見〉，北平《世界日報》，1932 年 2 月 28 日，第 5 版。文君，〈關於兒媳受虐與女店員的墮落〉，北平《世界日報》，1933 年 8 月 16 日，第 6 版。彭若蘭，〈一個女招待的自述：女招待不是正當職業，是使女子墮落的陷阱〉，北平《世界日報》，1933 年 10 月 4 日，第 6 版。關於女招待投書的討論，請見本節下一部份。

[35] 秉英，〈女招待問題〉，北平《世界日報》，1931 年 10 月 24 日，第 5 版。

[36] 秉英，〈再談女招待問題〉，北平《世界日報》，1931 年 10 月 27 日，第 5 版。

[37] 方淑敏，〈為女店員向報紙呼籲〉，《世界日報》，1933 年 11 月 14 日，第 6 版。方淑敏，〈為女店員向報紙呼籲（續）〉，北平《世界日報》，1933

綜觀遷都後北平各大、小報眾聲喧嘩地論女招待，既見證此一婦女職業的高知名度，也說明女招待在北平城市消費生活的重要性。從多半衍生自情色消費的各類社會新聞中，可發現以女招待為同心圓的中心點，不斷向外延展出牽連甚廣的情感糾葛，對北平市民的兩性關係與市民文化，造成某種衝擊。[38]另一方面，從社會批判的角度出發，女招待在公私生活中的失檢行為，很容易被知識菁英加以強化與挪用，藉以暴露社會弊端，刺激與指導眾人思索解決之道。有識之士批判與改革社會的慾望，透過女招待這個課題，得以充份發抒。綜言之，女招待所以能成為 1930 年代前半期北平的消費與輿論新寵，在於她們適時提供符合遷都後北平市民消費新需求的平價娛樂，撩撥起北平社會素來較為壓抑的兩性互動與情慾交流，也使評論家或知識份子，得以藉此批判時局與社會道德。這些慾望的交集，正是北平報界之所以青睞女招待，相對忽略舞女、鼓姬、妓女、小老媽等其他廣義服務業女性的主因。

二、微弱的反擊：服務業女性的自述

年 11 月 15 日，第 6 版。

[38] 從當時報紙眾多社會新聞與時人評論內容來看，北平雇用女招待與「吃女招待」的現象，對當時社會造成相當大的影響。就人事方面，許許多多的市民，（包括女招待自身的家庭（有的有丈夫、兒女）、親人；雇主、顧客、男同事，及這三者的妻子、兒女、家庭；女顧客等）都直接間接被捲入女招待盛行後引發的兩性情慾交流中，共同被那些兩性社交發展的後果所影響。

　　顯然，報紙的眾多文類，把服務業女性視爲敘述客體，不斷繁衍與鼓動讀者的情色慾望，無異於視其爲商品，供大眾再度消費。但當這些女性欲自述委屈或提出抗議時，所能借助以發聲的管道，也僅有投書報紙一途。有意思的是，以女招待與舞女等消費提供者爲主體的自述或訪談，除了某些例外，幾乎高度集中在《世界日報》的「婦女界」專欄。[39]此應與該欄主編金秉英關心婦女職業發展的立場，有密切關係。絕大多數投書自述經歷的來稿者，正是北平報紙眾多涉及情色消費的文類最偏愛的女主角——女招待，且屬於女招待群中少數讀過書者。這些清一色因家境劇變，而輟學謀職以養家活口的女招待，使用她們的書寫權利，透過投書報紙，向社會大眾投注她們的有色眼光與刻板印象，發出力道雖微弱、卻不容忽視的文字反擊。

　　置身於連高中畢業也難找工作的故都社會，許多受過教育卻擔負沉重家計的女性，實無太多工作選擇。[40]某位署名「泣鵑」的讀者，投書到北平《民國日報》，訴說自己當初從外地來北平讀

---

[39] 就筆者蒐羅史料所及，在《世界日報》之外的女招待等相關自述，有〈經濟壓迫下一個弱女子想當女招待〉，北平《導報》，1931年9月6日，第7版。泣鵑，〈一個找不著職業的呼聲〉，北平《民國日報》「婦女與家庭週刊」，1932年8月23日。〈一個女子的呼聲：我們的職業和教育〉，天津《大公報》，1933年6月11日，第13版。張秀雯，〈女店員之我見〉，北平《鐸聲日報》，1933年12月25日，第3版。若粗觀單份報紙有關服務業女性自述的數量，皆與《世界日報》相去甚遠。關於《世界日報》的相關自述，請見後文。

[40] 秉英，〈由北平失業婦女過多而生的感想〉，北平《世界日報》，1933年2月26日，第6版。

書，高中畢業後因未婚夫病死，經濟來源斷絕，被迫自力救濟，
卻不想當女招待，原因在於飯館女招待都「被當著妓館裡的娼妓看
待」。[41]對於外界將女招待視同娼妓般可狎可玩，這些投書女招待
幾無例外地表達既氣憤又傷心的情緒。署名「甄貞」的女招待，從
北平寄到《大公報》上的自述，慨嘆道：

> 吃飯的人們，許多是醉翁之意不在酒，時常聽到些猥褻的
> 言詞，甚而動手動腳的做出不規則的舉動，真使人冒火。
> 細想起來，這些人多半是出外不帶家眷或是沒有妻子的，
> 常過著單調的生活，感覺到了苦悶，祇看那灼灼的目光，
> 恨不得要把異性的肉體立刻就摟抱在他們的懷裏。當我婉
> 詞拒絕了的時候，他們就很不高興的似乎是感到了極大的
> 失望，結果因為我不善招待而被辭了。[42]

一位高小肄業的女招待王毓英，在投至《世界日報》的自白中，也
抱怨那些顧客的可惡：

> 我們到他們的席間，不是調戲，便是巧罵，或者渾身摸
> 索，這是什麼舉動，他們眼中的招待，就是妓女，他們常
> 說：「吃一次飯比打一次茶圍還有趣」；由這幾句話，便

41　泅鵬，〈一個找不著職業的呼聲〉，北平《民國日報》，「婦女與家庭週刊」，
　　1932 年 8 月 23 日。

42　〈一個女子的呼聲〉，天津《大公報》，1933 年 6 月 11 日，第 13 版。

可證明我們的地位是如何的下賤，我們的生活是如何的痛苦，這樣的生活，使我傷心落淚，虛偽社會使我懷恨！[43]

　　這些自述中描繪顧客「吃女招待」的經過，除了呈現出作者哀嘆命苦卻無力反抗的自我形象外，還折射出另一類樂在其中、如魚得水的女招待。一位自稱是「受經濟壓迫而失學的弱女子」彭若蘭，向《世界日報》投書自述女招待的工作史，提及她的同事們見到客人來，便滿臉笑意地「把他們讓到屋中，隨著打手巾沏茶拿瓜子，一種談笑自若親密的勁頭兒，真比多日未面的情人還要親熱，（恕我臆斷）這幾位原來是常來的熟飯客。」當客人發現新來的她，覺得新鮮有趣，欲加以調情，說要請她看電影，看完電影還可繼續玩樂，「臊得我不曉得怎樣回答了，還是老練的趙大姐，說我去我去，遂著緊貼到他旁邊坐下，嬌媚的說：你昨天是說今天給我買皮鞋嗎？咱們今天順便買去好不好？我們家裡今天也沒有人，看完電影回來……說著把胳膊搭在他的脖子上，兩個人的臉也慢慢的挨到一塊兒，這種猥褻的舉動真是我有生以來第一次開眼呢。」[44]

　　另一位女招待張秀雯，直言飯館中「非招待與飯座發生戀愛，即店員同主顧攜手潛逃，或暗贈水揪之片，或白敬口調之魚，有

[43] 王毓英，〈一個女招待的自述〉，北平《世界日報》，1932年7月18日，第8版。
[44] 彭若蘭，〈一個女招待的自述：女招待不是正當職業，是使女子墮落的陷阱〉，北平《世界日報》，1933年10月4日，第6版。

偕客閒游者，有伴人看戲者，日不到館者有之，夜不歸家者有之，諸如此類不一而足。」[45]署名「桂雲」的女招待，也在寫給《世界日報》「婦女界」主編金秉英的信中，表示「一些同事們很得意，來館子的時候，都是身批斗篷，好似闊小姐一般，作事時不過罩一件白掛，內邊還是綢緞皮袍，高級絲襪，緞子鞋，臉上更是修飾得出色，細眉毛，紅嘴唇，再也摩登不過，所以一些熟客們閑時還請她們去聽戲，看電影，很快活的。」[46]

　　這類投書的女招待們，努力透過與其他摩登女招待的言行劃清界線，證明自身名節的清白，並展現與環境抗衡的意志。不過，這種堅持一旦面臨雇主軟硬兼施、家庭經濟壓迫、或自身需求驅使等情狀時，總是難以繼續。「桂雲」便向金秉英訴苦，說因為自己「不肯讓客人胡摸胡鬧，又不肯陪客人同吃」，已引起雇主不悅，有辭退她的意思，使她困處於犧牲名節以保工作，與辭職後讓母親挨餓二者之間，進退兩難。[47]前述寫信給金秉英的女招待倪淑貞也慨嘆，她絕非不想自重，甘服於雇主或顧客非分的要求，但若非如此，「恐怕沒飯吃，因為自重離被辭就不遠了。」[48]

45　張秀雯，〈女店員之我見〉，北平《鐸聲日報》，1933 年 12 月 25 日，第 3 版。在該投書文末，編者有按：「張女士年方二九，曾畢業於某高小，為人品學兼優，才貌俱佳，惟以家境清貧，生活艱窘，不得已乃含羞帶辱，充店員於某樓。」

46　〈是當女招待呢還是餓起母親來呢？〉，北平《世界日報》，1932 年 1 月 5 日，第 5 版。

47　〈是當女招待呢還是餓起母親來呢？〉，北平《世界日報》，第 5 版。

48　秉英，〈（婦女通訊）女招待問題〉，北平《世界日報》，1931 年 10 月 27

　　上述女招待的投書自述，爲其職業所建立的圖像，是個受店主所逼與顧客所迫，不得已賣弄色相的堪憐工作。這些較有自覺、易受輿論影響、且有能力投稿自述的少數女招待，由於自我期許與社會評價出現落差，使她們一方面格外對自己「淪」爲女招待感到悲憤，另一方面，又力拒輿論加諸這份職業的負面意涵。她們之中有堅持自身清白、爲己辯護者，認爲只要舉止合宜，便對得起良心；有的一改消極哀嘆或保守自衛的語氣，直言反駁當時流行的「女招待有傷風化」之論調，說明做招待是正當職業，「取消女招待就是逼人早到死路」。[49]

　　在解讀這些女招待自述時，除了接收字面傳達的訊息，也不能忽略她們利用媒體自我辯護或重塑職業形象的企圖。女招待自述的家庭、職業與生活痛苦，固然可能屬實，但她們也可能像賀蕭（Gail Hershatter）筆下的上海妓女一般，懂得運用「維護家庭」這類主流道德論述，或訴諸群眾同情，爲她們的職業作辯護。[50]然而，不論語氣軟硬，女招待的自述在數量或影響力上，都遠不如所有將她們等同於玩物的報導或有色論述。也因此，即使這些稀疏的女招待自述，搏得少數知識人（如金秉英）的同情甚至代言抗議，其反撲力道仍非常微弱，結果只能被淹沒於批判或否定女招

日，第 5 版。

[49]　張桂珍，〈我的自述——一個女招待的談話〉，《北平新報》，1932 年 3 月 8日，第 4 版。

[50]　賀蕭著，韓敏中、盛寧譯，《危險的愉悅：20 世紀上海的娼妓問題與現代性》（ *Dangerous Pleasures: Prostitution and Modernity in Twentieth-Century Shanghai*）（江蘇：江蘇人民出版社，2003），頁 201-212，224-225。

待的主流價值巨浪中。

其他多少也能反映服務業女性聲音的文類，則是記者訪談、與時人記述。當北平市府大力禁舞之後，《世界日報》記者對兩名三星舞場的前任名牌舞女，董麗君與張麗華，分別進行採訪報導。[51]從董女與張女對記者的回應，可窺見她們身爲名舞星的優勢（月入一百至兩百多銀元，光是衣飾化裝費一個月就耗費一百元），但她們卻很有默契地分別向記者表示，不戀棧舞女生活，因爲那是辛苦而遭舞客賤弄的職業。董慧君直言「我覺到跳舞，是腳和嘴的生意，舞客脾氣好些還好，脾氣不好，就要麻煩死人，苦惱極了。」她的回應表達出舞女職業的無奈與辛酸，說明舞女物質生活闊綽，是種種忍耐犧牲所換取的代價。此外，兩人異口同聲地駁斥袁良將舞女等同於妓女的說法。（詳後）張麗華表示「舞女中良莠不齊，是有的，但是不能因爲有少數品行壞的而抹殺了多數好的。」董麗君也強調「舞女壞的固有，但是好的仍是好，總是不能一概而論的。」至於禁舞之後的生計問題，董麗君說不當舞女之後，生活雖暫時不感困難，但「日子長了，就不免要發生問題」，其他收入較少的舞女同事，經濟就更加窘迫。言下之意，對政府突然斷絕她們的生路，且不接受延期取締感到無奈。兩人都提及，許多同業迫於生計，決定到外地繼續伴舞；只有少數有些積蓄者，想讀書求轉業，或者從舞客中選擇合適者結婚。[52]《世界

51　關於市府禁舞措施與相關發展，請見本章第三節。

52　君強，〈董慧君張麗華訪問記〉，北平《世界日報》，1933 年 7 月 31 日，第 8 版。君強，〈董慧君張麗華訪問記〉，北平《世界日報》，1933 年 8 月 1

日報》對兩位舞星的採訪報導，展現舞女應對得體、具羞恥心與上進心，且配合禁令退場的正面形象。或許因爲她們自知無力抵抗當局，不妨順勢表現識大體的言行，爲自己未來的發展鋪路。

　　某些時人對舞女生活及其言談的記述，則間接傳達出經過轉手的舞女「聲音」。《世界日報》一位署名「病病」的作者，敘述他與友人到某飯店用餐，餐畢至附設舞場觀舞時，發現昔日曾在另一舞場任女招待的 C 女，成了此處的當紅舞女。當他們有機會談話時，C女慨嘆道：「舞女的生活那裏是人的生活，不能笑也要笑，不能跳也得跳，什麼怪脾氣的舞客厭討的嘴臉，我們不得不提起全副精神來陪著他們跳，歡歡喜喜的去應付他們，那裏敢得罪人呀。」[53]直到 1937 年 2 月，《世界日報》仍有位作者張惠伯，轉述其巧遇一位昔日友人（現爲女招待）的工作心得：「飯館上座的時候，簡直把一個人忙亂得手腳不能稍停，真可以說我們是個帶氣的機器人。」[54]這種自我辯護與自憐自艾的口吻，與前述（尤其讀過書的）女招待的報紙投書並無二致。與其說她們藉這些曝光機會刻意誇大自身職業的苦處，不如謂她們是在感受複雜而微妙

日，第 8 版。

[53]　病病，〈記一個舞女〉，北平《世界日報》，1931 年 9 月 3 日，第 5 版。病病，〈記一個舞女（續）〉，北平《世界日報》，1931 年 9 月 4 日，第 5 版。

[54]　張惠伯，〈所謂的婦女職業：女招待生活　一個身歷其境者的談片（一）〉，北平《世界日報》，1937 年 2 月 11 日，第 8 版。張惠伯，〈所謂的婦女職業：女招待生活　一個身歷其境者的談片（二）〉，北平《世界日報》，1937 年 2 月 11 日，第 8 版。

的職業生活中，選擇集中地表述讓她們痛苦的那部份感受。[55]

　　從報紙有關情慾行爲或情色消費的論述出發，特別能察覺
1920年代早期與1930年代前後報紙特色的差異。1930年代前後、
亦即故都時期的北平報界，比過去更深廣地介入市民生活、製造
日常話題、主導輿論走向、與影響民衆觀念。相對而言，多半被
社會目爲情色消費提供者的女招待或舞女，也比五四時的職業女
性更大量地運用報紙，做爲她們發聲反擊社會刻板印象的陣地。
不過，顯而易見地，上述各類關於女招待或舞女正反面言論的較
勁，既充份展現報紙論女招待的多樣面貌，也暴露出報紙看似衆
聲競奏、百家爭鳴的輿論場域，實則掌握論述、報導與詮釋優勢
的一方，絕非那些多半出身社會下層、被衆人賤視的女性服務業
者。由各大、小報紙持續傳送與複製的情色論述，與市民日常生
活的消費經驗不斷互涉，匯聚成虛實交織的故都情色消費文化，
也刺激市府當局一次次以公權力，介入市民消費生活。

第二節　規範春色：市府因應之道

　　在故都北平時期，市府出於維持風化、端正風俗的動機，頒
布不少規範與限制人民行爲的相關禁令，對市民生活、消費行爲

---

[55]　此處所謂「感受複雜而微妙」，意指雖有不少服務業女性覺得因自身職業抬
　　不起頭、或覺得委屈，實則她們在當時社會根本找不到其他職業能提供她們
　　更高的收入。這些女性擔任女招待或舞女等服務業，雖有所失，卻不能謂無
　　所得；箇中感受，確複雜而微妙。

與商業經營造成一定程度的影響。這些規範，大體可分爲對特定職業女性的管教與糾舉，以及對全體市民與特定行業業者的規範和取締。此外，政府爲解決當時社會的新消費表現所衍生的不法情事，還設置女警察一職，做爲協助取締市民不良行爲的生力軍。本節將以這三部份爲主，討論市府對社會滋長的新情色消費所做出的回應。

一、管教與糾舉服務業女性

遷都後成立的北平市政府，對於存在已久的妓業，採取發放執照及檢查身體等措施，搭配《北平市公安局管理樂戶規則》（1929年 11 月 26 日府令核准）與《北平市公安局取締娼妓規則》（1929年 10 月 28 日府令核准）等法令，以期收寓禁於征之效。[56]對於其他婦女職業，市府自認有「提倡、推廣、改良與介紹」之責，但對可能妨害風化、刺激情色消費的職業，則審慎管理。[57]以 1930 年初如雨後春筍般出現於北平市面的女招待與舞女爲例，審核雇主申請聘用女招待及舞女的社會局與市府當局，都注意到此一現象。4 月 2 日，北平《益世報》引述某官員的談話，透露市府對女招待與舞女可能引發不當情色消費的戒慎態度：

---

[56]　北平市政府參事室編，《北平市市政法規彙編》，頁（公安）101-105。

[57]　社會局第二科設有商業股，第四科設有婦女職業股，專門負責相關事宜。梁治耀，〈北平市政之研究〉，燕京大學法學院政治學系法學士畢業論文，1932年 5 月，第三章第一節。

本市人煙稠密，使館林立，久為中外觀瞻所繫，對於改良
社會，殊有研究之必要。近來風氣漸開，商界競爭，各飯
館戲院，以及娛樂場所，類多順應潮流，或設女店員，或
男女合作，各大飯館飯店，夜間亦多添開跳舞會，以為營
業上之競爭，惟恐日久弊生，轉足以傷風敗俗，應如何取
締防範，著由各該局會同研究妥善辦法，呈候核奪云。[58]

遷都後的北平市府，努力將該市重新定位為保留中國傳統優
良的文化古城，相當重視管理涉及社會風化的職業發展，避免傷
風敗俗之事叢生，以求維持良好的國際與國內形象。[59]有鑑於此，
社會局在市政會議工作報告中，以「查本市各商號為謀女子職業，
呈請僱用女店員者日益增多，宜於設法提倡之中，兼籌防弊辦法」
為由，擬具《北平市社會局管理商店女雇員規則》，經市府核准通
過。[60]由社會局報告可知，市府對女招待職業，乃提倡與防弊並行
不悖；相較之下，由於舞場迅速成為導致青年學子墮落的眾矢之
的，市府很快就決定禁舞，對舞女便不像對女招待那般，抱持提
倡與健全其發展的態度。[61]

在《北平市社會局管理商店女雇員規則》中，市府對女招待的

---

[58]　〈女店員：市府預防流弊〉，北平《益世報》，1930 年 4 月 2 日，第 7 版。

[59]　杜麗紅，〈20 世紀 30 年代的北平城市管理〉，第四章，頁 99-121。

[60]　〈北平特別市社會局每週重要工作報告表〉，《北平特別市市政公報》第 45
期，1930 年 5 月 12 日，頁 6。《北平市社會局管理商店女雇員規則》在 1930
年 4 月 24 日由府令核准。

[61]　關於禁舞措施的相關討論，請見本章第三節。

上班時間、年齡限制、言行舉止等各種應遵守事項，予以條列說明，並要求雇用女招待的商家，須提供相關的配套設備。[62]若有違規情事，經社會局派員調查屬實者，將斟酌解僱女招待；情節如嚴重者，甚至可勒令店家停止營業。[63]此項規則意在防範女招待與消費者產生親密的接觸或互動，企圖先發制人地杜絕該市因女招待，而引發情色消費氾濫的可能。《管理商店女雇員規則》的制訂，使社會局調查員及各區巡警有法源依據，可明確管束與懲處這群新興的女性服務業者。

從日後各報層出不窮的女招待社會新聞觀之，市府對女招待的規範與期許，未能有效導正業者雇用女招待、以及顧客享用女招待的心態，也無法避免女招待出於各種原因而賣臉賣笑。但市府仍努力不懈地，試圖導正其眼中的消費歪風。當市面上許多飯館出現「聘用女子招待」的招牌與廣告時，社會局一方面下令商家將之

62　該《規則》第三條：「雇用女雇員應遵守左列限制：（一）女雇員執業時間自午前八時至午後十二時止；（二）女雇員年齡須在十八歲以上；（三）女雇員不得在鋪內寄宿，該鋪并應另設女廁所；（四）商店兼有男雇員者，應劃分男女雇員之職務。」；第四條：「茶樓酒飯館雇用女雇員者，并須遵守左列限制：（一）禁止召妓侑酒（二）招待顧客兼用男雇員者，應劃分地域，不得混雜；（三）房間狹小不能劃分者，不准雇用女雇員。」；第五條：「女雇員應遵守事項如左：（一）須穿用布製長袍，或短衫長裙，不得華服艷裝；（二）言語行動，須莊重、和平，不得笑謔詈罵，及有猥褻形狀；（三）不得在臨街門宿作惹人注意行動。」《北平市社會局管理商店女雇員規則》，北平市政府參事室編，《北平市市政法規匯編》，1934，頁（社會）36-37。
63　《北平市社會局管理商店女雇員規則》，頁（社會）36-37。

撤除[64]，另一方面決定設立女子職業傳習所，以「輔助而造成健全之女店員」。[65]該年 5 月底，社會局對雇用女招待的各商家發出通告，說明「為使一般婦女增進謀生技能，並養成高尚人格起見，特設立女子職業傳習所一處」，訓練女雇員。[66]社會局命各僱用女店員的商號，在 6 月 4 日以前，各保送一名到所訓練，待其畢業後，再送店內第二位女招待來入學，直到輪流送完為止。[67]

---

[64] 社會局指出，當時雇用女招待的商家「多有在其舖前，用五色彩紙大書特書，本舖新聘有女招待，應酬週到等字樣。查其書寫此種字義之用意，無非利用女子為號召，而行使一種競賣招攬之伎倆。此種行為，非僅與提倡女子職業之主旨不合，且與女子之身分與人格有礙，亟應取締，以維社會道德。」見〈女招待幌子飭速撤去〉，北平《民言日報》，1930 年 5 月 27 日。這種以女招待當招牌的情形，在 1932 年 8 月左右又復發，社會局見狀，便再度以此種舉動「含有污辱女性之意，並有礙觀瞻」為由，通令禁止。〈社會局取締奇異牌區：不許以女招待號召〉，北平《世界日報》，1932 年 8 月 1 日，第 8 版。〈僱用女招待門首不許亂貼廣告：社會局昨日通令各商店〉，北平《世界日報》，1932 年 8 月 2 日，第 8 版。

[65] 〈社會局創辦婦女職業傳習所：畢業後即交各處錄用，提高女子知識及人格〉，《北平日報》，1930 年 5 月 15 日，第 7 版。〈社會局創辦婦女職業傳習所〉，北平《實報》，1930 年 5 月 15 日，第 4 版。〈婦女職業傳習所：社會局創辦下月開辦〉，北平《京報》，1930 年 5 月 15 日，第 6 版。〈北平市政府設立女子職業傳習所〉，天津《大公報》，1930 年 5 月 22 日，第 9 版。

[66] 〈通告各商號仰保送女雇員一名來所訓練由〉，《北平特別市市政公報》第 48 期，1930 年 6 月 2 日，頁 4-5。

[67] 〈通告全興館飯館舖掌賈佩黃：仰將前雇女顧員悉數解雇，本局前發准予僱用女員批令並予撤銷由〉，《北平特別市市政公報》第 51 期，1930 年 6 月 23 日，頁 4。這種訓練女性服務員的構想，並非始自社會局。在 1930 年 2 月時，北平前門外的同福居飯館便曾有招考女店員、並加以訓練的計劃。然而不知何原因，社會局並未批准該飯館業主提出的此項申請。〈北平的慈善事

1930 年 6 月 5 日，婦女職業傳習所在西單牌樓皮庫胡同的習藝工廠，正式開學。[68]包括講義、文具與書籍等相關雜費，由全市添設女招待的飯莊、酒館，每月繳納 2 銀元支付，女招待來往傳習所與工作地點的車費，也由雇主負擔。每期三個月，每次開三班，學生畢業後，傳習所會頒發文憑，並交各飯館等處聘用。[69]截至 1931 年初，該市各店呈報雇用的女招待人數，已達一千數百人，新任的社會局長婁學熙，除飭令各商店飯館「續送女僱員入女子職業傳習所學習」以外，也繼續命社會局「隨時派員赴各店館調查，如有妨害風化行位立即勒令解僱，並予以懲辦」。[70]為求推動

---

[68] 業（四）：（二）女子職業傳習所（下）〉，《北平日報》，1930 年 11 月 22 日，第 6 版。同樣地，在 6 月中旬，社會局再度拒絕同意市民王丙中等人擬具「婦女職業介紹所簡章」以向社會局申請立案的要求。張如怡，〈北平女招待研究〉，頁 25-26。或許社會局認為由市府將全市女店員/招待集中訓練與教育，是較為妥善而且不會圖利特殊雇主之道，是故並未准許這類申請。該傳習所是附屬於社會局底下的第一習藝工廠，其所則由第一習藝工廠的廠長劉卓如兼任。〈婦女職業傳習所今日開學〉，北平《益世報》，1930 年 6 月 5 日，第 7 版。

[69] 女招待到該所的上課時間，是不影響工作時間的上午七時三十分至十時二十分，共計三個鐘頭，所修習的課程，包括國語、黨義、珠算、修身、簿記、常識、筆算等科。見〈社會局創辦婦女職業傳習所〉，《北平日報》，1930 年 5 月 15 日，第 7 版。〈北平的慈善事業（三）：（二）女子職業傳習所(上)〉，《北平日報》，1930 年 11 月 21 日，第 6 版。

[70] 〈市府命令〉，《北平特別市市政公報》，第 81 期，1931 年 1 月 27 日，頁 7。另見〈社會局調查女雇員〉，北平《世界日報》，1931 年 3 月 9 日，第 8 版。〈社會局調查女雇員：有無妨害風化行為〉，北平《世界日報》，1931 年 3 月 9 日，第 8 版。〈傳習女招待：社會局令飭保送〉，北平《世界日報》，1931 年 3 月 19 日，第 7 版。

婦女職業的正當發展，社會局在 1931 年 6 月，重新修訂女子職業傳習所的章程，添設班次、擴大學員人數，使無職業與失業女性，都得受相當學識與技能的教育。[71]到該年 8 月，在歷屆女子職業傳習所修習完畢、領有結業證書的學員人數，已累積爲一萬七百餘人，多先後於中小型飯館服務。[72]

　　社會局軟硬兼施、雙管齊下地對女招待進行管理與教育，就消極面言，在於防止情色消費肆虐，積極意義則爲健全並推動婦女職業發展。此外，北平的婦女團體，包括北平婦女協會與北平女界抗日救國會，也相當關注女招待的發展，不只召集她們精神講話，爲其爭取較好的工作環境，並在她們發生職業危機時，伸出援手。[73]不過，縱使市府與婦女團體對此一故都新興婦女職業期望甚殷，予以諸多管束、教導與糾正，女招待行爲失檢的報導，仍不時可見，「尤以風流案件爲多，一時爲社會人士茶餘酒後之談話資

---

[71]　〈市府文電〉，《北平特別市市政公報》，第 100 期，1931 年 6 月 22 日，頁 2。

[72]　〈本市女招待總計一萬七百餘人〉，北平《民國日報》，1931 年 8 月 20 日，第 4 版。由此學員人數統計，也可推知北平女招待職業的流動性之高，以致有如此多數女性進入婦女職業傳習所修習，並陸續在飯館服務過。

[73]　〈婦女開一最新紀元婦協昨召集女招待訓話〉，北平《全民報》，1930 年 5 月 3 日，第 3 版。〈婦協保障女招待〉，北平《全民報》，1930 年 6 月 4 日，第 3 版。〈婦協會訓練女招待〉，《北平日報》，1930 年 6 月 30 日，第 7 版。相關討論，見許慧琦，〈訓政時期的北平女招待（1928-1937）──關於都市消費與女性職業的探討〉，《中央研究院近代史研究所集刊》第 48 期，2005 年 6 月，頁 47-95。

料。」[74]

　　至 1934 年初，市長袁良以女招待多「濃妝豔抹，舉動浪漫」，且與顧客常有越軌行為，不僅「有礙視聽，抑且敗壞風俗，影響社會，貽害匪淺」，命令公安局加以取締。北平市公安局在 2 月頒布《取締女招待辦法》與《管理女招待登記辦事細則》12 條，通令各區署佈告週知，切實執行。[75]與社會局於 1930 年 4 月頒布的《管理商店女雇員規則》相較，可發現此次公安局不只將（旅店、茶樓、酒飯館、及娛樂場所中的）女招待與一般商店女店員做了區隔，並要求所有女招待重新向公安局登記，領取登記證，隨身攜帶以備調閱盤查，同時嚴禁兼營副業，以期杜絕女招待與情色消費的糾纏關係。

---

[74]　〈處罰女招待案：二年來之統計〉，北平《京報》，1932 年 4 月 11 日，第 6 版。

[75]　《取締女招待辦法》內容如下：一、本市各旅店茶樓酒飯館及娛樂場所僱用女招待，須向警察局登記，并領取登記証，如未經登記許可者，不得僱用。二、僱用女招待，應行登記之事項如左：僱主之姓名年籍住址職業，女招待之姓名年籍住址親屬舖保及有無夫家，已否出嫁。三、聲請登記時，應附呈被僱者之二寸照片，一黏貼於登記証上，一存局備查。四、被僱女招待，應恪遵下列取締事項：不得與顧客戲謔及有浪漫形態，並絕對不得兼營副業。衣服以布製為限，不得稍涉華艷。不得與顧客同坐同飲，或無故逗留室內。登記証須隨身攜帶，如經調閱，應立即呈出。女招待休憩處所，不得男女混雜。五、違犯上列取締事項之一者，調銷其登記証並對於僱主依行政執行法之罰則辦理。六、凡已僱用女招待而未經登記者，應補行登記，如匿不登記，一經察覺，除勒令解僱外，並對於僱主依行政執行法之罰則辦理。七、各僱用女招待場所，由警察局派警隨時稽查之。見《取締女招待辦法》，北京市檔案館藏，1934 年 7 月，卷宗號 J181-016-00052。

圖二十：1934 年公安局所發「女招待登記證」[76]

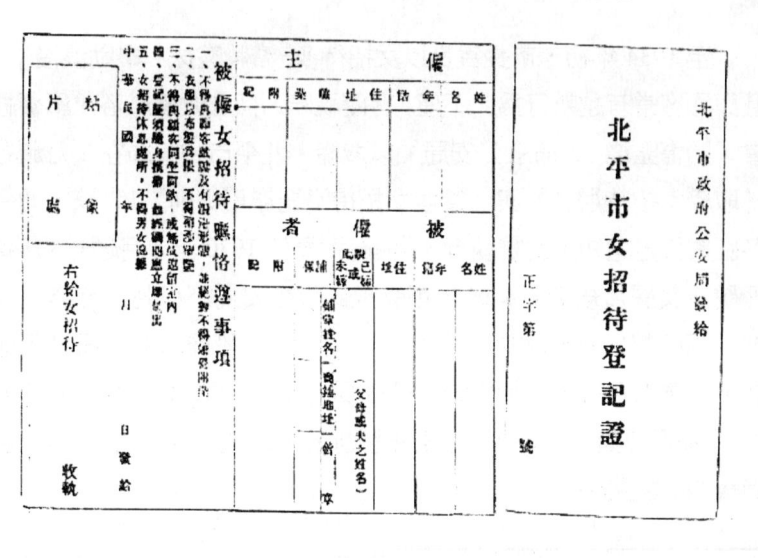

新登記證每張 1 銀元，這筆經費成爲公安局日後的收入之
一。[77]截至 1934 年 3 月初，社會局依公安局所提供的數據進行統
計，共有三百一十名女招待前來登記。[78]這並非當時北平女招待的
總數，因爲有些飯館雇主與女招待本人，都尚存觀望態度，未前去

---

[76] 北平市政府參事室編，〈北平市市政法規彙編〉第二輯（北平：北平市社會
局救濟院，1937），頁 113-114。

[77] 陳哲，〈北平市警察行政〉，燕京大學法學院政治學系畢業論文，1937 年 5
月。

[78] 〈女招待登記計三百一十名〉，北平《導報》，1934 年 3 月 5 日，第 7 版。
其中，十六歲以上二十歲以下者共七十九名，二十一歲以上至二十五歲以下
者，共一百二十五名，二十五歲以上至三十歲以下者，共一百零六名。總計
共三百一十名。總計已婚者六十一名，未婚者二百四十九名。

辦理登記。公安局為澈底執行此一取締辦法，要求各區員警在登記截止日期之後，開始巡視查察，如發現有女招待未經登記但仍在服務者，「應即遵照布告勒令解僱，停止該女招待業務。」[79]到3月底，公安局再次調查全市前來登記的商號與女招待，計有商號一百二十餘家，女招待三百七十餘人。[80]

　　1934年12月，市府通告，將於隔年實行逐步取消女招待的措施，其方式是實行截止登記；即藉停止受理登記的方式，消極地讓這個行業告終。[81]1935年春，報載北平市府終於較控制住既存飯館與咖啡館女招待的行為，使其「多循規蹈矩，不敢有越軌浪漫之行為」。[82]這一方面是公安局強力取締措施生效，另一方面則因市府截止女招待登記，致使女招待人數銳減。隨著市府管理風化的強勢運作，女招待在北平各報的曝光率，隨之驟降。當公安局停止女招待登記後，於1935年3月初，對全市雇用女招待的商號進行調

---

[79]　〈女招待未經登記者，各商號應即予解僱〉，北平《世界日報》，1934年3月24日，第8版。

[80]　〈女招待登記者僅三百七十餘人〉，北平《世界日報》，1934年3月26日，第8版。

[81]　〈女招待將實行取銷〉，北平《全民報》，1934年12月10日，第3版。〈市府整頓風化決澈底取銷女店員：現任店員良家婦女較少，與顧客往往發生風流案：取締登記令其另謀他業〉，《北平新報》，1934年12月10日，第2版。〈女招待逐漸取銷年底停止登記〉，北平《全民報》，1934年12月28日，第3版。〈平市女招待一年內可望絕跡〉，北平《中和報》，1935年1月7日，第5版。

[82]　〈平市當局澈底整頓風化：嚴禁遊娼旅店賣淫取締女侍越軌行為〉，北平《中和報》，1935年4月19日，第7版。

查，共計一百三十八家，女招待四百七十名。[83]

到 1936 年秋，據市府統計，撤銷登記的女招待約過半。[84]9 月
下旬，某些商店業者以失業者日多、貧苦婦女尤乏謀生之路為
由，向公安局呈請繼續辦理女招待登記，以「提倡婦女職業，助其
服務社會。」[85]公安、社會兩局會同調查之後，認為此一請求應屬
可行，向上呈報後，市府為「體恤失業女子」，再度批准女招待續
行登記。[86]然而，不少業者因時局差、手頭緊，改以削價競爭的方
式，爭取顧客，不如幾年前興用女招待，前去登記的女招待數量
並不多；截至 11 月初，只有四十名新登記者。[87]北平女招待在袁
良任內嚴加管控、並逐漸取消該職業後，即使市府在 1936 年恢復
登記制度，盛況已難再。[88]

---

[83] 〈女招待截止登記：市府昨通令所屬遵照，平市招待統計昨公佈〉，北平《中
和報》，1935 年 3 月 9 日，第 5 版。

[84] 〈女招待登記昨日開始〉，北平《世界日報》，1936 年 10 月 4 日，第 8 版。

[85] 〈女招待准許繼續登記〉，北平《導報》，1936 年 9 月 23 日，第 7 版。〈社
會風化近趨好轉，女招待准許繼續登記：俾貧苦婦女有謀生之路，公安社會
兩局隨時嚴查〉，《北平新報》，1936 年 9 月 23 日，第 2 版。〈平市女招待
准許繼續登記：各商店呈請之結果，由公安社會兩局隨時查察〉，北平《世
界日報》，1936 年 9 月 23 日，第 8 版。

[86] 〈女侍續行登記：公安局候奉令後即開始〉，《北平新報》，1936 年 9 月 28
日，第 2 版。〈女侍續登記：公安局候令辦理〉，北平《東方快報》，1936
年 9 月 28 日，第 6 版。〈女招待登記：公安局奉令後即開始〉，北平《世界
日報》，1936 年 9 月 29 日，第 8 版。

[87] 〈女侍登記，僅四十名〉，北平《東方快報》，1936 年 11 月 9 日，第 5 版。

[88] 就女招待的總數來看，1935 年也比 1934 年銳減許多。根據北平市公安局製

　　除女招待之外，故都時期的北平市府，出於維持風化的動機，也對其他服務業或演藝業女性——如坤伶與理髮師等——加以取締。[89]以女伶爲例，1934 年 1 月，市參議會認爲當時風靡北平的評劇皇后白玉霜（1907-1942）「所演之評戲，淫褻異常」，提案禁止她表演。[90]市府通過此案，由公安局以她「演唱淫戲」爲由，令該管區署將她驅逐出境，勒令停演所有妨害風化的評戲。[91]「如有詞句淫穢形狀猥褻者，即予罰辦。」[92]白玉霜請託友人赴市府請願，被社會、公安兩局拒絕，只得離開北平。[93]

　　市府此舉令金秉英撰文批評道，當局只專驅白玉霜、而未逐其他演類似淫戲的表演者，「好像對於從事職業的女子，特別懷了惡感似的，這叫我們真有點不解」。[94]被迫離開北平的白玉霜，3 月人

作的「公安局各項經費收入統計表（二十四年度）」，可知 1934 年度所收之女招待登記證費尚有 525.50 元，到 1935 年度僅餘 207 元，相去甚遠。見〈公安局各項經費收入統計表（二十四年度）〉，北京市檔案館藏，1935，卷宗號 J181-003-00877。

89　北平市政府公安局編，《北平市政府公安局業務報告（民國二十二年七月到二十三年六月）》（北平：北平市政府公安局，1934），頁 81-82。

90　〈坤伶白玉霜恐難在平出演〉，北平《晨報》，1934 年 1 月 18 日，第 6 版。白玉霜被禁演經過簡述，見童軒蓀，〈梨園名優藝事及其他（續完）〉，《傳記文學》第 18 卷第 3 期，1971 年 3 月，頁 35-43。

91　吳廷燮等撰，《北京市志稿：民政志》，頁 600-601。

92　北平市政府公安局編，《北平市政府公安局業務報告（民國二十二年七月到二十三年六月）》（北平：北平市政府公安局，1934），頁 82。

93　〈疏通無效白玉霜終離平〉，北平《晨報》，1934 年 1 月 26 日，第 6 版。

94　秉英，〈白玉霜被驅後的感想〉，北平《世界日報》，1934 年 1 月 26 日，第

圖二十一：白玉霜便裝照[95]

在天津時，還希望北平市府給她「改過自新」的機會，4月中旬再向社會局呈請准予回平養病，仍遭社會批示「未便照准。」[96]北平市府取締淫戲的堅決立場，如社會局長蔡元所言，「一切誨淫荒謬有害社會，無益風化之戲曲，決定禁演。」[97]

6版。當時曾有傳說，是因白玉霜得罪袁良，始遭驅逐。見李克非，《京華感舊錄》（江蘇：江蘇古籍出版社，1986），頁171-172。

[95] 該照出自北京市地方志編纂委員會編，《北京志・文化藝術卷・戲劇志、曲藝志、電影志》，頁47。

[96] 〈女伶白玉霜請求予以自新〉，北平《晨報》，1934年3月29日，第6版。

〈白玉霜來平養病未便照准〉，北平《晨報》，1934年4月13日，第6版。

[97] 〈蔡元昨談矯正風化問題，嚴屬取締女店員與淫戲〉，北平《世界日報》，

　　北平市府從驅逐白玉霜開始，希望藉此達殺雞儆猴之效。為求徹底落實風化管理，禁絕情色消費蔓延的現象，市政當局不只糾舉與取締這些職業女性，還對全體市民的個人言行與兩性互動，進行全面控管。

二、對市民與營業的干涉限制

　　故都北平期間，市府對市民消費與商業經營的干涉與限制，多半攸關風化，如取締男女奇裝異服、取締淫穢戲曲、禁煙禁毒、取締舞場等。這些禁制措施，主要由公安局負責。[98]公安局在1930年代陸續頒布《北平市公安局取締戲班規則》（1930年1月25日府令核准）、《北平市公安局取締旅店飯莊召妓規則》（1930年2月15日府令核准）與《北平市公安局取締淫書淫畫章程》（1931年9月28日府令核准）等法令，規範業者不得從事或縱容妨害風化行為。[99]好幾任市長也曾先後指示公安局，取締市民奇裝異服等有礙社會善良風俗之舉。[100]尤其在新生活運動進行期間，北平市

<hr />

1933年8月25日，第8版。另見〈社會局民國二十四年度行政計劃〉，北京市檔案館藏，1935，卷宗號 J002-007-00137。當時還有不少評劇因「表演猥褻」而被禁演，見張燕鷹，〈民國時期北平市政府對戲劇的查禁〉，《北京檔案史料》，2000年第4期，2000年4月，頁243-254。

[98] 公安局的職能包括維持治安、安定社會秩序，及預防、偵察與制止違法犯罪行為。見梁治耀，〈北平市政之研究〉，第三章第一節。

[99] 北平市政府參事室編，《北平市市政法規彙編》，頁（公安）100, 108-110。

[100] 例如張蔭梧在1929年出掌北平市政後，認為北平有不少市井之徒常穿著不符身份且有礙觀瞻的奇異服飾，容易引起一般無識青年男女的盲從，並助長優

府與黨部，更全力配合這個發揚傳統優良文化、以塑造現代公民的運動[101]，鎖定「整頓風化」為目標，制定各項取締辦法。

　　袁良宣稱，此乃謹遵蔣委員長的命令，要讓北平市成為中國的文化模範市。[102]社會局長蔡元繼而表示，北平市府期望「經此整飭之後，平市當不難恢復固有之道德，而履行新生活」，透過各項

伶娼妓任意炫奇的風氣，有傷北平城市格調，貽笑友邦，因此下令嚴加取締。見〈市府嚴禁奇裝異服〉，北平《新晨報》1929 年 9 月 30 日第 6 版。〈公安局取締時髦腿〉，《北平日報》，1930 年 8 月 19 日，第 7 版。周大文市長任內，也有類似舉措。見〈男女易服招搖過市，若不嚴行禁止，何以維風化而重觀瞻〉，北平《晨報》，1931 年 7 月 12 日，第 6 版。其他見〈三禁：煙，賭，娼〉，北平《新晨報》，1929 年 9 月 5 日，第 6 版。〈取締堂倌茶役：禁止怪聲叫囂呼嘯迎坐〉，北平《世界日報》，1931 年 10 月 13 日，第 8 版。

[101] 在新生活運動推行過程中，中央與地方執政者對人民發佈各項人身自由的禁令，並透過詳細條列式的「新生活須知」，在食、衣、住、行、育、樂方面，以規範、訓練、馴化人民的言行舉止為前提而展開。見〈新生活須知（初稿）〉，新生活運動促進總會編，《民國二十三年新生活運動總報告》（台北：文海出版社，1989），頁 110。另見黃金麟，〈醜怪的裝扮：新生活運動的政略分析〉，《臺灣社會研究》第 30 期，1998 年 6 月，頁 163-203。至於北平方面的高度認同，明確展現於國民黨北平特別市黨務整理委員會成立北平新生活運動促進會時，公佈的〈告市民書〉。見〈中國國民黨北平特別市黨務整理委員會為北平新生活運動促進會成立告市民書〉，北京市檔案館藏，1934，卷宗號 J040-001-00026。

[102] 蔣中正曾於 1934 年 11 月 4 日發出一封電文給時任政整會委員長黃郛與袁良，其內容如下：「（急）北平黃委員長袁市長勳鑒：要繁榮北平須先從整頓男女風化入手。中正。」見〈蔣中正電黃郛袁良繁榮北平須先整頓男女風化〉，《蔣中正總統檔案：籌筆》，國史館藏，1934 年 11 月 4 日，光碟號 08B-04540。袁良對此事的談話，見〈平市府最近三重大事件〉，北平《導報》，1934 年 11 月 20 日，第 7 版。

禁制措施，將北平恢復成純樸的古都。[103]市府先後頒布的相關命令與取締辦法，內容廣泛干涉市民的人身與消費自由，包括取締誨淫戲劇；嚴禁報刊登載誨淫小說；取締女澡堂僱用男人修腳、與男澡堂浴客高唱淫調；取締女店員與客人戲謔；禁止男女在路旁及其他公共場所挽手行走或相互戲謔；嚴禁在娛樂場所怪聲叫好、嚴禁公寓、旅店容留來歷不明的男女，取締公寓中男女同居；禁售有傷風化的照片或磁人玩具等。[104]

正當北平市府準備推行新生活運動之初，民間倒率先出現標榜愛國（貨）排外的秘密團體，自稱摩登破壞團。該團從1934年4月開始，出沒於電影院、劇院與市場等擁擠的娛樂場所，對衣著時髦的摩登青年男女潑灑不明液體，以示恐嚇。[105]該團成員曾買通報童，為他們在公共場所發送宣言傳單，明言「服裝不整齊之男

---

[103] 〈公安社會兩局即日切實施行整頓風化辦法〉，北平《世界日報》，1934 年
12 月 14 日，第 8 版。

[104] 〈維持風化市府將取締小報誨淫小說〉，北平《民國日報》1934 年 2 月 19
日，第 4 版。〈整頓平市風化：不准男女挽手同行〉，北平《世界日報》，
1934 年 11 月 20 日，第 8 版。〈公安局取締公寓男女同居〉，北平《世界日
報》，1935 年 5 月 14 日，第 8 版。〈北平市政府市政會議議決案：第二百四
十六次常會〉，北京市檔案館編，《北平歷屆市政府會議決議錄》（北京：中
國檔案出版社，1998），頁 318-319。

[105] 摩登破壞團最先出現於杭州，後見於南京、上海，到 1934 年 4 月初，北平也
發現該團的行動蹤跡。見〈北平亦已發現摩登破壞團：有組織的糾正惡化，
初起於杭，繼而京滬〉，北平《全民報》，1934 年 4 月 3 日，第 3 版。〈本
市發現摩登破壞團：警告摩登男女改用國貨，醉心歐化者應從茲警覺〉，北
平《北辰報》，1934 年 4 月 3 日，第 6 版。〈摩登破壞團橫行娛樂場〉，北
平《晨報》，1934 年 4 月 5 日，第 6 版。

女，如女子不扣領扣等，本團須破壞之；終日追逐女性行為拆白
的無賴男子，本團勢必與之週旋，服飾奇異特別有誘惑力的女
子，如不著襪子，不穿長褲，故意以曲線示人者，本團必用鏹
水，毀其一切，誓死不渝；服用外貨之男女，更無足論云。」[106]

摩登破壞團如此囂張的公開行徑，使北平摩登男女人人自
危；當時娛樂場所如電影院，遂出現一些奇特現象：一是散場
後，摩登男女不像以往一般爭先出場，反而故意落後，以免被破
壞團成員先行盯上，予以加害；二是出場時左探右望，顯露出小心
謹慎的態度；三是出場後，不再與車夫講價，而迅速上車離去。[107]
不過，破壞團鎖定的目標偶也有差錯，幾次破壞身穿國產絨呢衣
物或絲織品的青年之衣飾，引發一些大學生的反感。某位魏姓大
學生，便發起與破壞團相抗衡的「摩登維持團」，與陸續加入的數
十人議定在「不背新生活運動範圍，防範摩登國產衣物被破壞之原
則下，擬定一種有效方法，制止摩登破壞團之行動，以維持市民
儀容之美觀。」[108]

相較於人民立即回應的自救行動，市府對摩登破壞團的調查
與反應，顯得慢了半拍。若據當時報紙記者所述，公安局對該團嚇

---

[106] 〈摩登破壞團旨在破壞奇裝異服妖媚婦女〉，北平《北辰報》，1934 年 4 月
7 日，第 6 版。

[107] 〈摩登破壞團散放宣言標語，摩登男女咸有戒心〉，北平《全民報》，1934
年 4 月 4 日，第 3 版。

[108] 〈由破壞而引起維持好光陰如此「摩登」去〉，北平《中和報》，1934 年 4
月 6 日，第 2 張第 5 版。

阻摩登男女的初衷，並不反對，只是不認同其違法的破壞行動。[109]從社會文化的發展脈絡來看，摩登破壞團在南北方大城市陸續出現，與當時新生活運動推行、（受反日運動影響而激發的）拒用洋貨風潮方興未艾、以及社會復古思想抬頭等時代背景，不無關連。這種明顯侵犯人身自由，且具高度恐嚇意味的私刑舉措，雖無法見容於市府，但摩登破壞團與公安局在思想宗旨上，卻驚人地相似：二者都在維護國家利益與社會風化兩大前提下，對可能違反者進行懲治。不論是摩登破壞團的侵犯行徑，或市府執法人員的規範舉措，對北平市民的活動自由與消費行為，都造成一定程度的限制。不同之處在於，公安局具有國家賦予的公權力，可合法且冠冕堂皇地規範與限制人民行為，並緝捕摩登破壞團這類篡奪執法者之徒。[110]此外，公安局的取締對象為全體市民，其影響與干涉市民生活的程度，自遠超過摩登破壞團的作為。

　　公安局偵查與搜捕摩登破壞團的同時，不忘謹遵南京中央推行新生活運動的指示，及北平市長的命令，飭力整頓風化。社會局

---

[109]　〈摩登破壞團旨在破壞奇裝異服妖媚婦女〉，北平《北辰報》，1934 年 4 月 7 日，第 6 版。該則新聞副標指出：「公安局表示該團動機尚屬純正惟行動未免幼稚」。見〈摩登破壞團公安局飭屬查辦〉，北平《北辰報》，1934 年 4 月 8 日，第 6 版。〈政整會令平市府飭屬嚴查摩登破壞團〉，北平《北辰報》，1934 年 4 月 12 日，第 6 版。

[110]　由於摩登破壞團都在各電影院及人多嘈雜之處施技，一時不易破獲，而且該團規模日見擴充，受害人數攀升，促使公安局更加派人手，分赴東安市場及各電影院密查與取締。見〈摩登破壞團〉，北平《北辰報》，1934 年 4 月 8 日，第 6 版。

也在 1934 年 11 月，提出整頓風化方案，從社會風化及學校風化兩
大層面出發，草擬多項取締措施。[111]該年 12 月 24 日，公安局奉府
令頒布《整頓北平市風化暫行辦法》，其規範對象，包括各類娛樂
業與服務業女性、及一般市民。[112]雖然以往不乏執政當局為規訓
人民言行穿著，而頒布種種行為禁令[113]，遷都後的北平市府也常
有取締奇裝異服之舉，但此時市府配合新生活運動實行的取締措
施，涵蓋面最廣、執行力最強，對人民行為的干涉度最高，連報

---

[111] 根據報導，該方案在社會風化方面，包括取締女招待、妓女、女澡堂、淫邪
小說、淫邪戲曲、報紙不良廣告、電影、歌舞、婦女奇裝異服、迷信誘惑、
公園街市男女間的風化、公寓旅館內的風紀等，由公安局負責。學校風化部
份，主要是宿舍的風紀與男女學生間的風化整頓，由社會局函令各學校負
責。見〈整頓本市風化方案市府審核後分別實行〉，北平《導報》，1934 年
11 月 15 日，第 7 版。

[112] 該《辦法》內容如下：一、戲園、電影場、球房、飯館所僱用之女招待，公
安局覈准登記者，乃准繼續服務。自二十四年一月一日起，即停止登記。
一、坤伶、鼓姬、娼妓之服裝，按照《取締婦女奇裝異服辦法》，切實取締。
一、本城市內外之娼寮依原有地域集中居住，禁止與居民雜處。一、旅店、
公寓、小店等對於男女住居一室，非證明確為家屬者，不得同住。一、女浴
堂之風化，由公安局專派女警察前往監察。見吳廷燮等撰，《北京市志稿：
民政志》，頁 607-608。

[113] 〈部令取締女生〉，《北京日報》，1921 年 3 月 14 日，第 5 版。〈取締異服
怪狀者〉，《北京日報》，1921 年 5 月 23 日，第 6 版。〈警廳取締女伶應酬〉，
《北京日報》，1921 年 9 月 3 日，第 5 版。〈禁止女生遊逛〉，《北京日報》，
1922 年 2 月 27 日，第 5 版。〈警廳禁止男女同處理髮〉，《北京日報》， 1927
年 1 月 12 日，第 7 版。這類對人民言行的規範，又以針對女性（或特定女性
身份，如學生、女伶、妓女等）所發者為最多。

紙亦載「本市實行新生活以來，成效卓著，中央極爲滿意。」[114]

　　值得注意的是，在這波整頓風化行動中，市府特別著意之
處，幾全與婦女有關，主要的取締範疇分三大項：奇裝異服、赤
足裸腿、及特定婦女職業。在取締奇裝異服方面，市府仿南昌行
營所訂的取締婦女奇裝異服暫行版，於1934年底通過《北平市取締
婦女奇裝異服暫行辦法》，對女子服飾進行嚴密管控，甚至連「各
成衣店製作衣服」，亦在禁制之列。[115]當時雖偶爾可見取締男子奇
裝異服的命令，但婦女的穿著與髮型，顯然更爲當局關注。[116]至

---

[114]　〈整頓本市風化方案明年元旦開始實行〉，北平《導報》，1934 年 12 月 17
　　　日，第 7 版。

[115]　〈北平市取締婦女奇裝異服暫行辦法〉，《北平特別市市政公報》第 270 期，
　　　1934 年 10 月 15 日，頁 3-4。〈平市實行取締婦女奇裝異服〉，北平《世界
　　　日報》，1934 年 10 月 28 日，第 8 版。〈平市取締婦女奇裝異服自今日起實
　　　行〉，北平《世界日報》，1934 年 12 月 1 日，第 8 版。〈取締奇裝異服佈告
　　　實行已逾一月，仍有婦女不能遵行〉，北平《全民報》，1935 年 2 月 10 日，
　　　第 3 版。

[116]　根據公安局規定，取締婦女奇裝異服的部份，包括：一、旗袍拖靠腳背，
　　　二、衣領高接頸骨，三、旗袍左右開叉過高過低，短衣不遮褲腰，四、著短
　　　衣者須著裙，不著裙者，須遮臀部，五、腰身繃緊貼體，六、著短衣者，褲
　　　長須過膝，不得露腿赤足，但勞動不在此限，七、裙短不過膝，八、衣袖短
　　　不至肘，九、著西服者禁止束腰，十、短髮垂過衣領以下，十一、禁止纏足
　　　束胸，十二、禁只著襯睡衣拖鞋或赤足行走街市，十三、各成衣店製作衣
　　　服。至於取締男子奇裝異服的部份，包括：一、長袍襯用奇異艷色衣裏，
　　　二、著毛線褲睡衣，行走街市，三、冠帽不正，四、敷粉塗脂不分男女。由
　　　此可見，市府對女性的要求與拘束，要比男性多得多。見〈公安局決將認真
　　　取締男女奇裝異服〉，北平《世界日報》，1935 年 4 月 20 日，第 8 版。關於
　　　專門取締男性奇裝異服者，另見〈平市府令公安社會兩局嚴予取締男子奇裝

於禁阻赤足裸腿部份，更只針對女性而發。[117]對此，蔡元曾向記者說明：

> 取締之意義，固因其有傷風化，不過重要之意義，卻不在此，乃因凡裸腿者，並非僅止于不著襪子，且須將腿部塗以各種化裝用品，此種化裝用品，每小盒需費少者五六元，多者二三十元，在此國民經濟凋落時期，省去一雙絲襪或線襪之所需，而易以如此浪費之化裝品費，殊屬失當。且所用各項化裝品，均係洋貨，尤背提倡國貨之本旨。故為維持國民生計，及社會風化計，乃有此取締婦女裸腿赤足，穿行街市之舉。[118]

換言之，北平市府希望透過限制婦女的穿著，來推行國貨並規範風化。市府形容這類摩登婦女「赤足裸腿，出入於公共場所，煽惑青年」，故須禁止她們在公共場所出入往來，「使其失去對人

異服〉，北平《世界日報》，1934 年 11 月 28 日，第 8 版。另見杜麗紅，〈20世紀 30 年代的北平城市管理〉，中國社會科學院研究生院近代史系博士論文，2002 年 6 月，頁 118-120。

117　〈平市即將取締婦女赤足裸腿〉，北平《世界日報》，1934 年 9 月 21 日，第8 版。袁良曾於 1934 年 8 月，下令公安局在「公共娛樂場所，如公園、影院、戲園、以及大街、市場等處，一律禁阻赤足裸腿之婦女出入往來，如有不服從者，即送區罰辦」。見〈取締摩登婦女赤足裸腿〉，北平《中和報》，1934年 8 月 6 日，第 5 版。

118　〈社會局長蔡元談取締婦女裸腿〉，北平《北辰報》，1934 年 8 月 5 日，第6 版。

炫惑之機會，經過相當時期，彼輩自覺無再裸腿之必要，自必自引絕跡云。」。[119]如有不服並經勸阻不聽者，將處5元以上或三天以上的拘留，以示嚴懲。[120]如此嚴苛的取締辦法，引發婦女界的反對聲浪，有人批評此舉有小題大作之虞，社會上實有其他更應取締的傷害風化情事。[121]不過，市府非但未因輿論批評或婦女團體的不平之鳴，停止取締婦女的赤足裸腿，反在1936年9月，進一步以「混合沐浴，有傷風化，應習改善，而重禮教」為由，對該市中南海游泳池，下了禁止男女同浴的訓令。[122]

　　袁良的男女有別觀，及其貫澈蔣委員長「整頓男女風化」訓令的決心，還使他插足到教育界，欲使時值青春期、血氣方剛且性情不穩的中學男生，與女生分開受教育。[123]1935年4月底，袁良開始

---

[119]　〈社會局長蔡元談取締婦女裸腿〉，北平《北辰報》，第6版。

[120]　〈取締摩登婦女赤足裸腿：社會公安兩局擬定辦法，呈請市府核示即將實行〉，北平《中和報》，1934年8月6日，第5版。

[121]　〈婦女不必裸腿的建議〉，北平《世界日報》，1934年6月23日，第6版。〈取締赤足裸腿引起婦女界反感〉，北平《北辰報》，1934年8月7日，第6版。〈駁取締婦女裸腿的理由〉，北平《世界日報》，1934年8月12日，第6版。

[122]　凡，〈「男女有別」的怪禁令〉，《婦女文化》第1卷第2期，1936年9月15日，頁56。

[123]　袁良在社會局的命令中指出：「茲查中學男女學生，多數年齡皆在十六歲至二十歲之間，正血氣未定之時，同室教授，同校居住，影響學生修身向學之心甚大。現在除市立中學師範皆男女分校外，其餘私立中學約六十餘校，大多皆係男女生兼收，殊於學生畢業造詣，身心修養，均有妨礙。擬自二十四年度起，將本市私立中等學校倣照市立中等師範等校辦法，男女學生一律分校教育。」見〈袁良整頓風化取締中學男女同校〉，天津《大公報》，1935

力排眾議地取締高中男女同校，推行中學男女分校政策。[124]除了防範兩性不當行徑而採行各種風化管理措施外，袁良還力求矯正市民的不良惡習，以端正風俗。[125]市府積極執行相關政策，使時

年 4 月 26 日，第 6 版。

[124] 相關檔案史料，見喬凌霄，〈1935 年北平市實施中學男女分校及設立第二女子中學史料（一）〉，《北京檔案史料》，2001 年第 2 期，2001 年 6 月，頁 105-139。喬凌霄，〈1935 年北平市實施中學男女分校及設立第二女子中學史料（二）〉，《北京檔案史料》，2001 年第 3 期，2001 年 10 月，頁 89-123。當時報紙報導，見〈袁良談取締私中男女同校：分兩步實行〉，北平《世界日報》，1935 年 5 月 2 日，第 8 版。〈取締私中男女同校：令出必行決不變更〉，北平《世界日報》，1935 年 5 月 13 日，第 7 版。碧梧，〈取締男女同學〉，《女聲》，第 3 卷第 13 期，1935 年 5 月 15 日，頁 2。〈平市中等學校取締男女合校〉，天津《大公報》，1935 月 6 月 20 日，第 4 版。〈平中學實行男女分校〉，南京《中央日報》，1935 年 8 月 24 日，第 2 張第 4 版。相關討論，另見池賢娬，〈1935 年北平市政府的中學男女分校令和新設市立第二女中〉，北京市檔案館編，《檔案與北京史國際學術討論會論文集》下冊，頁 34-56。

[125] 當時市府針對民間「一切不良積習」，如煙酒吸毒等，都經政府當局勒令革除。黃郛之妻沈亦雲曾憶及黃郛擔任政整會委員長時的北平市況與人民行為，「其中最嚴重之一事為吸毒。在昔吸雅片病中國已久，然究須有閉。吸嗎啡手續至簡，而毒尤甚。嗎啡製成白粉，俗稱白麵，吸之者自販夫走卒至讀書青年，一入其中，無以自拔。戰區日韓浪人與奸商為之，獲利多而且易，而北平市亦有營此業者，此不但亡國且將滅種。」由黃郛提拔的袁良上台後，也認真執行禁毒與取締吸毒之事。光是 1934 年 8 到 10 月兩個月間，在各醫院戒除鴉片癮者，已達四百七十餘人，還不包括自行戒除者。見沈亦雲，《亦雲回憶》下冊（台北：傳記文學，1968），頁 512。另見〈因厲行禁毒梨園現象蕭條〉，北平《東方快報》，1934 年 10 月 25 日，第 5 版。〈新生活運動中娼妓的動向〉，北平《民國日報》，1934 年 12 月 15 日，第 4 版。

人評論道，「整理風化已經是市當局最注意的一件事」。[126]

　　站在北平市府的立場，這些舉措完全符合南京國府的期許，不只合情合理，且相當必要。然而，從市民生活、消費行為及商業發展的角度觀之，市府頒布的諸多禁令與取締辦法，不只約束市民出入公共場所的行動、干涉消費行為，也衝擊某些行業的生意。舉例言之，前述對於婦女的奇裝異服與赤足裸腿的取締，或限制其進入娛樂場所，便使成衣店、影院、戲園的營業受損。市府在整頓風化之餘，也取締各地的臨時浮攤，以維持市面整齊清潔；此舉使原先依賴眾多攤販招徠人氣的西單牌樓，顯得冷清而無生氣。[127]社會與公安兩局，對舞女與女招待的取締與禁制措施，則使倚賴二者謀利的舞場、高爾夫球場、飯店、茶樓與飯館等行業生意，大受波及。[128]

　　此外，市府厲行的禁煙禁毒舉措，使許多嗜好吸食鴉片的名伶，避赴天津租界，或到外埠演戲以免遭取締，導致梨園出現一時蕭條的景象。[129]再者，政府力求破除迷信的聲浪，多少衝擊北平

---

[126] 靜，〈論整頓風化〉，北平《中和報》，1935 年 5 月 23 日，第 2 張第 7 版。
[127] 〈故都廢年中之一鱗一爪〉北平，《東方快報》，1935 年 2 月 2 日，第 5 版。
[128] 〈高夫球場營業蕭條：平市禁止中國舞女跳舞後…中國舞客銳減〉，《世界日報》1933 年 8 月 10 日。〈平市商業前途堪危，外強中乾不啻迴光返照〉，《老百姓日報》1935 年 8 月 31 日。〈女招待自登記以來祇有四十名：一月來之統計數目，據調查因各業凋零〉，《世界日報》1936 年 11 月 9 日。
[129] 〈因厲行禁毒梨園現象蕭條〉，北平《東方快報》，1934 年 10 月 25 日，第 5 版。尤其在 1934 年夏以降，一年之間，北平市公安局查獲吸食海洛因案件達 682 起，人數計 1125 人。穆玉敏，《北京警察百年》（北京：中國人民公

部份廟會的開廟習俗與週邊商業。像每逢舊曆四月初一到十五，
妙峰山（在北平城外西北郊里，見附圖二）娘娘廟開廟之日，以往
包括梨園名伶在內的平津一帶善男信女，無分階級，都絡繹不絕
地前往燒香禮拜，並帶動長途汽車、人力車與驢車等交通、客棧
及周邊商販生意，熱鬧異常。[130]但遷都之後市況衰敗與經濟蕭
條，又加上政府的反迷信態度，使舊京時期的進香盛況，頗受打
擊。[131]

　　市府如此大刀闊斧地管制人民與多項職業發展，或許對提升
人心道德與淨化社會風氣有某些成效；但北平的消費情形與商業狀
況，卻因市府的風化管理政策，而廣受挫折。此外，爲求便於約束
或糾察女性的言行，打擊兩性共同犯罪、或女性違法犯紀的行
爲，故都時期的北平，還催生出女警察這樣的新興婦女職業，協助
當局維持風化與治安。

三、因時制宜的官方產物：女警察的出現及協助取締

　　近代中國女警的出現，主要是北伐以後的事。徵聘與訓練女
警的構想，一方面受歐美社會的影響與啓發，二方面源於社會型

安大學出版社，2004），頁 232。

[130]　郭子升，《市井風情京城廟會與廠甸》（瀋陽：遼海出版社，1997），頁
121-125。妙峰山的娘娘廟供奉的是碧霞元君。關於妙峰山的廟會與朝拜活
動，見吳效群，《妙峰山——北京民間社會的歷史變遷》（北京：人民出版社，
2006），頁 199-217。

[131]　〈冷冷清清的妙峰山〉，天津《大公報》，1930 年 4 月 29 日，第 9 版。

態轉變所衍生的新需求。[132]1923 年 9 月，北洋政府內政部以歐美各國雇用女警察辦理娼妓等案件，有顯著成效，命京師警察廳考察各地情形，擬具設置女警辦法。京師警察廳經調查後，由行政處擬妥組織女警察章程、管理法則、設立女警教練所與籌措經費各辦法，上呈內政部。[133]但該計畫因經費預算金額過大，籌款困難，未能實現。[134]

　　到 1929 年，上海市公安局錄用十餘名女檢查員，用以搜檢女

---

[132]　女警察之所以出現於歐美國家，乃是女權運動持續進展、女性公共活動表現頻繁、兩性關係更為多元、以及社會問題日趨複雜等因素共同作用，所產生的結果。20 世紀初，女警首先在德、美、英等國出現，其表現證明女性可發揮某些性別優勢打擊或制止犯罪、穩定社會秩序，因此吸引蘇俄、荷蘭、丹麥、瑞典、挪威與奧大利等國陸續跟進，女警逐漸成為歐美各國普遍的常態建制，到 1927 已有二十餘國設置女子警察。有鑒於女警在歐美各國執行成效頗佳，國際聯盟（League of Nations）在 1920 年代開始向各國鼓勵與提倡設置女警。見頹廢男士，〈女警的研究〉，北平《世界日報》，1932 年 11 月 18, 19, 21-23 日，第 6 版。另見韓延龍、蘇亦工等，《中國近代警察史（下）》，頁 678。張研、李光泉，〈20 世紀 30 年代中國女警的設立及其職業影響〉，《鄭州大學學報（哲學社會科學版）》，第 39 卷第 6 期，2006 年 11 月，頁 43-46。

[133]　〈女警：京師警察廳之試辦〉，北京《順天時報》，1923 年 11 月 25 日，第 7 版。其初期計畫「招募婦女四十名，設立教練所，施以警察教育，俟其畢業後分發服務，若行之無弊，再謀擴充。」另見〈女警察〉，《婦女雜誌》，第 10 卷第 2 號，1924 年 2 月，頁 295-296。張寶全，〈現階段中的女子警察〉，《警察月刊》，1938，創刊號。轉引自張研、李光泉，〈20 世紀 30 年代中國女警的設立及其職業影響〉，《鄭州大學學報（哲學社會科學版）》，第 39 卷第 6 期，2006 年 11 月，頁 43-46。

[134]　韓延龍、蘇亦工等，《中國近代警察史（下）》，頁 678。

性旅客是否攜帶違禁品，並稽查各種不法行為；其雖無女警之名，卻有警察職責之實，為中國設置女警之始。[135]上海女警執行勤務的成效，使南京的首都警察廳在 1930 年 9 月，提出增設女警之議，內政部便於 1931 年，命首都警察廳先行試辦女警。截至此時，女警仍只限於上海與南京的實驗建制。[136]1932 年 12 月，內政部在第二次全國內政會議中，以滬、京兩地試辦女警頗有成效、以及社會情勢確有需求兩大理由，提出在全國範圍內推行女子警察的議案。[137]該案獲得通過，由內政部在 1933 年 1 月通諮各省市政府，轉飭所屬各級治安機關，「體察各該轄情形，酌量試

---

[135] 上海公安局以「滬上戶口殷繁，華洋雜處，輪軌四達，奸民易生，匪徒往往假婦女為護符，攜帶違禁物品，滋生不法事端。為消弭隱患起見，因特設置女檢查員，協同男警施行檢查職務」。見內政部年鑑編纂委員會編，《內政年鑑·警政篇》(上海：商務印書館，1936)，頁 C30。〈我國最早的女警察〉，《公安月刊》，1998 年第 1 期，頁 44。

[136] 張研、李光泉，〈20 世紀 30 年代中國女警的設立及其職業影響〉，《鄭州大學學報（哲學社會科學版）》，第 39 卷第 6 期，2006 年 11 月，頁 43-46。

[137] 該議案提出下列辦法：（一）各省警官學校于每次招收學員時，應考取女生十分之一，使與男學員受同等中級警察教育。（二）各省市警士教練所于每次招收學員時，應考取女生十分之一，使與男警受同等初級警察教育。（三）考取女警資格，除各依警官學校，及警士教練所章程所規定外：一、須年在 18 歲以上 25 歲以下未婚嫁者；二、身高在四尺五吋以上者；三、未受一年徒刑以上者。（四）所授課程，除偵探學應較男警所授較詳外，餘各按各級警察教育課本教授。（五）女警畢業後除特別事項（如偵探要案等）外，其任務為調查戶口，檢查行李，救護婦孺，維持風化。（六）女警除執行特殊任務著便服外，所穿制服，與男警同。惟應著黑裙，以示區別，而免民眾誤會。見內政部年鑑編纂委員會編，《內政年鑑·警政篇》，頁 C30-36。

辦。」。[138]

　　1933 年 2 月，北平市府命公安局「斟酌市內情形並考量財力，酌量辦理」；公安局乃以「該市社會狀態複雜，推行女警，實所必需」，於 3 月首次公開開始招考與培訓女警，並制訂與公佈相關辦法，使女警成為正式建制。[139]市公安局在 1934 年編著的年度業務報告中，說明該局過去一年來，「以本市男女社交日趨公開，社會狀態益形複雜，推行女警洵為必要之需，爰就本局警士教練所第六期開學時，招考女性學警二十名，隨同訓練，畢業後執行特別任務。」[140]

　　由此可知，北平市開始招考女警，除為遵守中央命令之外，也從該市的社會實際發展與需求，來評估女警成立的必要性。徵諸前章所述，大批女招待與舞女加入的北平社會，活絡了市民的

138　內政部年鑑編纂委員會編，《內政年鑑・警政篇》，頁 C30。張瑋、張亞良，〈北平第一批女警察〉，《北京檔案》，1999 年第 7 期，頁 43。韓延龍、蘇亦工等，《中國近代警察史（下）》，頁 679-681。當時遵照內政部命令，陸續興辦女警招考事宜的省市，還包括蘇州、無錫、漢口等市，及江蘇、河北、浙江、察哈爾等省。見韓延龍、蘇亦工等，《中國近代警察史（下）》，頁 679-685。

139　內政部年鑑編纂委員會編，《內政年鑑・警政篇》，頁 C34-36。〈平市試辦女子警察〉，北平《北辰報》，1933 年 2 月 15 日，第 5 版。〈市府令公安局試辦女子警察〉，北平《導報》，1933 年 2 月 15 日，第 7 版。張瑋、張亞良，〈北平第一批女警察〉，《北京檔案》1999 年第 7 期，頁 43。較詳細的相關敘述，見穆玉敏，《北京警察百年》，頁 262-266。

140　北平市政府公安局編，《北平市政府公安局業務報告（民國二十二年七月到二十三年六月）》（北平：北平市政府公安局，1934），頁 9-10。

兩性社交與情色消費生活，也致使更多女性涉及各種違法行為。
公安局認為，身處兩性關係、女性活動與犯罪型態不斷演進的現
代社會，若專恃男警，對於規範人民行為或保護人民安全方面，
「勢難周密兼顧」。有鑑於此，「自應及時設置女子警察，以應環境
之需要，而期社會之安全」。[141]此外，當時正值華北長城戰事方興
未艾之際，各行商業與經濟遭波及，社會人心廣受衝擊，各車站
常擠滿人潮，富有人家急著南下避難，東北與華北各地難民又湧
入北平。在人口流動性大、社會秩序不穩之時，某些宵小與不法
之徒，經常利用男警不便檢查搜索女性的盲點，讓女性同夥暗遞
贓物、誘騙孩童、藏匿走私或傳達情報。若有女警，便能發揮性
別優勢，協助與配合男警蒐查女性人民，降低這類犯罪機率。[142]

　　根據公安局擬訂的《北平市政府公安局募練女警辦法》，女警
的招考資格，須符合上述內政部的決議案第三項（一、年在十八歲
以上二十五歲以下未婚嫁者；二、身高在四尺五吋以上者；三、
未受一年徒刑以上者），與北平警士教練所章程相關規定。在教育
程度方面，必須有高級小學畢業或同等學歷，且體力及視聽力都得
健全，方可報考。[143]值得注意的是，相較於首都警察廳奉內政部

[141] 〈市府令公安局試辦女子警察〉，北平《導報》，1933 年 2 月 15 日，第 7 版。

[142] 黃卓甫，〈談談女警察〉，南京《中央日報》1936 年 12 月 2 日，第 3 張第 3 版。張研、李光泉，〈20 世紀 30 年代中國女警的設立及其職業影響〉，《鄭州大學學報(哲學社會科學版)》，第 39 卷第 6 期，2006 年 11 月，頁 43-46。

[143] 《北平市政府公安局募練女警辦法》，北平市政府公安局編，《北平市政府公安局業務報告（民國二十二年七月到二十三年六月）》（北平：北平市政府

令先行試辦公布的《修正試辦女警暫行辦法》、以及上海市公安局在 1929 年 3 月公布的《輪埠車站女檢查員服務規則》相較，北平市《募練女警辦法》規定的招考年齡資格，是最年輕的。[144]

　　4 月初，北平首次招考女警結果揭曉，共錄取二十名進入警士訓練所接受集訓。[145]經過六個月的集訓，有十八名女警於 9 月 21 日結業，在 25 日公安局正式報到，展開女警生涯。[146]根據公安局頒布的《女警服務管理規則》第四條，女警的勤務，大致分為調查戶口、偵察案件、檢查行李及候補臨時差遣等項。[147]但女警真正執行的任務，似與規則有些出入。當時市府致力將北平打造為具

公安局，1934），頁 66-67。

[144] 《首都警察廳修正試辦女警暫行辦法》第二條規定投考資格為 20 歲以上 30 歲以下，《上海市公安局輪埠車站女檢查員服務規則》第二條則規定女檢查員應在三十歲以上四十歲以下。見內政部年鑑編纂委員會編，《內政年鑑・警政篇》，頁 C31-34。

[145] 〈女警昨日揭曉〉，北平《民國日報》，1933 年 4 月 7 日，第 4 版。

[146] 〈平市首次女警昨畢業〉，北平《民國日報》，1933 年 9 月 22 日。〈女警十八名明日起服務：公安局派蔡恂為管理員〉，北平《全民報》，1933 年 9 月 24 日，第 3 版。

[147] 《北平市政府公安局女警服務管理規則》，北平市政府公安局編，《北平市政府公安局業務報告（民國二十二年七月到二十三年六月）》（北平：北平市政府公安局，1934），頁 20-22。該規則第四條內容如下：「女警勤務暫分為左列六組，由女警長女副警長分別督促實施之：（一）甲組四人，調查戶口（二）乙組二人，偵察案件（三）丙組二人，檢查東車站往來人等及其行李（四）丁組二人，檢查西車站往來人等及其行李（五）戊組二人，檢查西直門車站往來人等及其行李（六）己組四人，候補臨時差遣。前項勤務應輪次更番執行，如應勤各組遇有請假缺額時，則以備差者補充之。」

純樸市風的文化古城，如公安局長鮑毓麟訓勉仍在受訓的女警時表示，「將來彼等所服之任務，注重於調查戶籍、改正風俗等五種任務，該所應當對此五種課程加緊訓練，其餘之普通任務，如站崗巡邏等，尚在次要云云。」[148]因此，「改正風俗」乃公安局賦予女警最重要的任務。[149]

當北平第一批女警結束集訓，開始在市內面對大眾執行勤務時，多顯得緊張拘謹。《大公報》記者指出，這些介於十八到二十五歲的未婚菜鳥女警，在各車站對來平女性旅客施行檢查，「態度仍多羞澀」。即使公安局特派檢查所長在旁坐鎮指揮，但女警若沒在受檢旅客的行李中發現違禁品時，彷彿覺得失禮一般，「先行面紅耳赤，尚不若男警察之老練，遇事裕如云。」[150]這種初期執勤的生澀表現，隨著女警的執勤經驗愈趨豐富，而有所緩解。[151]1934年度的公安局業務報告中，即載實行女警「一年以來，對於婦女攜帶違禁物品各案多起，頗有成績。」[152]到新生活運動開始推動的 1934與 1935 年，她們更進一步被指派監督與稽查風化的任務，例如1934 年 12 月，公安局命令各區隊調派女警，執行翌年元旦起對女

---

[148]　〈公安局昨開局務會議鮑毓麟訓勉長警〉，北平《導報》，1933 年 6 月 1 日，第 7 版。

[149]　〈公安局嚴肅警察勤務〉，北平《京報》，1932 年 5 月 9 日，第 6 版。

[150]　〈北平女警察〉，天津《大公報》，1933 年 10 月 3 日，第 13 版。

[151]　黃卓甫，〈談談女警察〉，南京《中央日報》1936 年 12 月 2 日，第 3 張第 3 版。

[152]　北平市政府公安局編，《北平市政府公安局業務報告（民國二十二年七月到二十三年六月）》（北平：北平市政府公安局，1934），頁 9-10。

招待登記的總檢查。[153]

圖二十二：北平市政府公安局女警撮影[154]

1934 年年底，市府奉蔣委員長之命，以整頓風化做爲繁榮故都的初步計劃。在社會風化方面，女警專門負責與女性有關的所有監督、檢查與取締工作，例如監督女浴堂及戲園的風化、取締女性奇裝異服，以及糾舉女招待、鼓姬、妓女之類的婦女職業。[155]1935 年初，公安局爲求切實執行取締男女風化與女澡堂的不良

153　其主要檢查內容為「核對現有之女招待本人，與其登記證上之像片相符與否。俾免將來截止登記後，發生冒名頂替情事」。〈平市明年元旦起實行整頓風化〉，北平《世界日報》，1934 年 12 月 17 日，第 8 版。

154　北平市政府公安局編，《北平市政府公安局業務報告（民國二十二年七月到二十三年六月）》（北平：北平市政府公安局，1934）。

155　〈公安社會兩局即日切實施行整頓風化辦法〉，北平《世界日報》，1934 年

行徑，擬定《女警稽查臨時辦法》，訓令各區警署遵照辦理，女警即日依法出動，進行稽查與取締。[156]

　　據報載，此一臨時辦法的制定，乃因某位市民（其具名陳少綱）投書市府，聲稱「近有一般女子，終日在各公共場所做誘惑青年之伎倆」，陳請市府設法取締。市府相當認真看待此一投書，以其「事關本市風化」，令公安局注意飭查辦理。[157]不過，由該《辦法》

---

12 月 14 日，第 8 版。〈女招待總檢查：前年即舉行一次，整頓風化，明年元旦起實行〉，北平《全民報》，1934 年 12 月 17 日，第 3 版。〈明年元旦開始實行整頓本市風化〉，北平《導報》，1934 年 12 月 24 日，第 7 版。

156　《女警稽查臨時辦法》共五條，主要內容如下：一、稽查各娛樂場所，包括東安市場、中原公司、西單商場，各公園、電影院、廟會場所、茶樓與球房。注意男女不當地挽臂同行，或奇裝異服等言行；並參照公安局另頒布的取締奇裝異服辦法，注意舉動輕佻、（男對女、或女對男）故作浪漫形態、語言淫穢者。二、監察各女浴室，包括潤身女浴所、前外李鐵拐斜街、清華園女浴所錫拉胡同、華賓園女浴所西四牌樓、浴清池女澡堂東四北大街。注意重點為明查暗訪女浴所有無男役濫入工作，例如幫女客修腳等不宜情事。並嚴禁男女浴相通，防止男客扮女裝混入女浴所。取締女浴所陳列有傷風化的各項物品，或裸體畫片。三、女警當發生上述事項時，應斟酌當時情形，不動聲色地告知該管路段男警，立予糾正或詰誡，不得擅自處理。四、女警每日出勤，不論當天是否偵查到不法情事，都應將稽查情形，詳細報告公安局，以備核辦。五、女警出勤時如不遵照上定辦理，逕自干涉或有其他不合行為，被人指摘或告發，經查屬實者，即照章分別處罰。見〈公安局整頓風化即日起實行開始工作：擬定女警稽查臨時辦法，已訓令各科區遵照辦理〉，《北平新報》，1935 年 1 月 7 日，第 4 版。

157　〈公安局訂定女警稽查臨時辦法〉，北平《世界日報》，1935 年 1 月 7 日，第 8 版。〈公安局擬定女警稽查女澡堂及娛樂場所辦法〉，北平《全民報》，1935 年 1 月 7 日，第 3 版。

內容可知，女警執行任務時的權力，相當有限：她們只能觀察與紀錄市民的不良與違紀行徑，再告知該管區男警，不得自作主張地逕行干涉市民行為，否則將被照章處罰。公安局如此規定，可能是基於保護女警的心態，或出於不信任女警能力的想法，總之希望盡可能避免剛出道的女警，與市民發生不必要的糾紛甚或衝突。或許因為上述稽查辦法的對象是男女市民，因此公安局只賦予女警探訪與稽查的權限，以免經驗不多的女警反受男市民的騷擾。若對象只有女性市民（如遊娼、女店員、女招待、著奇裝異服的婦女等），女警一般能擁有較大的權力，直接進行澈底的取締風化行動。[158]

北平女警是受歐美經驗啟發、內政部命令推動、並應城市轉變中的需求而誕生的新興婦女職業；其工作內容在相當程度上，涉及市民情色消費的諸多表現，間接反映出故都北平社會的消費新貌。北平女警加入市府公安團隊，多少有助當局執行取締市民的不良行徑。她們細心、和藹與認真的態度，也贏得某些市民的肯定。[159]從婦女職業的角度觀之，女警察的設置，是中國社會肯定女性具有對（男女）市民行使職權的能力，讓有心貢獻己長，以維護社會治安與人民安全的年輕女性，獲得前所未有的發展機會。因

158　〈平市當局澈底整頓風化：嚴禁遊娼旅店賣淫取締女侍越軌行為〉，北平《中和報》，1935 年 4 月 19 日，第 5 版。〈光園，紅樓，女待招：奇裝異服被詰誡〉，《北京日報》，1935 年 6 月 8 日，第 6 版。

159　黃卓甫，〈談談女警察〉，南京《中央日報》1936 年 12 月 2 日，第 3 張第 3 版。

此，故都北平時期的女警，雖然人數很少、能發揮作用的程度有
限，但這個職業的誕生，無論從協助男警執勤、或自身職業發展而
言，都頗具時代意義。

第三節　上有政策、下有對策：大眾對當
　　　　局規範的抵拒

　　由前兩節討論可知，故都北平的市民消費行為，在涉及風化
或情色層面，既有比國都階段更普及與平價的享受，也遭受比過
去更廣泛的當局干涉與限制。社會大眾對於市府出於維持風化而
進行的諸多管束，反應不一；一般而言，市府舉措愈與己有關之
人，愈易出現反對與批評聲浪。從當時的新聞報導可發現，市府
管理風化的禁制措施，不僅扼殺某些服務業女性的發展空間，限
制市民的休閒活動及娛樂表現，也使社會的兩性互動，受到相當程
度的監督與控管，以致遭受某些輿論抨擊。[160]

---

[160]　有論者直言：「當此華北外交危急存亡之秋，而袁市長卻把眼光注視到男女
的風化問題上面去，這不能不說是咱們貴國大人們的『聰明』辦法呀！可惜
這種聰明，只能博得『東鄰友邦』的歡心，於北平市民只好痛哭流淚。『風
化』！『風化』！人世間不知吃了你多少的虧啊！」見記者，〈兩週間的婦
女──五月十五至三十日──取締男女公寓與同池〉，《女聲》，第 3 卷第 15
期，1935 年 6 月 15 日，頁 18。另見季明女士，〈由禁舞而引起的話〉，《世
界日報》1933 年 8 月 7 日，第 6 版。晚村，〈以幾件事實來證明婦女的地位〉，
北平《世界日報》，1934 年 8 月 19 日，第 6 版。記者，〈婦女問題座談──
平市禁止男女同學問題──〉，《女聲》，第 3 卷第 14 期，1935 年 6 月 1 日，
頁 7~10。

　　本章最後一節，將從有關市民消費的種種規範與取締出發，觀察不同身份的人民，包括各行業者、服務業女性與一般市民，如何因切身利益受損或自由遭壓制，進行各種形式的抵拒。

一、陽奉陰違

　　許多民眾或業者，面對市府頒布可能損害其行動自由或營業利益的禁令時，常見的反應，是陽奉陰違；文教區附近的公寓，便常發生這類情事。1934 年 8 月，公安局公布《北平市政府公安局取締旅店規則》中第二十一條，規定「凡公寓寄居男女學生，須劃分另一院落，專為女生寄宿之所」。不過，據報載，各公寓仍有男女同院雜居之事，「法令等於具文」。[161]1935 年 4 月，市政會議第二百四十六次會議議決，切實執行公寓男女分院寄居之事[162]；市府要求社會局「對於各大學附近之公寓，特令格外注意。」[163]許多公寓主人，覺得禁止男女雜居礙難遵辦，聯合呈請公安局從寬辦理卻被拒，此後北平逐出現不少專供女學生寄住的公寓。[164]但事實上，男女雜處的公寓仍隨處可見。

　　基本上，北平公寓的特色之一，便是有群幫學生房客們跑腿

---

[161]　杜麗紅，〈20 世紀 30 年代的北平城市管理〉，頁 120。

[162]　〈平市各公寓內取締男女同院寄居〉，天津《大公報》，1935 年 4 月 27 日，第 6 版。

[163]　〈社會局統計資料簡報〉，北京市檔案館藏，1935-1936，卷宗號 J002-007-00152。

[164]　杜麗紅，〈20 世紀 30 年代的北平城市管理〉，頁 121。

與服務的夥計，總為多賺取小費，而竭盡所能地替房客掩飾違紀之舉。[165]學生在公寓最常見的違禁行為，一涉財，二及色。不少浪蕩少爺學生，通宵達旦地進行方城之戰時，常由那些因得以分紅而同聲一氣的夥計甚至寓主，幫他們應付前來查訪的巡警。這些房東與夥計，甚至對房客的召妓行徑，也視若無睹，公寓之內出入活動，可謂無所不便。[166]到 1935 年 12 月底，平市商會向社會局轉呈旅店業公會請求取消袁市長時代的禁令，經市府批准後，旅店與公寓的男女嚴隔原則，稍有變通。[167]實則公寓內種種男女「交流」的情色消費，即使是嚴格要求男女有別的袁市長任內，也無法禁絕。

　　至於女招待或舞女等難脫情色消費意象的服務業，也很難完全依照市府種種管理原則與取締禁令行事。以雇用女招待的業者為例，即使他們聲稱聘用女招待的動機，在於提倡婦女職業，時人對女招待出現的原因、及其被預定的工作本質，多心知肚明。徵諸當時的報紙新聞，當社會局開始以《管理商店女雇員規則》規範各商家及女雇員初期，尚偶爾可見舖掌因女招待服務太過火（例如陪酒喧嘩等）而將之辭退，或見飯客要求過份，而挺身相助女招待的報導。[168]但愈到中後期，雇主愈傾向於滿足顧客需要，要求女招

165　菁如，〈北平特有的公寓〉，天津《大公報》，1933 年 6 月 16 日，第 13 版。

166　徐崇壽，〈北平的公寓〉，《宇宙風》半月刊，第 2 集合訂本，1936，頁 440-443。

167　杜麗紅，〈20 世紀 30 年代的北平城市管理〉，頁 121。

168　〈又吃又看〉，《北平日報》，1930 年 6 月 17 日，第 7 版。〈慇懃過火了女招待竟侑觴〉，北平《益世報》，1930 年 8 月 28 日，第 7 版。〈女招待陪酒〉，

待放鬆服務尺度；甚至不乏威脅將不配合的女招待辭退之事。[169]這並不表示當時所有聘用女招待的雇主，都坐視女招待被不肖顧客調戲或欺凌，只能說，多數雇主仍本著謀利為先的原則營業。[170]某位論者便慨言，「這種飯館的掌櫃，絕不以女招待的席前被人摸索一切、或更上一層樓為非，卻設法促其與顧主如此，而達到招財進寶」。[171]

在謀利心態驅使下，業者為求保證營業收入，對市府禁制多採陽奉陰違的態度，仍以顧客至上為原則，要求女招待盡力配合各式情色消費。當市府禁止商家將「聘用女子招待」當做商標招牌之後，不少業者便改推出時人稱之為「似猜迷式之新廣告牌」，把「女」字去掉，以「好招待」、「妙招待」、「新式招待」以為移花接

《北平日報》1930 年 8 月 28 日第 7 版。〈元亨居糾正女招待〉，北平《民國日報》，1931 年 1 月 18 日，第 4 版。

[169]　〈是當女招待呢還是餓起母親來呢？〉，北平《世界日報》，1932 年 1 月 5 日，第 5 版。雲，〈舖長壓迫女店員之新方法，扣留女店員登記證〉，北平《世界日報》，1935 年 3 月 17 日，第 6 版。編者，〈談談取締女招待〉，北平《北辰報》，1934 年 2 月 9 日，第 8 版。張惠伯，〈所謂的婦女職業女招待生活：一個身歷其境者的談片（二）〉，北平《世界日報》，1937 年 2 月 12 日，第 8 版。

[170]　有篇報導的副標題「魏某闊綽包老七卿卿我我 舖長從中分利何樂而不為」，便清楚說明雇主心態。見〈女店員別開生面〉，北平《北辰報》，1933 年 4 月 18 日，第 6 版。類似報導，另見〈酒後失德狂吻女招待〉，北平《導報》，1931 年 4 月 27 日，第 7 版。〈醉戲女招待：醉人用武女招待流血〉，北平《世界日報》，1931 年 9 月 20 日，第 8 版。

[171]　竹聲，〈我也來談談──女招待解雇的問題〉，北平《民國日報》，1932 年 2 月 21 日，第 4 版。

木之計，實則業者葫蘆裡賣什麼藥，顧客皆知。[172]不少女招待也為求掙得更多特別小費，使出渾身解數服務顧客，幾乎無視於社會局制訂的各項行為規則。[173]以致於北平市府雖不斷監督女招待的言行，並時常加以取締[174]，但其成果就如《世界日報》記者所言，「禁者諄諄，而奉者寥寥。」[175]主靠小費維生的女招待，及以「吃」女招待為重點的某些顧客，經常在社會局人員或管區巡警的監督之外，繼續逾越禁令的言行。[176]

類似的情形，同樣出現在舞場中。北平舞女雖發展極為快速，且廣受舞客歡迎，卻因舞場被視為致人墮落的不當娛樂場

---

[172] 〈妙好招待與女子招待〉，天津《大公報》，1930 年 5 月 27 日，第 9 版。王柱宇，〈變相的女招待商標〉，北平《實報》，1930 年 5 月 29 日，第 2 版。

[173] 許淑蕖，〈北平婦女職業概況〉，北平《世界日報》，1931 年 11 月 13 日，第 5 版。

[174] 〈公安局昨開會議取締女招待〉，北平《導報》，1932 年 5 月 28 日，第 7 版。〈蔡元昨談矯正風化問題，嚴屬取締女店員與淫戲〉，北平《世界日報》，1933 年 8 月 25 日，第 8 版。〈女招待：社會局從嚴取締〉，北平《北辰報》，1933 年 11 月 1 日，第 3 版。〈公安局取締「女招待」〉，北平《民國日報》，1933 年 11 月 4 日，第 4 版。〈不規則女店員：市府申令取締〉，北平《全民報》，1933 年 12 月 10 日，第 3 版。

[175] 〈社會局澈底取締女店員：逐日派員赴各商號密查〉，北平《世界日報》，1933 年 12 月 2 日，第 8 版。

[176] 〈為玩笑卸職之女招待〉，北平《民國日報》，1931 年 2 月 1 日第 4 版。〈飯座爭呼二號女招待郭俊榮〉，北平《全民報》1932 年 1 月 1 日第 3 版。〈女子職業與社會風化〉，北平《導報》，1932 年 2 月 17 日，第 7 版。〈南柳巷一場紛擾醋海裏小金魚難平為情：最後仍是成對走向目的地而去〉，北平《老百姓日報》，1933 年 4 月 2 日，第 4 版。

所，而遭政府禁止。可以想見，舞場業者與舞女並非坐以待斃；他
們在市府禁舞過程中，雙雙展現在夾縫中求生的抵拒本能。舞場
形同民初北京政商界宴客舞會的商業化延伸，早期的中、外舞
客，皆來自上流社會，且多攜伴參加，不倚賴舞女的伴舞，在舞場
的言行舉止也較收斂。但當舞場為求提振營業，大量網羅舞女、
並採降價手段讓舞場更為興旺時，舞場的消費群漸趨多元而複
雜，成為市府當局注意的對象。原本舞場自 1930 年初聘雇舞女以
來，尚可營業到凌晨四、五點，各飯店舞場經常夜夜昇歌，舞客
流連忘返。到 1931 年 3 月底，北平市公安局長鮑毓麟以舞場「有
因開香檳而起爭端者，舞女行狀亦多猥褻不堪」為由，命該局嚴定
規章，規定以後跳舞，最晚不得超過凌晨兩點，舞女「亦不得有軌
外行動，違者遊客與舞女、飯店，受同樣之處罰。」[177]此可謂北平
最初規訓、並準備取締舞場/舞女之始。雖說此令是違者同罰，不
單罰舞女，但日後市府主要取締的對象，仍是舞女。

　　繼公安局公佈規章之後，社會局長婁學熙也去函市總商會，
請其轉飭各舞場，聘雇舞女時，應報局登記舞女資料，以憑備案與
日後管理。[178]甚至連財政局也盯上這群收入蒸蒸日上的業者，於

177　〈公安局將取締舞女逾軌行動〉，北平《晨報》，1931 年 3 月 30 日，第 6
　　版。〈公安局取締跳舞〉，北平《世界晚報》，1931 年 3 月 30 日，第 8 版。
　　〈鮑毓麟談話：限制跳舞場跳舞時間〉，北平《益世報》，1931 年 3 月 30
　　日，第 7 版。
178　〈舞女登記：看看甚麼出身〉，北平《晨報》，1931 年 4 月 12 日，第 6 版。
　　當時社會局開列的舞女登記項目，包括舞女姓名，籍貫，住所，曾否在學校
　　肄業，有無服務各項職工。

1931年7月開始徵收舞場捐。[179]舞場業者以平市市面蕭條、營業維艱的理由，齊赴市府請求豁免新捐，遭財政局嚴拒。[180]舞場捐的徵收讓業者心有不滿，卻無礙於舞場營業的發達，舞女人數也繼續攀升至六百餘人。[181]

　　市府對舞業的干涉，並未止於徵收舞場捐之舉，輿論對舞場的批評也日趨嚴厲。1931年7月21日的《大公報》社論指出，北平舊者有京劇、新者有話劇電影等娛樂，實毋須提倡跳舞；其並將北平「許多中年青年之智識界中人」相率沉酣於舞場之舉，喻為「自殺之行為，至愚之娛樂也」。[182]就在該月初，新任市長周大文以「北平市跳舞場櫛比林立，舞女多如過江之鯽，一般青年學子，血氣未定」，且「晝夜流連忘返，揮霍金錢，曠廢光陰，為害甚

---

[179] 1931年6月中旬，財政局向市府上呈，說明北平近來跳舞事業異常發達，各飯店與食堂向社會局呈報添設舞場者，有十餘家之多，而「考其跳舞場性質，與戲場同為娛樂場所，自應援照戲場收捐辦法，征收捐款，以裕收入」，因此請求准予每間舞場日收2銀元公益捐。見〈各跳舞場決徵公益捐：財政局呈奉市府令准，每場日收兩元〉，北平《晨報》，1931年6月13日，第6版。〈市府文電：舞場捐〉，《北平特別市市政公報》第113期，1931年9月21日，頁8-9。

[180] 《晨報》指出：「本市各舞場經理，向財政局請求豁免舞捐一事，經財政局已於昨日嚴令批駁。略謂舞場為奢侈消耗之營業，每日營業收入甚鉅，所請豁免舞捐一事，礙難照准云云。聞財政局對於舞場所負各項捐稅，決不減輕，以示寓禁於徵。」見〈舞女要規規矩矩〉，北平《晨報》，1931年7月9日，第6版。〈摩登營業也不易做：跳舞場經理今日大請願，要求豁免舞票加一捐等〉，北平《晨報》，1931年7月6日，第6版。

[181] 〈跳舞狂〉，天津《大公報》，1931年6月11日，第5版。

[182] 〈異哉北平舞業之盛〉，天津《大公報》，1931年7月21日，第2版。

大」，訓令社會公安兩局擬定取締舞場舞女辦法。[183]市府首先採取消極取締措施，企圖藉要求舞女詳實登記、限制舞場營業時間、增加舞場捐稅等方式，使業者知難而退。[184]此舉對舞場打擊，並不太大。

　　真正使北平舞場營業受到考驗的首度難關，是隨即爆發的「九一八」事變。此後「國難當頭、應即禁舞」的論調，高響全國，舞場被黨政當局與部份時人喻為墮落淵藪，舞女更被視為誘惑情竇初開、血氣方剛的青年男性，墜入深淵的罪魁禍首，應禁之而後快。[185]10 月下旬，北平市府接獲內政部轉來河北省黨務整理委員會要求禁舞的電文，遂指示社會局與公安局從速調查，並取締舞場舞女。[186]主要措施包括：一、現有舞女一律登記備案，以後不准

---

[183]　〈舞女要規規矩矩〉，北平《晨報》，1931 年 7 月 9 日，第 6 版。在此之前，上海也已在國民黨黨部以該市舞風過盛、引人墮落、「玷辱國體」為由，函請市政府從嚴取締。見〈屬行取締跳舞〉，上海《申報》，「上海特別市市政週刊」第 40 期，1928 年 8 月 2 日。

[184]　〈周市長談取締女招待舞女辦法〉，北平《民國日報》，1931 年 9 月 6 日，第 4 版。

[185]　早在「九一八」事變前，便已存在不少批評跳舞的言論。文人學者如劉半農，在擔任北平大學女子學院院長時，曾於 1931 年 2 月 9 日，張貼公告禁止該院女學生到舞場跳舞。見〈禁止女生入公共跳舞場布告──國立北平大學女子學院布告之一──〉，劉半農，《半農雜文二集》(上海：上海書店，1935)，頁 228。另一位論者黃澤華，也撰文表示北平青年應有的志氣與求學精神，幾被舞女吸蝕殆盡。黃澤華，〈對北平跳舞盛行之感想〉，天津《大公報》，1931 年 7 月 6 日，第 11 版。

[186]　此事源於河北省黨務整理委員會在 9 月 6 日第四十三次常會中，一致通過「電請中央禁止全國營業跳舞場」的臨時動議，並於 9 月 10 日電呈南京黨中央，

再當舞女；二、舞女家計窘迫者，特別存記，設置救濟失業辦
法；三、當政府查禁舞場之後，舞場一律停業免捐，若有暗營舞
場者，一律嚴罰。[187]在第二項救濟失業部份，社會局擬「除商總商
會擴充女店員外，並設女店員傳習所，俾使有謀生能力。」[188]換言
之，在市府禁舞的配套措施中，女店員是市府輔導舞女轉業的工
作選項之一。諷刺的是，（下文將述及）不少舞女在舞場被禁之
後，確實轉行當女招待，但不見得是政府所希望的規矩女店員。

　　1931 年 11 月中旬，社會局公布禁止舞場營業辦法，限各舞場
在半個月內一律停止營業，舞女員工應在這段期間另謀生計。[189]

請求立即實施禁舞。該電文發布不久，便發生「九一八」事變，此原先論者
批評跳舞誤國的聲浪更為高漲，也備受南京高層關注，遂由內政部轉發此電
文給市府，要求配合禁舞。見〈舞場林立迷醉青年〉，北平《益世報》，1931
年 9 月 11 日，第 7 版。〈市府文電〉，《北平特別市市政公報》第 113 期，
1931 年 9 月 21 日，頁 8-9。

[187]　〈舞女：飭區調查，督促改業〉，北平《晨報》，1931 年 10 月 30 日，第 6
版。

[188]　〈舞女：飭區調查，督促改業〉，北平《晨報》，1931 年 10 月 30 日，第 6
版。

[189]　〈市府命令〉，《北平特別市市政公報》第 121 期，1931 年 11 月 16 日，頁
4-5。「呈市政府　遵令核議禁止營業跳舞場辦法祈鑒核示遵由」，《北平特
別市市政公報》第 123 期，1931 年 11 月 30 日，頁 3-4。〈舞女：飭區調查，
督促改業〉，北平《晨報》，1931 年 10 月 30 日，第 6 版。〈舞場命運只有
半月了：一律禁止以勵頹俗〉，北平《晨報》，1931 年 11 月 12 日，第 6 版。
〈舞女前途忽暗淡〉，北平《益世報》，1931 年 11 月 12 日，第 7 版。〈社
會局布告禁止舞場〉，北平《益世報》，1931 年 11 月 15 日，第 5 版。〈舞
場休矣〉，北平《晨報》，1931 年 11 月 15 日，第 6 版。〈社會局布告禁止
舞場：限半月內停止營業〉，北平《民國日報》，1931 年 11 月 15 日，第 4

此一公告對舞場業者、員工及舞女而言，宛如晴天霹靂，數百名原來自上海的北平舞女，再度群趨舞業仍興盛的上海或天津求發展。[190]由於北平的舞場多設於飯店、茶樓之內，業者本身即飯店或茶樓經營者，關閉舞場，頂多損失成本與利潤。但他們仍不甘於舞場突然被勒令停業，便集議懇請所屬的旅店同業公會，代向市府陳情。[191]

舞場業者的心聲與辯解，雖不被市府同情與接受，但陳情書中提及「若僅禁中華商則一般舞客難保不皆趨入外商所辦之舞場，是中國好處未見，而徒將利益送於外人之手」一項，卻精確地揭發市府禁舞的盲點，也預示日後舞業變相發展的契機。[192]根據外交

版。

[190] 北平實施舞禁後，除了轉赴上海天津舞廳發展的舞女，及後來（如下述）轉業的舞女之外，還是有些舞女因生路被斷而淪為暗娼，或被原先相好的舞客拋棄、憂疾成瘋，甚至眼見謀生無望而服毒自殺。見〈舞星末路：伴宿被抄〉，北平《導報》，1932 年 1 月 22 日，第 7 版。〈舞女失職，改業暗娼〉，北平《益世報》，1932 年 1 月 22 日，第 7 版。〈醉新潮誤入歧途，舞女李淑貞昨服毒自殺〉，北平《導報》，1932 年 3 月 12 日，第 7 版。〈舞星之下場〉，北平《導報》，1932 年 3 月 28 日，第 7 版。

[191] 舞場業者列舉四大理由，為自身的營業辯護，並請求市府將原定半個月的緩衝期，延長為三個月。但市府以「本案係奉中央遵行查禁前予限期半月，已屬格外體恤」為由，駁回此一展期的要求。見〈舞場營業請展期禁止〉，北平《導報》，1931 年 12 月 12 日，第 7 版。〈舞場完了〉，北平《晨報》，1931 年 12 月 12 日，第 6 版。〈舞場老板呈請展期禁止舞場營業〉，北平《益世報》，1931 年 12 月 12 日，第 7 版。

[192] 舞場業者所列舉的其他三點理由為：「今若一旦禁絕，不獨血本化為烏有，所負債務，將因是而大起糾紛，此其一，各舞場舞女員工強半出自寒家因生

部致各國使館照會的內容，外商在 1912 年 9 月以前所開的營業，皆准其照舊營業。[193]當時北平包括三星、中西、電報等舞場，均為外商在庚子年之後開設，社會局無法勒令這幾間舞場停止營業。[194]外商經營的舞場，便成為北平華人舞商及舞女此後的生路，與市府禁舞的死角。

　　此外，另一個常見的華商舞業或華人舞女求生之道，是採「掛羊頭賣狗肉」的策略：由各飯店的中西餐部，聘原來的舞女做女招待，照樣服務。顧客以吃飯、用點心的名義，可隨時付費與這些（舞女）招待就地跳舞。不少摩登舞客為求享受與中國舞女共舞之樂，仍心甘情願地付出高額代價，飯店營業反見提升。[195]事實上，許多舞女原即女招待轉任，在舞禁後又回復老本行，總之都是以服務男顧客為主要工作。據報載，女招待當中「學過跳舞的，姿色不消說超越群倫，談吐風雅，應酬別具風味。既會跳舞，更

計問題，投身舞界，假使驟然舍此而別覓枝棲，實有種種困難，又殊乖市長愛護商民之至意，此其二，跳舞場本為高尚娛樂場所，參加跳舞者，盡屬高上之人，各家舞女亦必經過嚴格選擇，始行聘任，關於傷風敗俗之事，各舞場可擔保其必無，此其三。」見〈舞場營業請展期禁止〉，北平《導報》，1931 年 12 月 12 日，第 7 版。

[193] 張文武，〈1934 年北平市政府關於對僑居北平外國人行使警察權的密令〉，《北京檔案史料》，2003 年第 4 期，2003 年 12 月，頁 38-51。特別見其中「抄錄照會駐京各使館照會稿」（頁 44-45）。

[194] 〈外商舞業應如何取締〉，北平《京報》，1932 年 4 月 20 日，第 6 版。

[195] 〈平市舞女仍在各飯店變相營業〉，北平《世界日報》，1932 年 4 月 15 日，第 8 版。〈舞場變相復業〉，北平《京報》，1932 年 4 月 15 日，第 6 版。

會英文，自然受一般摩登歡迎。」[196]這類浪漫女招待，顯然與前述社會局原擬安排失業舞女進傳習所以轉就店員之職，有相當的差別。

由此可知，當政府上有禁令政策時，業者還是下有對策地，以變相營業來應付。就成效而言，此次舞禁顯得雷聲大雨點小，市府的公告、調查與處罰，未能禁絕外商舞場續存的漏洞，以及華商業者讓舞女轉業（爲女招待）的對策。到1933年初，《大公報》記者仍指出：

> 表面看來，跳舞在北平，似乎已絕跡。但一般摩登青年男女，正嗜之若狂，那能因爲被官家封了舞場，就不跳舞。所以一般外商爲迎合他們的心理起見，變本加厲，在外國人勢力範圍之內，設立了很多的舞場，把這些失業的舞女，完全收羅了去，大大的幹起來。[197]

由此可知市府禁舞無甚成效，舞場業者、舞女與舞客成功地抓住市府的罩門，陽奉陰違地在外商舞場繼續夜夜昇歌，縱情狂歡。直到袁良於1933年6月接任北平市長，把禁舞視爲刷新北平

---

196 〈女招待面面觀（四）：是解放？是墮落？〉，北平《京報》，1932年4月21日，第5版。

197 〈北平舞女生活〉，天津《大公報》，1933年2月3日，第11版。金秉英也表示，「跳舞不過早經普遍禁止，只是沒有切實奉行，所以到現在事實上還仍存在。」秉英，〈關於禁止不正當娛樂〉，北平《世界日報》，1933年7月4日，第6版。

惡習、展現文化古都新/真貌的起點，在 7 月開始以迅雷不及掩耳的速度，展開第二波禁舞令後，北平的情色消費才又出現變局。[198]也正是袁良雖理直氣壯卻過於強勢的取締姿態，引發輿論與市民的不滿，以言論抵拒與質疑市府的禁制行動。

二、高調質疑

北平自「九一八」事變後第一次禁舞以來，又經歷 1933 年前期風雨交加的華北戰事威脅，國難深重的危機感日益瀰漫，使再次禁舞之令，頗具說服力與必要性，乃至有論者以「德政」形容此舉。[199]袁良命公安與社會兩局，徹查雇用中國舞女的外商舞場，不只全面禁止中國跳舞場，也不准外商跳舞場售舞票、雇舞女。[200]換言之，受外交條款保障營業的外商舞場，只能「自攜眷屬或伴

---

198 據報載，在袁良就職三週左右，一封來自北平市青年會某位名為阿拉勒開亞的外人來函，告知北平三星舞場業主，希臘人亞尼，公然聘用中國舞女，誘惑青年學生；其中尚有「北平社會禍害之發生，由數年來中國舞女之輸入，其敗壞德性之效果，遂及於此處之七八萬男女學生，而致北平花柳病增加」等語。此信使袁市長迅速命令社會與公安局澈查。〈市府再令查禁舞場：舞女輸入敗壞德性〉，北平《東方快報》，1933 年 7 月 14 日，第 6 版。〈中西舞場，市府再度嚴令查禁〉，《北方日報》，1933 年 7 月 14 日，第 6 版。〈平市政府令公安局取締外商舞場〉，北平《導報》，1933 年 7 月 14 日，第 6 版。

199 晨曦，〈禁絕跳舞〉，北平《晨報》，1933 年 8 月 30 日，第 10 版。

200 張文武，〈1934 年北平市政府關於對僑居北平外國人行使警察權的密令〉，《北京檔案史料》，2003 年第 4 期，2003 年 12 月，頁 38-51。

侶，於酒闌飯後，跳舞消遣，不得專以跳舞爲營業。」[201]這看來爲能杜絕北平舞場苟延殘喘的良策，然而，幾件市府實際操作的失當舉動，卻引發市民與輿論不滿，爲此次禁舞憑添幾許波折。而袁良，正是掀起波折的始作俑者。

當袁良宣佈準備禁舞之時，曾向來訪記者說明，禁舞一爲改革奢風，二在救濟青年，「取締跳舞是爲國家前途著想，是爲多數前程遠大的青年打算」。[202]他接著對於舞女的善後問題，如此表示：

> 一二舞女被勒令停止跳舞營業後，她們的生活方面，決不
> 會發生問題，因爲百分之九十九的舞女，都是娼妓的變
> 象，她們不做舞女，還可以做她們原來的娼妓，她們恢復

---

[201] 〈市府三令五申注意跳舞場營業〉，北平《晨報》，1933 年 8 月 15 日，第 6 版。

[202] 〈袁市長暢談禁舞：動機在改革奢風救濟青年，不論中西舞場概予以禁止〉，北平《民治報》，1933 年 7 月 18 日，第 4 版。留學日本的袁良，對於日本抱持「師敵之長技以制敵」的想法，認爲中國不應效法歐美跳什麼舞，而該學日本規矩謹嚴的自治精神，不去從事醉生夢死、頹喪志氣的跳舞活動。他特別想藉由禁舞，來整頓人民只知享樂的輕蕩行徑。他對記者舉例說，中國人「比如走在街上，碰見女人，一定是聚精會神的從頭至足，死死的看上她幾眼，走了過去，還要回頭看，正在和朋友談著的話也不談了，甚至於還要跟著她，這種輕薄的行爲，恐怕除去中國，旁的地方找不出呢。從今我們如果要挽回世道的人心，整頓北平市，就要先從這一類的上面去著手，所以我要嚴禁跳舞。」見〈袁市長暢談禁舞：動機在改革奢風救濟青年，不論中西舞場概予以禁止〉，北平《民治報》，1933 年 7 月 18 日，第 4 版。

> 了娼妓後，引誘力一定減少，同時政府對她們有限制，有
> 捐稅人們一經走到妓館的附近，他們就有不名譽的嫌疑，
> 就受輿論的制裁，其為害當然較舞場小得多了云云。[203]

　　這番將舞女等同於妓女的說法，經各報披露之後，立刻招來
輿論連番抨擊，其中尤以金秉英批評最力。當某些衛道者額手稱
慶於政府大力禁止「不正當」的婦女職業時，金秉英總不忘提醒政
府，「不要只顧取締，而忘了善後的措置。」[204]她曾在 1931 年 11
月，提議市府應設舞女收容所，並持續關注舞女的後續發展。[205]
當市府於 1933 年 7 月再次準備禁舞時，金秉英立刻建議在解僱舞
女之餘，必先為她們找出路，否則只會釀成更多社會問題。[206]未
料三天後，袁良便發表舞女回頭去當妓女便是政府的善後之道，
使金秉英嚴辭批駁市府的不當舉措，直指袁良所言「妓女引誘力
小、嫖妓者臉皮薄不敢去」都非事實，且舞女若非如政府所想成為
公娼，而淪為私娼的話，對社會或青年的危害，肯定比當舞女更

---

[203] 〈袁良發表談話決定嚴禁跳舞〉，北平《世界日報》，1933 年 7 月 18 日，第
8 版。〈平市長袁良談禁止跳舞〉，北平《導報》，1933 年 7 月 18 日，第 7
版。

[204] 秉英，〈取締女招待應先籌善後辦法〉，北平《世界日報》，1932 年 2 月 17
日，第 8 版。

[205] 秉英，〈辦舞女收容所的提議〉，北平《世界日報》，1931 年 11 月 13 日，
第 5 版。秉英，〈關於失業的舞女〉，北平《世界日報》，1932 年 1 月 29
日，第 5 版。

[206] 秉英，〈關於取締舞場〉，《世界日報》1933 年 7 月 15 日第 6 版。

大。[207]

　　署名「大姐」的論者，同樣對袁市長的發言表示：「咱們實在有些不敢贊同」，主張市府應健全婦女職業的發展，而非只是一紙令文扼殺舞女的生路。[208]另一署名宋毅貞的讀者，也投書表示雖支持市府禁舞，卻反對市府罔顧舞女出路、缺乏配套措施的一意孤行。[209]徵諸市府日後雷厲風行的禁舞舉動，顯然袁良並未考量、也不在意輿論的批評與呼籲。[210]金秉英雖再次苦口婆心地，籲請市府當局顧念這群可憐女子，否則真若讓她們淪為娼妓，將更加敗壞社會風化。可惜市府對她自認為「已經三番五次的談過了，當局似乎不應當沒有看見」的建言，依然無動於衷。[211]

---

[207]　秉英，〈再談禁舞與舞女的出路問題〉，北平《世界日報》，1933 年 7 月 18 日，第 6 版。

[208]　大姐，〈取締舞女〉，北平《北方日報》，1933 年 7 月 22 日，第 5 版。

[209]　宋毅貞，〈由中國舞女請願所想到的話〉，北平《世界日報》，1933 年 7 月 31 日，第 6 版。另見蘿，〈禁止伴舞與維持風化〉，天津《益世報》，1933 年 8 月 10 日，第 10 版。

[210]　袁良給公安與社會局局長的信函中表示：「自民國二十年十月間，即奉中央政令，轉行查禁，凡國人所營舞場，均已遵令停止營業，惟尚有倚恃外商為護符，以中國舞女號召顧客者，此於平市風化所關實鉅，其外人所營舞場，在民元九月以前開設者，依照外交部民元九月，致各國使館照會，自可准其仍舊營業，但須一律遵守警章，並不得雇傭中國舞女，其外籍舞女及外人之自攜眷屬或伴侶者，自係西俗所尚，殊無查禁必要，如仍有以中國舞女為號召之資，使國人驚趨蠅集，則必嚴屬取締，徹底查禁。」見〈袁良屬禁跳舞：以重政令而維風化〉，北平《民國日報》，1933 年 7 月 27 日，第 4 版。由此可知，他仍全力要使中國舞女在北平絕跡。

[211]　秉英，〈還是舞女的出路問題〉，北平《世界日報》，1933 年 7 月 27 日，第

　　繼袁良的不當發言後，公安局過於急切的取締措施，又引發某些市民的不滿，甚至導致警民衝突。公安與社會兩局在 1933 年 7 月 27 日公告，自 8 月 5 日起，不准外商舞場再雇用中國舞女伴舞，違者依法究辦。換言之，從禁令公告發佈不到十日之內，中國舞女這個職業就要被勒令消失。[212]然而，7 月 29 日晚，公安局卻已迫不及待地提前派警察多人，把守各舞場門口，禁止華籍舞女入門。此舉不僅令舞女花容失色，也因警察同時不准自帶家屬的華人舞客入場，以致舞客中有人視此為無理干涉，與警察發生口角。據報載，其中包括協和醫院醫生劉瑞華等知識份子。[213]

　　同年 11 月，北平再度發生公安局逮捕大批舞女與舞客的事件，引起社會大眾議論紛紛。11 月 19 日凌晨兩點左右，位於東長安街的三星、高夫兩家外商舞場，正酒酣耳熱、熱鬧歡舞之際，突然湧進數十名內一區的警察，不由分說地，將中國舞女、舞客與觀賞賓客共二十餘名，帶回區署訊辦。到翌晨九點左右偵訊完畢後，警方發現被捕人士中，除身為舞客或遊客的男性之外，女性的身份相當複雜，既有華籍與韓籍舞女、自稱是卸任舞女與朋友前來跳舞之女性、陪客人前往觀舞娛樂的妓女、還有良家婦女。[214]有鑒於此事非同小可，內一區署長祝瑞霖先准良家婦女與舞客

---

　　　　6 版。

212　〈中國舞女禁外商舞場僱用：公安社會兩局昨發通告〉，北平《世界日報》，
　　　1933 年 7 月 28 日，第 8 版。

213　〈各舞場已被警察監視：禁止中國舞女入場〉，北平《民國日報》，1933 年
　　　8 月 1 日，第 4 版。

214　〈三星高夫兩舞場前夜酒綠燈紅興高采烈時警士突施掩捕〉，北平《世界日

交保釋放，其餘十五人則送至公安局第三科，交由局長蒲志中繼續審訊，決定處置。[215]

　　當記者往訪袁良詢問意見時，袁良再度強調「跳舞有百弊而無一利，實爲不得不禁，深望社會人士，亦予以正義之制裁，以矯正人民之謬誤思想。」對於被捕人士中有妓女有舞女，袁良表示妓女如偶爲初犯，或可從輕議處；至於舞女中如查爲再犯者，「當即驅逐出境」。[216]公安局長余晉龢則對記者說明，此次逮捕行動，乃因數日前已接獲線報，指出各舞場仍有中國舞女私相伴舞之事，他「惟恐有誤事機，乃飭內一署祝瑞霖署長嚴加澈查。」[217]公安局第三科對被捕舞女處以每人罰鍰 10 銀元，等候交保。[218]至於仍有中國舞女伴舞的三星、高夫兩舞場經理，在事後被公安局傳訊，各罰 15 銀元以示懲戒，不得再犯。[219]但袁良接獲此案報告後，反認爲處罰太輕，且不滿此次逮捕行動，未將舞場經理及與中國舞女跳舞的男客全數逮捕，有措置失當之嫌，下令將內一區署長祝瑞

報》，1933 年 11 月 20 日，第 8 版。

[215]　〈良宵舞女忽成階下囚〉，北平《導報》，1933 年 11 月 20 日，第 7 版。

[216]　〈袁良今晨談話處罰舞女辦法〉，北平《世界日報》，1933 年 11 月 20 日，第 8 版。

[217]　〈被捕舞女難禁鐵窗寒〉，北平《民國日報》，1933 年 11 月 21 日，第 4 版。
　　　〈被捕舞女按違警處罰〉，北平《導報》，1933 年 11 月 21 日，第 7 版。

[218]　〈被捕舞女昨晚分被保釋〉，北平《北方日報》，1933 年 11 月 21 日，第 8 版。〈舞女不勝鐵窗寒昨各判罰十元保釋〉，北平《世界日報》，1933 年 11 月 21 日，第 8 版。

[219]　〈舞星開釋後兩舞場經理亦被罰〉，北平《北方日報》，1933 年 11 月 23 日，第 6 版。

霖，予以調職處分。[220]

　　袁良鐵腕處理相關事務，親身示範絕不虎頭蛇尾的禁舞決心，確實獲得某些民眾與輿論的認同。[221]但是，警方在這次逮捕行動，對舞場的中國婦女「寧可錯抓、勿有漏網」的緝捕態度，再度得罪某些市民。當北平報紙在 11 月 20 日大幅刊載相關報導時，北大英文系教授蒯叔平赫然列於被捕名單中。[222]蒯叔平被保釋放之後，隨即在《晨報》與《世界日報》上，刊登〈蒯叔平質問袁良啟事〉，要求袁良市長為市民無辜被捕之事，出面道歉：

> 鄙人於本月十八日晚邀請外籍朋友在吉祥園觀劇後，偕同赴三星咖啡館飲茶觀舞。當時有大批警士前來拘捕舞女，警不分皂白，對鄙人及其他中國男女客人均予以逮捕，並在公安局拘留數小時。查跳舞為法所不禁，跳舞亦為習俗所允許，市政府何得因拘捕舞女而侵及其他人民之不法行為？貴市長於二十一日所發表關於逮捕舞女之談話中又復沾沾自喜，對於無故被捕者絲毫未表示歉意。是非**根本不知人權為何物，亦屬有意蔑視**（筆者註：此句原文有所放大），故

[220]　〈禁舞案結束後之餘波：袁良飭公安局議處內一區署長，公安局對各舞場舞女再加警告〉，北平《民國日報》，1933 年 11 月 26 日，第 4 版。

[221]　記者，〈舞女不應效軍閥〉，北平《導報》，1933 年 7 月 31 日，第 7 版。可興，〈關於禁舞的感慨〉，北平《北方日報》，1933 年 11 月 26 日，第 8 版。

[222]　查北平《世界日報》最初將蒯叔平誤植為「蒯書平」，而《導報》則誤植為蒯叔蘋，由日後報導可知，蒯女士的正確名字是蒯叔平。蒯叔平之名，另可參韓石山編，《徐志摩全集》（天津：天津人民出版社，2005），頁 181-182。

特鄭重警告貴市長於日內正式道歉，不然祇有遵用法律手續
以對付此蹂躪人權之行為。

再者，在公安局時，經審問官警告，以後不得再與外人來
往。鄙人職任外國語教授，外籍友人交遊素多，未知亦干貴
市長之禁例。下周某國使署歡餞某公使跳舞會，鄙人亦在被
邀之列，既經拘捕，又經警告，對於下周宴舞事實惶恐不知
所措。想貴市長為北平長官，外交團舞宴，亦必被邀，敢請
貴市長即日明白答覆准否鄙人到會，俾定行止，以免為市長
親見跳舞，並與外人交談，而加以逮捕也。[223]

　　生長於英國、後任教於北大英文系的蒯叔平，此次因警察執
行禁舞勤務，而被強行逮捕及拘留，遂於北平兩大報紙刊登要求市
長道歉啓事。由於事涉北大教授，不只輿論關切，連市府也無法視
若無睹，亟思大事化小、小事化無。適逢市府衛生股主任殷體
揚，當年曾是蒯叔平任教上海暨大時的學生，便藉此師生關係登門

---

[223]　〈蒯叔平質問袁良啟事〉，北平《晨報》，1933 年 11 月 22 日，第 2 版。〈蒯
　　叔平質問袁良啟事〉，《世界日報》，1933 年 11 月 22 日，第 2 版。蒯叔平
　　事後對前來採訪的記者說明，自己於事發當晚與外籍友人到三星舞場觀舞及
　　飲茶，欲離去時遽遭警察攔阻，即使出具其北大教授的身份證明也無用，在
　　內一區署被拘留數小時後，經證實為良家婦女，始被釋放。她表示自己「本
　　擬息事寧人，但多數友人，及外國友人勸告，為名譽關係，方登載此項啟
　　事，報載之意義，不過希望袁市長今後對於市民人格，予以尊重，不得再任
　　意對人權加以蹂躪。」見〈市府禁舞聲中一場小風波〉，北平《導報》，1933
　　年 11 月 23 日，第 7 版。

拜訪，說明袁市長禁舞的緣由，希望能化解此一誤會。[224]薊叔平後來同意撤消原先登在各報的啓事，這次公安局因禁舞而生的逮捕株連風波，始告一段落。[225]

這些在當局執行禁舞令過程中，因某些失言或失策導致知識階層與輿論的反彈，暴露出政府缺乏深思熟慮的周延政策，一味只以維持風化爲前提來撲滅「情色源」（即女招待或舞女這些服務業女性），與此同時，卻也妨害某些市民的尊嚴與自由。不論是被袁市長逕指爲百分之九十九是變相娼妓的舞女，或是被警察冒失地在抓舞女過程中，一網打盡的無辜百姓，他/她們的感受，在市府高舉「維持風化、繁榮北平」的嚴正旗幟下，都顯得無足輕重。只能在這些存留下來的報紙史料中，讓後世得以窺見，當執政當局義無反顧地規範風化與禁絕情色時，其政策流弊所出現的輿論雜音。

三、爭取同情

如上所述，北平市府出於維持風化而頒布的相關禁令，絕大多數都針對女性；若以特定職業群體而言，更清一色是女性，如女招待、舞女、妓女、女伶等。尤其在 1930 年代初期，最負盛名的

---

[224] 胡邃辰，〈故都三三曲〉，《論語》半月刊，第 3 卷第 31 期，1933 年 12 月，頁 331。

[225] 〈薊叔平質問袁良案，經人調解誤會消除〉，北平《北辰報》，1933 年 11 月 23 日，第 5 版。

女招待與舞女，因有礙風化而屢遭政府取締或查禁，卻因難以另謀他職，不得不努力與政府抗衡。除了本能地請求當局法外施恩之外，爭取與訴諸輿論同情，是她們最常見的抵拒與自救之道。1932 年初一場解僱女招待的風波，便是一例。

隨著消費女招待之風日熾，眾多商店男舖夥或職員「吃女招待」的行徑益發狂熱，演出不少虧空公款、或捲款與女招待私逃的情事。[226]被舖夥們挪用公款、損失利益的各行業者氣憤之餘，紛紛將矛頭指向女招待，指責她們引誘男人犯罪。1932 年 2 月，米莊公會主席鄒泉蓀（1902-1975）在總商會會議中，遂提出全面解僱女招待、「另由正當夥友充任」之案，準備向市府呈請。[227]2 月 15 日，總商會致函飯莊同業公會，請其轉告各飯館將女招待一律解僱，以免男女混雜、滋生流弊。[228]當時加入飯莊同業公會的北平商家，共有三百一十一餘家，其中多數僱有女招待。[229]商會此案一出，經報載披露，立刻引發各界高度關注，一位署名「笑鴻」的論者甚至表示，此事「已經成了北平市最近惟一有興趣的問題」。[230]據報載，經過一週左右的店家串連，有幾家飯館陸續表態，寧願全體職員（包括掌櫃、跑堂與司帳等）都改僱女性來營

---

[226] 〈女子職業與社會風化〉，北平《導報》，1932 年 2 月 17 日，第 7 版。

[227] 〈取締女招待：各同業公會主席昨議決〉，北平《京報》，1932 年 2 月 13 日，第 6 版。

[228] 〈女子職業之一大打擊〉，北平《民國日報》，1932 年 2 月 16 日，第 4 版。
〈女招待將一律解僱歟？〉，北平《京報》，1932 年 2 月 16 日，第 6 版。

[229] 池澤匯、婁學熙、陳問成編纂，《北平市工商業概況》，頁 374-378。

[230] 笑鴻，〈關於女招待〉，北平《世界日報》，1932 年 2 月 25 日。

業，明示提倡女子職業的決心。[231]不論這些業者是出於商業利益考量，或真有保障女子職業之心，總之他們此次與女招待站在同一陣線。

女招待面對突如其來且攸關生計的打擊，展現出前所未見的團結態度。當時多數的飯館女招待，都是女子職業傳習所的畢業生，她們立刻透過校友會的組織，積極向各方聯絡求救。[232]女招待臨時同盟會隨之成立，共同處理此一重大職業危機。[233]2 月 21日，五百三十七名女招待向各界發表共同宣言，既強調她們經過社會局訓練，在法律上具有正當的職業權，也歷數自身貧寒悲哀的家境，以訴諸市民的同情心，支持她們繼續工作。[234]該宣言不只透過新聞媒體的廣播，更交由女招待在各自工作的飯館傳發。一位與朋友到西單某家飯館用餐的論者「筱青」，原以爲由女招待

[231] 〈取締女招待聲中：純粹女飯館又將出現〉，北平《京報》，1932 年 2 月 23日。〈女招待抵抗主義之收穫〉，北平《民國日報》，1932 年 2 月 23 日。

[232] 女招待一方面派代表到市（國民）黨部與婦女團體尋求協助，另一方面則準備向市政府遞陳情書，竭盡全力來捍衛自身職業權益。見〈全市女招待將舉行大會：對商會指摘認為蹂躪女子職業〉，北平《民國日報》，1932 年 2 月17 日，第 4 版。

[233] 〈女招待將大舉請願：並擬招待報界報告〉，北平《京報》，1932 年 2 月 20日，第 6 版。〈女招待將招待新聞界〉，北平《民國日報》1932 年 2 月 20日第 4 版。〈平市女招待將大舉請願〉，天津《大公報》，1932 年 2 月 20日，第 5 版。

[234] 〈女招待昨日發表宣言〉，北平《民國日報》，1932 年 2 月 22 日，第 4 版。〈五百三十七位女招待昨發表宣言〉，北平《晨報》，1932 年 2 月 22 日，第6 版。

遞給他們的傳單，又是些「花言巧語的空頭支票」；不過，女招待小心翼翼的嚴肅表情，激起他們的好奇，低頭讀了傳單，才發現是女招待爲求繼續營生的共同宣言。「筱青」並以「宣言是說得多痛快啊！她們向舊社會的進攻是多勇敢啊！」的語句，形容讀完這篇宣言的感受。[235]同情之意，自然流露。

　　女招待的自救之道，顯然不只發表共同宣言而已。2月23日，女招待臨時同盟會召開記者招待會，希望將素來散佈女招待負面形象的新聞媒體，轉化成同情她們的傳播工具，以便匯聚反對商會決議的力量，促使市府否決總商會的呈請。當天到會的報館與通訊社記者約十餘人，由黃素英擔任主席報告，言語中既動之以情，也訴之以理。[236]女招待軟硬兼施的宣言與記者招待會，顯然發揮具體成效，包括《晨報》、《京報》、《導報》、《益世報》、《平西報》、《北平日報》、《民國日報》與《世界日報》在內的北平各報，都熱烈報導此事，並幾乎立場一致地，反對商會「立刻解雇全數女招待」的決議。輿論的基本共識是，部份的女招待行爲不檢、應予批判是一回事；但若要全體解雇，則須朝「顧全大局」方面設想，不能說解雇就解雇。[237]以當時北平社會的商業、社會

---

[235]　筱青，〈女招待們！努力奮鬥！〉，北平《世界日報》，1932年2月25日。

[236]　〈女招待昨招待記者：不僅女招待的問題，是拼命爭人權和活路〉，北平《晨報》，1932年2月24日，第6版。〈商會的閹人其聽諸：女招待說你坐在沙發上講太平話〉，北平《導報》，1932年2月24日，第7版。

[237]　蕭紹禹，〈反對取締女招待〉，北平《世界日報》，1932年2月19日。楊肖彭，〈關於取締女招待〉，北平《平西報》，1932年2月23日。笑鴻，〈關於女招待〉，北平《世界日報》（北平），1932年2月25日。逸影，〈女招

發展條件來說，解雇女招待，只會逼使她們更加淪落，讓北平市益顯蕭條，徒增社會問題，且治標不治本。[238]

顯然輿論對總商會的決議，深不以為然，女界團體也支持女招待，尤以北平女界抗日救國會，表現最為積極。其分向市總商會、各報社與各飯莊發表三封公開信，表明支持女招待的態度與理由，主張對北平的女招待問題應「正本清源，請各飯莊男女招待，取平等待遇態度，不宜因噎廢食。」[239]總商會面對潮湧而至的反對

待們的努力〉，北平《世界日報》，1932 年 2 月 29 日。竹聲，〈我也來談談
──女招待解僱的問題〉，北平《民國日報》，1932 年 2 月 21 日。宵桂珍，
〈斗膽和商會諸君抬抬槓解僱女招待問題〉，北平《民國日報》，1932 年 2
月 21 日。溫廣耀，〈改良女招待的一點意見〉，北平《世界日報》，1932
年 2 月 28 日。〈不祥的現象〉，北平《京報》，1932 年 3 月 1 日。劍梅，〈談
談女招待〉，北平《民國日報》1932 年 3 月 2 日第 4 版。秋鴻，〈女招待不
應取締且當提倡〉，北平《世界日報》，1932 年 3 月 7 日，第 5 版。惠清，
〈闢取締女招待謬說〉，北平《世界日報》，1932 年 3 月 10 日，第 5 版。

[238] 秉英，〈取締女招待應先籌善後辦法〉，北平《世界日報》，1932 年 2 月 17
日，第 8 版。

[239] 〈女界抗日會援助女招待：請各飯莊改良待遇，同時議決加緊工作多案〉，
北平《晨報》，1932 年 2 月 21 日，第 6 版。〈女界抗日會援助女招待：致函
商會請取消前議，並函各飯莊改良待遇〉，北平《京報》，1932 年 2 月 28
日，第 6 版。〈女界抗日會不抗日？援助女招待致函各方〉，北平《導報》，
1932 年 2 月 28 日，第 6 版。〈平女界抗日會援助女招待〉，天津《大公報》，
1932 年 2 月 28 日，第 5 版。〈女招待命運如何？女界抗日會極力援助，社會
局並無新定辦法〉，北平《晨報》，1932 年 2 月 28 日，第 6 版。〈不宜因噎
廢食女界抗日會援助女招待〉，《北平日報》，1932 年 2 月 28 日，第 4 版。
北平女界抗日救國會是「九一八」事變後，以團結北平女界同志抗日救國為
宗旨而成立的左傾婦女團體。見劉寧元、馬晨彤、陳靜主編，《北京的社

聲浪，在3月3日回覆女界抗日救國會的信函中，順風轉舵地做出讓步，在信中用短短數語，提及其尚未發送原本擬呈給市府的公文。[240]市政府方面，則表示女招待是否流弊叢生，須經嚴密調查方能確知，當局不會聽信總商會一面之詞，便驟下解雇女招待的決定。對於女招待原準備大舉請願之事，市府則認為未免小題大作，因此已飭由公安局派各區員警，勸諭各女招待安心工作，勿惹事生非。[241]在北平引起一陣騷動的「解雇女招待」風波，就此暫歸平靜，女招待也繼續服務於北平。[242]

　　此次解雇女招待的風波得以化險為夷，主因女招待訴諸輿論、爭取同情的策略運作成功。此主要由於部份輿論向來不滿當局，只以取締這些情色「提供者」為治標之道，卻未治本地禁制情色「消費者」。[243]時人最常見的批評，就是政府缺乏完善的取締配

團：第二輯（婦女社團專輯）》（北京：知識出版社，1994），頁201-210。

[240] 〈市商會函覆女界抗日會：為女招待解僱問題〉，北平《益世報》，1932年3月4日，第7版。〈女招待無憂：商會有明白表示，昨函覆女界抗日會〉，北平《晨報》，1932年3月4日，第6版。〈女招待定心湯：商會將取消解雇原議〉，北平《導報》，1932年3月4日，第7版。〈解僱女招待問題已在擱置中〉，北平《京報》，1932年3月4日，第7版。

[241] 〈女招待可勿恐慌〉，北平《民國日報》，1932年3月2日，第4版。

[242] 〈女店員已安心供職〉，北平《京報》，1932年3月22日，第6版。〈平市商店紛紛添僱女招待〉，北平《世界日報》，1932年3月23日，第8版。〈女招待呼籲結果從此安心供職〉，北平《導報》，1932年3月23日，第7版。

[243] 溫廣耀，〈改良女招待的一點意見〉，北平《世界日報》1932年2月28日，第5版。震元，〈禁止女招待問題〉，北平《民國日報》，1932年2月16日，第4版。

套措施，如此一來若倉促行之，只會釀出更多社會問題。[244]確
實，在當時女性職業仍不發達的北平社會，女招待若被全體解
雇，多數只能淪爲應召女郎。在訓政階段公權力大於一切的當
時，女招待若面對當局取締，除了尋求輿論同情之外，確也別無
自救他途。然而輿論即使有心聲援，終有其限度。1932 年那場解
雇風波，得以有驚無險地消散，主要在於主其事者非北平市府，而
是市總商會；且當時正式禁令還未頒布，一切還有轉寰餘地。待新
生活運動啓動市府於 1934 年起，全力推行管理風化政策，並嚴格
取締女招待之後，縱使仍有輿論批評市府治標不治本，也已無濟
於事。在袁良強力主導各項禁制措施的雷厲風行下，女招待像跳
不出如來佛手掌心的孫悟空，無法抵擋市府強硬的取消職業登記
制度，逐漸消失，直到 1936 年 9 月，才又現一絲生機。[245]不過那
時的北平社會，已不復 1930 年代前期的安定，輿論也不再如過去
一般關注女招待的發展。

　　除了女招待之外，舞女面對市府的禁舞令，自然也希望爭取
對己有利的形勢，並傾向軟性陳請而非正面抗爭，訴求「法」之外
的情與理。當第二波禁舞來勢洶洶地要絕舞女生路時，幾位執業

---

[244] 金秉英便常出於此種立場而聲援被取締的職業女性，並直指當局完全未為這
　　些女性的生路打算。見秉英，〈取締女招待應先籌善後辦法〉，北平《世界
　　日報》，1932 年 2 月 17 日，第 8 版。秉英，〈再談禁舞與舞女的出路問題〉，
　　北平《世界日報》，1933 年 7 月 18 日，第 6 版。

[245] 〈女侍續行登記：公安局候奉令後即開始〉，《北平新報》，1936 年 9 月 28
　　日，第 2 版。〈女招待登記：公安局奉令後即開始〉，北平《世界日報》，
　　1936 年 9 月 29 日，第 8 版。

於三星、高夫等外商舞場的中國舞女，先在禁舞令下第三天聯袂
發表公開宣言，提出三大聲明與請求：一、舞女因家境貧苦未受
教育，卻仍謀自立生活、不仰給於男子；如今官廳對同屬歌舞性
質的坤伶不禁，卻獨禁舞女，實不能服。二、舞女並非娼妓，袁
市長所言實屬侮辱；且官廳不禁娼妓，獨禁舞女，令人難以接
受。三、縱使真要禁止，在幾日之內不可能找到謀生之計，懇請
市府寬以一年半載之限，俾得從容改業。[246]舞女也向婦女職業協
進會求救，希望後者代向社會及公安兩局懇請，暫勿取締其職
業，以維持生活。無奈當時婦職協會的運作已出問題，自身難
保，因而對舞女回以「此乃社會公安兩局議定之整頓計劃，本會實
無力為汝等幫忙」的答覆。[247]8 月 3 日，六名舞女代表再具名向袁

---

[246] 〈市府嚴禁跳舞聲中眾舞女昨忽大發宣言：希望市府寬限一年半載俾得從容
改業〉，北平《世界日報》，1933 年 7 月 31 日，第 8 版。〈市長袁良禁舞舞
女發宣言：列舉理由三項謂禁舞不當，事出生活壓迫情實可憫〉，北平《民
治報》，1933 年 7 月 31 日，第 4 版。〈袁良禁舞，舞女大發宣言〉，北平《民
國日報》，1933 年 7 月 31 日，第 4 版。〈平市政府屬行禁舞〉，北平《導報》，
1933 年 7 月 31 日，第 4 版。

[247] 宋毅貞，〈由中國舞女請願所想到的話〉，北平《世界日報》，1933 年 7 月
31 日，第 6 版。婦女職業協進會（以下簡稱婦職協會），乃 1932 年 4 月 20
日，由幾位知識婦女發起、以飯館女招待為主要成員所組。主持成立大會
的主席郝連城，亦即婦職協會的發起者，是位北大女學生。她在報告開會宗
旨及會議籌備經過時，以勞工神聖的原則，與女招待「姊妹」們立下三個約
定：（一）維持獨立生活，（二）謀職業之保障，（三）維持本身名譽，勿
做有傷風化之事。見〈平婦女職協會昨開成立大會〉，北平《世界日報》，
1932 年 4 月 21 日，第 5 版。婦職協會的初期規劃，真正迅速落實、或與女招
待的生活及工作情況直接發生關係者，並不太多，以致引發批評。該會後來
被市黨部以組織內部「屢起糾紛，又未能遵令改選」為由，下令解散，連社

市長上呈文，請求展期一年。[248]此後，她們又多次向社會局陳請
延緩禁舞期限，卻始終被駁回。[249]在袁良強烈的禁舞意志主導
下，市府從未對舞女或舞場業者的任何請求，稍讓一步。

舞女向執政當局陳情或婦女團體求助皆遭拒，自知展期無
望，便轉而訴諸輿論，以此自清並搏取同情。前述兩位紅牌舞女董
慧君與張麗華接受《世界日報》記者的專訪，即爲一例。另一位名
舞女張莉莉（俐俐），與原華盛頓舞場經理趙鴻昇，及幾位舞女出
資合辦東單食堂。她在記者前往訪問時，也表達了類似張麗華與董
麗君那般棄絕業舞的絕心，與自食其力的成就感。當記者問道食
堂是否兼營副業時，她強調：

　　　　我們也是要臉的人，絕對不營副業，這一點是要請您鄭重

會局也介入準備取締。寗秀珍，〈所望於婦女職業協進會者〉，北平《世界
日報》，1932 年 4 月 28 日，第 5 版。〈婦職協會內部複雜〉，北平《民國日
報》，1934 年 2 月 4 日，第 4 版。〈社會局呈請取締婦協會〉，北平《北辰
報》，1934 年 2 月 11 日，第 6 版。另見王琴，〈近代女性職業的興起與城市
空間的轉換——以民國時期北平女招待為中心的考察〉（北京：北京中國人民
大學清史研究所碩士論文，2002），頁 68-73。

[248]　〈本市舞女六代表呈請市府緩期禁舞〉，北平《民國日報》，1933 年 8 月 3
日，第 4 版。

[249]　〈舞女上呈：市府批示「不准！」〉，北平《全民報》，1933 年 8 月 8 日，第
3 版。〈高夫球場營業蕭條〉，北平《世界日報》，1933 年 8 月 10 日，第 8
版。〈中西舞女再請緩期禁舞〉，北平《北方日報》，1933 年 9 月 26 日，第
6 版。〈禁舞案結束後之餘波〉，北平《民國日報》，1933 年 11 月 26 日，
第 4 版。

向社會聲明，因了這點，我們連單間雅座都沒有預備，客
人來了，我們應酬當然是和藹，但和藹不涉浪漫。」[250]

言談之間，既顯露與過去職業劃清界限的意味，也多少讓讀者感
受到舞女自力自強的意願，甚至同情她們的遭遇。當時報載另一
群北平卸職舞女，也集資在舞場內合設咖啡館[251]；此令始終擔憂舞
女出路的金秉英感到「非常可喜」。[252]但事實上，真正有資本轉行
業商的舞女，為數非常有限。大多數舞女在政府禁舞之後，多半
如董慧君與張麗華所言，轉赴天津、大連、上海、香港等地舞場
求發展。[253]且在日方不斷壓迫國府當局撤換袁良市長職位之際[254]，

---

250 〈本市嚴屬禁舞後，舞女張俐俐最近生活〉，北平《北辰報》，1934 年 1 月
　　26 日，第 6 版。〈舞女的出路張俐俐經營食堂〉，北平《晨報》，1934 年 1
　　月 26 日，第 6 版。上述這兩篇報導都將該舞女名稱為張俐俐。北平《世界晚
　　報》則稱她為張莉莉。見下引註。

251 〈流落平市之舞女合資開設咖啡館：在高爾夫舞場內改建〉，北平《世界晚
　　報》，1934 年 1 月 8 日，第 3 版。〈舞女昏充茶博士〉，北平《導報》，1934
　　年 1 月 9 日，第 7 版。〈舞女賣咖啡〉，北平《北京日報》，1934 年 1 月 9
　　日，第 3 版。

252 秉英，〈致要開咖啡店的舞女〉，北平《世界日報》，1934 年 1 月 10 日，第
　　6 版。

253 〈舞女離平〉，北平《導報》，1933 年 8 月 16 日，第 7 版。〈平市舞女風流
　　雲散〉，北平《世界日報》，1933 年 8 月 25 日，第 8 版。〈北平舞女之出路〉，
　　天津《益世報》，1933 年 8 月 16 日，第 5 版。不過，在其他城市的舞場發展
　　也不見得必然容易，有時或許比不上留在北平開發新的就業機會。像1934 年
　　1 月底，一批原先應聘到上海舞場的北平舞女們，因為收入僅差強人意，但
　　上海物價過高，不欲久居，便連袂搭車回北平。見〈大批舞女又來平：上海
　　不易掙錢〉，北平《民國日報》，1934 年 1 月 28 日，2 版。

原先因袁良強力主導的管理風化政策，而備受壓抑的情色消費行為，又趁隙復甦。[255]1936 年中旬，北平在日人勢力迅速擴張的局面下，出現由日、德等國人士集資興建完全歐式的白宮舞場，廣徵包括中國在內的各國籍舞女，使中國舞女發展又露一線生機。[256]

綜觀故都北平情色消費流衍及被抑阻的過程，可發現城市各種慾望，在此一範疇交會與互相抗衡。市民、業者與服務業女性，雖是受規範或被取締的對象，但並非完全被動或無異議地接受市府的禁令。以舞業的發展為例，1930 年後的故都北平社會，在市府兩度禁舞的過程中，舞場業者、舞女、若干自由或權益受損的市民、以及部份輿論，各自以不同方式，展現對當局強勢作風的抵拒。不過，在政府公權力的行使下，業者與舞女的陳情既不被接受，輿論的不平之鳴與理性建言也遭忽視。

---

[254] 袁良雖留日且也屬「日本通」，但在擔任北平市長任內，卻嚴拒日本所提不利北平或中國的要求。當日方於 1935 年 10 月要求平津衛戍司令宋哲元、河北省政府主席商震、北平市長袁良及天津市長程克「迅速徹底取締關於妨礙貴我兩國邦交之團體」，袁良復文否認有此團體存在，竟為日人壓迫於 11 月 3 日去職。見李雲漢，〈冀察政委會成立前後的宋哲元〉，《傳記文學》，第 19 卷第 1 期，1971 年 7 月，頁 51-59。

[255] 1935 年 10 月 20 日的《北平晚報》，有則新聞可資證明：「平市自禁舞以來，各舞場煙銷雲散，相繼收歇，一般嗜舞之摩登兒姊們，幾有走投無路之慨，幸北京飯店仰仗特殊勢力，得以巍然復存，摩登份子乃多寄跡其間，度日昏醉金迷之夜生活，故每逢星期六與星期日之夕，場中輒告座滿，昨晚秋涼，適逢其會，熱鬧情況，自亦不能例外。」見〈北京飯店舞屑〉，北平《北平晚報》，1935 年 10 月 20 日，第 3 版。

[256] 〈白宮舞場六月六日開幕〉，北平《東方快報》，1936 年 5 月 31 日，第 6 版。

　　再從性別的角度觀之，北平市府爲維持風化而解雇舞女、或取
締女招待的邏輯，無異於認定女性是妨害風化的罪魁禍首。某位自
稱「季明女士」的論者，便質疑：「難道跳舞場中的男舞客，飯館
吃飯的男人，游泳池中的男游泳員，都是孔老二的忠實信徒，『風
化』的維護者，而全中國的，全北平市的『風化』都是女性傷了的
麼？」[257]事實上，北平舞場禁而未止、舞女不絕如縷的主要動力，
是青年學子與摩登男女追求舞場提供的聲光刺激、與情色之娛的消
費欲望。縱使跳舞誤國誤己的聲浪甚囂塵上，市府方面屢次嚴行禁
舞，舞場、舞女與舞客，卻總能尋得應變之道；儘管舞業幾次遭受
嚴重打擊，北平社會依然殘存著尋歡作樂的舞/午夜生活。

　　與國都階段首重迎合與滿足權貴富戶的八大胡同文化相較，初
現而驟興於故都時期的女招待與舞女，爲北平社會各階層男性，打
造了前所未有的消費溫柔鄉。大、小報相應滋生的各類相關敘述，
更虛實交雜、真假參半地，爲市民勾繪出一幅城市慾望地圖。其充
份反映市民大眾的物質與情慾需求，以及形式多元的兩性接觸與交
流經驗。這些充斥日常生活中的春色饗宴，以及既再現真實、復充
滿遐想的文字消費，自與「文化古城」的城市姿態及書卷氣質不甚
協調，深爲市府當局所忌，欲去之而後快。雙方交鋒的結果，當市
府著意於取締時，古城春色的氣燄，確顯低落；其他時刻，則禁歸
禁，而玩歸玩。這場介於致力撲滅情色、捍衛風化的市府，及部份
想方設法抵拒的商家、職業女性與市民之間的官民角力，成果難以

257　季明女士，〈由禁舞而引起的話〉，北平《世界日報》，1933 年 8 月 7 日，
　　第 6 版。

遽判。然而，其卻饒富興味地拉鋸出故都歲月裡，人文（文化古城形象）、人慾（物質情色消費）與人禍（日軍侵逼局勢）並存互涉的鮮活歷史畫面。

結論

重估遷都：開啟故都研究新頁

　　北京自元朝以迄 1928 年，除了明初半個世紀（1368-1420）的例外，始終受到中央政權的青睞，長期擔任國都。相較於西安、開封、洛陽等具悠久故都歷史的古城，1928 年國府南遷後被改名為北平的北京，無疑是中國最年輕的故都。從數百年的國都身份，霎時轉換成新生的故都，其間的巨大落差，使當時許多北平與北方人，感到不安與失落。尤有甚者，拜近代勃興的報刊業傳播之賜，故都北平自誕生以來，便受到媒體高度重視；「北平何去何從」及「如何維持北平繁榮」等課題，成為關注北平自身、華北情勢，乃至中國大局的論者交相議論的重點。[1] 矛盾的是，故都北平的發展與演變，雖廣受當時眾人矚目，它在後世學術研究中——至少在北京城市史、近代社會文化史或城市生活史範疇——的討論，卻相對被忽略；若有觸及，也多被濃縮成政治沒落或經濟蕭條等意象，呈現出

---

[1] 〈北平之將來〉，北平《新晨報》，1928 年 8 月 9 日，第 2 版。〈維持北平繁榮之捷徑〉，天津《大公報》，1928 年 8 月 18 日，第 1 版。時感生，〈省政府移平之今後觀〉，北平《北京日報》，1928 年 9 月 4 日，第 6 版。劉蔭遠，〈北平的繁榮問題〉，天津《大公報》，1928 年 9 月 7 日，第 10 版。友，〈北平繁榮須北平人自己努力〉，北平《新晨報》，1928 年 11 月 23 日，第 2 版。

以偏概全且不夠完整的北平樣貌。

　　本書透過廣義的消費視角，綜涉遷都後北平消費形勢的丕變、消費條件的調整、消費環境的新生、消費主力的更移，以及消費新風格的展現、新服務的誕生、新體驗的獲得，再到消費論述的衍生與當局規範的伴生，由此觀照並琢磨出故都北平持續更迭與多元豐富的歷史面貌。誠然，故都時期北平的政治份量、商業經濟及消費實力各方面表現，與國都階段實不可同日而語；主因即如瞿宣穎所言，「爭名者於朝，爭利者於市，自從十七年以後，懷抱這兩種希望的人，不免要與這座古城告別了。」[2]遷都導致的富戶人口流失，重挫北京經濟素來仰賴的官場消費文化，以致日後無法延續國都階段的繁盛與富裕。然而，北平卻因勢利導地另闢蹊徑，展現不同於國都時的城市形象、社會氛圍與市民活力。那段故都歲月多元紛雜的面貌，絕非過去人們習用的「蕭條」兩字，所能概括。

　　本書的研究顯示，1928 年到 1937 年間的故都北平社會，大致發展出政治味淡而書香氣濃的文化古城形象、缺乏競爭力而閒適緩慢的生活步調、景氣萎靡卻物價低廉的城市經濟、飲食與娛樂結合的經濟型消費模式、以量取勝且時而以色誘人的小本商業服務、以及更多元開放的兩性情慾交流等特色。這些饒有新意的城市風格，即便無法掩蓋該市政治地位下降、失業與貧戶人口增加、整體經濟蕭條等疲態，卻也毫無疑問地與之雜然並存，交相構成一幅不盡協調、卻豐富而鮮活的歷史畫面。綜觀本書的討論，可知遷都不

2　　銖庵，〈北遊錄話〉，《宇宙風》半月刊，第 2 集合訂本，1936，總頁 324-329。

只是向來人們所謂北京城市的危機，同時也是發展的轉機與新生的契機。就正面意義而言，這段故都經驗，使北京自身的城市潛力，有機會突破籠罩該城許久的國都政治光環，被考驗與開發。

故都歲月：北京新體驗

本書援用各類史料，說明遷都帶來的政治強震，迅速引發經濟與社會餘震，廣泛牽連其後的城市發展與市民生活。故都北平富戶少、貧戶多、客民多與單身青壯男性多的「三多一少」人口發展趨勢，關鍵地改變該市的社會氛圍與消費環境。雖然該城原有的「享受服務者」與「提供服務者」此種二元消費層級劃分，在遷都後基本未變，但故都北平社會的消費主力，顯然因既有富戶的遷離，而有所遞嬗。

成為故都後的北平，在政治考量、市政建設、輿論期許與文教目標各方面，都朝文化城的新定位發展，不只改變過去政治統領一切的城市發展基調，也因大學與中學教育的發達，網羅不少文人學者，並培育出為數可觀的青年學子。當原先活躍於民初北京的政、軍、商各界權貴，因國府遷都而陸續求去之際，文教界的兩大世代，便因緣際會地躍為故都北平的社會新中堅。至於清末已現身北京社會的外僑，因其身份特殊且文化習慣異於中國，總是為北京的城市消費與市民生活注入新元素。此種發展，到遷都後特別明顯，尤以西僑跳舞文化激發舞場商業的勃興、與舞女的出現，對1930 年代前期的北平社會，造成相當影響。文人學者、青年學子

與外僑三大群體的休閒嗜好與選擇，促成東安與西單新式商場、中山與北海等公園名勝、及福隆寺等部份廟會復甦的消費形勢。跳舞場、溜冰場、球房、咖啡館、電影院等西式娛樂處所，也因這些城市新主力，得以於故都時期獲得發展空間，並豐富北平的城市休閒文化。

當故都北平社會的消費主力，經歷從政商權貴到文教中人的移轉時，也連帶孕育出不同以往的消費風格。一般而言，政商界不論各類經費、交易款項或交際費用，都勝過文教界，而這正是區隔國都北京與故都北平中上階層消費風格的重要象徵：前期以政商界那種標榜炫耀而奢華的消費爲主，後期則走文教界偏向節制與樸實的消費路線。資本日漸萎縮、數量卻不減反增的各行商業，爲配合經濟能力與消費實力下降的一般人民，由商家量全市數一數二的飯館業，率先發展出結合基本民生與休閒娛樂的經濟型消費風格。此種以最少開銷達到最大效益──即可經濟實惠地吃喝玩樂──的消費慾望，主要到故都北平時期，才被大量開發、並被滿足。最能展現故都時期經濟型消費表現之處，當屬天橋市場。其集市井各類需求與資源回收再生於大成，且出入自由免費，廣受底層民眾歡迎，恰與需數十枚銅元入門費、而在遷都後乏人問津並陸續歇業的大型遊樂場，呈現鮮明對比。

若只從量化數據，考察遷都後到抗戰前的故都北平社會，則可輕易得出當時經濟水平、平均稅負、商業規模與消費實力都較前遜色的結論。但統計數字無法盡現人民的生活內涵與消費心態，因爲市民生活的生活條件，除受經濟一環影響之外，也與城市環境、社

會氛圍與時局發展息息相關。此外，不同社會階層的經濟能力有別，生活水準與主觀感受，自有相當程度的落差。本書援用諸多報章評論及時人敘述等質性史料，與攸關消費的量化數據互爲對照印證，說明故都北平的社會經濟、物價起伏、消費環境、以及人民生活感受，不僅有別於以往，並經歷至少三個階段的演變。

　　第一個階段，1928 到 1930 年，經濟吃緊且物價攀升，北平市府才剛成立、建設有限，遷都衝擊人民心理，無怪乎眾人庶幾同聲抱怨或慨嘆北平蕭條、悽慘、凋敝。到第二個階段，即 1930 年代前半期，北平經濟雖未見多大起色，期間甚至因「九一八」事變與長城戰事等重大政軍變局，而有起伏，但整體卻處於物價低廉的局面，人民相對較易維生，消費情形有所好轉。此階段最具代表性的歷史見證，即文人學者爲數可觀的古城書寫。他們充滿情感地將故都北平稱爲「文化古城」，語帶興味地歷數北平的人、事、地、城、景。這些文化人筆下生動而感染力強的故都敘述，以專書、期刊與報紙文章等文類，透過報刊媒體的強力放送，廣播全國各地，並與北平市政當局努力打造的文化城形象適時扣連，使故都北平的「文化古城」意象，一時深植人心。

　　當局的市政建設、文人的體會描模、輿論的觀察評述、與國府的認同期許，確立了這個新形象的內涵及其精神。各方考量雖不盡相同，卻凝聚出傳統文化精髓是北平最應竭力保有與開發的城市資產之共識。大體而言，文人學者的故都書寫不斷流露出對北平的喜愛，與當時市府進行的整理舊都文物與文化遊覽區建設工程，分屬兩種層次：前者著墨的，是故都北平悠閒舒適的城市氛圍、以及書

香味十足的文化氣息，後者則致力於城市文化硬體的維繕與資源開發。1930 年代前半期的北平文化古城形象，在無形的精神文化與有形的物質建設兩大層次，都明顯而突出。

1935 年之後──即第三個階段──華北時局與中日關係的變動，開始逐步腐蝕文化古城的承平生活，嚴竣考驗該市的生存能力。在「七七」事變爆發前近兩年間，日本勢力不只以軍事或政治實力展現，更進而侵犯北平市民的經濟權益，甚至人身安全。不論從物價指數、經濟情勢、城市生活與時人感受來看，此階段的北平，都與 1930 年代前半期有相當出入：物價開始飆漲，民生困苦；商業與經濟受走私日貨波及，更形衰落；日本浪人與朝鮮僑民騷擾人民之舉，不乏可見；中、上家戶再度出走，城市瀰漫不安氣氛。

或許正因此階段明顯與上階段有別，預示了某種悲觀前景的到來，以上海為主的文化出版界，彷彿有先見之明，號召人們用文字捕捉並留下文化古城的美好。《宇宙風》在 1936 年出版的「北平特輯」，兼有對前期恬靜古城步調與眾生百態的抒情描繪，及古城逐漸走樣且危機四伏的即時紀錄。這類故都北平的綜合性書寫，收納了具衝突感的各類文字，生動地訴說北平的「變」相。藉由對故都北平三階段的多層次析論，一來可綜合反映當時影響北平城市發展的種種變因，二來則分別呈現北平人民在十年間不同時段的總體生活感受。這些多樣性有力地展露故都北平動態的、轉化的、具活力的及不穩定的元素，為北京的城市發展增添種種新體驗，也使故都北平的歷史面貌，得以立體而多元。

二元新貌：情色與規範

　　說到具活力或不穩定的元素，也許在故都北平社會出現的消費新服務、及其衍生的情色消費與兩性社交行為，表現得最淋漓盡致。由遷都啟動並漸次開展的北平消費新環境，造就出數量龐大、競爭激烈的中小型商業；其中，飯館業者首當其衝地，採取聘用女性服務員來招攬顧客的行銷策略，竟而掀開該城受當局保守的意識型態抑制，而悶燒已久的情慾壓力鍋。由女招待領銜在故都北平上演的春色消費秀，透過實質接觸經驗與抽象文字論述，一發不可收拾地放肆遂行，極盡挑逗北平市民感官、與煽動城市情慾交流之能事。舞女，另一群結合聲光之娛、律動之美與肢體之慾的新式服務業者，也不遑多讓地，在故都北平撩撥起競逐西化摩登與縱情聲色的慾念。

　　在一種無預期的情況下，故都北平竟因這些服務業女性的現身，發展為該城有史以來，情色與慾望之流最為公開而普遍流竄的階段。基於這些新服務所衍申的兩性互動與交往，突破以往妓女與恩客（除極少數例外）以性交為主要活動的關係，增添更多細緻而微妙的追求、嚮往、勾引、調情、約會等男歡女愛之道。女招待提供北平市井百姓的平價式與平民化服務，以及舞女滿足中上階層摩登享受與聲色之慾的陪伴，皆可謂故都北平社會突出的消費現象。而這兩群身份時有重疊的女性服務業者，更是以往該市少見的女性消費者。她們當中不少人衣著時髦、裝扮摩登，言行浪漫，交往的異性廣及三教九流，各娛樂聲色場所常可見他們的蹤跡，充份

表現當時市井消費的新活力。這股夾雜各式慾念與渴望的消費活力，在報紙媒體重現情色消費的五花八門文類中，再鮮活不過地開展與蔓延。真實體驗交織著文字想像，不斷複製或渲染出像女招待「小一號」那般，與眾異性互動的新聞報導、流言緋聞與文學創作。

有意思的是，故都北平既是北京歷來最多年輕女性在餐飲、娛樂業與部份商店服務，並與男性顧客或同事牽扯出諸多曖昧與情慾關係的階段，也是市政當局最致力投入建設文化城、維護傳統精髓並全面管理風化之時。這廂眼看北平的情色消費與言行，受到業者的鼓動而蓬蓬然萌發，且以豐富的形式表達，那廂則見市府陸續頒布規範與禁令，亟欲將市民可能妨害風化的行徑一網打盡。此般展露於故都北平的二元新貌，兩相較勁之下，「勝負」不易區辨。因為市府雖握有公權力，可強勢禁制人民言行與消費，但市民大眾也皆非坐以待禁，總是難免各類隱性或公然抵拒之舉。若就市府禁舞與取締女招待二事而言，在袁良主政期間，的確有明顯成效，但當市長易人之後，各項禁令的執行力度相對減弱，舞女與女招待的發展，再度出現一絲曙光。綜言之，故都北平社會這種市民私慾與市府公權的對峙，從北京城市發展史觀之，頗具新意。

再者，觀諸北平市府對女招待與舞女這兩大新興服務業群體的禁制與取締，可發現市府當局對管理從事服務業的職業女性，仍存有政策上的盲點與缺失。包括公安局、甚至市長本身，都曾把女招待及舞女二者，與娼妓相提並論，認為前二者公私不當的浪漫違紀

言行，比待在樂戶裡賣身的公娼，更難管理。[3]正是出於此種認知，使市府禁舞或取締女招待，都未見較妥當的配套措施，因為其相信那些女性失業之後，就算回頭當妓女也無妨，反正政府早就有法可管。也是這種罔顧女性就業權益，且多半針對服務者、而相對忽略消費者的取締與禁制，使部份輿論批判政府失策。

北平經驗：探索另一種城市現代性

不論市府規範春色的成效如何，其對遷都後北平的重新定位與城市新生，確實花費許多心力。從整體城市建設觀之，1928 年前的國都北京市政，逐漸將原具傳統城市格局與規劃建置的京城，蛻變成受惠於科技物質文明，有電有水有馬路有電車的現代城市[4]；1928 年後的故都北平市政，則企圖將北平建造為寓傳統於現代的文化古城。誠如董玥研究所示，遷都後的故都時期，比過去更明確地將重現或開發歷史文化資產，視為市政建設及都市規劃的綱領，並使這些東方文化精粹的實體、建築或其象徵意涵，既昇華又具化為民族統一的代表。[5]尤其是袁良主政期間（1933-1935）的北平市府，想讓該市得以融貫中西文化並代表中國的企圖，非常強烈。[6]

---

[3]　〈外二區署計劃妓館改進〉，北平《北辰報》，1934 年 11 月 26 日，第 6 版。

[4]　史明正，《走向近代化的北京城──城市建設與社會變革》。

[5]　Madeleine Yue Dong, *Republican Beijing: The City and Its Histories*, pp. 78-101.

[6]　王煦，〈在傳統與現代之間──1933 至 1935 年的北平市政建設〉，《歷史教學問題》，2005 年第 2 期，2005 年 4 月，頁 58-64。

　　事實上，不只是執政當局有這樣的意圖與努力，本書從城市消費的視角綜觀遷都後的北平社會，同樣可在城市消費新環境、新體驗、新服務與新享受的發展過程中，察覺到該城有別於西化商埠大城的另類現代性。相對於近代上海常與西方、西化或現代化緊密扣連的歷史發展與時人理解，近代北京所投射出的都會特色及城市意象，總是沾染中國固有傳統的氣息。尤其，當摩登這個字眼及所有與之相關的物質和慾望表現，在 1930 年代前後席捲上海等沿海商埠時，同時期的故都北平，雖也無例外地呈現某種摩登風貌，卻在更大的程度上，散發獨特的傳統文化氣息。當上海人癡狂或自豪於十里洋場的現代摩登與西化時髦時，北平的迴向傳統與維護國粹，反而最與國民政府的意識型態唱和，並在該市人民揉舊雜新、兼好中西的消費表現中，體現具中國本色的現代城市生活。本書認為，故都北平時期的城市經驗、消費生活與市政建設，提供了近代中國探索上海風格之外的另一種城市現代性的可能，相當具有時代意義。

　　且不論故都北平的城市現代性，是否受到時人與後人的注意，可以肯定的是，即便北京成了故都，其城市價值亦不容輕忽。蔣中正發表於遷都之初、以及揭開抗戰序幕兩大重要時刻的談話，可茲為證。當國民黨於 1928 年 7 月接收北平不久後，蔣在北平宴請軍政商學各界重要人士，強調「國都雖遷，而北平在北方地位仍極重要」。[7]1937 年 7 月，發生於北平近郊盧溝橋的「七七」事變，之所以成為中日八年戰爭的引爆點，原因之一即南京國府眼看北平就

---

[7]　〈北平地位仍極重要〉，天津《大公報》，1928 年 7 月 19 日，第 2 版。

要失守，認清無法再與日本維持表面和平，「現在衝突地點已到了北平門口的蘆溝橋，如果蘆溝橋可以受人壓迫強佔，那末我們五百年故都北方政治文化的中心、與軍事重鎮的北平，就要變成瀋陽第二，今日的北平，若果變成昔日的瀋陽，今日的冀察，亦將成為昔日的東四省，北平若可變成瀋陽，南京又何嘗不可變成北平。所以蘆溝橋事變的推演，是關係中國國家整個的問題，此事能否結束，就是最後關頭的境界。」[8]蔣委員長這段於 1937 年 7 月 17 日，在廬山發表的重要談話，清楚揭示北平對中國的重要性及意義。或許，北平的城市價值與新生努力，與蔣所強調該城的國防地位與戰略意義，不必然成正比。但在普遍浸淫於西潮的近代中國城市裡，北平無疑是能兼融中國精神與西方物質雙重文化於一身，並充份發揚國族本位色彩的現代都會。

在為本書畫下句點之前，回顧〈緒論〉首段的提問：「『京奧』的風華與光彩，是否惟有當北京是國都時，才得以展現？若北京與國都身份脫勾，會有何表現？」徵諸本書所論，筆者認為，故都北平時期的城市經驗，足證當北京沒有國都光環罩頂時，依舊能兼具並發揚傳統精髓與現代文化的特質，展現融舊鑄新與涵納中西的深廣。距今八十年前的這段故都歷程，堪謂發揚此次「京奧」的「人文北京、魅力中國」特色之歷史預演。[9]憑藉此一深植於歷史、且

8　〈蔣在廬山談話會席上闡明政府外交立場〉，南京《中央日報》，1937 年 7 月 20 日，第 1 張第 3 版。

9　北京 2008 年奧運會提出了綠色奧運、科技奧運和人文奧運三大基本理念，其中，人文奧運是三大理念的核心。見李建平，〈"人文奧運"與當代北京城市建設〉，《當代中國史研究》，第 10 卷第 5 期，2003 年 9 月，頁 71-77。北京「人

不斷被開發的優勢與價值，縱使北京非國都，也無損其在中國不可被取代的城市獨特性，且依然能在奧運開幕那一刻，讓全世界感受「文化中國」的深邃幽美，展現中國自許的泱泱大國風範。[10]

文北京、魅力中國」的特色及奧運期間的相關展演，見〈北京奧運會全面準備情況新聞發布會〉，第29屆奧林匹克運動會官方網站新聞，2008年8月4日：http://www.beijing2008.cn/live/pressconference/pool/bimc/n214501514.shtml

[10] 〈北京奧運會開幕式：這一刻，世界感受"文化中國"〉，第29屆奧林匹克運動會官方網站新聞，2008年8月8日：
http://www.beijing2008.cn/ceremonies/headlines/n214516985.shtml

徵引文獻

中文部份

一、官方檔案：

1. 北京市檔案館檔案

〈北平市政府向記者介紹有關北平建設的資料〉，北京市檔案館
　　藏，1912-1949，卷宗號 J001-003-00445。

〈中央公園民國十二年度常年收支總報告〉、〈中央公園民國十四年
　　度常年收支總報告冊〉、〈中央公園民國十五年度常年收支報
　　告〉，北京市檔案館藏，1920-1927，卷宗號 J121-001-00020。

〈本市全年收入總額先行電復簡明清冊另文造送電〉，北京市檔案
　　館藏，1928，卷宗號 J001-005-00002。

〈北平特別市政府關於接收京兆公園與有關單位的來往函件〉，北
　　平市檔案館，1928，卷宗號 J001-004-00009。

〈北平市政府全年收入總額〉，北京市檔案館藏，1928，卷宗號
　　J001-005-00002。

〈北平特別市政府關於接收中海、南海、北海的有關函件〉，北平

市檔案館，1928，卷宗號 J001-004-00005。

〈請飭知民政廳所派接收北平京兆公園人員將該園移交本市政府委員接收〉，北京市檔案館藏，1928 年 8 月 10 日，卷宗號 J007-004-00009。

〈北平特別市工務局接收京兆公園情形呈文〉，北京市檔案館藏，1928 年 8 月 24 日，卷宗號 J007-004-00009。

〈奉電三海應歸中央管理等因北海應否仍歸市管請示遵電〉，北京市檔案館，1928 年 9 月 16 日，卷宗號 J001-004-00005。

〈北平特別市長派員參加接收中南海一案呈中央政治會議北平臨時分會〉，北京市檔案館，1928 年 12 月 19 日，卷宗號 J001-004-00004。

〈北平特別市市政府社會局稿：成立職業介紹所舉行登記〉，北京市檔案館藏，1929，卷宗號 J002-007-00035。

〈北平特別市市政府社會局稿：擬具十八年度施政大綱〉，北京市檔案館藏，1929，卷宗號 J002-007-00030。

〈北平特別市市政府訓令北海公園委員會〉，北京市檔案館藏，1929，卷宗號 J077-001-00032。

〈社會局民國十八年度施政大綱及市府關於辦理民國二十二年度施政統計辦法綱要〉，北京市檔案館藏，1929，卷宗號 J002-007-00030。

〈社會局民國十八年度施政大綱及市府關於辦理民國二十二年度施政統計辦法綱要〉，北京市檔案館藏，1929-1933，卷宗號 J002-007-00030。

〈中山公園民國十七年度常年收支報告〉，〈北平市中山公園收支總

報告書（民國十九年份）〉，北京市檔案館，1930，卷宗號J121-001-00001。

〈外五區署關於女招待皮淑貞招引飯座余仁等賣姦一案的呈〉，北京市檔案館藏，1930年11月，卷宗號J181-021-08474。

〈北平市政府關於補助本市經費及教育費給東北政務委員會的呈〉，1931，北京市檔案館藏，卷宗號J001-005-00070。

〈北平市中山公園收支報告書（民國二十一年份）〉，北京市檔案館，1932，卷宗號J121-001-00008。

〈營業分類統計〉，北京市檔案館，1933，卷宗號J002-007-00092。

〈內政部關於北平各自治區公所呈請繁榮北平之計畫的咨文〉，北京市檔案館藏，1933年3月，卷宗號J001-007-00035。

〈為擬具農民貸本處章程及貸本規則呈〉，北京市檔案館藏，1933，卷宗號J001-002-00033。

〈北平市政府二十二年十月至十二月預定行政計畫書〉，1933，北平市檔案館，卷宗號J002-007-00071。

〈中國國民黨北平特別市黨務整理委員會為北平新生活運動促進會成立告市民書〉，北京市檔案館藏，1934，卷宗號J040-001-00026。

〈北平公安二科關於抄送取締女招待辦法及管理細則的函〉，北京市檔案館藏，1934，卷宗號J181-020-13269。

〈北平市政府二十三年四月至六月預定行政計畫書〉，北京市檔案館藏，1934，卷宗號J002-007-00071。

〈北平市政府公安局取締女招待辦法〉(中華民國二十三年二月一日府令核准)，北京市檔案館藏，1934，卷宗號

J181-016-00052。

〈取締女招待辦法〉，北京市檔案館藏，1934 年 7 月，卷宗號 J181-016-00052。

〈籌議建設北平市政及籌款方法案呈政整會〉，北京市檔案館藏，1934 年 9 月，卷宗號 J001-005-00116。

〈北平市中山公園收支報告書（民國二十三年份）〉，北京市檔案館，1934-1935，卷宗號 J121-001-00012。

〈公安局各項經費收入統計表(二十四年度)〉，北京市檔案館藏，1935，卷宗號 J181-003-00877。

〈社會局民國二十四年度行政計劃〉，北京市檔案館藏，1935，J002-007-00137。

〈社會局統計資料簡報〉，北京市檔案館藏，1935-1936，卷宗號 J002-007-00152。

〈北平市商會呈創設北平市物產博覽館及市政府的批示〉，北京市檔案館藏，1936，卷宗號 J001-002-00077。

〈民國二十五年北平市市政公債條例〉（二十五年十二月一日公佈），北京市檔案館藏，1936，卷宗號 J001-005-00156。

〈德國使館調查本市電影事業的調查表及市政府的指令〉，北京市檔案館藏，1936，卷宗號 J001-003-00091。

〈舊都文物整理實施事務改組及其組織規則〉，北京市檔案館藏，1936，卷宗號 J001-003-00084。

2. 國史館檔案

A. 《國民政府檔案》

〈河北北平天津等省市行政區及名稱〉，1928 年 6 月，《國民政府
　　檔案》，國史館藏，光碟號 163。
〈指導整理北平市文化委員會簡章〉，1931 年 2~3 月，《國民政府
　　檔案》，國史館藏，光碟號 138。
〈北平古物與建築物處理辦法〉，1933 年 10 月 20 日，《國民政府
　　檔案》，國史館藏，光碟號 521。
〈舊都文物整理委員會組織規程〉，1934 年 12 月 22 日，《國民政
　　府檔案》，國史館藏，光碟號 102。
〈袁良呈送在北平市府時所編舊都文物略請賜鑒察〉，《院轄市政
　　務》，1936 年 2 月 7 日，《國民政府檔案》，國史館藏，光碟
　　號 386。

B. 《蔣中正總統檔案》

〈國民政府奠都南京蔣中正等蒞慶祝會演講說明國民政府建都南
　　京利益〉，1927 年 4 月 18 日，《蔣中正總統檔案》，國史
　　館藏，光碟號 06-0009。
〈宋子文電蔣中正關古物南遷一事〉，1933 年 2 月 3 日，《蔣中正
　　總統檔案》，國史館藏，光碟號 0B-02478。
〈蔣中正電汪兆銘辦理維護北平各壇廟天然博物院與復興農村令
　　袁良籌畫準備接收並定整理辦法將大興宛平併入市區以便
　　管理〉，《蔣中正總統檔案》，國史館藏，1934 年 10 月 30 日，
　　光碟號 06-00381。

〈蔣中正電黃郛袁良繁榮北平須先整頓男女風化〉，《蔣中正總統
　　　檔案：籌筆》，國史館藏，1934 年 11 月 4 日，光碟號
　　　08B-04540。

二、政府出版品、史料匯編與紀要：

內政部年鑑編纂委員會編，《內政年鑑·警政篇》（上海：商務印書
　　　館，1936）

中國國民黨中央委員會黨史史料編纂委員會編，《革命文獻》第二
　　　十一輯（台北：中央文物供應社，1959）

中華民國史事紀要編輯委員會編，《中華民國史事紀要（民國十六
　　　年一～六月)》（台北：中央文物供應社，1977）

中華民國史事紀要編輯委員會編，《中華民國史事紀要：中華民國
　　　十七年(1928)一至六月份》（台北：中華民國史料研究中心，
　　　1978）

中華民國史事紀要編輯委員會編，《中華民國史事紀要：中華民
　　　國十七年(1928)七至十二月份》（台北：中華民國史料研究
　　　中心，1982）

北平市工務局編印，《北平市都市計畫設計資料第一集》（北平：北
　　　平市工務局，1947）

北平市政府工務局編，《北平市溝渠建設計劃》（北平：北平市政府
　　　工務局，1934）

北平市政府公安局編，《北平市政府公安局業務報告（民國二十二
　　　年七月到二十三年六月)》（北平：北平市政府公安局，1934）

北平市政府秘書處第一科統計股主編，《北平市政府二十二年度行政統計》（台北：文海出版社，1993）

北平市政府參事室編，《北平市市政法規彙編》（北平：社會救濟院印刷組，1934）

北平市政府參事室編，《北平市市政法規彙編》第二輯（北平：社會救濟院印刷組，1937）

北平市政府編，《北平市河道整理計劃》（北平：北平市政府，1934）

北平市政府編，《北平遊覽區建設計劃》（北平：北平市政府 1934）

北平市政統秘書處第一科統計股，《北平市政府覽要》（北平：北平市政統秘書處第一科編纂股，1936）

朱匯森主編，《中華民國史事紀要：中華民國十九年(1930)一至六月份》（台北：國史館，1987）

朱匯森主編，《中華民國史事紀要：中華民國十九年(1930)七至十二月份》（台北：國史館，1990）

周琇環編註，《蔣中正總統檔案・事略稿本 8——民國十九年四月至九月》（台北：國史館，2003）

洪喜美編，《國民政府委員會會議紀錄彙編(一)》（台北：國史館，1999）

洪喜美編，《國民政府委員會會議紀錄彙編(二)》（台北：國史館，2000）

孫健主編，《北京經濟史資料：近代北京商業部分》（北京：北京燕山出版社，1990）

郭廷以編著，《中華民國史事日誌（第二冊）》（台北：中央研究院近代史研究所，1984）

郭廷以編著，《中華民國史事日誌（第三冊）》（台北：中央研究院
　　　　近代史研究所，1984）

《大學院公報》，1928。

《北平市政府統計月刊》，1934。

《北平生活費指數月報》，1933~1934，1936。

《北平特別市市政公報》，1929~1931，1934。

《北平特別市市報》，1929。

《國民政府公報》，1928，1931，1933，1936。

《統計月報》，1929，1934，1937。

《統計月報》，1930~1934。

《統計季刊》，1936。

《冀察調查統計叢刊》，1936~1937。

三、報紙：

《大公報》，天津，1927~1937。

《中央日報》，南京，1928~1929，1933~1937。

《中西日報》，1935。

《中和報》，北平，1934~1935。

《公安日報》，北平，1933。

《世界日報》，北京/平，1926，1928，1930~1937。

《世界晚報》，北京/平，1926~1928，1931，1934。

《北方日報》，北平，1933~1935。

《北平日報》，北平，1930，1932。

《北平民治報》，北平，1933。

《北平晚報》，北平，1934~1936。

《北平新報》，北平，1932~1936。

《北辰報》，北平，1933~1935。

《北京日報》，北京，1921~1922，1927~1928，1930，1934。

《平西報》，北平，1932。

《民言日報》，北平，1930。

《民治報》，北平，1933。

《民國日報》，北京/平，1922，1931~1934。

《申報》，上海，1872~1873，1928~1929，1936。

《全民報》，北平，1930~1935。

《成報》，北平，1929。

《老百姓日報》，北平，1932~1935。

《京報》，北京，1928~1932。

《東方快報》，北平，1933~1937。

《社會日報》，上海，1930。

《時報》，上海，1913。

《益世報》，天津，1933。

《益世報》，北平，1928，1930~1932，1934。

《晨報》，上海，　1933

《晨報》，北平，1918~1919，1929~1937。

《晨報》，北京，1919~1921，1924~1925，1927~1928。

《現代日報》，北平，1932。

《華北日報》，北平，1930。

《順天時報》，北京，1923。

《新北平》，北平，1931~1933。

《新民晚報》，南京，1938。

《新晨報》，北平，1928~1930。

《實報》，北平，1913。

四、期刊：

《人間世》，1934。

《女聲》，1935。

《公安月刊》，1998。

《文化日報》，1932。

《正風雜誌》，1937。

《生活週刊》，1930，1933。

《宇宙風》，1936。

《國聞週報》，1930，1933。

《婦女文化》，1936。

《婦女月報》，1936。

《婦女共鳴》，1932。

《婦女雜誌》，1924，1926，1929。

《新青年》，1918~1919。

《論語》，1933~1934。

《獨立評論》，1933。

《警察月刊》，1938。

五、文集、專書、日記、回憶錄、指南、志書：

（宋）孟元老撰，鄧之誠註，《東京夢華錄注》（台北：世界書局，1999）

Robert Bocock 著，張君玫、黃鵬仁譯，《消費》（台北：巨流圖書公司，1995）

于潤琦編，《文人筆下的舊京風情》（北京：中國文聯出版社，2003）

方師鐸，《方師鐸文史叢稿——雜著篇》（台北：大立出版社，1985）

方師鐸，《方師鐸先生四部曲之北平憶往》（台中：方謙亮，2001）

方師鐸、朱介凡主編，《北平叢話》（台北：天一出版社，1976）

中國人民政治協商會議北京市委員會文史資料研究委員會編，《北京往事談》（北京：北京出版社，1988）

王永斌，《北京的商業街和老字號》(北京：北京燕山出版社，1998)

王永斌，《話說前門》(北京：北京燕山出版社，1994)

王宜昌等編，《北平廟會調查報告——側重其經濟方面》（北平：民國學院，1937）

王彬、崔國政輯，《燕京國土錄（上卷）》（北京：光明日報出版社，2000）

王瑞年編著，《京城瑣談：街巷、戲園》(北京：北京圖書館出版社，1998)

王鐵崖編，《中外舊約章匯編》第二冊（北京：生活・讀書・新知三聯書店，1957-1962）

北平民社編，《北平指南》（北平：北平民社，1929）

北京市檔案館編，《北平歷屆市政府會議決議錄》（北京：中國檔案

出版社，1998）

北寧鐵路管理局總務處文書課編，《北平旅遊便覽》（天津大公報館
　　印刷，1934）

北京市地方志編纂委員會編，《北京志・文化藝術卷・戲劇志、曲
　　藝志、電影志》（北京：北京出版社，2000）

北京市地方志編纂委員會編，《北京志・綜合卷・人口志》（北京：
　　北京出版社，2004）

北京市檔案館編，《檔案與北京史國際學術討論會論文集》上、下
　　冊（北京：中國檔案出版社，2003）

北京大學歷史系《北京史》編寫組，《北京史〔增訂版〕》（北京：
　　北京出版社，1999）

北京市藝術研究所、上海藝術研究所組織編著，《中國京劇史》中
　　卷（北京：中國戲劇出版社，1999）

北京燕山出版社編，《古都藝海擷英》（北京：北京燕山出版社，1996）

北京燕山出版社編，《舊京人物與風情》（北京：北京燕山出版社，
　　1996）

史明正，《走向近代化的北京城──城市建設與社會變革》（北京：
　　北京大學出版社，1995）

田蘊瑾、朱景春與門建中，《最新北平指南》（北平：自強書局，1935）

朱祖希編著，《北京城演變的軌跡》（北京：光明日報出版社，2004）

老舍，〈駱駝祥子〉，《老舍選集》第一卷（成都：四川人民出版社，
　　1982）

池澤匯、婁學熙、陳問成編纂，《北平市工商業概況》(北平：北平
　　市社會局，1932)

江勇振，《星星 月亮 太陽：胡適的情感世界》（台北：聯經，2007）

肖曉明策劃，藍佩瑾編輯，《北京：北京城與北京人》（北京：外文出版社，2005）

李多鈺主編，《中國電影百年 1905-1976》（上編）（北京：中國廣播電視出版社，2005）

李金龍，《北京前門大街》（北京：解放軍文藝出版社，2000）

李長莉，《晚清上海社會的變遷：生活與倫理的近代化》（天津：天津人民出版社，2002）

李家瑞編，《北平風俗類徵》(上海：上海書局，1996)

李書良，《尋夢老北京》（北京：西苑出版社，2003）

李雲漢主編，《中國國民黨一百週年大事年表》第一冊（台北：中國國民黨中央委員會黨史委員會，1994）

李暢，《清代以來的北京劇場》（北京：北京燕山出版社，1997）

李慕真主編，《中國人口（北京分冊）》（北京：中國財政經濟出版社，1987）

李歐梵著，毛尖譯，《上海摩登——一種新都市文化在中國 1930-1945》（北京：北京大學出版社，2001）

李興耕等，《風雨浮萍：俄國僑民在中國(1917-1945)》（北京：中央編譯出版社，1997）

沈亦雲，《亦雲回憶》下冊（台北：傳記文學出版社，1968）

沈從文，《沈從文全集》第 18 卷（太原：北嶽文藝出版社，2002）

沂平、胡正豪、李學昌主編，《民國社會大觀》，（福州：福建人民出版社，1991）

林海音，《我的京味兒回憶錄》（台北：遊目族文化事業，2000）

味橄，《北平夜話》（台北：新文豐出版公司，1978）

吳廷燮等撰，《北京市志稿：民政志》(北京：北京燕山出版社，1998)

吳建雍等著，《北京城市生活史》（北京：開明出版社，1997）

吳相湘、劉紹唐主編，《第一次中國教育年鑑》第二冊（台北：傳記文學出版社，1971）

吳效群，《妙峰山──北京民間社會的歷史變遷》（北京：人民出版社，2006）

周天度，《蔡元培傳》（台北：新潮社，1994）

周作人、老舍等著，李重光編輯，《北京城》（新京：開明，1942）

周美華，《中國抗日政策的形成：從九一八到七七》（台北：國史館，2000）

周家望，《老北京的吃喝》，（北京：北京燕山出版社，1999）

孟天培(Tien Pei Meng)、甘博(Sidney D. Gamble)著，李景漢譯，《二十五年來北京之物價工資及生活程度》，（北京：國立北京大學出版部，1926）。

阿靈頓（Arlington, L. C.）著，趙曉陽譯，《古都舊景：65 年前外國人眼中的老北京》（北京：經濟科學出版社，1999）

果鴻孝，《昔日北京大觀》（北京：中國建材工業出版社，1992）

金受申，《老北京的生活》（北京：北京出版社，1989）

侯希三，《北京史話：北京老戲園子》（北京：中國城市出版社，1996）

胡玉遠主編，《目下回眸：老北京的史地民俗》（北京：學苑出版社，2001）

胡適著，曹伯言整理，《胡適日記全集》卷 6 (1930~1933)（台北：聯經出版公司，2004）

郁達夫,《郁達夫散文》中集,（北京：中國廣播電視出版社,1992）

郁慕俠,《上海鱗爪》（上海：上海書店出版社,1998）

姜德明編,《北京乎：現代作家筆下的北京(1919-1949)》上、下冊
　　　（北京：生活・讀書・新知三聯書店,1992）

姜德明編選,《如夢令：名人筆下的北京》（北京：北京出版社,1997）

茅盾,《子夜》（北京：人民文學出版社,1980）

倪錫英,《北平》（上海：中華書局,1936）

祝均宙,蕭斌如編,《薩空了文集》（上海：上海科學技術文獻,2002）

孫殿起輯,《琉璃廠小志》（北京：古籍出版社・1982）

徐志摩,《愛眉小扎》（高雄：大眾書局,1975）

袁熹,《近代北京的市民生活》（北京：北京出版社,2000）

馬芷庠編,張恨水審定,《北平旅行指南》（北平：經濟新聞社,1935）

馬軍,《1948年：上海舞潮案：對一起民國女性集體暴力抗議事件
　　　的研究》（上海：上海古籍出版社,2005）

高希均,《經濟學的世界：經濟觀念與現實問題》（台北：經濟與生
　　　活,1985）

高希均,《經濟學的世界》（台北：天下文化,1987）

高叔康編,《經濟學新辭典》（台北：三民書局,1971）

高巍等著,《漫話北京城》（北京：學苑出版社,2003）

夏明方,《民國時期自然災害與鄉村社會》（北京：中華書局,2000）

夏林根,《舊上海三百六十行》（上海：華東師範大學,1989）

逯耀東,〈胡適逛公園〉,《胡適與當代史學家》（台北：東大圖書,
　　　1998）

湯用彬,陳聲聰,彭一卣編著；鍾少華點校,《舊都文物略》（北

京：華文出版社，2004）

張次溪編著，《人民首都的天橋》（上海：修綆堂書店，1951）

張次溪、枝巢子、逆旅過客，《天橋一覽/舊京瑣記/都市叢談》（台
　　北：進學書局，1969）

張恨水，《啼笑因緣》（太原：北岳文藝出版社，1993）

張清溪、許嘉棟、劉鶯釧、吳聰敏合著，《經濟學理論與實際》下
　　冊（台北：雙葉書廊，1993，2版修訂）

張憲文、方慶秋、黃美真主編，《中華民國史大辭典》（南京：江蘇
　　古籍出版社，2002）

習五一、鄧亦兵著，曹子西主編，《北京通史》第9卷（北京：中
　　國書店，1994）

郭子升，《市井風情：京城廟會與廠甸》，（瀋陽：遼海出版社，1997）

郭立誠，《故都憶往》，（台北：台灣學生書局，1975）

郭廷以，《近代中國史綱》，（香港：中文大學出版社，1989，3版）

陶亢德編，《北平一顧》（上海：宇宙風社，1939，再版）

陳公博，李鍔、汪瑞炯、趙令揚編註，《苦笑錄：陳公博回憶（一
　　九二五～一九三六)》（香港：香港大學亞洲研究中心，1979）

陳代光，《廣州城市發展史》（廣州：暨南大學出版社，1997）

陳明遠，《文化人與錢》（天津：百花文藝出版社，2000）

陳哲三，《中華民國大學院之研究》（台北：臺灣商務印書館，1976）

陳進金，《抗戰前教育政策之研究（民國十七年至二十六年）》（台
　　北：近代中國出版社，1997）

陳鴻年，《故都風物》（台北：正中書局，1970）

梁國健編，《故都北京社會相》（重慶：重慶出版社，1989）

梁實秋等，《文學的北平》（台北：洪範書店，1980，2版）

湯用彬總纂，《舊都文物略》（北平：北平市政府第一科，1935）

費成康，《中國租界史》（上海：上海社會科學院出版社，1991）

賀蕭著，韓敏中、盛寧譯，《危險的愉悅：20世紀上海的娼妓問題與現代性》(*Dangerous Pleasures: Prostitution and Modernity in Twentieth-Century Shanghai*)（江蘇：江蘇人民出版社，2003）

新生活運動促進總會編，《民國二十三年新生活運動總報告》(台北：文海出版社，1989)

楊東平，《城市季風——北京和上海的變遷與對峙》（台北：聯經出版社，1996）

楊魁、董雅麗，《消費文化——從現代到後現代》（北京：中國社會科學出版社，2003）

葛劍雄，《悠悠長水‧譚其驤前傳》（上海：華東師範大學出版社，1997）。

雷輯輝，《北平稅捐考略》（北平：社會調查所，1932）

聞濤，《張恨水傳》（北京：團結出版社，1999）

趙曉陽編譯，《北京研究外文文獻題錄》（北京：北京圖書館出版社，2007）

趙興華編著，《北京史話：老北京廟會》（北京：中國城市出版社，1999）

趙鴻明、汪萍，《舊時明月：老北京的風土人情》（北京：當代世界，2004）

齊大芝、任安泰，《北京商業紀事》（北京：北京出版社，2000）

齊如山，《北平懷舊》（台北：中國新聞出版公司，1952）

齊如山編著，《北平》（台北：正中書局，1957）

劉小萌，《旗人史話》（北京：社會科學文獻出版社，2000）

劉心皇，《現代中國文學史話》（台北：正中書局，1971）

劉半農，《半農雜文二集》（上海：上海書店，1935）

劉半農，《劉半農選集》(香港：香港文學出版社，出版年不詳)

劉志英編輯，《國立北平師範大學》，（台北：南京出版社，1981）

劉志琴主編，《近代中國社會文化變遷錄》（杭州：浙江人民出版社，
　　1998）

劉葉秋、金雲臻，《回憶舊北京》（北京：北京燕山出版社，1992）

劉寧元、馬晨彤、陳靜主編，《北京的社團：第二輯（婦女社團專
　　輯）》（北京：知識出版社，1994）

劉維開，《國難期間應變圖存問題之研究：從九一八到七七》（台
　　北：國史館，1995）

蔣夢麟，《西潮》（台北：晨星出版社，1986）

鄧雲鄉，《文化古城舊事》（北京：中華書局，1995）

赫達・莫里遜（Hedda Morrison）著，董建中譯，《洋鏡頭裡的老北
　　京》（北京：北京出版社，2001）

閻伯川先生紀念會編，《民國閻伯川先生錫山年譜長編初稿》（台
　　北：臺灣商務印書館，1988）

魯迅，《魯迅全集》第 18 卷：日記(1927-1936)（北京：北京人民文
　　學出版社，2005）

廣東省社會科學院歷史研究室、中國社會科學院近代史研究所中華
　　民國史研究室、中山大學歷史系孫中山研究室合編，《孫中

山全集》第二卷（北京：中華書局，1982）

鮑祖寶，《娼妓問題》（上海：女子書店，1935）

謝國興，《黃郛與華北危局》（台北：國立臺灣師範大學歷史研究所，1984）

韓石山編，《徐志摩全集》（天津：天津人民出版社，2005）

韓光輝，《北京歷史人口地理》（北京：北京大學出版社，1996）

韓延龍、蘇亦工等，《中國近代警察史（下）》（北京：社會科學文獻出版社，2000）

瀛雲萍主編，《八旗源流》（大連：大連出版社，1991）

羅澍偉主編，《近代天津城市史》（北京：中國社會科學出版社，1993）

嚴昌洪，《中國近代社會風俗史》（台北：南天書局，1998）

顧潮，《歷劫終教志不灰：我的父親顧頡剛》（上海：華東師範大學出版社，1997）

顧頡剛，《顧頡剛日記》（台北：聯經出版事業公司，2007）

六、文章（期刊論文、專書篇章等）：

〈北平市政府整理中南海公園臨時委員會第一期整理報告書〉，〈中南海公園史料〉，《北京檔案史料》，2004年第3期，2004年9月，頁176-223。

丁秉鐩，〈譚富英其人其事（下）〉，《傳記文學》，第30卷第6期，1977年6月，頁77-85。

尹潤生，〈飯莊〉，中華人民政治協商會議、北京市委員會文史資料研究委員會編，《北京往事談》(北京：北京出版社，1988)，

頁 3-5。

太白，〈北平的市場〉，梁實秋等著，《文學的北平》（台北：洪範書店，1980，二版），頁 173-176。

孔昭愷，〈我在北平做記者──舊《大公報》"坐科"回憶片斷〉，中國人民政治協商會議北京市委員會、文史資料研究委員會編，《文史資料選編》第三十九輯（北京：北京出版社，1990），頁 67-93。

方彪，〈"北京學"試探〉，《北京社會科學》，1997 年第 2 期，1997 年 5 月，頁 148。

王永斌，〈北京的廟市和集市〉，轉引自孫健主編，《北京經濟史資料：近代北京商業部分》（北京：北京燕山出版社，1990），頁 394。

王同禎，〈記三十年代的北平家庭小公寓〉，北京燕山出版社編，《舊京人物與風情》（北京：北京燕山出版社，1996），頁 413-416。

王昊，〈民國時期的北平大學區風潮〉，《百年潮》，2002 年第 2 期，2002 年 2 月，頁 63-66。

王振寧，〈北京東安市場的飲食業〉，《商業文化》1995 年第 4 期，1995 年，頁 26-28。

王國華，〈民國時期的北京〉，《北京檔案史料》，2001 年第 2 期，2001 年，頁 329-334。

王煦，〈在傳統與現代之間──1933 至 1935 年的北平市政建設〉，《歷史教學問題》，2005 年第 2 期，2005 年 4 月，頁 58-64。

王樊逸，〈陶亢德──從愛國編輯家到文化漢奸〉，《出版史料》，2007 年第 3 期，2007 年 3 月，頁 87-93。

左玉河,〈從"改正朔"到"廢舊曆"——陽曆及其節日在民國時期的演變〉,《民間文化論壇》,2005 年第 2 期,2005 年 4 月,頁 62-68。

左玉河,〈跳舞與禮教：1927 年天津禁舞風波〉,《河北學刊》,第 25 卷第 5 期,2005 年 9 月,頁 111-120。

王永芬選編,〈1937 年北平市立各級教育機構教職員薪金一覽〉,《北京檔案史料》,2004 年第 1 期,2004 年 4 月,頁 116-181。

田炯錦,〈北大六年瑣憶〉,《傳記文學》,第 22 卷第 1 期,1973 年 1 月,頁 41-46。

田語時,〈我辦北平晨報〉,《傳記文學》,第 26 卷第 4 期,1975 年 4 月,頁 35-42。

白淑蘭、趙家鼐選編,〈北平市之沿革〉,《北京檔案史料》,1993 年第 3 期,頁 27-31。

朱自清,〈買書〉,姜德明選編,《如夢令：名人筆下的舊京》(北京：北京出版社,1996),頁 106-108。

朱明德,〈序言〉,朱明德、梅寧華主編,《薊門集：北京建都 850 週年論文集》(北京：北京燕山出版社,2005),頁 1-2。

朱德蘭,〈日治時期台灣花柳業問題(1895-1945)〉,《國立中央大學人文學報》,第 27 期,2003 年 6 月,頁 99-174。

池賢娵,〈1935 年北平市政府的中學男女分校令和新設市立第二女中〉,北京市檔案館編,《檔案與北京史國際學術討論會論文集》下冊(北京：中國檔案出版社,2003),頁 34-56。

行政院,〈國立北平故宮博物院之工作〉,中國國民黨黨史史料編纂委員會編,《革命文獻第五十三輯：抗戰前教育與學術》(台

北：中央文物供應社，1970），頁 450-457。

何炳松，〈三十五年來中國之大學教育〉，蔡元培等著，《晚清三十
　　五年來之中國教育(1897-1931)（香港：龍門書店，1969），
　　頁 53-131。

吳文濤、王均，〈略論民國時期北京地區的自然災害〉，《北京社會
　　科學》，2000 年第 3 期，2000 年 8 月，頁 59-67。

吳建雍，〈民國初期北京的社會調查〉，《北京社會科學》，2000 年
　　第 1 期，2000 年 2 月，頁 79-86。

吳祖光，〈廣和樓的捧角家〉，姜德明，《如夢令：名人筆下的舊京》
　　頁 315-320。

吳逸民，〈昔日之東交民巷〉，中國人民政治協商會議北京市委員
　　會、文史資料研究委員會編，《文史資料選編》第三十九輯，
　　（北京：北京出版社，1990），頁 249-254。

李少兵，〈1927-1937 年的北京娛樂文化──官方、民間因素與新時
　　尚的形成〉，《歷史檔案》，2005 年第 1 期，2005 年 2 月，頁
　　109-118。

李宇平，〈一九三○年代世界經濟大恐慌對中國經濟之衝擊（一九三
　　一-一九三五〉，《國立臺灣師範大學歷史學報》，第 22 期，
　　1994 年 6 月，頁 1-33。

李克非，《京華感舊錄》（江蘇：江蘇古籍出版社，1986），頁 171-172。

李金龍，〈情懷廠甸〉，《前線》，2008 年第 1 期，2008 年 1 月，頁
　　68-69。

李建平，〈"人文奧運"與當代北京城市建設〉，《當代中國史研究》，
　　第 10 卷第 5 期，2003 年 9 月，頁 71-77。

李書華，〈七年北大〉，《傳記文學》，第 6 卷第 2 期，1965 年 2 月，
頁 17-24。

李淑蘭，〈近代北京商人階層構成的特點〉，《歷史教學》1994 年第
5 期，1994 年 5 月，頁 46-50。

李雲漢，〈所謂「何梅協定」〉，《傳記文學》，第 21 卷第 5 期，1972
年 11 月，頁 75-81。

李雲漢，〈冀察政委會成立前後的宋哲元〉，《傳記文學》，第 19 卷
第 1 期，1971 年 7 月，頁 57-59。

李微，〈娛樂場所與市民生活──以近代北京電影院為主要考察對
象〉，《北京社會科學》，2005 年第 4 期，2005 年 11 月，頁
55-61。

李鳳琴，〈"小題大做"的 1933 年北平市公安局長易人風波〉，《陰山
學刊》，第 20 卷第 4 期，2007 年 8 月，頁 60-64。

杜麗紅，〈1930 年代的北平城市污物管理改革〉，《近代史研究》，
2005 年第 5 期，2005 年 9 月，頁 90-113。

杜麗紅，〈南京國民政府時期北平的交通管理〉，《北京社會科學》，
2004 年第 2 期，2004 年 5 月，頁 72-80。

宋春舫，〈北平〉，《人間世》半月刊，第 8 期，1934 年 7 月 20 日，
頁 21-22。

周小翔，〈北京學基礎理論探索〉，《北京聯合大學學報》，2003 年
第 1 期，2003 年 3 月，頁 12-15。

周英才，〈南京北京：民國建都之爭〉，《文史精華》，總第 174 期，
2004 年 11 月，頁 10-15。

宗泉超，〈天橋市場的變遷〉，《北京日報》，1980 年 6 月 9 日，轉

引自孫健主編，《北京經濟史資料：近代北京商業部分》（北京：北京燕山出版社，1990），頁 29-31。

易克桌，〈我在閻馮蔣中原混戰中參加的一些活動〉，中國人民政協會議上海市委員會文史資料工作委員會編，《文史資料選輯》第二十輯（上海：中華書局，1965），頁 64-90。

林海音，〈苦戀北平〉，梁實秋等，《文學的北平》（台北：洪範書店，1980，2 版），頁 7-11。

林頌河，〈統計數字下的北平〉，《社會科學雜誌》，第 2 卷第 3 期，1931 年 9 月，頁 376-419。

林語堂，〈迷人的北平〉，姜德明編，《北京乎：現代作家筆下的北京(1919-1949)》下冊（北京：生活‧讀書‧新知三聯書店，1992），頁 507-515。

邱仲麟，〈水窩子：北京的民生用水與供水業者 (1400-1937)〉，收入李孝悌編，《中國的城市生活》（台北：聯經出版事業公司，2005），頁 229-284。

金應元、田光遠，〈城南游藝園與新世界〉，北京市政協文史資料委員會選編，《藝林滄桑》（北京：北京出版社，2000），頁 292-301。

阿尚，〈舊北京妓院黑幕〉，《文史精華》編輯部編，《近代中國娼妓史料(上下卷)》(河北：河北人民出版社，1998)，頁 321-329。

侯全華、岳邦瑞、劉明國，〈城市形象的可持續消費〉，《社會科學家》，2006 年第 1 期，2006 年 1 月，頁 134-137。

俞王毛，〈《宇宙風》：與抗戰共輝煌〉，《廈門文學》，2005 年第 4 期，2005 年 4 月，頁 20-23。

俞王毛,〈論《宇宙風》雜誌的近情文學〉,《浙江海洋學院學報(人文科學版)》,第 22 卷第 4 期,2005 年 12 月,頁 83-87。

胡光明,〈北京近代城市文化演進歷程與構成特質論略〉,北京市檔案館編,《檔案與北京史國際學術討論會論文集》上冊(北京:中國檔案出版社,2003),頁 240-264。

胡俊修,〈近代上海舞廳的社會功能——以 20 世紀 30 年代《申報》廣告爲主體的分析〉,《甘肅社會科學》,2007 年第 1 期,2007 年 1 月,頁 142-145。

郁達夫,〈故都日記〉,姜德明編,《北京乎:現代作家筆下的北京(1919-1949)》(上)(北京:生活・讀書・新知三聯書店,1992),頁 303-315。

夏明明,〈從京師勸工所到北平國貨陳列館〉,《北京檔案史料》,2006 年第 2 期,2006 年 7 月,頁 235-249。

夏曉虹,〈新教育與舊道德——以杜成淑拒屈彊函爲例〉,夏曉虹,《晚清女性與近代中國》(北京:北京大學出版社,2004),頁 38-66。

孫洪權、趙家鼎,〈1928 年起北京(北平)名稱變更時間〉,北京市檔案館編,《檔案與北京史國際學術討論會論文集》上冊(北京:中國檔案出版社,2003),頁 308-313。

孫犁,〈北平的地台戲〉,姜德明選編,《如夢令:名人筆下的舊京》(北京:北京出版社,1996),頁 222-224。

徐訏,〈北平的風度〉、張玄,〈北平的廟會〉,梁實秋等著,《文學的北平》(台北:洪範書店,1980,二版),頁 33-45、177-181。

袁若霞,〈天橋〉,周作人、老舍等,《北京城》(新京:開明圖書公

司，康德 9 年(1942)），頁 98-104。

袁家方，〈尋根說故琉璃廠〉，《北京觀察》，2006 年第 7 期，2006
　　年 7 月，頁 24-29。

袁熹，〈清末民初北京的外來人口研究〉，北京市檔案館編，《檔案
　　與北京史國際學術討論會論文集》上冊（北京：中國檔案出
　　版社，2003），頁 301-317。

高松凡，〈歷史上北京城市場變遷及其區位研究〉，《地理學報》，第
　　44 卷第 2 期，1989 年 6 月，頁 129-139、131。

崔金生，〈北京飯館風俗〉，胡玉遠主編，《日下回眸：老北京的史
　　地民俗》（北京：學苑出版社，2001），頁 418。

崔金生，〈舊京廠甸廟會〉，《北京檔案》，2004 年第 5 期，2004 年
　　5 月，頁 48-49。

常人春，〈「三代」茶館〉，《老北京的風情》（北京：北京出版社，
　　2001），頁 131。

梁思成，〈北平文物必須整理與保存〉，《梁思成全集》，第四卷（北
　　京：中國建築工業出版社，2001），頁 307-313。

梁從誡，〈倏乎人間四月天〉，林徽音著，梁從誡選編，《林徽音文
　　集》（台北：天下遠見，2000），頁 11-48。

梁敬錞，〈所謂何梅協定〉，《傳記文學》，第 11 卷第 5 期，1967 年
　　11 月，頁 6-20。

梁敬錞，〈秦土協定〉，《傳記文學》，第 11 卷第 6 期，1967 年 12
　　月，頁 6-17。

梁敬錞，〈華北自治運動（日本侵略華北史述初稿之六〉〉，《傳記文
　　學》，第 12 卷第 5 期，1968 年 5 月，頁 22-31。

梁敬錞，〈華北自治運動──日本侵略華北史述初稿之六(續完)〉，
　　《傳記文學》，第 12 卷第 6 期，1968 年 6 月，頁 10-22。

梁實秋，〈北平的街道〉，梁實秋等，《文學的北平》（台北：洪範書
　　店，1980，二版），頁 83-86。

梅佳，〈三十年代北平市政建設規劃史料〉，《北京檔案史料》，1999
　　年第 3 期，1999 年 9 月，頁 83-136。

習五一，〈近代北京廟會文化演變的軌跡〉，《近代史研究》，1998
　　年第 1 期，1998 年 2 月，頁 214-231。

許慧琦，〈訓政時期的北平女招待(1928-1937)──關於都市消費與女
　　性職業的探討〉，《中央研究院近代史研究所集刊》，第 48
　　期，2005 年 6 月，頁 47-95。

連玲玲，〈「追求獨立」或「崇尚摩登」？：近代上海女店職員的出
　　現及其形象塑造〉，《近代中國婦女史研究》，第 14 期，2006
　　年 12 月，頁 1-50。

陳育丞，〈飯館〉，中華人民政治協商會議、北京市委員會文史資料
　　研究委員會編，《北京往事談》(北京：北京出版社，1988)，
　　頁 6-8。

陳明遠，〈20 世紀 30 年代大中學校經濟狀況〉，陳明遠，《文化人
　　的經濟生活》（上海：文匯出版社，2005），頁 141-142。

陳明遠，〈抗戰前夕上海的文化人〉，陳明遠，《文化人的經濟生活》
　　（上海：文匯出版社，2005），頁 164-188。

陳明遠，〈近代中國的貨幣〉，陳明遠，《文化人的經濟生活》（上海：
　　文匯出版社，2005），頁 328-346、339。

陳明遠〈五四前後北京文化人群體〉，〈20 世紀 30 年代北平文化

人），陳明遠，《文化人的經濟生活》（上海：文匯出版社，
2005），頁 80-142、143-163。

陳進金，〈另一個中央：1930 年的擴大會議〉，《國史上中央與地方
的關係——中華民國史專題第五屆討論會論文集》第 2 冊（台
北：國史館，2000），頁 1441-1470。

陳源，〈官氣與洋氣〉，《西瀅閒話》（石家庄市：河北教育出版社，
1995），頁 99-100。

陳聲聰，〈《舊都文物略》編纂經過的一些回憶〉，《兼于閣雜著》（上
海：上海古籍出版社，2002），頁 76-79。

陳鴻年，〈女招待〉，《故都風物》（台北：正中書局，1970），頁 92。

麥倩曾，〈北京娼妓調查〉，《社會學界》第 5 期，1931 年 6 月，頁
105-146。

張文武，〈1934 年北平市政府關於對僑居北平外國人行使警察權的
密令〉，《北京檔案史料》，2003 年第 4 期，2003 年 12 月，
頁 38-51。

張向天，〈故都消夏閒記〉，姜德明選編，《如夢令：名人筆下的舊
京》（北京：北京出版社，1996），頁 413-418。

張金陵，〈北平粥廠之研究〉，李文海主編，《民國時期社會調查叢
編：社會保障卷》（福州：福建教育出版社，2005 年），頁
400-428。

張恨水，〈北京舊書鋪〉，姜德明選編，《如夢令：名人筆下的舊京》，
（北京：北京出版社，1996），頁 135-136。

張恨水，〈想起東長安街——當年肆擾寇兵尚有存在者乎？〉，姜德
明選編，《如夢令：名人筆下的舊京》（北京：北京出版社，

1996），頁 137-138。

張研、李光泉，〈20 世紀 30 年代中國女警的設立及其職業影響〉，《鄭州大學學報（哲學社會科學版）》，第 39 卷第 6 期，2006 年 11 月，頁 43-46。

張涵銳，〈北京琉璃廠書肆逸乘〉，孫殿起輯，《琉璃廠小志》（北京：古籍出版社·1982），頁 47-52。

張瑋、張亞良，〈北平第一批女警察〉，《北京檔案》，1999 年第 7 期，頁 43。

張寧，〈是運動還是賭博？：跑狗論述與現代上海的成型，1927-1933〉，《中央研究院近代史研究所集刊》，第 42 期，2003 年 12 月，頁 73-124。

張寧，〈從跑馬廳到人民廣場：上海跑馬廳收回運動，1946-51〉，《中央研究院近代史研究所集刊》，第 48 期，2005 年 6 月，頁 97-136。

張潔宇，〈"邊城的荒野留下少年的笛聲"──1930 年代北平"前線詩人"的城市記憶與文化心態〉，《現代中文文學學報》，第 6 卷第 1 期，2005 年 1 月，頁 3-27。

張潔寧，〈三十年代北平現代主義詩壇的集聚〉，《新文學史料》，2000 年第 4 期，2000 年 12 月，頁 172-182。

張燕鷹，〈民國時期北平市政府對戲劇的查禁〉，《北京檔案史料》，2000 年第 4 期，2000 年 4 月，頁 243-254。

傅中午，〈東交民巷的由來和變遷〉，北京市政協文史資料委員會選編，《府園名址》，（北京：北京出版社，2000），頁 160-173。

喬凌霄，〈1935 年北平市實施中學男女分校及設立第二女子中學史

料（一）〉，《北京檔案史料》，2001 年第 2 期，2001 年 6 月，
　　頁 105-139。

喬凌霄，〈1935 年北平市實施中學男女分校及設立第二女子中學史
　　料（二）〉，《北京檔案史料》，2001 年第 3 期，2001 年 10 月，
　　頁 89-123。

喬凌霄，〈民國首任北平市長何其鞏〉，《北京社會科學》2003 年第
　　1 期，2003 年 2 月，頁 76-82。

彭明，〈北京百年斷想〉，《北京黨史》，2000 年第 2 期，2000 年 2
　　月，頁 4-7。

程心芬，〈北平的公寓〉，梁國健編，《故都北京社會相》，（重慶：
　　重慶出版社，1989），頁 157-160。

童軒蓀，〈梨園名優藝事及其他（續完）〉，《傳記文學》第 18 卷第
　　3 期，1971 年 3 月，頁 35-43。

賀昌群，〈舊京速寫〉，《賀昌群文集》第 3 卷，（北京：商務印書館，
　　2003），頁 556-561。

黃火明，〈歷史文化消費：傳統文化繼承與城市現代化發展——城市
　　化背景下城市文化的和諧發展〉，《石河子大學學報：哲學社
　　會科學版》，第 21 卷第 4 期，2007 年 8 月，頁 87-90。

黃宗漢，〈老北京天橋的平民文化〉，《北京社會科學》，1996 年第 3
　　期，1996 年 3 月，頁 125-130、126。

黃金麟，〈醜怪的裝扮：新生活運動的政略分析〉，《臺灣社會研究》
　　第 30 期，1998 年 6 月，頁 163-203。

甯恩承，〈華北風雲（上）〉，《傳記文學》，第 55 卷第 6 期，1989 年
　　12 月，頁 49-56。

逯耀東,〈胡適逛公園〉,《胡適與當代史學家》(台北:東大圖書,1998),頁 37-63。

楊奎松,〈蔣介石與 1936 年綏遠抗戰〉,《抗日戰爭研究》,2001 年第 4 期,2001 年 4 月,頁 45-75。

楊家余,〈華北事變後國民政府遏制華北走私活動述論〉,《安徽史學》,2002 年第 1 期,2002 年 1 月,頁 71-74。

楊莉,〈清代北京的商業經濟〉,朱明德、梅寧華主編,《薊門集:北京建都 850 週年論文集》(北京:北京燕山出版社,2005),頁 267-276。

楊鳳蘭,〈劉少奇與 1936 年的北平問題〉,《華北電力大學學報(社會科學版)》,1995 年第 2 期,1995 年 9 月,頁 48-52。

董可,〈袁良與北平的三年市政建設計畫〉,《北京檔案史料》,1999年第 2 期,1999 年 6 月,頁 312-317。

靳麟,〈北京東交民巷雜記〉,中國人民政治協商會議北京市委員會、文史資料研究委員會編,《文史資料選編》第四十二輯,(北京:北京出版社,1992),頁 229-236。

廖建雙、王印雙,〈王府井商業街發展的歷史淵源〉,《中國商貿》2001 年第 21 期,頁 88-89。

碧波女士,〈一位飯店女招待的自白〉,收入玲瓏婦女雜誌社編,《女子的出路!?》,(上海:三和出版社,1936),頁 117-119。

碧野,〈募捐〉,姜德明編,《北京乎:現代作家筆下的北京(1919-1949)》(下),(北京:生活·讀書·新知三聯書店,1992),頁 466-473。

趙曉陽,〈外國人眼中的老北京──中外文版本的《北京旅游指南》

比較及北京旅游間的新增長點〉,《北京檔案史料》,2003 年第 2 期,2003 年 6 月,頁 327-331。

劉志琴,〈最早的女性職業大軍──女堂倌〉,收入劉志琴,《思想者不老》(天津市：天津古籍出版社,2001),頁 141-145。

劉秦漢,〈中國獨特的文化社區──北京文化琉璃廠〉,《社區》,2006 年第 2 期,2006 年 2 月,頁 51-54。

劉國新,〈《塘沽協定》與華北自治運動〉,《近代史研究》,第 4 期,1989 年 7 月,頁 199-211。

劉葉秋,〈京華瑣話：逛廠甸兒〉,劉葉秋、金雲臻,《回憶舊北京》,（北京：北京燕山出版社,1992）,頁 8-13。

劉寧波,〈論北京民俗文化史的分段及特點〉,《北京社會科學》,1996 年第 1 期,1996 年 1 月,頁 92-99。

樊鏵,〈民國年間北京城廟市與城市市場結構〉,《經濟地理》第 21 卷第 1 期,2001 年 1 月,頁 90-94。

蔡元培,〈中央研究院過去工作之回顧與今後努力之標準〉,中國國民黨黨史史料編纂委員會編,《革命文獻第五十三輯：抗戰前教育與學術》(台北：中央文物供應社,1970),頁 367-383。

鄭永華、任文良,〈"靖難之役"與明初定都北京〉,朱明德、梅寧華主編,《薊門集：北京建都 850 週年論文集》,（北京：北京燕山出版社,2005）,頁 197-205。

鄭振鐸,〈北平〉,鄭振鐸著,鄭永康編,《鄭振鐸全集》卷 2,（石家莊：花山文藝出版社,1998）,頁 531-541。

鄭振鐸,〈訪箋雜記〉,姜德明編,《北京乎──現代作家筆下的北京(1919-1949)》上冊（北京：生活‧讀書‧新知三聯書店,

1992），頁 246-256。

蕭紅，〈北平書簡〉，姜德明編，《北京乎：現代作家筆下的北京(1919-1949)》（下）（北京：生活・讀書・新知三聯書店，1992），頁 582-594。

錢存訓，〈北平圖書館善本書籍運美經過〉，《傳記文學》，第 10 卷第 2 期，1967 年 2 月，頁 55-57。

錢穆，〈北京大學〉，《八十憶雙親師友雜憶合刊》，（台北：聯經，1998），頁 192-196。

錢穆，〈北京大學──附清華大學及北平師範大學〉，《八十憶雙親師友雜憶合刊》（台北：聯經，1998），頁 165-214。

閻少青，〈北京舊商會歷史及時事紀聞，1906-1948 年〉，中國民主建國會北京市委員會、北京市工商業聯合會、文史工作委員會編，《北京工商史話第一輯》，（北京：中國商業出版社，1987），頁 12。

閻崇年，〈北京滿族的百年滄桑〉，《北京社會科學》，2002 年第 1 期，2002 年 1 月，頁 15-23。

魯酉，〈北平的女招待〉，《生活》週刊，第 5 卷第 40 期，1930 年 9 月 14 日，頁 671-672。

謝文耀，〈陶孟和與《北平生活費之分析》〉，《中國社會工作》，1998 年第 1 期，頁 43。

謝冰瑩，〈北平之戀〉，梁實秋等，《文學的北平》，（台北：洪範書店，1980，2 版），頁 1-6。

鍾少華，〈三十年代北京的展覽事業〉，北京市社會科學研究所《北京史苑》編輯部編，《北京史苑》第一輯，（北京：北京出版

社，1983），頁 226-233。

簡萍，〈試析 1933-1937 年間華北走私及其影響和衝擊〉，《中國經濟史研究》，2004 年第 3 期，2004 年 9 月，頁 30-38。

魏兆銘，〈北京的公園〉，周作人、老舍等，《北京城》，（新京：開明圖書公司，康德 9 年(1942)），頁 76-80。

魏斐德，〈給娛樂發執照——中國國民黨對上海的管制〉，收入葉文心等，《上海百年風華》，（台北：躍昇文化，2001），頁 267。

戴沙迪，〈北京是上海的產品嗎？〉，陳平原、王德威編，《都市想像與文化記憶》（北京市：北京大學出版社，2005），頁 234-238。

韓建識，〈舊都文物整理委員會文物整理工作述略〉，《北京檔案史料》，2003 年第 4 期，2003 年 12 月，頁 307-310。

羅蘇文，〈都市文化的商業化與女性社會形象〉，葉文心等，《上海百年風華》，（台北：躍昇文化，2001），頁 55-110、57-110。

譚列飛，〈北京近代市政建設的發軔及其特點〉，《北京檔案史料》，2002 年第 3 期，2002 年 11 月，頁 194-210。

顧德曼(Bryna Goodman)，〈向公眾呼籲：1920 年代中國報紙對情感的展示和評判〉，《近代中國婦女史研究》第 14 期，2006 年 12 月，頁 179-204。

七、博碩士論文：

牛鼐鄂，〈北平一千二百貧戶之研究〉，燕京大學社會學系碩士畢業論文，1932 年 5 月。

王琴,〈近代女性職業的興起與城市空間的轉換──以民國時期北平女招待爲中心的考察〉,北京中國人民大學清史研究所碩士論文,2002 年 5 月。

杜麗紅,〈20 世紀 30 年代的北平城市管理〉,中國社會科學院研究生院近代史系博士論文,2002 年 6 月。

洪毓甡,〈服務業女性就業變遷與兩性就業差異之研究〉,台灣中正大學勞工研究所碩士論文,1996。

修金莒,〈陳濟棠與戰前廣東政局(1928-1937)〉,國立政治大學歷史系碩士論文,1996。

梁治耀,〈北平市政之研究〉,燕京大學法學院政治學系法學士畢業論文,1932 年 5 月。

陳文婷,〈上海舞女:以休閒報刊與小說爲中心(1927-1949)〉,國立臺灣大學中國文學研究所碩士論文,2003。

陳哲,〈北平市警察行政〉,燕京大學法學院政治學系畢業論文,1937 年 5 月。

張如怡,〈北平女招待研究〉,燕京大學文學院社會學系學士畢業論文,1933 年 5 月。

張瑋,〈公園與近代都市休閒生活──以 20 世紀初的北平爲例(1900-1937)〉,中國人民大學史學理論與史學史研究所碩士論文,2004。

張遠,〈近代城市京劇女演員(1900-1937)──以滬、平、津爲中心的探討〉,國立臺灣大學歷史學研究所碩士論文,2002。

陸漢文,〈民國時期城市居民的生活與現代性(1928-1937)──基於社會統計的計量研究〉,華中師範大學中國近代史研究所博士

論文，2002 年。

八、會議論文集文章：

程爲坤，〈戶外尋樂：二十世紀初年北京的休閒，社會空間及監控
　　婦女〉，第二屆中國近代城市大眾文化史國際學術研討會，
　　會議論文集，中國成都，四川大學，2007 年 7 月，頁 103-121。

九、演講稿：

Rebecca E. Karl, "Journalism, Value, and Gender in 1920s China," 東
　　海大學社會系專題演講稿，2005 年 5 月 2 日。

林志宏，〈北平市形象與 1930 年代中期的華北危局〉，中研院近史
　　所演講稿，2007 年 8 月 16 日。

十、網路資料：

〈 "1928-1937 年北平社會狀況研究"舉行開題會〉，《北京社科規
　　劃》，2002 年 7 月 12 日：
　　http://www.bjpopss.gov.cn/bjpssweb/n8982c49.aspx
中央研究院歷史語言研究所研究人員，邱仲麟：
　　http://www.ihp.sinica.edu.tw/
中國選手所獲獎牌紀錄，第 29 屆奧林匹克運動網站新聞：

http://results.beijing2008.cn/WRM/CHI/INF/GL/95A/GL00000
00.shtml

〈北平夜話/許定銘〉,《大公網》,2008 年 2 月 25 日:

http://www.takungpao.com/news/08/02/25/TK-868417.htm

〈北京申奧大事記〉,第 29 屆奧林匹克運動網站新聞,2001 年 7
月 13 日:

http://www.beijing2008.cn/70/88/article211718870.shtml

〈北京奧運會全面準備情況新聞發布會〉,第 29 屆奧林匹克運動會
官方網站新聞,2008 年 8 月 4 日:

http://www.beijing2008.cn/live/pressconference/pool/bimc/n21
4501514.shtml

〈北京奧運會開幕式:這一刻,世界感受"文化中國"〉,第 29 屆奧
林匹克運動會官方網站新聞,2008 年 8 月 8 日:

http://www.beijing2008.cn/ceremonies/headlines/n214516985.s
html

李建平,〈北京城市"和"文化〉,第 29 屆奧林匹克運動網站新聞,
2004 年 6 月 25 日:

http://www.beijing2008.cn/54/24/article211992454.shtml

〈國民政府時期的北平社會(1928-1937)〉:

http://www.bjpopss.gov.cn/xxgl/xmk/771.htm

薛原,〈綠色奧運、科技奧運、人文奧運三大理念閃耀奧運場館〉,
《人民日報》,2008 年 7 月 11 日。轉引自第 29 屆奧林匹克
運動會官方網站:

http://www.beijing2008.cn/cptvenues/venues/headlines/n21444

英文部分

一、專書：

Cobble, Dorothy Sue, *Dishing It Out: Waitresses and their Unions in the Twentieth Century* (Urbana: University of Illinois Press, 1991)

Dong, Madeleine Yue, *Republican Beijing: The City and Its Histories* (Berkeley: University of California Press, 2003)

Esherick, Joseph W., *Remaking the Chinese City: Modernity and National Identity, 1900-1950* (Honolulu: University of Hawaii Press, 2000)

Gamble, Sidney David, *Peking, a Social Survey Conducted under the Auspices of the Princeton University Center in China* (New York: Gorge H. Doran Company, 1921)

Kirkby, Diane, *Barmaid: A History of Women's Work in Pubs* (Cambridge: Cambridge University Press, 1997)

Naquin, Susan, *Peking: Temples and City Life, 1400-1900* (Berkeley: University of California Press, 2000)

Slater, Don, *Consumer and Modernity* (Cambridge: Polity Press, 1997)

Strand, David, *Rickshaw Beijing: City People and Politics in the 1920s* (Berkeley: University of California Press, 1989)

二、專書篇章與論文：

Cheng, Weikun, "Nationalists, Feminists, and Petty Urbanites: The Changing Image of Women in Early Twentieth-century Beijing and Tianjin," (Ph.D. dissertation, Batimore: The Johns Hopkins University, 1995), pp.186-195.

Dong. Madeleine Yue, "Defining Beiping: Urban Reconstruction and National Identity, 1928-1936," in Joseph W. Esherick ed., *Remaking The Chinese City: Modernity and National Identity, 1900-1950* (Honolulu: University of Hawai'i Press, 2000), pp.121-138.

Field, Andrew D., "Selling Souls in Sin City: Shanghai Singing and Dancing Hostesses in Print, Film, and Politics, 1920-1949," in Yingjin Chang ed., *Cinema and Urban Culture in Shanghai, 1922-1943* (Stanford: Stanford University Press, 1999), pp. 99-127.

Shi, Mingzheng, "From Imperial Gardens to Public Parks: The Transformation of Urban Space in Early Twentieth-Century Beijing," *Modern China*, Vol. 24 No. 3, July 1998, pp.219-254.

Silverberg, Miriam, "The Cafe Waitress Serving Modern Japan," in Stephen Vlaston, ed., *Mirror of Modernity: The Japanese Invention of Tradition* (Berkeley: University of California Press, 1998), pp.208-225.

Tipton，Elise K., "Pink Collar Work: The Café Waitress in Early

Twentieth Century Japan." *Intersections: Gender, History & Culture in the Asian Context*, Issue 7, March 2002: http://intersections.anu.edu.au/issue7/tipton.html

國家圖書館出版品預行編目資料

故都新貌：遷都後到抗戰前的北平城市消費 (1928-1937)

許慧琦著. – 初版. – 臺北市：臺灣學生，2008
面；公分

ISBN 978-957-15-1438-3(精裝)
ISBN 978-957-15-1437-6(平裝)

1. 消費文化 2. 消費社會 3. 民國史 4. 北平市

671.095   97022200

故都新貌：遷都後到抗戰前的北平城市消費 (1928-1937)

著　作　者：許　　　慧　　　琦
出　版　者：臺 灣 學 生 書 局 有 限 公 司
發　行　人：盧　　　　保　　　　宏
發　行　所：臺 灣 學 生 書 局 有 限 公 司
　　　　　　臺 北 市 和 平 東 路 一 段 一 九 八 號
　　　　　　郵 政 劃 撥 帳 號：0 0 0 2 4 6 6 8
　　　　　　電　話：（0 2）2 3 6 3 4 1 5 6
　　　　　　傳　眞：（0 2）2 3 6 3 6 3 3 4
　　　　　　E-mail：student.book@msa.hinet.net
　　　　　　http://www.studentbooks.com.tw

本書局登
記證字號：行政院新聞局局版北市業字第玖捌壹號

印　刷　所：長 欣 印 刷 企 業 社
　　　　　　中 和 市 永 和 路 三 六 三 巷 四 二 號
　　　　　　電　話：（0 2）2 2 2 6 8 8 5 3

定價：精裝新臺幣六六○元
　　　平裝新臺幣五六○元

西 元 二 ○ ○ 八 年 十 二 月 初 版